해국도지【九】

海國圖志 九

해국도지 海國圖志 【九】

초판 1쇄 인쇄 2024년 12월 2일
초판 1쇄 발행 2024년 12월 20일

—

저   자 | 위원魏源
역주자 | 정지호·이민숙·고숙희·정민경
발행인 | 이방원
발행처 | 세창출판사
　　　　신고번호·제1990－000013호
　　　　주소·03736 서울특별시 서대문구 경기대로 58 경기빌딩 602호
　　　　전화·02－723－8660　팩스·02－720－4579
　　　　홈페이지·http://www.sechangpub.co.kr　이메일·edit@sechangpub.co.kr

—

ISBN　979-11-6684-384-6　94900
ISBN　979-11-6684-040-1　（세트）

—

이 역주서는 2017년 대한민국 교육부와 한국연구재단의 지원을 받아 수행된 연구임.
(NRF－2017S1A5A7020082)

—

이 책은 한국연구재단의 지원으로 세창출판사가 출판, 유통합니다.
잘못 만들어진 책은 구입하신 서점에서 바꾸어 드립니다.

해국도지
海國圖志

【九】

(권29~권30)

위원魏源 저

정지호 · 이민숙 · 고숙희 · 정민경 역주

세창출판사

옮긴이의 말

『해국도지』 출판 배경

  1839년 호광총독湖廣總督 임칙서林則徐(1785~1850)는 도광제道光帝(재위 1820~1850)의 특명을 받고 아편 무역을 단속하기 위해 흠차대신欽差大臣(특정한 사항에 대해 황제의 전권을 위임받아 처리하는 대신)으로 광주廣州에 파견되었다. 그의 목적은 아편 수입의 급증에 따른 경제적 혼란과, 관료와 군인들의 아편 흡입으로 제국의 기강이 무너지는 것을 방지하기 위한 것이었다. 광주에 도착한 임칙서는 외국 상인에게서 약 2만여 상자의 아편을 몰수한 후 석회를 섞어 소각해서 바다로 흘려보냈다. 아편 1상자가 약 1백 명이 1년간 상용할 수 있는 양이라고 하니 당시 소각한 아편은 엄청난 양이었음을 알 수 있다.

  임칙서는 아편을 단속하는 한편, 서양 정세에도 깊은 관심을 기울였다. 그러나 당시 서양의 실상을 알기 위한 중국 서적이 거의 없는 상황에서 그는 서양 사정에 관한 다양한 자료를 수집하여 번역하는 작업에 착수했다. 번역 팀은 양진덕梁進德, 원덕휘袁德輝, 아맹亞孟, 임아적林亞適 등으로 구성되었다. 이 중 양진덕은 중국 최초의 기독교 선교사로서 『권세양언勸世良言』을 저술한 양발梁發의 아들이다. 독실한 기독교 가정에서 자란 그는 미국인 선교사 엘리자 콜먼 브리지먼Elijah Coleman Bridgman으로부터 영어를 배웠다고 한다.

임칙서는 수집한 자료 중에서 영국인 휴 머레이Hugh Murray(중국명 모단慕端)가 저술한 『세계지리대전The Encyclopaedia of Geography』(London, 1834)을 번역하게 한 후 이를 윤색하여 『사주지四洲志』를 편찬했다. 『사주지』는 원저의 요점을 간추려서 20분의 1 분량으로 요약했다고 하는데, 임칙서가 윤색에 어느 정도 관여했는지는 명확하지 않다. 임칙서는 1841년 6월에 아편전쟁의 책임을 지고 이리伊犁로 좌천되었는데, 도중 양주揚州 근처 경구京口(강소성 진강鎭江)에서 위원을 만나 『사주지』를 비롯해 그동안 수집한 다양한 자료 등을 전해 주었다.

공양학자公羊學者이면서 일찍부터 해방海防에 관심이 높았던 위원은 임칙서가 전해 준 『사주지』 등의 자료를 토대로 1년 만인 1842년 『해국도지海國圖志』 50권본을 출간했다. 그 후 1847년에는 60권본으로 증보 개정했고, 1852년에는 방대한 분량의 100권 완간본을 출간했다. 『해국도지』는 그 서명에서도 알 수 있듯이 대륙 중심의 중국이 처음으로 해양을 통한 세계 여러 나라에 관심을 기울이게 된 기념비적인 서적이라고 할 수 있다.

위원은 『해국도지』 서문에서 이 서적의 특징에 대해 "이전 사람들의 책이 모두 중국인의 입장에서 서양을 언급한 것이라면, 이 책은 서양인의 관점에서 서양을 언급한 것이다"라고 밝히고 있다. 나아가 "서양의 힘을 빌려 서양을 공격하고(以夷攻夷), 서양의 힘을 빌려 서양과 화친하며(以夷款夷), 서양의 뛰어난 기술을 배워(爲師夷長技) 서양을 제압하기 위해서 저술한 것이다(以制夷而作)"라고 언급하고 있다. 당시 중화사상에 입각해 외국에 배운다고 하는 것에 저항감이 있었던 중국의 현실에서 위원은 서양을 제압하기 위해서는 서양의 뛰어난 기술을 배울 필요가 있다고 호소한 것이다. 근대 계몽사상가인 량치차오梁啓超는 『중국근삼백년학술사中國近三百年學術史』에서 『해국도지』에 대해 "근래 백 년 동안 중국의 민심을 지배했고, 오늘날까지 그 영향력이 적지 않을 뿐만 아니라 … 중국 사대부의 지리에 관한 지식은 모두 이 책에서 비롯되었다"라고 높게 평가하고 있다.

위원의 생애

위원魏源(1794~1857)은 청대 정치가이며 계몽사상가이다. 호남성湖南省 소양邵陽 사람으로, 자는 묵심默深, 묵생墨生, 한사漢士이며, 호는 양도良圖이다. 그의 아버지 위방로魏邦魯(1768~1831)는 강소성 가정현嘉定縣 등에서 지방관을 역임했다. 위원은 주로 강소성 지역에서 활동하면서 해방에 대해 관심이 높았는데, 이러한 해방 의식의 형성 배경에는 이 지역이 해상으로부터 피해를 입기 쉬운 곳이라는 지역적 특성이 작용한 듯하다.

위원은 유봉록劉逢祿으로부터 공양학公羊學을 전수받았다. 공양학은 『춘추공양전春秋公羊傳』에 입각하여 성인의 미언대의微言大義(간결한 언어로 심오한 대의를 논하는 것)를 연구하는 학문이다. 그는 특히 동중서董仲舒 『춘추번로春秋繁露』의 미언대의 중에서 '도道'와 '세勢'의 관계에 주목했다. 도뿐만 아니라 세를 중시하는 그의 사상은 세상을 일대 변국으로 보고 다양한 정치 개혁을 착수하는 데 밑거름이 되었던 것이다.

위원은 도광 2년(1822) 향시鄕試에 합격해 거인擧人이 되었으나 이후 거듭되는 과거 시험의 낙방으로 결국은 연납捐納을 통해 관직에 진출했다. 이후 내각중서內閣中書로 일하면서 황실 도서를 이용할 수 있게 되어 이를 바탕으로 『성무기聖武記』를 저술했다. 이 책은 위원이 10여 년의 시간을 들여 청조의 흥기에서 아편전쟁에 이르기까지 국내의 여러 반란이나 주변 민족의 평정 등에 대해 서술한 것으로 청조의 전법戰法, 군사, 재정에 대해 종합적으로 논한 것으로 평가되고 있다. 위원은 37세가 되던 1830년 임칙서 등과 함께 선남시사宣南詩社를 결성했다. 이는 문인들의 모임이지만, 아편 엄금론을 주장한 황작자黃爵滋, 고증학자로 유봉록에게서 공양학을 전수받은 공자진龔自珍 등 당시로서는 개혁적 성향을 지닌 인사들의 교류 공간이었다. 위원은 1840년 아편전쟁이 발발하자 임칙서의 추천으로 양절총독 유겸裕謙의 막료로 들어갔다. 영국 장교 앤스트러더Anstruther를 만난 것은 바로 이 시기이다. 위원은 앤스트러더에게서 영국의 제반 상황을 전해 듣고 1841년 『영길리소기英吉利小記』라는 소책자를 출간하면서 서양에 대해 본격적인 관심을 기울였다. 마침 같은 해 아편전쟁 패배의 책임을 지고 이리로 좌천되어 가던 임칙서에게서

『사주지』를 비롯해 서양 관련 자료를 전해 받았다. 위원은 "서양 오랑캐를 물리치려면 먼저 서양 오랑캐의 실정을 자세하게 파악하는 데서 시작해야 한다(欲制外夷者, 必先悉夷情始)"(『해국도지海國圖志』 권1 「주해편籌海篇」)라는 인식하에 이듬해인 1842년 마침내 『해국도지』 50권본을 편찬하게 되었다.

위원은 도광 25년(1845)에 비로소 진사가 되어 고우현高郵縣 지주知州를 지냈으나 만년에는 벼슬을 버리고 불교에 심취했다. 주요 저작으로는 『공양고미公羊古微』, 『동자춘추발미董子春秋發微』, 『춘추번로주春秋繁露注』, 『시고미詩古微』, 『서고미書古微』, 『원사신편元史新篇』, 『고미당시문집古微堂詩文集』, 『성무기』 등이 있는데, 경학經學, 사학史學, 지리학, 문학, 정치, 경제 및 군사 등 다방면의 내용을 다루고 있다.

『해국도지』의 판본

『해국도지』는 모두 3종의 판본이 있다. 50권본(1842), 60권본(1847), 100권본(1852)이 그것이다. 그 외, 후에 영 존 앨런Young John Allen에 의하여 20권본이 증보된 120권본이 있는데, 여기에서는 전자인 3종의 판본에 대해 설명한다.

1. 50권본

『해국도지』 50권본은 이 책의 「서敍」에 따르면, "도광 22년(1842), 임인년 가평월(음력 12월) 양주에서 내각중서 소양 사람 위원이 쓰다(道光二十有二載, 歲在壬寅嘉平月, 內閣中書魏源邵陽敍于揚州)"라고 되어 있다. 즉 1842년 12월 57만 자에 이르는 『해국도지』 50권본이 처음으로 세상에 모습을 드러낸 것이다. 이 책에는 23폭의 지도와 8쪽에 이르는 서양 화포 도면이 수록되어 있다. 「서」에 따르면, 임칙서의 『사주지』를 토대로 더 많은 내용을 첨가해서 "동남양·서남양은 원서(『사주지』)에 비해 10분의 8이 늘어났고, 대소서양·북양·외대양은 원서(『사주지』)보다 10분의 6이 더 늘어났다(大都東南洋·西南洋, 增于原書者十之八, 大小西洋·北洋·外大洋增于原書者十之六)"라고 기록하고 있다.

2. 60권본

『해국도지』 60권본은 이 책의 「원서原敍」에 따르면 "도광 27년(1847)에 양주에서 판각되었다(道光二十七載刻于揚州)"라고 기록하고 있다. 위원은 50권본을 출간한 이후 5년간의 노력 끝에 60여만 자로 확충해 『해국도지』 60권본을 편찬한 것이다. 이 책은 50권본에 비해 해외 각 나라의 당시 상황과 서양의 기예技藝 부분 1권을 8권으로 확충했는데, 위원에 따르면 임칙서가 번역한 서양인의 『사주지』와 중국 역대의 사지史志, 명明 이래의 도지島志 그리고 최근의 외국 지도와 외국 저술에 의거하여 편찬했다고 한다.

3. 100권본

『해국도지』 100권본은 "함풍 2년(1852)에 책 내용을 더 보태 100권본으로 만들어서 고우주에서 판각했다(咸豐二年重補成一百卷, 刊于高郵州)"고 한다. 『해국도지』 「후서後敍」에 따르면 함풍 2년 88만 자로 확충해서 100권본을 출간했다고 언급하고 있는데, 이 책에서는 지도 75폭, 서양 기예 도면도가 57쪽, 지구천문합론도식地球天文合論圖式 7폭이 보충되었다. 이후 이를 정본으로 하여 위원의 사후에도 중국 각지에서 100권본에 대한 재간행이 이루어졌다. 그중에서 위원의 후손인 위광도魏光燾가 광서光緒 2년(1876)에 『해국도지』를 재간행했는데, 이 책에는 좌종당左宗棠의 서문이 실려 있다. 최근에는 지난대학暨南大學의 천화陳華 등이 주석을 단 악록서사본岳麓書社本(1988)이 간행되어 『해국도지』를 읽어 나가는 데 유익함을 주고 있다. 본 역주 작업은 광서 2년본 『해국도지』를 저본으로 삼아 악록서사본 및 그외 판본 등을 참조하여 진행했음을 미리 밝혀 둔다.

『해국도지』의 구성 및 내용

『해국도지』의 구성은 다음과 같다.

권수	구성
권1~2	주해편籌海篇
권3~4	해국연혁각도海國沿革各圖
권5~70	동남양東南洋(동남아시아, 일본), 서남양西南洋(인도, 서·중앙아시아), 소서양小西洋(아프리카), 대서양大西洋(유럽), 북양北洋(러시아와 발틱 국가들), 외대서양外大西洋(남북아메리카)의 인문지리
권71~73	동서양 종교, 역법曆法, 기년법紀年法 비교표
권74~76	세계 자연지리 총론: 오대주와 곤륜崑崙에 대한 서양의 지도 소개
권77~80	주해총론籌海總論 – 중국 저명인사의 해방론에 대한 상주문과 해방 관련 글
권81~83	청대 신문 잡지에 실린 대외 관련 기사
권84~93	해방을 위한 대포, 포탄 등 무기 12종에 관한 논의와 도설圖說
권94~95	망원경 제작 방법 등 서양의 과학 기술에 대한 소개, 아편의 중국 수입 통계 등
권96~100	지구천문합론地球天文合論, 칠정七政과 일월식日月蝕 등 14종의 지구과학적 자연 현상에 대한 해설

각 권의 요지는 다음과 같다.

권1~2 주해편은 『해국도지』를 편찬하는 목적이라고 할 수 있는 해방론을 다룬 부분이다. 여기에서 위원은 아편전쟁에서 패한 교훈을 근거로 방어와 화친에 대해 논한다. 먼저 '방어란 무엇인가? 어떻게 방어할 것인가?'라는 문제에 대해 "바다를 지키는 것은 해구海口를 지키는 것만 못하고, 해구를 지키는 것은 내륙의 하천을 지키는 것만 못하다"라는 원칙하에 해안보다는 내지 하천의 방비를 강화할 것을 주장한다. 특히 안남국과 미얀마가 영국을 무찌른 사례를 들어 중국의 지세를 활용한 방어책의 중요성을 강조하며, 나아가 군사 모집의 방법과 용병술에 대해 서술하고 있다. 내부의 방어를 견고히 한 후 외국의 공격을 막기 위해서는 적을 이용해 적을 공격하는 이른바 '이이공이以夷攻夷'를 제기한다. 당시 적국인 영국과 사이가 좋지 않은 러시아와 프랑스를 끌어들여 영국을 견제하게 하는 방안이다. 이와 함께 해상전을 위해 광동과 복건 등지에 조선소를 건설해서 군함을 비롯한 선박을 제조하고 적합한 인재를 양성해 해군력을 강화할 것을 주장한다. 화친에 대해서는 단지 열강과의 충돌이 두려워 그들의 요구를 수용(예를 들면 아편 무역을 허용)하기보다는 대체 무역을 통해 그들의 이익을 보장해 주어 화친할 것을 논하고 있다.

권3~4에서는 동남아시아와 서남아시아·아프리카·대서양 유럽 및 남북아메리카의 연혁과 함께 지도를 수록하고 있다. 역사적으로는 지도를 통해 한대부터 위진 남북조, 당대, 원대까지 역대 사서에 기록된 서역 각 나라의 연혁을 서술하여 세계 각 나라의 지리를 한눈에 볼 수 있게 했다.

권5~18의 동남양에서는 역사적으로 중국과 관계가 깊은 베트남을 필두로 해서 태국, 미얀마(이상을 연안국(海岸諸國)으로 분류), 루손, 보르네오, 자와, 수마트라, 일본(이상을 섬나라(海島諸國)로 분류) 등 각 나라의 지리, 역사, 문화 특색 및 중국을 비롯한 서양 국가들과의 대외관계를 서술하고 있다. 동남아시아의 주요 국가를 기술하면서 일본을 포함시킨 이유에 대해 바다로부터 침입을 막은 해방의 경험이 있기 때문이라고 하며, 조선과 류큐는 해방과는 거리가 멀어 언급하지 않는다고 밝히고 있다. 그리고 베트남을 제일 먼저 서술하고 있는 것에 대해 베트남이 역사상 중요한 조공국인 것도 있지만, 그보다도 지리적 여건을 이용해 여러 차례 네덜란드를 비롯한 서양 선박을 물리친 사실에서 중국이 해방을 하는 데 유의할 만한 사례라고 언급하고 있다. 나아가 베트남에서 아편을 금지한 것도 일본에서 기독교를 금지한 것과 함께 높게 평가하고 있다. 이 동남양에서는 중국에서 동남아시아 제 지역으로 가는 항로에 대해서도 상세하게 소개하고 있어 마치 독자로 하여금 직접 여행하는 기분을 느끼게 해 준다.

권19~32에서는 서남양의 인도 및 서아시아에 대해 서술하고 있다. 먼저 인도를 동인도·서인도·남인도·북인도·중인도로 나누어 이들 지역에 존재했던 왕국의 지리, 역사, 문화 등에 대해 언급하고 아울러 중국을 비롯한 서양 국가들과의 대외관계에 대해 서술하고 있다. 그리고 영국 동인도 회사의 설립과 해산 과정, 영국 속지의 지리, 역사, 문화, 종교, 인구, 풍속 등을 기술하고 있다. 또한 페르시아, 유다 왕국, 터키의 지리, 역사, 문화 및 서양과의 대외관계에 대해 기술하고 있는데, 여기에서는 특히 천주교가 중국에 어떠한 경로를 통해 전래되었는지를 보여 주는 『대진경교유행중국비大秦景教流行中國碑』 전문을 소개하고 있다. 위원은 천주교의 교리에 대해서도 많은 지면을 할애해서 소개하면서 그 교리의 문제점에 대해 비판적인 자세를 보이고 있다.

권33~36의 소서양에서는 아프리카대륙에 대한 전반적인 소개를 비롯해서 이집트, 에티오피아 등 아프리카대륙 국가들의 역사, 지리, 문화, 대외관계 등에 대해서 기술하고 있다. 특히 로마와 카르타고의 전쟁에 대해 상세하게 서술하고 있어 흥미롭다.

권37~53의 대서양에서는 유럽대륙에 대한 전반적인 소개를 하고 포르투갈을 필두로 해서 유럽 각 나라의 역사, 지리, 문화, 대외관계 등에 대해 기술하고 있다. 포르투갈 편에서는 옹정제 시기 포르투갈 국왕에 대한 하사품으로 일반적인 은상 외에 인삼, 비단, 자기 등 수십여 가지 품목을 구체적으로 기록하고 있어 서양과의 조공무역 일단을 살피는 데 유익하다. 위원은 영국에 대해 특히 많은 관심을 보여 다른 국가에 비해 많은 지면을 할애하여 영국의 역사, 지리, 문화, 정치, 경제, 사회, 대외관계 등에 대해 상세하게 소개하고 있다. 영국과의 아편전쟁이 『해국도지』 편찬에 중요한 계기가 되었음을 보여 주는 좋은 사례라 하겠다.

권54~58 북양·대서양에서는 러시아와 북유럽 국가의 역사, 지리, 민족, 언어, 정치 제도, 종교, 문화 등에 대해 상세하게 소개하고 있다. 특히 러시아 지역을 백해 부근, 백러시아, 발트해 연안, 신러시아, 시베리아 등 여러 지역으로 구분해서 각 지역의 복잡다단한 역사와 지리, 지역적 특성에 대해 고찰하고 있어 러시아에 대한 전반적인 이해를 돕는 데 유익하다. 위원이 러시아에 대해 영국과 마찬가지로 많은 지면을 할애하고 있는 것은 영국과 대립하고 있는 러시아를 이용해 영국을 견제하고자 하는 의도가 담겨 있는 것이라고 하겠다.

권59~70 외대서양에서는 콜럼버스의 아메리카대륙 발견 과정과 남북아메리카대륙의 위치와 기후, 물산의 특징에 대해 서술하고 있다. 특히 미국의 역사와 정치, 종교, 교육, 복지, 경제 및 미국인들의 인격 등에 대해서 상세하게 설명하고 있다. 보스턴 차 사건을 계기로 미국이 영국으로부터 독립을 쟁취하기까지의 과정을 상세히 살펴보면서 미국의 독립을 높게 평가하고 있다. 위원이 영국을 '영이英夷(영국 오랑캐)'라고 표기하면서도 미국을 '미이美夷'라고 표기하지 않은 것 역시 영국에 대한 적대적 감정과 함께 미국을 통해 영국을 견제하고자 하는 의도가 담겨 있는 것이라 하겠다.

　권71~73 표에서는 동서양의 종교, 역법, 기년법의 차이에 대해 상세하게 서술하고 있다.

　권74~76 지구총설에서는 불교 경전과 서양의 도설에 의거해 오대주와 세계의 지붕이라고 불리는 곤륜(파미르고원)의 자연지리 및 설화 등에 대해 상세한 소개를 하고 있다.

　권77~80 주해총론은 당대 관료와 학자들의 변방과 해안 방어에 관한 각종 대책과 상주문을 모은 것으로 19세기 당시 중국 엘리트 지식인들의 영국, 프랑스 등 서양 각 나라에 대한 인식을 비롯해 영국을 제압하기 위한 방도 및 급변하는 시국에 적절한 인재 양성 등을 논하는 내용을 다루고 있다.

　권81~83 이정비채夷情備採에서는 『오문월보澳門月報』를 비롯한 서양 신문 잡지에 실린 내용을 통해 외국의 눈에 비친 중국의 모습을 소개하고 있으며, 서양의 중국에 대한 관심 및 아편 문제, 중국 해군의 취약점 등을 상세하게 서술하고 있다.

　권84~93에서는 해방을 위한 서양의 전함과 대포 및 포탄 등 병기 제조, 전술, 측량술 등을 도면과 함께 상세하게 소개하고 있다.

　권94~95에서는 망원경 제작 방법 등 서양의 다양한 과학 기술을 소개하고 있으며, 아편의 중국 수입량에 대한 통계를 다루고 있다.

　권96~100에서는 포르투갈 출신의 예수회 선교사 호세 마르티노 마르케스José Martinho Marques의 저술에 의거하여 칠정七政, 즉 일日·월月·화성火星·수성水星·금성金星·목성木星·토성土星을 소개하고, 이외 일월식日月蝕, 공기, 바람, 천둥과 번개, 조수 및 조류, 지진, 화산 등 다양한 자연 현상의 발생 원인과 양상에 대해 구체적으로 설명하고 있다. 나아가 일월과 조수의 관계, 절기에 따른 태양의 적위, 서양 역법의 기원에 대해서도 다루고 있다.

『해국도지』의 조선 및 일본에의 전래

　전근대 중국의 세계관은 고도의 문명을 자랑하는 중국(華)을 중심으로 해서 그 주변에 아직 문명이 미치지 않은 오랑캐(夷)가 존재한다고 하는 일원적인 세계관을 전제로 했다. 화이관에 입각한 중국의 지배 질서는 황제의 덕이 미치는 정도에 따라 중앙과 지방의 이원적 구조를 뛰어넘어 표면상으로는 전 세계에 걸쳐 있었다. 이른바 '천하일통天下一統'의 관념이 존재했던 것이다. 이러한 화이사상에 근거한 중화 세계 질서는 아편전쟁 이후 서구 열강의 침략을 받게 되면서 서서히 무너져 가기 시작한다. 중국이 서구 열강을 중심으로 하는 국제 질서에 편입하게 됨에 따라 '중국'은 더 이상 세계의 중심이 아니라 많은 나라 중의 하나에 불과하며, 세계는 서로 다른 문화를 가진 각 나라가 서로 경합하는 다원적인 공간이라고 하는 인식의 변화가 일어난 것이다. 이러한 인식의 변화는 당시 중국의 엘리트 지식인들에게는 일찍이 경험해 보지 못한 미증유의 세계였다. 위원이 편찬한 『해국도지』는 중국의 지식인들이 새로운 세계에 눈을 돌릴 수 있는 계기를 제공한 것으로, 그것은 단순히 지리적 세계뿐만 아니라 정신적 세계로의 길잡이 역할을 한 것이다. 이리하여 『해국도지』는 당시 중국 지식인들이 '천하'에서 '세계'로 세계상을 전환하면서 중화사상이라는 자기중심적 세계상에서 탈출하는 힘들고 어려운 여행길에 나설 수 있게 해 주었다.

『해국도지』 50권본은 출간되자마자 조선에 전래되었다. 남경조약이 체결되고 나서 1년여가 지난 1844년 10월 26일 조선은 겸사은동지사兼謝恩冬至使를 북경에 파견했는데, 이듬해인 1845년 3월 28일 겸사은동지사의 일행 중에서 정사正使 흥완군興完君 이정응李晟應, 부사 예조판서 권대긍權大肯이 『해국도지』 50권본을 가지고 귀국한 것이다. 이 50권본은 일본에는 전해지지 않았다. 이후 많은 학자들이 북경에 다녀올 때마다 『해국도지』를 구입해 들여와서 개인 소장할 정도로 인기가 높았다고 한다. 가령 김정희金正喜(1786~1856)는 『완당선생전집阮堂先生全集』에서 "『해국도지』는 반드시 필요한 책이다(海國圖志是必需之書)"라고 했으며, 또한 허전許傳(1792~1886)의 『성재집性齋集』에 실린 「해국도지발海國圖志跋」에는 "그 대강을 초록해 놓음으로써 자세히 살피고 검토하는 데 보탬이 된다(故略抄其槩, 以資考閱云爾)"라고 언급하고 있는 것으로 보아 당시에 이미 요약본도 있었음을 알 수 있다. 나아가 최한기崔漢綺(1803~1877)는 『해국도지』 등을 참고하여 『지구전요地球典要』를 썼고, 1871년 신미양요 중에 김병학金炳學은 『해국도지』를 인용하여 국왕에게 미국의 정세를 보고했으며, 1872년 박규수는 중국에 다녀온 뒤로 당시 청년 지식인들에게 해외에 관한 관심과 이해를 강조하며 『해국도지』를 권장했다고 할 정도로 『해국도지』는 조선의 지식인들에게 외국에 대한 이해를 넓히고 새로운 세계 문명지리에 대한 지식을 갖게 해 주었다. 특히 신헌申憲(1810-1884)은 『해국도지』에 제시된 무기도武器圖에 근거하여 새로운 무기를 만들었다고 할 정도이니 그 영향이 매우 컸음을 알 수 있다.

이러한 상황은 일본의 경우도 마찬가지이다. 『해국도지』는 1851년 처음 일본에 전해졌지만, 1854년 미일통상수교조약이 체결된 뒤에 정식으로 수입이 허가되었다. 그 뒤로 막부 말기에 가와지 도시아키라川路聖謨가 사재를 들여 스하라야 이하치須原屋伊八에게 번각飜刻 출간하게 함으로써 일반인에게도 알려졌다. 그 뒤로 메이지 원년(1868)까지 간행된 『해국도지』는 23종에 이를 정도로 널리 보급되었으며, 일본 근대화에 큰 영향을 미친 사쿠마 쇼잔佐久間象山, 요시다 쇼인吉田松陰, 사이고 다카모리西郷隆盛 등은 이 책의 열렬한 독자였다고 전해진다.

『해국도지』 역주 작업의 경과 및 의의

『해국도지』 역주 작업은 한국연구재단 명저번역 사업의 일환으로 진행되었다. 번역진은 필자를 포함해 모두 4인으로 총 3년에 걸쳐 초벌 번역을 진행했으며, 이후 지속적이고 꼼꼼한 윤독 과정을 거치며 번역문에 대한 수정 작업에 전념했다. 위원이 『해국도지』의 서문에서 100권이라는 분량의 방대함에 너무 질리지 않았으면 좋겠다고 한 것에서 알 수 있듯이 방대한 분량으로 인해 당초 3년이라는 시간 내에 역주 작업을 마칠 수 있을까 하는 염려가 없지 않았으나, 번역진의 부단한 노력 끝에 무사히 번역 작업을 완수할 수 있게 되었다.

본 역주 작업은 광서 2년에 간행된 『해국도지』 100권을 저본으로 삼아 기존에 간행된 판본과의 비교 검토를 진행하면서 글자의 출입을 정리하는 것에서부터 시작했다. 이 작업에는 악록서사 교점본에 많은 도움을 받았다.

번역 작업은 그 자체로 험난한 여정이었다. 『해국도지』는 세계 문명지리서인만큼 외국의 수많은 국명과 지명, 인명이 한자어로 표기되어 있는데, 독자들의 가독성을 위해 가급적 원어 명칭을 찾으려고 노력했다. 유럽과 아메리카의 경우 다른 대륙에 비해 명칭 확인이 비교적 용이했지만, 지금은 사라진 국명이나 전혀 알려지지 않은 지명 등의 원어 명칭을 찾는 일은 그 자체로 수고로운 일이었다. 끊임없는 노력을 기울였음에도 원어 명칭을 찾지 못해 한자어 명칭을 그대로 표기한 것도 있는데, 이에 대해서는 독자들의 양해를 구하는 바이다.

또한 이미 언급했듯이 100권이라는 방대한 분량에 각 권의 내용도 상당히 난해하여 해석하고 주석을 다는 일 역시 쉬운 작업은 아니었다. 지금까지 『해국도지』의 중요성을 모두 인식하고 있음에도 불구하고 아직 완역본이 나오지 않은 것 역시 역주 작업의 어려움을 간접적으로 말해 주는 것이다. 이에 본서는 『해국도지』에 대한 세계 최초의 역주서라는 점에서 그 의의를 높게 살 만하지 않을까 생각한다. 게다가 본 번역진의 완역 작업을 통해 그동안 일부 전문 연구자의 전유물이었던 『해국도지』를 일반 독자에게도 제공할 수 있게 되었다는 점에 의미를 부여하고자 한다. 그럼에도 불구하고 본 역주 작업에는 번역진이 미처 인지하지 못한 번역상의 문제가 있을 수 있으니, 독자 여러분의 아낌없는 질정을 바라는 바이다.

마지막으로 어려운 출판 여건 속에서도 좋은 책을 만들기 위해 항상 애쓰시는 세창출판사 관계자 여러분께 깊은 감사를 드린다. 특히 김명희 이사님과 정조연 편집자님의 끝없는 관심과 세세한 교정 덕분에 본서의 완성도를 한층 더 높일 수 있게 되었다고 생각한다.

고황산 연구실에서 역주자를 대표해 정지호 씀

차례

해국도지
海國圖志

【九】

(권29~권30)

해국도지 전체 차례

일러두기 ————————————————————————————

1. 본 번역은 『해국도지海國圖志』 광서光緖 2년본(平慶涇固道署重刊), 『해국도지』 도광
   본道光本과 천화陳華 등이 교점한 『해국도지』(岳麓書社, 1998)(이하 '악록서사본'으로 약칭)
   등 『해국도지』 관련 여러 판본을 참고, 교감하여 진행했다.

2. 『해국도지』는 다음 원칙에 준해 번역한다.
   ① 본 번역은 광서 2년본에 의거하되, 글자의 출입이나 내용상의 오류가 발견될
      경우 악록서사본 등을 참고하여 글자를 고쳐 번역하고 주석으로 밝혀 둔다.

      예) 태국은 미얀마의 동남東南¹⁾쪽에서 위태롭게 버텨 오다가 건륭 36년(1771)에
          미얀마에게 멸망되었다.
          暹羅國跼長, 居緬東南, 緬于乾隆三十六年滅之.
          1) 동남쪽: 원문은 '동남東南'이다. 광서 2년본에는 '서남西南'으로 되어 있
             으나, 악록서사본에 따라 고쳐 번역한다.

   ② 본 번역은 가능한 한 직역을 위주로 하고 직역으로 문맥이 통하지 않을 경
      우에는 본뜻에 벗어나지 않는 범위 내에서 의역하며, 문맥의 이해를 돕기
      위해 필요시 [ ]부분을 삽입해 번역한다.

   ③ 본 번역에서 언급되는 중국의 국명, 지명, 인명, 서명의 경우, 한국식 독음으
      로 표기하며, 조목마다 처음에만 한자어를 병기한다. 다만 홍콩, 마카오와
      같이 한국인에게 널리 알려진 지명의 경우는 그대로 사용하며, 지금의 지명
      으로 설명이 필요한 경우는 중국 현대어 발음으로 표기한다.

④ 중국을 제외한 외국의 국명, 지명, 인명, 서명의 경우, 외래어 표기법에 의거
하여 해당 국가의 현대식 표기법을 따르고, 조목마다 처음에만 해당 지역의
영문 표기를 병기한다. 나머지 필요한 상황은 주석으로 처리한다. 외국의
국명, 지명, 인명 등에 대한 음역의 경우, 이해를 돕기 위해 두음법칙을 적용
하지 않았다.

예) 캘리컷Calicut[1]

> 1) 캘리컷Calicut: 원문은 '고리古里'로, 인도 서남부의 캘리컷을 가리킨다.
> 지금의 명칭은 코지코드Kozhikode이다.

⑤ 외국 지명은 현대식 표기법을 따를 때 역사적 사건과 사실이 잘 드러나지
않는 경우가 있다. 안남安南의 경우, 오늘날의 베트남을 지칭하지만, 역사적
으로 보면 베트남의 한 왕국 이름이다. 따라서 이 경우에는 부득이하게 한
자음을 그대로 따르고 처음 나올 때 이를 주석에 명기한다.

예) 안남安南[1]

> 1) 안남安南: 지금의 베트남을 가리키는 말로, 당대에 이곳에 설치된 안남
> 도호부安南都護府에서 유래되었다. 청대에는 베트남을 안남국, 교지국
> 등으로 구분하여 불렀다. 또한 안남국은 꽝남국을 가리키기도 한다.

⑥ '안案', '안按', '원안源案' 및 부가 설명은 번역문과 원문에 그대로 노출시킨다.
본문 안의 안과 부가 설명은 본문보다 작게 표기하고 안은 본문보다 연하게
다른 서체로 표기한다. 다만 본문 가장 뒤에 나오는 '안'과 '원안'의 경우는
번역문과 원문 모두 진하게 표기하고 본문 안의 안과 같은 서체로 표기해
구분한다.

예1) 이에 스페인 사람들은 소가죽을 찢어 몇천 길의 길이로 고리처럼 엮어
필리핀의 땅을 두르고는 약속대로 해 달라고 했다. 살펴보건대 마닐라 땅

을 [소가죽 끈으로] 두르고 약속대로 해 달라고 했다고 해야 한다.

其人乃裂牛皮, 聯屬至數千丈, 圍呂宋地, 乞如約. 案: 當云圍蠻里喇地, 乞如約.

예2)   **영국·네덜란드령 아체와 스리비자야**

단, 3국은 같은 섬으로, 당唐나라 이전에는 파리주婆利洲 땅이었다.

수마트라의 현재 이름이 아체이다. 스리비자야의 현재 이름이 팔렘방Palembang이다.

英荷二夷所屬亞齊及三佛齊島

三國同島, 卽唐以前婆利洲地. 蘇門答剌, 今名亞齊. 三佛齊, 今名舊港.

예3) 위원이 살펴보건대 베트남의 서도는 후에에 있으니 곧 참파의 옛 땅이다. 여기에서
별도로 본저국을 가리켜 참파라고 하는데, 옳지 않다. 본저국은 캄보디아, 즉 옛
첸라국이다. 『해록』이 상인과 수군의 입에서 나온 책이기 때문에 보고 들은 것은
비록 진실에 속할지 모르지만, 고대의 역사사실을 고찰함에 있어 오류가 많다. 이
에 특별히 부록을 달아 바로잡는다. 참파의 동남쪽 바다에 있는 빈동룡국은 바로
『송사』에서 말하는 빈다라賓陀羅로, 빈다라는 참파와 서로 이어져 있고 지금도 나
란히 꽝남 경내에 속해 있는 것으로 보아 아마도 용내의 땅인 것 같다. 명나라 왕기
王圻가 편찬한 『속통고續通考』에는 『불경』의 사위성舍衛城이라고 잘못 가리키고 있
는데, 이에 대해서는 말루쿠제도Maluku 뒤에서 바로잡는다.

源案: 越南之西都, 在順化港, 卽占城舊地也. 此別指本底爲占城, 非是. 本底爲柬埔寨, 卽古眞
臘國. 『海錄』出於賈客舟師之口, 故見聞雖眞, 而考古多謬. 特附錄而辯之. 至占城東南瀕海, 尙
有賓童龍國, 卽『宋史』所謂賓陀羅者, 與占城相連, 今竝入廣南境內, 疑卽龍柰之地. 明王圻『續
通考』謬指爲『佛經』之舍衛城, 辯見美洛居島國後.

⑦ 주석 번호는 편별로 시작한다.

⑧ 본서에서 언급하고 있는 '원본'은 임칙서林則徐의 『사주지四洲志』이다.

예) 원본에는 없으나, 지금 보충한다.

해국도지 원서[1]

海國圖志

‒

『해국도지』60권은 무엇에 의거했는가? 첫째로 전 양광총독兩廣總督이자 병부상서兵部尙書였던 임칙서林則徐[2]가 서양인[3]의 저서를 번역한 『사주지四洲志』[4]에 의거했다. 둘째로 역대 사지史志[5] 및 명대明代 이래의 도지島志,[6] 그리고 최근의 외국 지도[7]·외국어 저술[8]에 의거했다. 철저하게 조사·고찰하고 일목요연하게 정리하여 새로운 길을 열고자 한다. 대체로 동남양東南洋,[9] 서남양西南洋[10]은 원본에 비해 10분의 8 정도를 증보했고, 대서양大西洋·소서양小西洋,[11] 북양北洋,[12] 외대서양外大西洋[13] 역시 10분의 6 정도를 증보했다. 또한 지도와 표를 날줄과 씨줄로 하고 다양한 사람들의 논점을 폭넓게 참고하여 논의를 진행했다.

[이 책이] 이전 사람들의 해도海圖에 관한 서적과 다른 점은 무엇인가? 이전 사람들의 책이 모두 중국인의 입장에서 서양[14]을 언급한 것이라면, 이 책은 서양인의 관점에서 서양을 언급했다는 것이다.[15]

이 책을 저술한 이유는 무엇인가? 서양의 힘을 빌려 서양을 공격하고

(以夷攻夷), 서양의 힘을 빌려 서양과 화친하며(以夷款夷), 서양의 뛰어난 기술을 배워(爲師夷長技) 서양을 제압하기 위해서 저술한 것이다(以制夷而作).

『주역周易』에 다음과 같은 기록이 있다.

"사랑과 증오가 서로 충돌함에 따라 길흉吉凶을 낳고, 장래의 이익과 눈앞의 이익을 취함에 따라 회린悔吝을 낳으며, 진실과 거짓이 서로 감응함에 따라 이해利害를 낳는다."[16] 그러므로 똑같이 적을 방어한다고 해도 그 상황을 아는 것과 모르는 것은 손익 면에서 아주 큰 차이가 난다. 마찬가지로 적과 화친한다고 해도 그 사정을 아는 것과 모르는 것은 손익 면에서 커다란 차이가 있다. 과거 주변 오랑캐[17]를 제압한 경우에, 적의 상황을 물어보면 자기 집 가구를 대하듯이 잘 알고 있었으며, 적의 사정을 물어보면 일상다반사와 같이 잘 알고 있었다.

그렇다면 이 서적만 있으면 서양을 제압할 수 있다는 것인가? 그렇다고 할 수도 있지만, 아닐 수도 있다. 이것은 군사적 전략은 될 수 있지만, 근본적인 대책은 아니다. 유형의 전략이지 무형의 전략은 아니다. 명대 관료는 말하길 "해상의 왜환倭患을 평정하고자 한다면 우선 사람들의 마음속에 쌓인 우환을 다스려야 한다"라고 했다. 사람들의 마음속에 쌓인 우환이란 무엇인가? [이것은] 물도 아니고 불도 아니며 칼도 아니고 돈도 아니다. 연해의 간민奸民도 아니고 아편을 흡입하거나 판매하는 악인도 아니다. 그러므로 군자는 [무공을 칭송한] 「상무常武」와 「강한江漢」[18]의 시를 읽기 전에 [인정을 칭송한] 「운한雲漢」과 「거공車攻」[19]을 읽으면서 『시경詩經』의 「대아大雅」와 「소아小雅」 시인들이 발분한 원인을 깨달았다. 그리고 『주역』 괘사卦辭와 효사爻辭[20]의 내괘內卦(하괘), 외괘外卦(상괘), 소식괘消息卦[21]를 음미하면서 『주역』을 지은 자가 근심한[22] 원인을 알았다. 이 발분과 우환이야말로 하늘의 도(天道)가 부否를 다해서 태泰로 움직이게 하는 것[23]이고 사람들의 마음(人心)이 몽매함을 벗어나 각성하게 하는 것이며 사람들의 재주(人才)가 허虛를 고쳐서 실實로 옮겨 가게 하는 것이다.

예전 강희康熙·옹정雍正 시기에 세력을 떨쳤던 준가르도 건륭乾隆 중기 순식간에 일소되어 버렸다.[24] 오랑캐의 아편[25]이 끼친 해로움은 그 해악이 준가르보다 더 크다. 지금 폐하[26]의 어짊과 근면함은 위로는 열조列祖[27]에 부합하고 있다. 하늘의 운행과 사람의 일에 길흉화복[28]은 언제나 번갈아 가며 변하는 것이니 어찌 [서양을] 무찔러 버릴 기회가 없음을 근심하는가? 어찌 무위武威를 떨칠 시기가 없음을 근심하는가? 지금이야말로 혈기 있는 자는 마땅히 분발해야 할 때이며, 식견을 가진 자는 마땅히 원대한 계획을 세워야 할 때이다.

첫째로, 허위虛僞와 허식을 버리고 재난에 대한 두려움을 버리며, 중병을 키우지 말고 자신의 안위만을 추구하지 않는다면 사람들의 우매한 병폐는 제거될 것이다.

둘째로, 실제의 일을 가지고 실제의 성과를 평가하고, 실제의 성과를 가지고 실제의 일을 평가해야 한다. 쑥은 삼 년간 묵혀서 쌓아 두고[29] 그물은 연못에 가서 엮고,[30] 맨몸으로 황하를 건너지 말며,[31] 그림의 떡을 바라지 않는다면,[32] 인재가 부족하다는 근심은 사라질 것이다.

우매함이 제거되면 태양이 밝게 빛나고, 인재가 부족하다는 근심이 사라지면 우레가 칠 것이다. 『전』에 이르기를 "누가 집안을 어지럽게 하고서 나라를 다스릴 수 있겠는가? 천하가 안정되니 월상越裳[33]도 신하 되기를 청하네"라고 한다.[34]

『해국도지』의 내용은 다음과 같다.

첫 번째, 「주해편籌海篇」[35]에서는 방어를 통해 공격하고 방어를 통해 화친하며, 오랑캐를 이용해서 오랑캐를 제압하는 열쇠를 쥐고 있는 것은 누구인가에 대해 서술한다.

두 번째, 「각 나라 연혁도各國沿革圖」에서는 3천 년의 시간과 9만 리의 공간을 씨실과 날실로 삼으면서, 지도와 역사적 사실을 아울러 서술한다.

세 번째, 「동남양 연안 각 나라東南洋海岸各國」에서는 기독교[36]와 아편을 영내에 들어오지 못하게 하면 우리의 속국[37]도 또한 적개심을 불태울 수 있다는 것에 대해 서술한다.

네 번째, 「동남양 각 섬東南洋各島」에서는 필리핀[38]과 자와는 일본과 같은 섬나라이지만, 한쪽(필리핀과 자와)은 병합되고 한쪽(일본)은 강성함을 자랑하는 것은 교훈으로 삼을 만하다[39]는 것에 대해 서술한다.

다섯 번째, 「서남양 오인도西南洋五印度」에서는 종교가 세 차례나 변하고,[40] 국토는 오인도[41]로 분할되어 까치집(인도)에 비둘기(영국)가 거주하는 것과 같은 형국이니, 이는 중국[42]에게도 재앙이 되고 있는 것에 대해 서술한다.

여섯 번째, 「소서양 아프리카小西洋利未亞」에서는 백인[43]과 흑인[44]은 거주하는 영역이 멀리 떨어져 있는데도 불구하고 흑인이 부림을 당하고 내몰리고 있는데, 이에 대해서는 해외에서 온 외국인[45]에게 자문한 것을 서술한다.

일곱 번째, 「대서양 유럽 각 나라大西洋歐羅巴各國」에서는 대진大秦[46]과 해서海西[47]에는 다양한 오랑캐[48]가 살고 있는데, 이익과 권위로 반림泮林의 올빼미[49]와 같이 감화시킬 수 있다는 것에 대해 서술한다.

여덟 번째, 「북양 러시아北洋俄羅斯國」에서는 동서양에 걸쳐 있고 북쪽은 북극해에 접해 있으니, 근교원공近交遠攻 정책을 취할 시에 육상전에 도움이 되는 우리 이웃 국가에 대해 서술한다.

아홉 번째, 「외대양 미국外大洋彌利堅」에서는 영국의 침략에 대해서는 맹

렬히 저항했지만, 중국에 대해서는 예의를 다하니 원교근공遠郊近攻 정책을 취할 시에 해상전에 도움이 되는 나라에 대해 서술한다.

열 번째, 「서양 각 나라 종교 표西洋各國敎門表」에서는 사람은 모두 하늘을 근본으로 하고 가르침은 성인에 의해 세워져 있으니, 이합집산을 되풀이하면서도 조리를 가지고 문란하지 않은 것에 대해 서술한다.

열한 번째, 「중국·서양 연표中國西洋紀年表」에서는 1만 리 영토의 기년紀年이 하나로 통일되어 있는 점에서 중화에는 미치지 못하지만, 단절되면서도 연속되어 있는 아랍[50]과 유럽[51]의 기년에 대해 서술한다.

열두 번째, 「중국·서양 역법 대조표中國西曆異同表」에서는 중국력은 서양력의 바탕이 되지만, 서양력은 중국력과 차이가 있으며, 사람들에게 농사짓는 시기를 알려 주는 것에 있어서는 중국력이 근간을 이루고 있다는 것에 대해 서술한다.

열세 번째, 「지구총설國地總論」에서는 전쟁은 지세의 이점을 우선하는데, 어찌 먼 변방이라고 해서 경시하겠는가! 쌀이나 모래로 지형을 구축해서 지세를 파악한다면[52] 조정은 전쟁에서 승리할 수 있다는 것에 대해 서술한다.

열네 번째, 「주이장조籌夷章條」에서는 지세의 이점도 사람들의 화합에는 미치지 못하며, 기공법奇攻法과 정공법正攻法을 병용한다면 작은 노력으로도 커다란 성과를 거둘 수 있다는 것에 대해 서술한다.

열다섯 번째, 「이정비채夷情備採」에서는 적을 알고 나를 알면 화친할 수도 있고 싸울 수도 있으니, 병의 증상을 알지 못하면 어찌 처방할 것이며, 누가 어지럽고 눈앞이 캄캄한 증상을 치료할 수 있겠는가에 대해 서술한다.

열여섯 번째, 「전함조의戰艦條議」에서는 해양국이 선박에 의지하는 것은 내륙국이 성벽에 의지하는 것과 같으니, 뛰어난 기술을 배우지는 않고 풍파를 두려워하는 것은 누구인가에 대해 서술한다.

열일곱 번째, 「화기화공조의火器火攻條議」에서는 오행이 상극하여 금金과 화火[53]가 가장 맹렬하니, 우레가 지축을 흔들듯이 공격과 수비도 같은 이치라는 것에 대해 서술한다.

열여덟 번째, 「기예화폐器藝貨幣」에서는 차궤와 문자[54]는 다르지만, 화폐의 기능은 같으니, 이 신기한 것을 유용하게 활용하기 위해서 어찌 지혜를 다하지 않겠는가에 대해 서술한다.

도광 22년(1842) 임인년 12월, 내각중서 소양 사람 위원이 양주에서 쓴다.

海國圖志原敍

『海國圖志』六十卷何所據? 一據前兩廣總督林尙書所譯西夷之『四洲志』.
再據歷代史志及明以來島志, 及近日夷圖·夷語. 鉤稽貫串, 創榛闢莽, 前驅先
路. 大都東南洋·西南洋, 增於原書者十之八, 大·小西洋·北洋·外大西洋增於原
書者十之六. 又圖以經之, 表以緯之, 博參群議以發揮之.

何以異於昔人海圖之書? 曰彼皆以中土人譚西洋, 此則以西洋人譚西洋也.

是書何以作? 曰爲以夷攻夷而作, 爲以夷款夷而作, 爲師夷長技以制夷而作.

『易』曰: "愛惡相攻而吉兇生, 遠近相取而悔吝生, 情僞相感而利害生." 故
同一禦敵, 而知其形與不知其形, 利害相百焉. 同一款敵, 而知其情與不知其
情, 利害相百焉. 古之馭外夷者, 諏以敵形, 形同几席, 諏以敵情, 情同寢饋.

然則執此書卽可馭外夷乎? 曰: 唯唯, 否否. 此兵機也, 非兵本也. 有形之兵
也, 非無形之兵也. 明臣有言: "欲平海上之倭患, 先平人心之積患." 人心之積
患如之何? 非水, 非火, 非刃, 非金. 非沿海之奸民, 非吸煙販煙之莠民. 故君子
讀「雲漢」·「車攻」, 先於「常武」·「江漢」, 而知二雅詩人之所發憤. 玩卦爻內外

消息, 而知大『易』作者之所憂患. 憤與憂, 天道所以傾否而之泰也, 人心所以違寐而之覺也, 人才所以革虛而之實也.

昔準噶爾跳踉於康熙‧雍正之兩朝, 而電埽於乾隆之中葉. 夷煙流毒, 罪萬準夷. 吾皇仁勤, 上符列祖. 天時人事, 倚伏相乘, 何患攘剔之無期? 何患奮武之無會? 此凡有血氣者所宜憤悱, 凡有耳目心知者所宜講畫也.

去偽, 去飾, 去畏難, 去養癰, 去營窟, 則人心之寐患祛, 其一. 以實事程實功, 以實功程實事. 艾三年而蓄之, 網臨淵而結之, 毋馮河, 毋畫餅, 則人材之虛患祛, 其二. 寐患去而天日昌, 虛患去而風雷行. 『傳』曰: "孰荒於門, 孰治於田? 四海旣均, 越裳是臣." 敍『海國圖志』.

以守爲攻, 以守爲款, 用夷制夷, 疇司厥楗, 述「籌海篇」第一.

縱三千年, 圍九萬里, 經之緯之, 左圖右史, 述「各國沿革圖」第二.

夷敎夷煙, 毋能入界, 嗟我屬藩, 尙堪敵愾, 志「東南洋海岸各國」第三.

呂宋‧爪哇, 嶼埒日本, 或噬或駃, 前車不遠, 志「東南洋各島」第四.

敎閱三更, 地割五竺, 鵲巢鳩居, 爲震旦毒, 述「西南洋五印度」第五.

維晢與黔, 地遼疆闊, 役使前驅, 疇諏海客, 述「小西洋利未亞」第六.

大秦海西, 諸戎所巢, 維利維威, 實懷泮鴞, 述「大西洋歐羅巴各國」第七.

尾東首西, 北盡冰溟, 近交遠攻, 陸戰之鄰, 述「北洋俄羅斯國」第八.

勁悍英寇, 恪拱中原, 遠交近攻, 水戰之援, 述「外大洋彌利堅」第九.

人各本天, 敎綱於聖, 離合紛紜, 有條不紊, 述「西洋各國敎門表」第十.

萬里一朔, 莫如中華, 不聯之聯, 大食‧歐巴, 述「中國西洋紀年表」第十一.

中曆資西, 西曆異中, 民時所授, 我握其宗, 述「中國西曆異同表」第十二.

兵先地利, 豈間遐荒! 聚米畫沙, 戰勝廟堂, 述「國地總論」第十三.

雖有地利, 不如人和, 奇正正奇, 力少謀多, 述「籌夷章條」第十四.

知己知彼, 可款可戰, 匪證奚方, 孰醫瞑眩, 述「夷情備探」第十五.

水國恃舟, 猶陸恃堞, 長技不師, 風濤誰讋, 述「戰艦條議」第十六.

五行相克, 金火斯烈, 雷奮地中, 攻守一轍, 述「火器火攻條議」第十七.

軌文匪同, 貨幣斯同, 神奇利用, 盍殫明聰, 述「器藝貨幣」第十八.

道光二十有二載, 歲在壬寅嘉平月, 內閣中書邵陽魏源敍於揚州.

주석

1 원서: 이 서문은 원래 『해국도지』 50권본의 서문이다. 악록서사본에 따르면 이는 도광 22년 12월(1843년 1월)에 서술되어 도광 27년(1847) 『해국도지』 60권본을 출판할 때, 단지 50권본의 '5' 자를 '6' 자로 바꾸고 '서敍'를 '원서原敍'로 수정했다. 나머지 내용은 전부 50권본 그대로이다.

2 임칙서林則徐: 임칙서(1785~1850)는 청나라 말기의 정치가로 복건성 복주 출신이다. 자는 소목少穆, 호는 문충文忠이다. 1837년 호광총독湖廣總督으로 재임 중 황작자黃爵滋의 금연 정책에 호응해서 아편 엄금 정책을 주장했다. 호북湖北·호남湖南에서 금연 정책의 성공을 인정받아 흠차대신으로 등용되어 광동에서의 아편 무역을 단속하게 된다. 1839년 광동에 부임하여 국내의 아편 판매 및 흡연을 엄중히 단속하고 외국 상인이 소유하던 아편을 몰수했으며, 아편 상인을 추방하여 아편 무역을 근절하고자 했다. 그러나 이에 항의한 영국이 함대를 파견하자 이에 대한 책임을 지고 면직되어 신강성新疆省에 유배되었다.

3 서양인: 원문은 '서이西夷'이다.

4 『사주지四洲志』: 임칙서가 휴 머레이Hugh Muray 『세계지리대전The Encyclopaedia of Geography』의 일부를 양진덕梁進德 등에게 번역시킨 후, 직접 원고의 일부분을 수정해서 펴낸 책이다. 이하 본서에서 언급하고 있는 원본은 바로 『사주지』를 가리킨다.

5 사지史志: 『해국도지』에 인용되어 있는 24사를 비롯해 『통전通典』, 『문헌통고文獻通考』, 『속문헌통고續文獻通考』, 『황조문헌통고皇朝文獻通考』, 『통지通志』, 『수경주水經注』, 『책부원귀冊府元龜』, 『대청일통지大淸一統志』, 『광동통지廣東通志』, 『무역통지貿易通志』 등의 서적을 가리킨다.

6 도지島志: 『해국도지』에 인용되어 있는 주달관周達觀의 『진랍풍토기眞臘風土記』, 왕대연汪大淵의 『도이지략島夷志略』, 사청고謝淸高의 『해록海

錄』, 장섭張燮의 『동서양고東西洋考』, 황충黃衷의 『해어海語』, 황가수黃可垂의 『여송기략呂宋紀略』, 왕대해汪大海의 『해도일지海島逸志』, 장여림張汝霖의 『오문기략澳門紀略』, 진륜형陳倫炯의 『해국문견록海國聞見錄』, 줄리오 알레니Giulio Aleni의 『직방외기職方外紀』, 페르디난트 페르비스트Ferdinand Verbiest의 『곤여도설坤輿圖說』 등의 서적을 가리킨다.

7   외국 지도: 원문은 '이도夷圖'이다. 서양에서 제작된 지도를 가리킨다.

8   외국어 저술: 원문은 '이어夷語'이다. 서양인이 저술한 서적을 가리킨다.

9   동남양東南洋: 위원이 말하는 동남양은 동남아시아Southeast Asia 해역, 한국Korea・일본Japan 해역 및 오세아니아Oceania 해역 등을 가리킨다.

10 서남양西南洋: 위원이 말하는 서남양은 아라비아해Arabian Sea 동부에 있는 남아시아South Asia 해역 및 서남아시아 동쪽의 아라비아해 서부 등의 해역을 포괄해서 가리킨다.

11 대서양大西洋・소서양小西洋: 위원이 말하는 대서양은 서유럽West Europe 및 스페인Spain・포르투갈Portugal의 서쪽 해역, 즉 대서양Atlantic Ocean에 인접해 있는 여러 국가 및 북해North Sea의 남부와 서부를 가리킨다. 위원이 말하는 소서양은 인도양Indian Ocean과 대서양에 인접해 있는 아프리카Africa 지역을 가리킨다.

12 북양北洋: 위원이 말하는 북양은 북극해Arctic Ocean 및 그 남쪽의 각 바다에 인접해 있는 유럽Europe과 아시아Asia 두 대륙 일부, 일부 발트해 연안 국가의 해역, 덴마크Denmark 서쪽의 북해 동부 및 북아메리카North America의 그린란드Greenland 주위 해역, 즉 노르웨이Norway・러시아・스웨덴Sweden・덴마크・프로이센Preussen 5개국의 해역 및 크름반도 주변 해역을 가리킨다.

13 외대서양外大西洋: 위원이 말하는 외대서양은 대서양에 인접해 있는 남북아메리카 일대를 가리킨다.

14 서양: 대서양 양안의 구미 각 나라를 가리킨다.

15 이 책은 … 언급했다는 것이다: 도광 27년(1847)의 60권본의 5, 7, 13, 14, 16, 20~23, 25~33, 36~38, 40~43권은 유럽인 원찬(歐羅巴人原撰), 후관 임

칙서 역侯官林則徐譯, 소양 위원 중집邵陽魏源重輯이라고 기록하고 있는데, 이 부분은 『사주지』를 원본으로 하고 다른 서적을 참고해서 증보한 것이다.

16 사랑과 증오가 … 낳는다: 『주역』 제12장 「계사전繫辭傳」 하에 보인다. 길吉은 좋은 것, 흉兇은 나쁜 것이다. 회悔는 후회하는 것이고, 린吝은 개선하려고 하지 않는 것이다. 흉과 길이 이미 벌어진 일이라면 회와 린은 일종의 전조와 같은 것으로 회는 길할 전조, 린은 흉할 전조가 된다.

17 주변 오랑캐: 원문은 '외이外夷'이다.

18 「상무常武」와 「강한江漢」: 모두 『시경』 「대아」의 편명이다. 주나라 선왕宣王이 회북淮北의 오랑캐를 정벌하여 무공을 떨친 것을 기리기 위해 지은 것이다.

19 「운한雲漢」과 「거공車攻」: 「운한」은 『시경』 「대아」의 편명이고 「거공」은 「소아」의 편명이다. 주나라 선왕이 재해를 다스리고 제도를 정비한 것 등 내정을 충실히 한 것을 기리기 위해 지은 것이다.

20 괘사卦辭와 효사爻辭: 『주역』은 본래 양(—)과 음(--)의 결합에 의해 64괘로 이루어져 있다. 이 64괘에 대한 설명을 괘사라고 한다. 그리고 괘를 구성하고 있는 (—)과 (--)을 효라고 하는데, 이에 대한 의미를 설명한 것을 효사라고 한다. 1괘당 6개의 효가 있어 효사는 모두 384개로 이루어져 있다.

21 내괘內卦(하괘), 외괘外卦(상괘), 소식괘消息卦: 원문은 '내외소식內外消息'이다. 모두 『주역』의 용어로서 끊임없는 변화를 의미한다.

22 『주역』을 지은 자가 근심한: 『주역』 「계사전」 하에 의하면 "『주역』이 흥기한 것은 중고 시대일 것이다. 『주역』을 지은 자는 근심을 품고 있을 것이다(『易』之興也, 其於中古乎. 作『易』者其有憂患乎)"라고 언급하고 있다.

23 부否를 다해서 태泰로 움직이게 하는 것: '부'와 '태'는 모두 『주역』 64괘의 하나이다. '부'는 막혀 있는 상태, '태'는 형통하고 있는 상태로서 양자는 정반대의 위치에 있다. '부'가 지극해지면 '태'로 변화하는데, 이는 분노와 우환이 막혀 있는 상태에서 형통하는 상태로 변화하는 것을 의

미한다.

24 준가르도 … 일소되어 버렸다: 준가르는 17세기 초에서 18세기 중엽에 걸쳐 세력을 떨친 서북 몽골의 오이라트계 몽골족이다. 17세기 말경 종 종 중국의 서북 변경에 침입했으나 1755년 청나라군의 공격을 받아 준 가르가 붕괴되고 나아가 1758년 완전히 멸망되었다.

25 오랑캐의 아편: 원문은 '이연夷烟'이다.

26 폐하: 도광제道光帝(재위 1820~1850)를 가리킨다.

27 열조列祖: 청조의 역대 제왕을 가리킨다.

28 길흉화복: 원문은 '의복倚伏'이다. 노자老子 『도덕경道德經』의 "화란 것은 복이 의지하는 곳이고, 복은 화가 숨어 있는 곳이다(禍兮福之所倚, 福兮禍之所伏)"라는 말에서 유래한다.

29 쑥은 삼 년간 묵혀서 쌓아 두고: 원문은 '애삼년이축지艾三年而蓄之'이다. 『맹자孟子』 「이루離婁」 하편에 "7년의 병을 치료하기 위해서는 삼 년간 숙성된 쑥이 필요하다(七年之病救三年之艾)"는 말이 있다.

30 그물은 연못에 가서 엮고: 원문은 '망임연이결지網臨淵而結之'이다. 『한서 漢書』 「동중서전董仲舒傳」에 "연못에 임해서 고기를 탐하는 것은 물러나 그물을 만드는 것보다 못하다(臨淵羨魚, 不如退而結網)"라는 말이 있다.

31 맨몸으로 황하를 건너지 말며: 원문은 '무풍하毋馮河'이다. 『논어論語』 「술이述而」편에 "맨손으로 호랑이를 잡고 맨몸으로 황하를 건너다가 죽 어도 후회가 없다는 사람과는 나는 함께하지 않을 것이다(暴虎馮河, 死而無 悔者, 吾不與也)"라는 말이 있다.

32 그림의 떡을 바라지 않는다면: 원문은 '무화병毋畵餠'이다.

33 월상越裳: 서주 초기의 '월상'은 막연하게 중국 남쪽의 아주 먼 나라를 가 리키기 때문에 정확한 지역은 알 수 없다. 삼국 시대 이후에 등장하는 '월상'은 대체로 베트남 중부의 월상현越裳縣을 가리키며, 지금의 하띤성 Ha Tinh 일대에 해당한다. 또한 라오스Laos나 캄보디아Cambodia를 가리키 기도 한다.

34 『전』에 … 한다: 『후한서後漢書』 「남만전南蠻傳」에 의하면 월상은 베트

남의 남쪽에 있던 나라로 주공周公 시기 여러 번이나 통역을 거쳐서 입조해서 흰 꿩을 바쳤다는 일화가 등장하는데, "누가 집안을 … 신하 되기를 청하네"는 한유韓愈의 시 「월상조越裳操」에서 인용한 것이다.

35 「주해편籌海篇」: '의수議守', '의전議戰', '의관議款' 세 항목으로 구성되어 있다.

36 기독교: 원문은 '이교夷敎'이다.

37 속국: 원문은 '속번屬藩'이다.

38 필리핀: 원문은 '여송呂宋'이다.

39 교훈으로 삼을 만하다: 원문은 '전거불원前車不遠'이다. 이 말은 앞 수레가 넘어지면 뒤 수레의 경계가 된다는 의미의 '전거복철前車覆轍'과 은나라가 망한 것을 거울로 삼아야 할 것은 멀리 있지 않다는 의미의 '은감불원殷鑑不遠'의 앞뒤 두 글자를 따온 것이다.

40 종교가 세 차례나 변하고: 원문은 '교열삼경敎閱三更'이다. '종교의 나라'로로 불리는 인도는 힌두교와 불교의 탄생지이며, 10세기경에는 이슬람군이 인도의 델리 지방을 점거하면서 이슬람교가 전파되기 시작했다.

41 오인도: 원문은 '오축五竺'으로, 동인도·남인도·서인도·북인도·중인도를 가리킨다. 악록서사본에 따르면 오인도는 다음과 같이 구분되고 있다. 동인도Pracys는 지금의 인도 아삼주Assam 서부, 서벵골주West Bengal의 중부와 남부, 오디샤Odisha의 북부와 중부 및 현 방글라데시Bangladesh의 중부와 남부이다. 북인도Udicya는 현 카슈미르주Kashmir, 인도의 펀자브주Punjab, 하리아나주Haryana, 파키스탄의 서북 변경, 펀자브주 및 아프가니스탄의 카불강Kabul River 남쪽 양측 강변 지역이다. 서인도Aparanta는 현 파키스탄 중부와 남부, 인도 구자라트주Gujarat의 북부와 동부, 마디아프라데시주Madhya Pradesh의 북부와 서부, 라자스탄주Rajasthan의 남부이다. 『대당서역기大唐西域記』에는 '인도국'이 아니라고 명확히 밝히고 있다. 중인도Madhyadesa는 현 방글라데시 북부, 인도의 서벵골주 북부, 라자스탄주 북부, 우타르프라데시주Uttar Pradesh이다. 네팔Nepal을 중인도에 넣고 있는데, 이는 옳지 않다. 선학들도 이미 논한 바 있다. 남인도Daksinapatha는 인도차이나반도상의 오디샤주의 남부, 중앙주의 동남부,

마하라슈트라주Maharashtra와 위에서 서술한 세 곳 이남의 인도 각주 및 서북쪽으로 면한 카티아와르반도Kathiawar Peninsular이다. 『대당서역기』 에는 '인도국'이 아니라고 명확히 밝히고 있다. 위원이 『해국도지』를 편 찬할 때 무굴 제국Mughal Empire은 이미 멸망하여 잘 알지 못했기 때문에 『직방외기』에서 언급한 동·북·중·서인도가 무굴 제국에 병합되었다고 하는 설의 영향을 크게 받았다. 확실하게 영국의 동인도 회사가 직접 통치하는 벵골(현 방글라데시와 인도의 서벵골주 지역)을 동인도로 하고 카슈미 르를 북인도라 한 것을 제외하고는 예전 중·서인도 및 동·북인도의 나 머지 지역을 '중인도'라고 했다. 또한 지금 이란의 아라비아반도에 이르 는 일대를 '서인도'라고도 했다.

42 중국: 원문은 '진단震旦'으로, 지나支那와 같이 중국을 달리 부르는 말이다.

43 백인: 원문은 '석晳'이다.

44 흑인: 원문은 '검黔'이다.

45 해외에서 온 외국인: 원문은 '해객海客'이다.

46 대진大秦: 고대 로마 제국Roman Empire, 또는 동로마 제국Byzantium Empire을 가리킨다.

47 해서海西: 고대 로마 제국, 또는 동로마 제국을 가리킨다.

48 오랑캐: 원문은 '융戎'이다. 고대 중국은 주변 민족을 동이東夷, 서융西戎, 남만南蠻, 북적北狄으로 불렀다. 여기에서 융은 중국의 서쪽에 있는 이민 족을 가리킨다.

49 반림泮林의 올빼미: 원문은 '반효泮鴞'이다. 『시경』 「노송魯頌·반수泮水」 편에 "훨훨 날아다니는 올빼미가 반궁 숲에 내려앉았네. 우리 뽕나무의 오디를 먹고서는 나에게 듣기 좋은 소리로 노래해 주네(翻彼飛鴞, 集于泮林, 食我桑黮, 懷我好音)"라고 하는데, 이는 훨훨 나는 올빼미가 오디를 먹고 감 화되었다는 것을 의미한다.

50 아랍: 원문은 '대식大食'이다. 대식은 원래 이란의 한 부족명이었는데, 후 에 페르시아인은 이를 아랍인의 국가로 보았다. 중국은 당조唐朝 이후 대식을 아랍 국가의 명칭으로 사용하고 있다.

51 유럽: 원문은 '구파歐巴'이다.

52 쌀이나 모래로 … 파악한다면: 원문은 '취미화사聚米畵沙'이다.『후한서』
권24「마원열전馬援列傳」에 의하면, 후한 광무제가 농서隴西의 외효隗囂
를 치기 위하여 친정했을 때, 농서 출신 복파장군伏波將軍 마원이 쌀을
모아서 산과 골짜기 등 지형을 그림처럼 만들어 보여 주자 광무제가 오
랑캐가 내 눈앞에 들어왔다고 기뻐했다는 고사가 전해진다.

53 금金과 화火: 금과 화는 음양오행설의 목·화·토·금·수의 순서에 따라 상
극(상승) 관계에 있다. 동시에 여기에서는 무기, 화기를 나타낸다.『주
역』에 "우레가 지축을 흔든다(雷奮地中)"라는 말이 있다.

54 차궤와 문자:『예기禮記』「중용·中庸」편에 "지금 천하의 수레는 차궤를
같이하고, 서적은 문자를 같이하며, 행실은 윤리를 같이한다(今天下車同
軌, 書同文, 行同倫)"라고 한다. 여기에서 차궤, 문자, 행실은 넓은 의미에서
인류 사회의 문명을 의미한다.

해국도지 후서

—

　서양의 지리에 대해 이야기할 경우에는 명대 만력萬曆[1] 연간 서양[2]인 마테오 리치Matteo Ricci[3]의 『곤여도설坤輿圖說』[4]과 줄리오 알레니Giulio Aleni[5]의 『직방외기職方外紀』[6]에서부터 시작해야 한다. 이들 책이 처음 중국에 소개되었을 때, 중국인들은 대체로 추연鄒衍[7]이 천하를 논하는 것과 같다고 생각했다.[8] 청조[9] 시기에 이르러 광동에서 통상무역[10]이 활발해지면서 중국어와 산스크리트어가 두루 번역됨에 따라 지리에 관한 많은 서적이 중국어로 번역·간행되었다. 예를 들면, 북경 흠천감欽天監[11]에서 근무하던 페르디난트 페르비스트Ferdinand Verbiest[12]와 미셸 베누아Michel Benoist[13]의 『지구전도地球全圖』가 있다. 광동에서 번역 출간된 것으로서 초본鈔本[14]인 『사주지四洲志』·『외국사략外國史略』[15]이 있고, 간행본으로는 『만국지리전도집萬國地理全圖集』[16]·『평안통서平安通書』[17]·『매월통기전每月統紀傳』[18]이 있는데, 하늘의 별처럼 선명하고 손금을 보는 것처럼 명료했다. 이에 비로소 해도海圖와 해지海志를 펼쳐 보지 않았으면 우주의 창대함과 남북극의 상하가 둥

글다는 것을 몰랐다는 사실조차 몰랐을 것이다. 다만, 이 발행물들은 대부분 서양 상인들이 발행한 것으로 섬 해안가 토산물의 다양함, 항구도시 화물 선박의 수, 더위와 추위 등 하늘의 운행에 따른 절기에 대해서는 상세하다. 그리고 각 나라 연혁의 전모나 행정 구역의 역사로 보아 각 나라 사서史書에 9만 리를 종횡하고 수천 년을 이어져 온 산천 지리를 기록할 수 있을 것 같은데, [이들 책에서는] 유감스럽게도 아직 들어 보지 못했다.

다만 최근에 나온 포르투갈[19]인 호세 마르티노 마르케스José Martinho Marques[20]의 『지리비고地理備考』,[21] 미국[22]인 엘리자 콜먼 브리지먼Elijah Coleman Bridgman[23]의 『미리가합성국지략美理哥合省國志略』[24]은 모두 그 나라의 문인들이 고대 전적典籍[25]을 세세하게 살펴 [집필하여] 문장의 조리가 매우 분명해 이해하기가 쉽다. 그리고 『지리비고』의 「구라파주총기歐羅巴洲總記」 상하 2편[26]은 더욱 걸작으로, 바로 오랫동안 막혀 있던 마음을 확 트이게 해 주었다. 북아메리카[27]에서는 부락이 군장을 대신하고[28] 그 정관이 대대로 이어지는데도 폐단이 없고, 남아메리카[29] 페루국[30]의 금은은 세계에서 제일 풍부하지만, 모두 역대로 들은 바가 없다. 이미 [『해국도지』는] 100권을 완성해 앞에 총론을 제시해서 독자들로 하여금 그 대강을 파악한 후에 그 조목을 상세하게 알게 해 두었으니 분량의 방대함에 질려 탄식하지 않기를 바란다.

또한 예전 지도는 단지 앞면과 뒷면 2개의 전도全圖만 있고, 또한 각 나라가 모두 실려 있지 않아 좌우에 지도와 역사서를 모두 갖추는 바람을 채우지 못했다. 그런데 지금 광동과 홍콩에서 간행된 화첩畵帖[31] 지도를 보면 각각 지도는 일국의 산수와 성읍의 위치를 구륵鉤勒, 즉 동그라미로 표시하고 색칠해 두었으며 경도[32]와 위도[33]를 계산하는 데 조금도 어긋나지 않았다. 이에 고대부터 중국과 교류가 없었던 지역임에도 산천을 펼쳐 보면 마치 『일통지一統志』의 지도를 보는 것 같았고 풍토를 살펴보면 마치 중국 17개 성省의 지방지를 읽는 것 같았다. 천지 기운의 운행이 서북쪽에서 동남쪽으로 해서 장차 중외가 일가를 이루려고 하는 것인가!

무릇 그 형세를 자세하게 알면 다스리는 방법이 틀림없이 「주해편」에 들어 있다는 것을 알게 될 것이다. 「주해편」은 작게 쓰면 작은 효용이, 크게 쓰면 큰 효용이 있을 것이니 이로써 중국의 명성과 위엄을 떨칠 수 있다면 이는 밤낮으로 매우 원하던 바이다.

마르케스의 『천문지구합론天文地球合論』과 최근 수전에서 사용되었던 화공과 선박, 기기의 도면을 함께 뒤쪽에 부록으로 실어 두었으니, 지식을 넓히는 데 보탬이 되고, 유익하게 활용하는 데 도움이 되기를 바란다.

함풍咸豐 2년(1852), 소양 사람 위원이 고우주高郵州에서 쓴다.

海國圖志後敍

一

　　譚西洋輿地者, 始於明萬曆中泰西人利馬竇之『坤輿圖說』, 艾儒略之『職方外紀』. 初入中國, 人多謂鄒衍之談天. 及國朝而粵東互市大開, 華梵通譯, 多以漢字刊成圖說. 其在京師欽天監供職者, 則有南懷仁·蔣友仁之『地球全圖』. 在粵東譯出者, 則有鈔本之『四洲志』·『外國史略』, 刊本之『萬國地理全圖集』·『平安通書』·『每月統紀傳』, 爛若星羅, 瞭如指掌. 始知不披海圖海志, 不知宇宙之大, 南北極上下之渾圓也. 惟是諸志多出洋商, 或詳於島岸土產之繁, 埠市貨船之數, 天時寒暑之節. 而各國沿革之始末·建置之永促, 能以各國史書誌富媼山川縱橫九萬里·上下數千年者, 惜乎未之聞焉.

　　近惟得布路國人瑪吉士之『地理備考』與美里哥國人高理文之『合省國志』, 皆以彼國文人留心丘索, 綱舉目張. 而『地理備考』之『歐羅巴洲總記』上下二篇尤爲雄偉, 直可擴萬古之心胸. 至墨利加北洲之以部落代君長, 其章程可垂奕世而無弊, 以及南洲孛露國之金銀富甲四海, 皆曠代所未聞. 旣彙成百卷, 故提其總要於前, 俾觀者得其綱而後詳其目, 庶不致以卷帙之繁, 望洋生歎焉.

又舊圖止有正面背面二總圖, 而未能各國皆有, 無以愜左圖右史之願. 今則用廣東香港冊頁之圖, 每圖一國, 山水城邑, 鉤勒位置, 開方里差, 距極度數, 不爽毫髮. 於是從古不通中國之地, 披其山川, 如閱『一統志』之圖, 覽其風土, 如讀中國十七省之志. 豈天地氣運, 自西北而東南, 將中外一家歟!

夫悉其形勢, 則知其控馭必有於「籌海」之篇. 小用小效, 大用大效, 以震疊中國之聲靈者焉, 斯則夙夜所厚幸也. 夫至瑪吉士之『天文地球合論』與夫近日水戰火攻船械之圖, 均附於後, 以資博識, 備利用.

咸豐二年, 邵陽魏源敍於高郵州.

주석

1 만력萬曆: 명나라 제13대 황제 신종神宗 주익균朱翊鈞의 연호(1573~1620)
   이다.

2 서양: 원문은 '태서泰西'이다. 널리 서방 국가를 가리키는데, 일반적으로
   서유럽과 미국을 의미한다.

3 마테오 리치Mateo Ricci: 원문은 '이마두利瑪竇'이다. 마테오 리치(1552~1610)
   는 이탈리아 마체라타Macerata 출신으로 1583년에는 광동에 중국 최초의
   천주교 성당을 건립해 그리스도교를 전파했다. 그는 유학에도 상당히
   조예가 깊었으며, 철저한 중국화를 위해 스스로 유학자의 옷을 입었다.
   그리고 조상 숭배도 인정하는 융통성을 보여 유학자들로부터 '서양의
   유학자(泰西之儒士)'라고 불리었다. 대표적인 저작으로 자신과의 대화 형
   식을 빌려 천주교 교리를 설명한 『천주실의天主實義』가 있다.

4 『곤여도설坤輿圖說』: 청대 초기 흠천감을 맡고 있던 페르비스트(1623~1688)
   는 천문역법뿐만 아니라 세계 지리와 지도, 천주교 등 다양한 유럽 문
   화를 소개했는데, 그중 세계 지리서로 간행한 것이 바로 『곤여도설』이
   다. 이 책은 상하 2권 1책으로 구성되어 있다. 여기에서 마테오 리치의
   저술이라고 한 것은 오류이다. 마테오 리치는 1601년 『만국도지萬國圖
   志』를 그려서 만력제에게 선물했으며, 세계 지도 위에 지리학과 천문
   학적인 설명을 덧붙여 놓은 『곤여만국전도坤輿萬國全圖』를 번역하기도
   했다. 본문에서 『곤여도설』은 『곤여만국전도』의 오류가 아닌가 생각
   한다.

5 줄리오 알레니Giulio Aleni: 원문은 '애유략艾儒略'이다. 알레니(1582~1649)는
   이탈리아 출신의 예수회 소속 선교사이다. 중국의 복장과 예절을 받아
   들여 '서양의 공자'라고 일컬어졌다.

6 『직방외기職方外紀』: 알레니가 한문으로 저술한 세계지리도지世界地理圖

志이다. 마테오 리치의 『만국도지』를 바탕으로 증보했으며, 아시아, 유럽, 아프리카, 아메리카 및 해양에 관한 내용을 적고 있다. 『주례周禮』에 기록된 관제 중에 직방씨職方氏가 있는데, 천하의 땅을 관장하기 위해 지도를 맡아 관리했다. 이에 따르면 천하는 중국과 주위의 사이四夷, 팔만八蠻, 칠민七閩, 구맥九貉, 오융五戎, 육적六狄으로 구성되어 있다. 이에 알레니는 중국 사람들에게 천하에는 이들 이외에 중국에 조공하지 않는 많은 나라가 있음을 이 책을 통해 알려 주려고 한 것이다.

7 추연鄒衍: 추연(기원전 305~기원전 240)은 중국 전국 시대戰國時代 제齊나라 사람으로 제자백가 중 음양가陰陽家의 대표적 인물이다. 오행사상五行思想과 음양이원론陰陽二元論을 결합하여 음양오행사상을 구축했다.

8 천하를 논하는 것과 같다고 생각했다: 여기에서 천문은 추연의 대구주설大九州說을 말하는 것이다. 『사기史記』에 따르면, "중국을 이름 붙이기를 적현신주赤縣神州라고 했다. 적현신주 안에 구주九州라는 것이 있는데, 우禹임금이 정한 구주가 바로 이것이나, 대구주는 아니다. 중국의 밖에는 적현신주 같은 것이 9개가 있는데, 이것이 구주인 것이다"라고 되어 있다. 즉 추연은 우공의 구주 전체를 적현신주라 하고 이와 똑같은 것이 8개가 더 합쳐져서 전 세계가 하나의 주를 구성하고 있다고 보았다. 추연의 대구주설은 처음에는 이단으로 받아들여졌으나, 서양의 세계 지도가 중국에 전래되면서 관심을 끌게 되었다고 한다.

9 청조: 원문은 '국조國朝'이다.

10 통상무역: 원문은 '호시互市'이다. 본래 중국의 역대 왕조가 국경 지대에 설치한 대외무역소를 가리키는데, 명청 시대에는 책봉 관계를 체결하지 않은 외국과의 대외무역 체제를 의미한다.

11 흠천감欽天監: 명청 시대 천문·역법 등에 관한 일을 담당하던 기관으로 서양 선교사들이 황실의 천문을 살펴 주고 그 사업을 주도했다.

12 페르디난트 페르비스트Ferdinand Verbiest: 원문은 '남회인南懷仁'이다. 벨기에 출신으로 1659년 중국에 와서 전도에 일생을 바쳤다. 당초 예수회 수사 아담 샬Adam Schall을 도와 흠천감에서 근무했는데, 이는 서양의 천

문학과 수학에 통달했기 때문이었다. 강희 원년(1662) 양광선楊光先을 중심으로 하는 보수파의 반대 운동에 부딪혀 아담 샬과 함께 북경 감옥에 갇혔다. 이어 보수파가 실각하자 다시 흠천감의 일을 맡게 되었으며, 궁정의 분수 등을 만들어 강희제의 신임을 받아 공부시랑工部侍郎의 직위를 하사받았다. 또한 서양풍의 천문기기를 주조하고 그것을 해설한 『영대의상지靈臺儀象志』(1674) 16권을 출판했으며, 같은 해에 『곤여도설坤輿圖說』이라는 세계 지도를 펴냈다.

13 미셸 베누아Michel Benoist: 원문은 '장우인蔣友仁'이다. 미셸 베누아(1715~1774)는 프랑스 출신의 예수회 선교사, 천문학자이다.

14 초본鈔本: 인쇄 기술에 의존하지 않고 손으로 직접 글을 써서 제작한 도서나 출판물을 가리킨다. 필사본이라고도 한다.

15 『외국사략外國史略』: 영국인 선교사 로버트 모리슨Robert Morrison의 작품으로 『해국도지』에 커다란 영향을 미쳤다.

16 『만국지리전도집萬國地理全圖集』: 광서 2년본에는 '『만국도서집萬國圖書集』'으로 되어 있으나, 악록서사본에 따라 고쳐 번역한다.

17 『평안통서平安通書』: 미국 선교사 디비 베툰 매카티Divie Bethune McCartee의 저서로, 기독교 교의와 과학 지식, 천문天文·기상氣象 관련 상식들을 소개하고 있다.

18 『매월통기전每月統紀傳』: 원명은 『동서양고매월통기전東西洋考每月統記傳』으로, 카를 귀츨라프Karl Gützlaff가 1833년에 광주廣州에서 창간한 중국어 월간지이다.

19 포르투갈: 원문은 '포로국布路國'이다.

20 호세 마르티노 마르케스José Martinho Marques: 원문은 '마길사瑪吉士'이다. 마규사馬圭斯, 혹은 마귀사馬貴斯라고도 한다. 마르케스(1810~1867)는 어려서부터 마카오의 성요셉 수도원에서 한학을 배웠다. 1833년 23세 때 통역사 자격을 취득한 후 마카오 의사회에서 통번역 일을 했으며, 1848년부터는 프랑스 외교사절의 통역에 종사했다.

21 『지리비고地理備考』: 전 10권으로 구성되어 있다. 제1권은 지리학, 천문학

과 기상학, 제2권은 지진, 화산 등 각종 자연 현상, 제3권은 포르투갈의 정치 무역을 비롯해 각 나라의 기원과 역사에 대해, 제4권에서 제10권은 지구총론, 유럽, 아시아, 아프리카, 아메리카, 오세아니아주의 정치, 지리, 경제 현상에 대해 서술하고 있다.

22 미국: 원문은 '미리가국美里哥國'이다.

23 엘리자 콜먼 브리지먼Elijah Coleman Bridgman: 원문은 '고리문高理文'이나, 비치문裨治文으로 표기하는 것이 일반적이다. 브리지먼(1801~1861)은 중국에 파견된 최초의 미국 프로테스탄트 선교사이다. 성서 번역 외에 영어판 월간지 *Chinese Repository*를 창간했다. 또한 싱가포르에서 한문으로 미국을 소개한 『미리가합성국지략』을 간행했는데, 이 책은 위원의 『해국도지』에서 미국 부분을 서술하는 데 중요한 참고자료가 되었다.

24 『미리가합성국지략美理哥合省國志略』: 원문은 '『합성국지合省國志』'이다. 혹자는 이 말을 오해해서 『합성국지』가 『해국도지』 100권본에 이르러 비로소 인용되었다고 하지만, 악록서사본에 따르면 이미 『해국도지』 50권본에서 이 책을 인용하고 있다고 한다.

25 고대 전적典籍: 원문은 '구색索丘'이다. 『팔색八索』과 『구구九丘』를 아울러 칭한 것으로 일반적으로 고대의 모든 전적을 가리킨다.

26 『지리비고地理備考』의 「구라파주총기歐羅巴洲總記」 상하 2편: 위원은 『지리비고』의 「방국법도원유정치무역근본총론邦國法度原由政治貿易根本總論」의 전문을 각색해서 「구라파주총기」 상하 두 편으로 표제를 수정했다.

27 북아메리카: 원문은 '묵리가북주墨利加北洲'이다.

28 부락이 군장을 대신하고: 원문은 '이부락대군장以部落代君長'으로, 미국의 연방제를 가리키는 것으로 보인다.

29 남아메리카: 원문은 '남주南洲'이다.

30 페루국: 원문은 '패로국孛露國'이다.

31 화첩畵帖: 원문은 '책혈冊頁'이며, 화책畵冊이라고도 한다.

32 경도: 원문은 '개방리차開方里差'이다. 오늘날 시간대를 나타내는 이차의 원리는 원나라 이후 널리 알려져 절기와 시각, 일식과 월식을 예측하는

데 널리 적용됐다.

33 위도: 원문은 '거극도수距極度數'이다.

海國圖志
卷二十九

해국도지
권29

—

소양邵陽 위원魏源 편집

본권에서는 동인도, 중인도, 서인도, 남인도, 북인도에 위치한 각 나라의 연혁과 지리, 풍속, 외모, 언어, 종교, 문화적 특색에 대해 중점적으로 기술하고 있다. 여기에서는 『후한서後漢書』, 『위서魏書』, 『양서梁書』, 『신당서新唐書』, 『송사宋史』, 『원사元史』 등 역사서에서 보이는 서역의 기록과 중국의 서역 기행 기록인 『불국기佛國記』, 『대당서역기大唐西域記』, 『오선록吳船錄』, 『서사기西使記』의 주요 내용을 모두 망라하고 있어 자료적인 가치가 매우 크며, 중국의 서역에 대한 인식이 잘 드러나 있다.

서남양

오인도 연혁 총설

—

원본에는 없으나, 지금 보충해서 편집한다.

『후한서後漢書』에 다음 기록이 있다.

인도India[1]는 신독身毒이라고도 하며, 월지月氏[2]의 동남쪽 수천 리 되는 곳에 있다. 풍속은 월지와 동일하지만 지세가 낮고 습하며 매우 덥다. 인도는 큰 강을 끼고 있고 코끼리를 타고 전투한다. 나라 사람들은 월지에 비해서 약하며, 불교를 신봉하여 도리상 사람을 죽이지 않는 것이 결국 풍속이 되었다. 월지와 고부국高附國[3]의 서쪽에서부터 남쪽으로는 서해西海에 이르고, 동쪽으로는 반기국盤起國[4]에 이르는데, 모두 인도의 땅이다. 인도는 수백 개의 성이 있는데 성에는 각각 우두머리가 있고, 수십 개의 나라가 있는데 나라에는 각각 왕이 있다. 비록 각각 조금씩 달랐지만 모두 신독이라는 명칭을 썼으며 당시에는 모두 월지에 속해 있었다. 월지는 그들의 왕을 죽이고 장군을 두어 사람들을 통솔하게 했다. 이 땅에서는 코끼리·물소·대모·금·은·구리·철·납·주석이 난다. 서쪽으로는 대진국大秦國[5]과 교역해서 대진국의 진기한 물건들이 있고, 또한 고운 베·양탄자·각종 향료·사탕·후추·생강·흑염黑鹽이 있다. 화제和帝[6] 때에 여러 차례 사신을 보내 공물을 바치다가 후에 서역에서 반란이 일어나 관계가 끊겼다. 환제桓帝 연희延熹[7] 2년(159)과 4년(161)에 자주 녓남국Nhật Nam[8]의 변경 밖으로 와서 공물을 바쳤다. 세상에 전해지는 바로는 명제明帝[9]가 꿈에 장대한 금인金人을 보았는데, 정수리에서 빛이 나기에 여러 신하에게 물어보았다. 어떤 사람이 말하길, 서방에 부처라고 하는 신神이 있는데, 그 모습은 키가 1길 6자이고 황금색이라고 하였다. 이에 명제가 인도에 사신을 보내 불법을 물었고 결국 중국에서 부처의 형상을 그리게 되었다. 초왕楚王 유영劉英[10]이 처음으로 불도를 믿기 시작하면서 중국에서도 불도를 신봉하는 사람이 자못 많아졌다. 후에 환제는 신을 좋아하여 여러 차례 부처와 노자에게 제사를 올렸는데, 백성 중에도 차츰 신봉하는 자가 나타나더니 후에 마침내 번성했다.

진晉나라 법현法顯[11]의 『불국기佛國記』에 다음 기록이 있다.

법현이 예전에 장안長安에 있을 때, 율장律藏[12]이 결손된 것을 개탄해 결국 홍시弘始[13] 2년 기해년(399)에 혜경慧景 등과 함께 인도에 율장을 구하러 갔다. 처음 농주隴州를 지나 건귀국乾歸國[14]에 이르러 하안거夏安居[15]를 마친 후 다시 출발해 녹단국傉檀國[16]에 이르렀는데, 때마침 장액張掖[17]에서 큰 난리가 일어나자 장액 왕은 그를 머무르게 하고 시주施主[18]가 되었다. 다시 하안거를 마치고 돈황敦煌의 사막[19]으로 들어가 1500리를 가서 선선국鄯善國[20]에 이르렀다. [선선국은] 국왕이 불법을 신봉해서 4천여 명의 스님이 있었고 모두 소승을 수행했다. 여기에서 서쪽으로 갔는데, 거쳐 간 여러 나라의 언어는 나라마다 달랐지만, 출가한 사람들은 모두 인도의 글자와 언어를 배웠다. 이곳에서 한 달을 머문 뒤 다시 서북쪽으로 15일을 가서 오이국烏夷國[21]에 도착했는데, 4천여 명의 스님들이 모두 소승을 수행했고 불법도 가지런히 정비되어 있었다. 서남쪽으로 떠난 지 한 달 하고도 5일 만에 우전국于闐國[22]에 도착할 수 있었는데, 수만 명의 스님은 대부분 대승을 수행했다. 집마다 모두 문 앞에 작은 탑을 만들어 놓았으며, 가장 높은 탑은 높이가 2길쯤 되었다. 우전국에는 14명의 대승大僧이 있었고 작은 사찰은 수도 없이 많았다. 대승사大乘寺에 있는 3천 명의 스님이 모두 간타Ghaṇṭā[23]에 맞추어 공양했는데, 격식이 엄숙해서 발우鉢盂 소리도 나지 않았다. 법현은 행상行像[24]이 보고 싶어서 3개월을 머무른 뒤 석가탄신일에 [행상을] 보았다. 다시 자합국子合國[25]을 향해 25일을 갔다. [자합국의] 국왕은 불법에 정진했으며, 1천여 명의 스님은 대부분 대승을 수행했다. [법현은] 이곳에서 15일을 머문 뒤에 남쪽으로 4일을 가서 파미르고원Pamir Plateau[26]으로 들어가 오휘국於麾國[27]에 도착해 안거했다. 이후 25일을 가서 갈차국竭叉國[28]에 도착했는데, 때마침 갈차국 국왕이 5년대회[29]를 열어 사방에서 사문沙門들이 구름처럼 모여들었다. 그 땅은 산속 추운 곳이라 다른 곡식은 나지 않고 오직 보리만 날 뿐이었다. 부처의 타호唾壺와 부처의 치아를 모셔 둔 탑이 있었으며, 나라는 파미르고원의 중앙에 위치했다. 여기에서 북쪽으로 북인도를 향해 한 달을 가면 파미르고원을 넘을 수 있는데, 파미르고원은 겨울이나 여름 모두 눈이 쌓여 있으며 또한 독룡毒龍[30]이 있었다. 파미르고원을 넘으면 이미 북인도였으며 [법현은] 비로소 그 경내로 들어갔는데, 파미르고원을 따라 서남쪽으로 15일을 가면 험한 절벽과 천 길 낭떠러지였고 그 아래에는 인더스강Indus River[31]이 흘렀다. 옛사람들이 돌을 뚫어 길을 만들어서 7백 개의 사다리를 건넌 후에 매달린 밧줄을 밟고 사막을 건넜는데, 두 절벽 간의 거리는 80보가 못 되었다. 한대漢代의 장건張騫[32]과 감영甘英[33]도 모두 가지 못했던 곳이다. 인더스강을 건너서 바로 우디야나국Udyāna³⁴에 도착했는데, 이곳은 바로 북인도로, 모두 중인도국의 말을 쓰며 부처의 족적과 [부처가] 옷을 말렸던 바위가 남아 있었다.

여기에서 동쪽으로 5일을 내려가 간다라국Gandhara³⁵에 도착했는데, 이곳은 아소카Asoka왕³⁶의 아들 쿠날라Kunala³⁷가 다스리는 곳이었다. 여기에서 남쪽으로 4일을 가 푸루샤푸라Purusapura³⁸에 도착했는데, 이곳은 카니슈카Kaniṣka왕³⁹이 탑을 세운 곳이다. 탑의 높이는 40여 길이고 염부제閻浮提⁴⁰의 탑 중에 오직 이것이 가장 높았다. 부처의 발우도 이 나라에 있는데, 월지국 왕이 군대를 크게 일으켜 발우를 가져가려 했지만 가져가지 못했다. [법현은] 서쪽으로 16유연由延⁴¹을 가서 나가라하라Nagarahāra⁴²의 경계에 도착해 부처의 정골頂骨·부처의 치아·부처의 화상·부처의 석장錫杖·부처의 가사袈裟⁴³에 공양했다. [그곳에는] 여러 나한羅漢과 벽지불闢支佛⁴⁴의 탑이 있는데 천여 개에 이르렀다. 이곳에서 겨울 두 달을 머무르고 남쪽으로 사페드코산맥Safēd Kōh⁴⁵을 넘었는데, 산의 북쪽이 너무 추워 사람들이 모두 입을 다문 채 떨었다. 힘껏 앞으로 나아가 산맥 남쪽을 지나서 나이국羅夷國⁴⁶에 도착했다. 또 남쪽으로 10일을 내려가서 발나국跋那國⁴⁷에 도착했다. [이곳에서는] 각각 3천여 명의 스님들이 대승과 소승을 아울러 수행했다. 이곳에서 동쪽으로 3일을 가서 다시 인더스강을 건넜는데, 강 양쪽은 모두 평지였다. 강을 건너면 비도국毗荼國⁴⁸이 나오는데 불법이 흥성하고 스님이 1만 명이었다. 다시 줌나강Jumna River⁴⁹을 건너 마투라국Mathura⁵⁰에 도착했다. 무릇 고비사막Gobi Desert⁵¹ 너머 서인도의 여러 국왕은 모두 불법을 독실하게 신봉하고 중생에게 공양한다. 이곳 남쪽부터를 중인도라 부르며, 중인도의 나라들은 추위와 더위가 조화를 이루어 서리와 눈이 내리지 않고, 호적이나 관청의 법규가 없다. 오직 왕의 땅을 경작하는 사람만이 토지세를 내고, 형벌[52]이나 사형을 받지 않으며, 죄의 경중에 따라 벌금을 내고 극악무도한 죄를 지은 경우에만 오른손을 자른다. 나라 사람들은 모두 살생을 하지 않고 술도 마시지 않으며 파와 마늘도 먹지 않으나, 오직 찬달라Caṇḍāla[53]와 사냥꾼만은 예외였다. 인더스강을 건너 남인도에 도착했는데, 남해에서 4만~5만 리에 이르기까지 모두 평탄하여 큰 산천이 없고 오직 강만이 있었다. 여기에서 남쪽으로 18유연을 가니 산카샤Sankasya[54]라는 나라가 있는데, 여래가 도리천切利天[55]에서 어머니를 위해 설법하고 내려온 곳으로, 보석 계단 7단이 있었으며 그 위에는 정사精舍를 지었다. 나라 안은 때맞춰 비가 내려 풍요로웠다.

동남쪽으로 7유연을 가서 카냐쿠브자국Kanyakubja[56]에 도착했는데, 성은 갠지스강Ganges River[57]에 접해 있다. 갠지스강을 건너 남쪽으로 3유연을 가니 하리촌阿梨村[58]에 도착했고 이곳에서 동남쪽으로 10유연을 가서 사케타Sāketa[59]에 도착했는데, 이곳은 4불이 경론經論을 하며 앉아 있던 곳으로 탑이 여전히 남아 있었다. 이곳에서 남쪽으로 8유연을 가서 코살라Kosala[60]의 슈라바스티Śrāvasti[61]에 도착했는데, 이곳은 바로 프라세나지트Prasenajit왕[62]이 다스리는 성이었다. 성안의 인구는 드물어 2백여 가구가 있었다. 성의 남문 밖으로 1200보 가면 제타바나Jetavana[63]가 있는데, 흐르는 물이 맑고 깨끗하며 수풀이 무성했고, 프라세나지트왕이 우두전단牛頭旃檀[64]으로 깎은 불상이 있었다. 이곳은 부처가 가장 오래 머물던 곳으로, [부처가] 설법하고 중생을 제도하며 경행經行[65]하고 좌선했던 곳 또한 모두 탑을 세웠다. 성의 서쪽으로 50리를 가면 가섭불伽葉佛[66]의 사리탑이 있다. 슈라바스티에서 동남쪽으로 12유연을 가 카필라바스투Kapilavastu[67]에 도착했는데, 이곳은 바로 슈도다나Śuddhodana왕[68]의 옛 궁전이다. 성은 매우 황폐하여 단지 스님들과 민가 수십 채만 있을 뿐이었다. 석가모니가 태자 때 출가하여 득도하고 돌아와 부왕을 만났던 곳으로, 옛터는 모두 남아 있었고 각각 탑을 세워 기렸다. 나라는 매우 황량하고 사람도 거의 없었는데, 도로에서는 흰 코끼리나 사자가 무서워 함부로 다닐 수 없었다. 다시 동쪽으로 17유연을 가서 쿠시나가라Kusinagara[69]에 도착했는데, 성 북쪽에 있는 두 나무 사이의 아이라바티강Airāvatī 강변[70]은 부처가 열반한 곳이었으며 성에는 사람이 또한 많지 않았다. 이곳에서 동쪽으로 17유연을 가 바이샬리국Vaiśāli[71]에 도착했다. 성의 서북쪽으로 3리를 가니 옛날에 국왕의 아들 1천 명이 무기를 내려놓은 곳이 있는데, 1천 명의 아들이 바로 현겁천불賢劫千佛[72]이었으며, 후대 사람들이 [이를 기려] 세운 탑이 여전히 남아 있다. 이곳에서 동쪽으로 4유연을 가서 다섯 개의 강물이 합쳐지는 곳에 도착했는데, 아난다Ānanda[73]가 강 중앙에서 열반에 들 때 몸을 둘로 나누어 각각 강 언덕으로 가서 두 국왕에게 반쪽씩을 가지게 하니 두 국왕은 그 사리로 탑을 세웠다. 강을 건너 남쪽으로 1유연을 내려가서 마가다국Magadha[74] 파탈리푸트라Pāṭaliputra[75]에 도착했는데, 이곳은 아소카왕이 다스리는 곳이었다. 인도의 여러 나라 중에 오직 이 나라의 도시만이 크고 사람들이 부유했다. 해마다 건묘월建卯月[76]에 행상을 했는데, 높이가 3길쯤 되는 사륜거四輪車를 탑 모양으로 만들고 증번개繒幡蓋[77]를 달았으며 네 모퉁이에는 감실龕室을 만들어 모두 좌불坐佛과 협시보살挾侍菩薩을 안치한 수레가 20대 정도였다. 스님과 신도들이 구름처럼 몰려들고 향불, 꽃, 춤, 노래로 온 나라가 공양했다. 장자長者와 거사居士들은 각각 성안에 복덕의약사福德醫藥舍를 세워 가난하고 병든 자들에게 보시했다. 성 남쪽으로 3리를 가니 아소카왕이 처음 세운 큰 탑이 있었다. 이곳에서 동남쪽으로 9유연을 가서 라지기르성Rajgir[78]에 도착했는데, 라지기르성은 아자타샤트루Ajatashatru왕[79]이 세운 것이다. 성을 나와 남쪽으로 4리를 가서 남쪽으로 골짜기에 들어서니 다섯 산 안에 도착했는데, 다섯 산이 성곽처럼 주위를 둘러싸고 있었다. 동남쪽으로 15리를 올라가서 기사굴산耆闍崛山에 이르렀는데, 산봉우리가 수려하고 아름다우며 다섯 산 중에 가장 높고 부처와 여러 나한 제자가 각각 좌선하던 석굴 수백 개가 있었다. 법현은 부처가 옛날에 이곳에서 『능엄경楞嚴經』을 설법했음에 감동하여 하룻밤을 머무르고 석굴을 향해 경전을 암송했다. 또 서쪽으로 5~6리를 가니 산 북쪽에 석실이 하나 있는데, 이곳은 부처가 열반한 후에 5백 아라한阿羅漢[80]이 경전을 결집한 곳이다. 이곳에서 서쪽으로 4유연을 가서 가야성Gaya[81]에 도착했는데, 성안은 또한 황량했다. 부처가 열반한 이래로 4개의 큰 탑이 있는 곳만은 불법이 서로 전해져 끊어지지 않았다. 4개의 큰 탑이 있는 곳은 부처가 탄생한 곳·득도한 곳·가르침을 편[82] 곳·열반한 곳이다.

이곳에서 남쪽으로 3리를 가니 쿡쿠타파라산Kukkuṭapadagiri[83]에 도착했다. 마하카시아파Mahā kāsyapa[84]가 지금도 이 산속에서 선정에 들고 있다고 한다. 법현은 파탈리푸트라로 돌아갔다가 갠지스강을 따라 서쪽으로 20유연을 가서 카시국Kasi[85]의 바라나시Varanasi[86]에 도착했다. 성 동북쪽으로 10리를 가니 사르나트Sārnāth[87]가 있었는데, 이곳은 부처가 득도한 곳이었다. 서북쪽으로 카우샴비국Kaushambi[88]에 가려고 했지만, 길이 험해 끝내 갈 수 없어서 결국 동쪽으로 가서 파탈리푸트라로 돌아갔다. 법현은 본래 율장을 구하고 있었지만, 북인도의 여러 나라는 모두 구전으로 사사해 베낄 만한 경전이 없었다. 이에 멀리 중인도까지 가서 마하승기중摩訶僧祇衆의 율장[89]을 얻었는데, [이는] 부처가 세상에 있을 때 최초로 대중에게 행한 율장이다. 제타바나에 이 율장이 전해졌고 나머지 18부도 각각 사사되고 있었는데, 대강은 다르지 않았다. 다시 살바다중薩婆多衆[90]의 율장 1부를 얻었는데, 이것은 중국[91]의 스님들이 수행했던 율장이다. [법현은] 이곳에서 3년을 머물며 범서梵書와 산스크리트어를 배우고 율장을 필사했다. 다시 갠지스강을 따라 동쪽으로 18유연을 내려가니 그 남쪽에 감파국Gampa[92]이 있었는데, 부처의 정사와 부처가 수행한 곳, 4불이 좌선한 곳에 모두 탑이 세워져 있었다. 이곳에서 동쪽으로 거의 50유연을 가니 탐랄리프티국Tamralipti[93]에 도착했는데, 이곳은 바로 해구海口였다. 그 나라 역시 불법이 성해서 법현은 이곳에서 2년을 머물며 경전을 필사하고 불상을 그렸다. 그리고는 상인의 큰 선박을 타고 바다로 나가 서남쪽으로 밤낮없이 14일을 가서 싱할라국Siṁhala[94]에 도착했다. 그 나라는 큰 섬 위에 있었으며, 동서로는 50유연, 남북으로는 30유연 거리였고 좌우에는 백여 개의 작은 섬이 있었는데, 모두 큰 섬에 속해 있으며 진귀한 보석이 많이 났다. 부처가 이 나라에 왔을 때, 현신하여 발로 악룡惡龍을 물리쳤다. 청옥상靑玉像이 있는데, 높이는 2길 남짓이고 온몸이 칠보로 되어 있으며 오른쪽 손바닥에는 값을 매길 수 없는 구슬 하나가 있었다. 나라에는 약 5만~6만 명의 스님들이 있는데, 항상 3월이면 부처의 치아에 공양했다. 법현은 이 나라에서 2년을 머물면서 다시 『사미색율장沙彌塞律藏』을 구했다. 다시 큰 선박을 타고 남쪽으로 돌아와 청주靑州 장광군長廣郡[95]의 경내에 이르렀다. 법현은 장안을 출발한 지 6년 만에 중인도에 이르렀고, 6년을 머문 뒤 3년 만에 청주에 돌아왔으니, 그가 유람한 나라는 모두 30개국이다.

『위서魏書』에 다음 기록이 있다.

남인도는 대代나라[96]와는 3만 1500리 떨어져 있는데, 그곳에는 복추성

伏醜城이 있고 둘레는 10리이다. 이 성에서는 마니주摩尼珠와 산호가 난다. 성 동쪽으로 3백 리를 가면 발뢰성拔賴城이 있는데, 성에서는 황금·백진단白眞檀[97]·석청·포도가 나며 오곡이 잘 자란다. 세종世宗[98] 때에 국왕 바라화婆羅化가 사신을 보내 준마와 금은을 바쳤다. 그 이후로 매번 사신을 보내 조공했다. 또한 자불라Zabula[99]는 대나라와 3만 리 떨어져 있고, 발두국拔豆國은 대나라와 5만 리 떨어져 있는데, 모두 흰 코끼리가 난다. 이 나라들 역시 인도의 경내에 있는 것이 틀림없지만 사신들이 명확히 말하지 않았기 때문에 기록하지 않았다.

『양서梁書』에 다음 기록이 있다.

중인도는 대월지大月支 동남쪽 수천 리에 위치하며, 땅은 사방 3만 리로 신독이라고도 한다. 한대에 장건이 대하大夏에 사신으로 갔다가 공죽지卭竹枝[100]를 보았는데, 촉蜀 땅의 사람에 의하면 신독에서 산 것이라고 한다. 신독은 바로 인도로, 대개 음역이 다른 것이지 사실은 하나이다. 월지국과 고부국 서쪽에서부터 남쪽으로는 서해에, 동쪽으로는 반월槃越에 이르기까지 수십 개의 나라가 있는데, 나라마다 왕을 두었고 그 명칭은 달랐지만 모두 신독이었다. 한대에는 월지국에 속해 있어서 그 원주민의 풍속이 월지국과 같았지만, 지세가 낮고 습하며 여름에는 무더웠고, 사람들은 유약해서 전쟁을 두려워해 월지국보다는 약했다. 나라는 신도新陶라 불리는 큰 강에 접해 있는데, 곤륜산崑崙山에서 발원하고 다섯 갈래의 강으로 나뉘며 갠지스강이라고 총칭한다. 그 물은 맛이 달고 좋으며 아래에는 진염眞鹽이 나는데 수정처럼 순백의 색깔을 띤다. 그 나라의 서쪽은 대진국·안식국安息國과 무역해서 바다를 통해 대진국의 진기한 물품인 산호·호박·금벽金碧·구슬·낭간琅玕·울금鬱金·소합蘇合이 많이 들어온다.

한나라 환제 연희 9년(166)에 대진국의 왕 마르쿠스 아우렐리우스 안토니누스Marcus Aurelius Antoninus[101]가 사자를 보내 녓남 변경으로부터 와서 조공했는데, 한대에 딱 한 번 교류한 것이다. 그 나라 사람들은 장사를 다녀 종종 프놈, 녓남, 자오찌에 가지만, 그 남쪽 변경의 여러 나라 사람 중에 대진국에 가는 사람은 드물다. 위진魏晉 시기에는 다시 교류가 끊어졌다. 오직 삼국 시기 오吳나라 때 프놈국 왕 팜찌엔Phạm Chiên[102]만이 근신인 소물蘇勿[103]을 인도에 사신으로 보냈다. 소물은 프놈국의 타콜라Takkola[104] 입구에서 출발해 바다의 큰 만을 따라 정서북쪽으로 들어가, 만 주변의 여러 나라를 거쳐 1년여 만에 인도의 강 입구에 도착했고, 강을 거슬러 7천 리를 올라가서야 인도에 도착했다. 소물은 4년이 지나서야 비로소 돌아왔다. 당시 오나라에서는 중랑中郞 강태康泰를 프놈에 사자로 보냈다. 진陳 아무개·송宋 아무개 등에게 인도의 풍속을 상세히 물으니 대답했다. "불도佛道가 흥성한 나라입니다. 사람들은 인정이 많고 토지는 비옥합니다. 그 왕은 무룬다Murundas[105]라 부르고 도성의 성곽에는 하천이 나뉘어 흘러 해자를 빙 돌아서 강으로 유입됩니다. 그 궁전은 모두 무늬를 새겨 조각해 놓았고, 거리, 저자, 집, 건물, 종, 북, 음악, 복식은 화려합니다. 수륙이 서로 통하여 많은 상인이 모여들며 기이한 물건과 보물들을 원하는 대로 살 수 있습니다. 좌우에는 카필라바스투국Kapilavastu[106]·슈라바스티국[107]·야바드위파국Yāvadvīpa[108] 등 16개의 큰 나라가 있고 인도에서 2천~3천 리 떨어져 있는데, 모두 인도를 존경하여 받들며 세계의 중심이라고 여깁니다." 천감天監[109] 연간 초에 그 나라 왕인 굽타Gupta[110]가 장사長史 축라달竺羅達을 보내 표를 올렸다.

살펴보건대, 『양서』에서 말한 "월지국과 고부국 서쪽에서부터 남쪽으로는 서해에, 동쪽으로는 반월에 이르기까지 수십 개의 나라가 있는데, 나라마다 왕을 두었고 그 명칭은 달랐지만 모두 신독의 땅이다"라는 문장은 본래 『후한서』에서 나왔기 때문에, 안식국과 조지국條支國은 서해와 맞닿은 땅으로, 고대에는 모두 서인도였음이 분명하다. 또한 "인도는 신도新陶라 불리는 큰 강 바로 신두하新頭河로 모두 인더스강의 음역이다. 에 접해 있는데, 곤륜산에서 발원하고 다섯 갈래의 강으로 나뉘며 갠지스강이라고 총칭한다"라는 문장은 『수경주水經注』와 같기 때문에 인더스강은 바로 서갠지스강이 분명하다. 또한 인도의 서쪽은 대진국·안식국과 무역하고 바다를 통해 대진국의 진귀한 물품이 많이 들어오지만, 그 남쪽 변경의 여러 나라 사람 중에 대진국에 가는 상인이 드물다는 문장은 바로 대진국과 인도가 지중해를 사이에 두고 있어 거리가 매우 멀고, 또한 『위서』「대진전」에서 말한 조지국에서 서쪽으로 바다를 건너 1만 리를 간다거나 『후한서』에서 조지국은 대해에 접해 있어 대진국으로 건너가려고 하면 순풍을 타고 3개월을 가야 갈 수 있다는 문장과 부합된다. 육로로 갈 수 있는 불림국拂林國을 대진국이라 해야 하는 것이 합당하다. 양梁나라 때에는 불교가 성행하여 인도 스님들이 중국 내지를 왕래했는데, 그들의 말은 직접 경험한 것이기 때문에 인도에 대해 견강부회한 말은 없다. 인도는 『후한서』·『양서』·『위서』를 근본으로 해야 하지만, 모든 과장되고 그럴듯한 거짓말은 거의 황당무계하다고 할 수 있다.

五印度沿革總考

原本無, 今補輯.

『後漢書』: 天竺國, 一名身毒, 在月氏之東南數千里. 俗與月氏同, 而卑濕暑熱. 其國臨大水, 乘象而戰. 其人弱于月氏, 修浮圖, 道不殺伐, 遂以成俗. 從月氏·高附國以西, 南至西海, 東至盤起國, 皆身毒之地. 身毒有別城數百, 城置長, 別國數十, 國置王. 雖各小異, 而俱以身毒爲名, 其時皆屬月氏. 月氏殺其王而置將, 令統其人. 土出象·犀·瑇瑁·金·銀·銅·鐵·鉛·錫. 西與大秦通, 有大秦珍物, 又有細布·好毾㲪·諸香·石密·胡椒·薑·黑鹽. 和帝時數遣使貢獻, 後西域反叛乃絶. 至桓帝延熹二年·四年, 頻從日南徼外來獻. 世傳明帝夢見金人長大, 頂有光明, 以問群臣. 或曰西方有神名曰佛, 其形長丈六尺而黃金色. 帝于是遣使天竺, 問佛道法, 遂于中國圖畫形像焉. 楚王英始信其術, 中國因此頗有奉其道者. 後桓帝好神, 數祀浮圖·老子, 百姓稍有奉者, 後遂轉盛.

晉法顯『佛國記』: 法顯, 昔在長安, 慨律藏殘缺, 遂以弘始二年己亥, 與慧景等往天竺, 尋求戒律. 初度隴, 至乾歸國, 夏坐訖, 前行至傉檀國, 值張掖大亂,張掖王留作檀越. 復夏坐訖, 進敦煌沙河, 計千五百里, 至鄯善國. 其國王奉法, 可有四千餘僧, 悉小乘學. 從此西行, 所經諸國胡語, 國國不同, 然出家人皆習天竺書·天竺語. 住此一月, 復西北行十五日, 到烏夷國, 僧四千餘人, 皆小乘學, 法則齊整. 西南行一月五日, 得至于闐國, 僧數萬人, 多大乘學. 家家門前皆造小塔, 最高者可高二丈許. 其國十四大僧, 伽藍不數小者. 有大乘寺三千僧共揵搥食, 威儀齊肅, 器鉢無聲. 法顯欲觀行像, 停三月, 日觀行像訖. 進向子合國, 在道二十五日. 國王精進, 有千餘僧, 多大乘學. 住此十五日已, 于是南行四日, 入蔥嶺山, 到於麾國安居. 行二十五日, 到竭叉國, 值其國王作五年大會, 四方沙門雲集. 其地山寒, 不生餘穀, 惟熟麥耳. 有佛唾壺及佛齒塔, 國當蔥嶺之中. 從此北行向北天竺, 在道一月, 得度蔥嶺, 冬夏有雪, 又有毒龍. 度嶺已到北天竺, 始入其境, 順嶺西南行十五日, 崖岸險絶, 石壁千仞, 下有水, 名新頭河. 昔人鑿石通路, 及度七百傍梯, 已躡懸絚, 過沙河, 兩岸相去, 減八十步. 漢之張騫·甘英, 皆不至也. 渡河便到烏萇國, 是正北天竺也, 盡作中天竺語, 佛遺足跡及曬衣石.

從此東下五日, 到揵陀衛國, 是阿育王子法益所治處. 從此南行四日, 到佛樓沙國, 是膩迦王起塔處. 高四十餘丈, 閻浮提塔唯此爲上. 佛鉢卽在此國. 月氏王大興兵象, 迎鉢不去. 西行十六由延, 至那竭國界, 供養佛頂骨·佛齒·佛影·佛錫杖·佛僧伽犁. 有諸羅漢·闢支佛塔及千數. 住冬二月, 南度小雪山, 山北陰寒, 人皆噤戰. 力前過嶺南, 到羅夷國. 又南下行十日, 到跋那國. 各有三千餘僧, 兼大小乘學. 從此東行三日, 復渡新頭河, 兩岸皆平地. 過河有國名毗荼, 佛法興盛, 僧衆萬數. 又經捕那河, 到摩頭羅國. 凡沙河已西天竺諸國王皆篤信佛法, 供養衆生. 從是以南名中天竺, 中天竺國寒暑調和, 無霜雪, 無戶籍官法. 惟耕王地者乃輸地利, 不用刑殺, 隨罪輕重輸錢, 惡逆惟截右手. 國人悉不殺生, 不飲酒, 不食葱蒜, 唯除旃荼羅獵師. 自渡新頭河至南天竺, 迄于南海四五萬里, 皆平坦, 無大山川, 止有河水. 從此南行十八由延, 有國名僧伽施, 佛在忉利天爲母說法下來處, 寶階七級上覆精舍. 國內豐熟, 雨澤以時.

東南行七由延, 到罽饒夷城, 城接恒水. 度恒水南行三由延, 到呵梨村, 從此東南行十由延, 到沙祇大國, 有四佛經論坐處, 起塔故在. 從此南行八由延, 到拘薩羅國舍衛城, 卽波斯匿王所治城也. 城內人民稀曠, 有二百餘家. 城南門外千二百步卽祇洹精舍, 池流清淨, 林木蔚然, 有波斯匿王所刻牛頭旃檀佛像. 佛住此處最久, 說法度人, 經行坐處亦盡起塔. 城西五十里, 有伽葉佛舍利塔. 從舍衛城東南行十二由延, 到迦羅衛城, 卽白淨王故宮也. 城中甚荒, 只有衆僧·民戶數十家而已. 佛爲太子出家及得道還見父王處, 故蹟具在, 各有塔表之. 國大空荒, 人民稀少, 道路怖畏白象·師子, 不可妄行. 復東行十七由延, 到拘夷那竭城, 城北雙樹間希連河邊, 世尊般涅槃處, 城中人民亦稀曠. 從此東行十七由延, 到毗舍離國. 城西北三里, 有往昔國王千子放弓仗處, 是爲賢劫千佛, 後人起塔尙在. 從此東行四由延, 到五河合口, 阿難自般涅盤于河中央分身作二分, 各在一岸, 俾兩國王各得半身, 舍利起塔. 度河南下一由延, 到摩竭提國巴連弗邑, 是阿育王所治也. 諸天竺中, 唯此國城邑爲大, 民人富盛. 年年以建卯月作行像, 四輪車高三丈許, 其狀如塔, 懸繒幡蓋, 四邊作龕, 皆有坐佛, 菩薩立侍, 可二十車. 道俗雲集, 香花伎樂, 供養國中. 長者居士各于城中立福德醫藥舍, 以施貧病. 城南三里有阿育王最初所作大塔. 從此東南行九由延, 到王舍新城, 新城是阿闍世王所造. 出城南四里, 南向入谷, 至五山裏, 五山周圍狀若城郭. 東南上十五里, 到耆闍崛山, 峰秀端麗, 是五山中最高, 有佛及諸羅漢弟子各坐禪石窟數百. 法顯感佛昔于此說者『楞嚴』, 因停一宿, 向窟誦經. 又西行五六里, 山北陰中有一石室, 是佛泥洹後五百阿羅漢結集經處. 從此西行四由延, 到迦耶城, 城內亦空荒. 佛泥洹已來, 惟四大塔處, 佛法相承不絕. 四大塔者, 佛生處·得道處·轉法輪處·般泥洹處.

從此南行三里, 到雞足山. 大迦葉今在此山中入定. 法顯還向巴連弗邑, 順恒水西行二十由延, 到迦屍國波羅奈城. 城東北十里有鹿野苑精舍, 是佛成道處. 欲西北往拘睒彌國, 而道路艱險, 竟不得往, 遂東行還到巴連弗邑. 法顯本求戒律, 而北天竺諸國皆師師口傳, 無本可寫. 是以遠步, 乃至中天竺, 得摩訶僧祇眾律, 佛在世時, 最初大眾所行也. 于祇洹精舍傳其本, 自餘十八部, 各有師資, 大歸不異. 復得一部薩婆多眾律, 即此秦地眾僧所行者也. 住此三年, 學梵書·梵語, 寫律. 遂順恒水東下十八由延, 其南岸有瞻波大國, 佛精舍·經行處及四佛坐處, 悉起塔. 從此東行近五十由延, 到多摩梨軒國, 即是海口. 其國佛法亦興, 法顯住此二年, 寫經及畫像. 于是載商人大舶泛海西南行晝夜十四日, 到師子國. 其國在大洲上, 東西五十由延, 南北三十由延, 左右小洲百數, 皆統屬大洲, 多出珍寶. 佛至其國, 現神足降惡龍. 有青玉像, 高二丈許, 通身七寶, 右掌中一無價寶珠. 國中可五六萬僧常以三月出佛齒供養. 法顯住此國二年, 更求得沙彌塞律藏本. 復上大舶南還, 至青州長廣郡界. 法顯自發長安六年到中天竺停六年, 還三年達青州, 凡所遊歷咸三十國.

『魏書』: 南天竺國, 去代三萬一千五百里, 有伏醜城, 周匝十里. 城中出摩尼珠·珊瑚. 城東三百里有拔賴城, 城中出黃金·白眞檀·石蜜·葡萄, 土宜五穀. 世宗時, 其國王婆羅化遣使獻駿馬·金銀. 自此每使朝貢. 又有疊伏羅國, 去代三萬里, 拔豆國去代五萬里, 皆出白象. 亦必天竺境, 但使未明言, 故不錄之.

『梁書』: 中天竺國在大月支東南數千里, 地方三萬里, 一名身毒. 漢世張騫使大夏見邛竹枝, 蜀中國人云市之身毒. 身毒即天竺, 蓋傳譯音字不同, 其實一也. 從月支·高附以西, 南至西海, 東至盤越, 列國數十, 每國置王, 其名雖異, 皆身毒也. 漢時羈屬月支, 其俗土著與月支同, 而卑濕暑熱, 民弱畏戰, 弱于月支. 國臨大江名新陶, 源出昆侖, 分爲五江, 總名曰恒水. 其水甘美, 下有眞鹽, 色正白如水精. 其西與大秦·安息交市, 海中多大秦珍物, 珊瑚·琥珀·金碧·珠璣·琅玕·鬱金·蘇合.

漢桓帝延熹九年, 大秦王安敦遣使自日南徼外來獻, 漢世唯一通焉. 其國人行賈往往至扶南·日南·交趾, 其南徼諸國, 人少有到大秦者. 魏晉世絶不復通. 唯吳時扶南王范旃遣親人蘇勿使其國. 從扶南發投拘利口, 循海大灣中正西北入, 歷灣邊數國, 可一年餘到天竺江口, 逆水行七千里乃至焉. 積四年方返. 其時吳遣中郞康泰使扶南. 及陳·宋等具問天竺土俗, 云: "佛道所興國也. 人民敦厖, 土地饒沃. 其王號茂論, 所都城郭水泉分流, 繞于渠塹下注江. 其宮殿皆雕文鏤刻, 街曲市里, 屋舍樓觀, 鍾鼓音樂, 服飾奢華. 水陸通流, 百賈交會, 奇玩珍瑋, 恣心所欲. 左右嘉維·舍衛·葉波等十六大國, 去天竺或二三千里, 共尊奉之, 以爲在天地之中也." 天監初, 其王屈多遣長史竺羅達奉表.

按『梁書』所云"月氏·高附以西, 南至西海, 東至盤越, 列國數十, 每國置王, 其名雖異, 皆身毒之地", 說本『後漢書』, 是安息·條支抵西海之地, 古皆西印度明矣. 又言"天竺國臨大江, 名新陶, 卽新頭河, 皆印度河之音轉. 源出昆侖, 分爲五江, 總名曰恒水", 其說同于『水經注』, 則印度河卽西恒河明矣. 又言天竺西與大秦·安息交市, 海中多大秦珍物, 其南徼國人行賈, 少有到大秦者, 則大秦與天竺隔地中海相距絶遠, 亦與『魏書』「大秦傳」從條支西渡海曲一萬里, 及『後漢書』抵條支, 臨大海, 欲渡大秦, 得順風三月乃渡之語合. 陸路相通之拂林可名大秦, 又明矣. 梁時佛敎盛行, 梵僧來往內地, 言皆親歷, 故境無鑿空語. 印度者, 當以『後漢書』·『梁』·『魏書』爲本, 而一切誇詐矯誣之語, 可比諸無稽焉.

주석

1   인도India: 원문은 '천축국天竺國'이다.

2   월지月氏: 고대 종족명으로, 진한秦漢 시기에는 돈황, 기련산祁連山 등지
    에서 활동했으나 후에 흉노족의 공격을 받아 대부분 신강新疆 서부 이리
    하伊利河 유역 및 그 서쪽 일대로 이동했다. 펀자브Punjab 북쪽, 카불Kabul
    동쪽에 간다라국을 세운 쿠샨Kushan 왕가를 말한다.

3   고부국高附國: 고대 국명으로, 옛 땅은 지금의 아프가니스탄 카불 일대
    이다.

4   반기국盤起國: 반월국盤越國, 한월국漢越國이라고도 한다. 옛 땅은 지금의
    인도 동부 아삼주Assam와 미얀마 사이에 위치하며, 혹은 지금의 방글라
    데시Bangladesh 일대라고도 한다.

5   대진국大秦國: 로마 제국을 가리킨다.

6   화제和帝: 중국 후한後漢의 제4대 황제 유조劉肇(재위 88~106)이다.

7   연희延熹: 후한 제10대 황제 위종威宗 유지劉志의 여섯 번째 연호(158~167)
    이다.

8   녓남국Nhật Nam: 원문은 '일남日南'이다.

9   명제明帝: 후한 제2대 황제 유장劉莊(재위 57~75)이다.

10 유영劉英: 후한 명제의 이복동생이다.

11 법현法顯: 법현(337~422)은 중국 동진 시대의 승려로, 최초로 실크로드를
    경유해 인도에 가서 중국에 불경을 가지고 돌아왔다. 그의 여행기 『불
    국기』는 당시 중앙아시아나 인도에 관해 서술한 귀중한 사료로 평가받
    고 있다.

12 율장律藏: 삼장三藏(경장經藏·율장·논장論藏)의 하나로, 부처가 제정한 계율의
    조례條例를 모은 책을 이른다.

13 홍시弘始: 중국 후진後秦의 제2대 문환제文桓帝 요흥姚興의 두 번째 연호

(399~416)이다. 광서 2년본에는 '굉시宏始'로 되어 있으나, 악록서사본에 따라 고쳐 번역한다. 여기에서는 홍시 2년으로 되어 있으나, 기해년은 홍시 원년으로, 동진의 융안隆安 3년에 해당된다.

14 건귀국乾歸國: 지금의 감숙성甘肅省 청원현淸願縣에 해당한다.

15 하안거夏安居: 원문은 '하좌夏坐'로, 불교에서 스님들이 여름 동안 한곳에 머물면서 수행에 전념하는 일을 말한다.

16 녹단국傳檀國: 지금의 감숙성 서녕시西寧市 연박현碾泊縣으로 추정된다.

17 장액張掖: 옛 명칭은 감주甘州이다. 한나라 무제武帝 원정元鼎 6년에 무위군武威郡에서 분리되어 장액군이 되었다. 지금의 감숙성 장액시 일대이다.

18 시주施主: 원문은 '단월檀越'로, 산스크리트어 다나파티Dānapati의 음역이다.

19 사막: 원문은 '사하沙河'이다. 모래가 강물처럼 흐르는 모래의 강이란 뜻으로, '쿰다리야Kum Darya'라고 한다. 고비사막의 서쪽 끝과 타클라마칸사막의 동쪽 끝에 해당되는 지역이다.

20 선선국鄯善國: 한대의 누란국樓蘭國으로, 옛 땅은 지금의 신강 위구르 자치구 차키리크현Qakilik에 위치한다.

21 오이국烏夷國: 당대의 언기국焉耆國으로, 옛 땅은 지금의 신강 위구르 자치구 카라샤르Qarasheher 회족 자치현에 위치한다.

22 우전국于闐國: 타클라마칸사막Taklamakan Desert의 남서쪽에 있던 고대 국가이다.

23 간타Ghaṇṭā: 원문은 '건추犍遒'이다. 산스크리트어로 종교적 의식에 사용되는 종이나 목탁 등을 가리킨다.

24 행상行像: 서역 지방에서 해마다 석가탄신일에 불상을 장식하여 수레에 싣고 성안을 돌아다니는 행사를 말한다.

25 자합국子合國: 옛 땅은 지금의 신강 위구르 자치구 카길리크현Qaghiliq에 위치한다.

26 파미르고원Pamir Plateau: 원문은 '총령산蔥嶺山'이다.

27 오휘국於麾國: 옛 땅은 지금의 신강 위구르 자치구 타슈쿠르간Tashkurgan 일대로 추정된다.

28 갈차국竭叉國: 광서 2년본에는 '갈예국竭乂國'으로 되어 있으나, 『불국기』 에 따라 고쳐 번역한다. 갈석국竭石國이라고도 한다. 지금의 신강 위구르 자치구 타슈쿠르간 타지크Tadzhik 자치현에 위치한다.

29 5년 대회: 국왕이 5년마다 개최하는 대중 공양 법회이다. 산스크리트어 판차와르시카Pancavarsika의 음역으로, 반차월사般遮越師라고 한다.

30 독룡毒龍: 광서 2년본에는 '독롱毒隴'으로 되어 있으나, 『불국기』에 따라 고쳐 번역한다. 『불국기』에 의하면 독룡은 자신의 뜻에 거슬리면 독풍 毒風과 눈비를 토하며 모래와 자갈을 날려 큰 피해를 입혔다고 한다.

31 인더스강Indus River: 원문은 '신두하新頭河'로, 신구하新溝河라고도 한다.

32 장건張騫: 장건(기원전 164~기원전 114)은 전한의 군인·외교관으로, 한 무제 의 명에 따라 흉노에 대항해 동맹을 체결하기 위해 대월지에 가서 서역 에 대한 다양한 정보를 가져왔다.

33 감영甘英: 후한後漢 때의 사람으로, 서역도호西域都護를 지낸 바 있으며 반 초班超의 명을 받아 서해 끝까지 갔다가 돌아왔다.

34 우디야나국Udyāna: 원문은 '오장국烏萇國'으로, 오장국烏長國, 오장국烏場國, 오장나국烏仗那國이라고도 한다. 옛 땅은 지금의 파키스탄 북부 스와트 강Swat River 유역에 위치한다.

35 간다라국Gandhara: 원문은 '건타위국揵陀衛國'으로, 건타위국犍陀衛國, 건타 라국乾陀羅國, 건태라국健馱邏國이라고도 한다. 옛 땅은 지금의 스와트강 이 카불강으로 유입되는 부근에 위치한다.

36 아소카Asoka왕: 원문은 '아육왕阿育王'이다. 아소카왕(재위 기원전 268~기원전 232)은 인도를 최초로 통일한 마우리아 제국의 제3대 황제이다.

37 쿠날라Kunala: 원문은 '법익法益'이다. 아소카황제와 파드마바티황후의 왕자로 마우리아 제국의 황태자였는데, 황태자 시절에 아소카의 다른 부인 티슈야라크샤가 질투해서 온갖 시련을 겪고 결국 그의 아들이 왕 이 된다.

38 푸루샤푸라Purusapura: 원문은 '불루사국佛樓沙國'으로, 불루사국弗樓沙國이라고도 한다. 옛 땅은 지금의 파키스탄 페샤와르Peshawar 일대에 위치한다.

39 카니슈카Kaniṣka왕: 원문은 '니가왕膩迦王'이다. 인도 쿠샨 왕조의 제3대 왕으로, 아소카황제 이래 대국가를 건설하고 페샤와르에 도읍을 정했다. 불교를 적극적으로 후원했다.

40 염부제閻浮提: 수미산의 남쪽 바다에 있다는 대륙으로, 오직 이곳에서만 부처가 출현한다고 한다. 산스크리트어로는 잠부드위파Jambudvīpa라고 한다.

41 유연由延: 고대 인도의 거리 단위이다. 소달구지가 하루에 갈 수 있는 거리를 이르는 말로, 대략 11~15㎞이다.

42 나가라하라Nagaraharā: 원문은 '나갈국那竭國'으로, 나게라갈국那揭羅曷國, 나가라가국那迦羅訶國이라고도 한다. 옛 땅은 지금의 아프가니스탄 잘랄라바드Jalalabad에 위치한다.

43 가사袈裟: 원문은 '승가리僧伽犁'로, 산스크리트어 삼가티Saṃghāṭī 의 음역이다.

44 벽지불闢支佛: 부처님의 가르침에 의하지 않고 스스로 깨친 성자로, 고요와 고독을 즐기므로 설법 교화를 하지 않는다. 독각獨覺이라고도 한다.

45 사페드코산맥Safēd Kōh: 원문은 '소설산小雪山'으로, 지금의 잘랄라바드 남쪽에 위치한다.

46 나이국羅夷國: 옛 땅은 지금의 아프가니스탄 동부에 위치한다.

47 발나국跋那國: 옛 땅은 지금의 파키스탄 북부 반누Bannu에 위치한다.

48 비도국毗荼國: 비다毗荼, 방차보旁遮普라고도 하며, 펀자브이다. 옛 땅은 지금의 파키스탄 동북부와 인도 북부를 포함한다.

49 줌나강Jumna River: 원문은 '포나하捕那河'로, 포나하浦那河, 염모하閻牟河라고도 한다. 지금의 마투라 동쪽 자무나강Jamuna River으로, 야무나강이라고도 한다.

50 마투라국Mathura: 원문은 '마두라국摩頭羅國'으로, 말토라국秣菟羅國, 말토라
국秣兎羅國이라고도 한다. 지금의 인도 줌나강 서쪽의 마투라 일대이다.

51 고비사막Gobi Desert: 원문은 '사하沙河'이다.

52 형벌: 원문은 '형刑'이다. 광서 2년본에는 '형形'으로 되어 있으나, 『불국
기』에 따라 고쳐 번역한다.

53 찬달라Caṇḍāla: 원문은 '전다라旃荼羅'이다. 인도 사회 계급의 하나로, 일
반적으로 카스트 계급에 속하는 4계급 이외의 불가촉천민不可觸賤民을
가리킨다. 도살업 등에 종사한다.

54 산카샤Sankasya: 원문은 '승가시僧伽施'로, 승가시僧迦施라고도 한다. 옛 땅
은 지금의 인도 우타르프라데시주 서쪽의 파루카바드Farrukhabad에 위치
한다.

55 도리천忉利天: 욕계欲界 6천의 네 번째 하늘로, 미륵보살이 산다고 한다.

56 카냐쿠브자국Kanyakubja: 원문은 '계요이성罽饒夷城'으로, 갈약국사국羯若鞠
闍國, 갈나급葛那及, 갈나구사葛那鳩闍라고도 한다. 옛 땅은 지금의 인도 우
타르프라데시주에 위치한다.

57 갠지스강Ganges River: 원문은 '항수恒水'이다.

58 하리촌阿梨村: 광서 2년본에는 '아리림阿梨林'으로 되어 있으나, 『불국기』
에 따라 고쳐 번역한다.

59 사케타Sāketa: 원문은 '사지대국沙祇大國'으로, 고대 인도 북부 코살라의
도성이다. 옛 땅은 지금의 인도 우타르프라데시주 중부의 파이자바드
Faizabad에 위치한다.

60 코살라Kosala: 원문은 '구살라국拘薩羅國'이다. 광서 2년본에는 '양살라국揚
薩羅國'으로 되어 있으나, 『불국기』에 따라 고쳐 번역한다. 인도 북부의
고대 국명으로, 옛 땅은 지금의 인도 우타르프라데시주 북부의 발람푸
르Balrampur 일대에 위치한다.

61 슈라바스티Śrāvastī: 원문은 '사위성舍衛城'으로, 실라벌室羅筏, 사파제舍婆提
라고도 한다. 옛 땅은 지금의 인도 우타르프라데시주 마헤토 지구에 위
치한다.

62 프라세나지트Prasenajit왕: 원문은 '파사닉왕波斯匿王'으로, 파세나디Pasenadi 라고도 한다.

63 제타바나Jetavana: 원문은 '기원정사祇洹精舍'이다.

64 우두전단牛頭旃檀: 인도산 전단이다. 인도 남부의 마라야산Malayaparvata에 서 나는데, 마라야산의 봉우리가 소머리와 닮았다 하여 우두전단이란 이름이 붙었다.

65 경행經行: 산스크리트어 Caṅkramaṇa, 팔리어 Caṅkamana의 의역이다. 대개는 식사를 마친 뒤나 피곤할 때, 혹은 좌선을 하다가 졸음이 오는 경우에 자리에서 일어나 천천히 걷는 행동으로, 행선이라고도 한다.

66 가섭불伽葉佛: 부처님의 십대제자 중의 한 명으로, 대음광大飮光, 대구씨 大龜氏라고도 한다.

67 카필라바스투Kapilavastu: 원문은 '가라위성迦羅衛城'으로, 가유라위성迦維羅 衛成이라고도 한다. 옛 땅은 지금의 인도와 네팔 국경 부근에 위치한다.

68 슈도다나Śuddhodana왕: 원문은 '백정왕白淨王'으로, 인도 카필라의 왕이 다. 석가모니 부처의 아버지로 마야왕비와의 사이에서 싯다르타를 낳 았다.

69 쿠시나가라Kusinagara: 원문은 '구이나갈성拘夷那竭城'이다. 광서 2년본에는 '양이나갈성揚夷那竭城'으로 되어 있으나, 『불국기』에 따라 고쳐 번역한 다. 옛 땅은 지금의 네팔 남부에 위치한다.

70 아이라바티강Airāvatī 강변: 원문은 '희련하변希連河邊'이다.

71 바이샬리국Vaiśālī: 원문은 '비사리국毗舍離國'으로, 폐사리국吠舍厘國, 비사 리毗舍利, 비사리毗奢利, 비야리毗耶離라고도 한다. 옛 땅은 지금의 인도 비 하르주 북부의 무자파르푸르Muzaffarpur에 위치한다.

72 현겁천불賢劫千佛: 현겁 동안 사바세계에 출현하는 부처를 일컫는다.

73 아난다Ānanda: 원문은 '아난阿難'이다. 석가모니의 사촌 동생으로, 십대제 자 중 한 명이다.

74 마가다국Magadha: 원문은 '마갈제국摩竭提國'으로 마게타摩揭陀라고도 한 다. 인도의 고대 국명으로, 옛 땅은 지금의 비하르주 파트나와 가야Gaya

일대에 위치한다.

75 파탈리푸트라Pāṭaliputra: 원문은 '파련불읍巴連弗邑'으로, 옛 땅은 지금의 인도 비하르주의 파트나Patna에 위치한다.

76 건묘월建卯月: 음력 2월로, 북두칠성이 토끼자리에 있는 때이다.

77 증번개繪幡蓋: 불보살의 위덕을 표시하는 장엄도구莊嚴道具인 깃발을 말한다.

78 라지기르성Rajgir: 원문은 '왕사신성王舍新城'으로, 왕사성王舍城, 사성舍城이라고도 한다. 옛 땅은 지금의 인도 비하르주 서남쪽에 위치한다.

79 아자타샤트루Ajatashatru왕: 원문은 '아사세왕阿闍世王'으로, 중인도 마가다 왕국의 왕(재위 기원전 492~기원전 460)이다.

80 아라한阿羅漢: 수행을 완성한 사람이라는 뜻으로, 나한이라고도 한다. 산스크리트어 아르하트Arhat의 음역이다.

81 가야성Gaya: 원문은 '가야성迦耶城'으로, 가이迦夷, 가야伽耶라고도 한다. 고대 마가다국의 도성으로, 옛 땅은 지금의 인도 비하르주에 위치한다.

82 가르침을 편: 원문은 '전법륜轉法輪'이다. 부처의 가르침을 법륜이라고 한다.

83 쿡쿠타파라산Kukkuṭapadagiri: 원문은 '계족산雞足山'으로, 산의 모양이 닭발과 비슷해서 붙여진 이름이다.

84 마하카시아파Mahā kāsyapa: 원문은 '대가섭大迦葉'으로, 부처의 십대제자 중 한 사람이다.

85 카시국Kasi: 원문은 '가시국屍國'으로, 가시迦施라고도 한다. 옛 땅은 지금의 인도 갠지스강 중류 바라나시 일대에 위치한다.

86 바라나시Varanasi: 원문은 '바라내성波羅奈城'으로, 바라날波羅捺이라고도 한다. 옛 땅은 지금의 인도 갠지스강 북쪽 바라나시에 위치한다.

87 사르나트Sāmāth: 원문은 '녹야원정사鹿野苑精舍'로, 옛 명칭은 마가다바Magadava이다. 불교의 4대 성지 가운데 하나로, 옛 땅은 지금의 인도 바라나시 북방에 위치한다.

88 카우샴비국Kaushambi: 원문은 '구섬미국拘睒彌國'이다. 광서 2년본에는 '양

섬미국揚眯彌國'으로 되어 있으나, 『불국기』에 따라 고쳐 번역한다. 옛 땅은 지금의 인도 우타르프라데시주 남부 알라하바드Allahabad 서남쪽 코삼비Kosambi에 위치한다.

89 마하승기중摩訶僧祇衆의 율장: 원문은 '마하승기중율摩訶僧衆律'이다. 마하승기는 마하상가Mahāsaṅgha의 음역으로, 대중부大衆部의 율을 말한다. 법현이 번역한 『마하승기율』을 가리킨다.

90 살바다중薩婆多衆: 상좌부上座部 계통의 살바다부薩婆多部(Sarāvstivādin)를 말한다.

91 중국: 원문은 '진지秦地'이다.

92 감파국Gampa: 원문은 '첨파대국瞻波大國'이다. 옛 땅은 지금의 인도 비하르주 동부의 바갈푸르Bhagalpur에 위치한다.

93 탐랄리프티국Tamralipti: 원문은 '다마리간국多摩梨軒國'으로, 탐마율저국耽摩粟底國, 다마리제多摩梨帝라고도 한다. 옛 땅은 지금의 인도 서벵골주 메디니푸르의 탐루크Tamluk 일대에 위치한다.

94 싱할라Siṁhala: 원문은 '사자국師子國'으로, 승가라국僧迦羅國이라고도 한다. 지금의 스리랑카이다.

95 청주青州 장광군長廣郡: 옛 땅은 지금의 산동성山東省 교주만膠舟灣 일대에 위치한다.

96 대代나라: 오호 십육국 시대 탁발씨拓跋氏의 나라로, 북위北魏의 전신이다.

97 백진단白眞檀: 전단旃檀이라고도 하며, 인도 향목香木의 일종이다.

98 세종世宗: 북위의 제8대 황제 선무제宣武帝(재위 499~515) 원각元恪이다.

99 자불라Zabula: 원문은 '첩복라국疊伏羅國'으로, 옛 땅은 아프가니스탄 중부 지역에 위치한다.

100 공죽지邛竹枝: 사천성四川省 형경滎經 서쪽의 공산邛山에서 나는 대나무로, 지팡이로 많이 사용된다.

101 마르쿠스 아우렐리우스 안토니누스Marcus Aurelius Antoninus: 원문은 '안돈安敦'이다. 로마 제국의 황제(재위 161~180)로, 철인 황제로 유명하다.

102 팜찌엔Phạm Chiên: 원문은 '범전范旜'이다.

103 소물蘇勿: 프놈국의 왕족으로, 인도에 사신으로 파견되었다.

104 타콜라Takkola: 원문은 '투구리投拘利'이다.

105 무룬다Murundas: 원문은 '무론茂論'이다.

106 카필라바스투국Kapilavastu: 원문은 '가유국嘉維國'이다.

107 슈라바스티국: 원문은 '사위국舍衛國'이다.

108 야바드위파국Yāvadvīpa: 원문은 '섭파국葉波國'으로, 야바제국耶婆提國이라
고도 한다. 지금의 인도네시아 자와이다.

109 천감天監: 남조 양梁나라 무제의 연호(502~519)이다.

110 굽타Gupta: 원문은 '굴다屈多'이다.

북위 승려 혜생
『사서역기』외

—

『낙양가람기(洛陽伽藍記)』에 보인다.

위(魏)나라 신귀(神龜)[1] 원년(518) 11월 겨울에 태후가 숭립사(崇立寺)의 스님 혜생과 돈황 사람 송운(宋雲)에게 서역으로 가서 불경을 구해 오게 하니 무릇 170부를 얻었는데, 모두 훌륭한 대승 경전이었다. 처음에 도성에서 출발해 서쪽으로 40일을 가서 적령(赤嶺)에 도착했는데, 이곳은 바로 북위의 서쪽 경계였다. 산에는 풀과 나무도 없고 새와 쥐가 같은 굴에 살았다. 또 서쪽으로 23일을 가서 토욕혼국(吐谷渾國)[2]에 도착했다. 또 서쪽으로 3500리를 가서 선선성(鄯善城)에 도착했다. 또 서쪽으로 1640리를 가서 체르첸 Cherchen[3]에 이르렀는데, 여광(呂光)[4]이 이곳을 정벌할 때 만든 부처 보살상이 있었다. 또 서쪽으로 1375리를 가서 말성(末城)에 도착했다. 또 서쪽으로 22리를 가서 한마성(捍嫲城)에 도착했는데, 우전국에서 부처에게 공양하던 탑이 있으며 그 옆에는 수천 개의 작은 탑이 있고 깃발 1만 개가 걸려 있었다. 또 서쪽으로 878리를 가서 우전국에 도착했는데, 국왕이 부처의 유골을 덮어 만든 탑이 있고 벽지불의 신발이 있었으며 지금까지도 썩지 않았다. 우전국의 강역은 동서로 3천여 리이다. 신귀 2년(519) 7월 29일에 주구파국朱駒波國[5]으로 들어가니, 사람들은 산에 살고 도살을 하지 않으며 자연사한 고기만을 먹었다. 풍속과 언어는 우전국과 같고 문자는 브라만Brahman[6]과 같았다. 그 나라의 국토는 5일 정도면 다 돌아볼 수 있었다. 8월에 카반다국Kabhanda[7]의 경계로 들어갔고 서쪽으로 6일을 가서 파미르고원에 올랐다. 다시 서쪽으로 3일을 가서 발우성鉢盂城에 도착했고 3일을 가서 독룡지毒龍池에 이르렀는데, 옛날 반타왕盤陀王이 브라만의 주술로 용에게 주문을 걸어 그곳에서 2천여 리 떨어진 파미르고원 서쪽으로 이주시켰다. 파미르고원에서 출발하여 점차 위로 올라가 4일을 가서야 산 중턱 정도 되는 높이에 도착했는데, 실제로는 하늘 가까이에 있었다. 카반다국은 산꼭대기에 있었다. 파미르고원의 서쪽부터 물이 모두 서쪽으로 흘러 서해로 들어간다. 세상 사람들이 말하길, 이곳이 세계의 중심이라고 한다. 9월 중순에 발화국鉢和國[8]으로 들어갔다. 높은 산과 깊은 골짜기에 길이 늘 험했고 산이 성을 이루었으며, 사람들은 털옷을 입고 굴속에서 살았다. 사람과 가축이 함께 살고 바람과 눈은 매서웠다. 대설산大雪山[9]이 있어 바라보니 옥봉玉峰과 같았다. 10월 초순에는 에프탈Ephtal[10]에 들어갔는데, 거주지에 성곽은 없었고 물과 풀을 따라 이동했으며, 글도 모르고 평년과 윤년도 없어 12개월이 지나면 1년으로 여겼다. 여러 나라에 조공을 받아 남쪽으로는 첩라牒羅, 북쪽으로는 칙륵敕勒, 동쪽으로는 우전, 서쪽으로는 파사波斯에 이르기까지 40여 국에서 모두 와서 조공했으니 가장 강대했다. 왕의 장막은 사방 40보步이고 그릇은 칠보七寶이며, 불법을 믿지 않아 살생하고 육식을 했다. 위나라 사신을 알현하고 조서를 받았다. 도성과는 2만여 리 떨어져 있다. 11월에 파사국 국경에 들어갔는데, 영토가 매우 좁아 7일 만에 통과했다. 살펴보건대, 이곳은 파미르고원에 있는 나라로, 『위서』에서 말하는 서해에 있는 파사국이 아니고 불경에서 말하는 파사닉 왕국도 아니다. 사람들은 산골짜기에 살며 눈이 햇볕에 반짝거린다. 11월 중순에 샤마카Syamaka[11]에 들어갔는데, 점차 파미르고원에서 벗어나면서 지세가 메마르고 험준해서 사람과 말이 겨우 통과했다. 쇠사슬을 걸쳐 놓은 다리를 건너는데, 아래가 보이지 않았다. 12월 초에 우디야나국[12]으로 들어갔는데, 북쪽으로는 파미르고원과, 남쪽으로는 인도와 접해 있고 기후는 따뜻했다. 고원의 땅은 비옥하고 사람들과 산물은 풍부했다. 국왕은 채식하고 오랫동안 재계했으며, 아침저녁으로 예불하고 정오 이후에야 비로소 국사를 처리했다. 종소리가 나라에 두루 울려 퍼지면 기이한 꽃을 공양했다. 위나라 사신이 왔다는 소식을 듣고는 합장하고 엎드려 절하면서 조서를 받았다. 나라에는 여래가 옷과 신발을 말렸던 돌이 있고, 그 나머지 부처의 흔적들도 가는 곳마다 뚜렷하게 남아 있었다. 부처의 흔적마다 그 위에 모두 사탑寺塔을 세웠다. 스님들은 수행에 정진했다.

지광至光[13] 원년(520) 4월 중순에 간다라국에 들어갔는데, 그 땅은 우디야나국과 비슷했고 본래 명칭은 업바라국業波羅國이었지만 에프탈에 멸망해 결국 칙륵敕勒[14]을 왕으로 세웠다. 나라 사람들은 모두 브라만족으로 불교 경전을 숭상한다. 그러나 국왕이 살생을 좋아해 불법을 믿지 않고 계빈국罽賓國[15]과 영토를 다투어 여러 해 동안 전쟁을 벌이자 군사는 피폐하고 사람들은 원망했다. 국왕은 앉아서 조서를 받았고 거만하고 무례해서 사신을 사찰로 보내 매우 박하게 대우했다. 서쪽으로 3개월을 가서 인더스강에 이르렀고, 다시 서쪽으로 13일을 가서 푸루샤푸라[16]에 도착했다. 성곽은 반듯하고 곧으며 숲과 물은 풍부했고, 이 땅에서는 진귀한 보물들이 많이 났으며 풍속이 순박했다. 각 스님은 덕이 샘처럼 넘쳐나고 도를 행함이 걸출했으며, 석상은 장엄하고 온몸에 금박을 두르고 있었으며 가섭불의 유적이 있었다. 다시 서쪽으로 하루를 가서 배를 타고 깊은 물을 건너는데, 물의 폭이 3백여 보였다. 다시 서남쪽으로 60리를 가서 간다라성[17]에 도착했다. 부처가 열반하신 2백 년 후에 국왕 카니슈카[18]가 만든 작리부도雀離浮圖[19]는 12층으로, 땅과의 거리가 7백 자이고 기반은 3백여 보였다. 모두 무늬 돌로 계단을 만들었고, 탑 안의 불사佛事는 변화무쌍하고 금쟁반은 밝게 빛나며, 보탁寶鐸 소리가 조화롭게 울려서 서역의 탑 가운데 최고였다. 다시 서북쪽으로 7일을 가서 큰 강 하나를 건너 나가라하라국[20]에 도착했는데, 부처의 정골·치아·머리카락·가사袈裟·석장이 있었다. 산의 동굴에는 불상·부처의 흔적이 있으며, 7명의 부처가 직접 만든 탑과 부처가 직접 산스크리트어로 쓴 석탑의 명문이 있었다. 우디야나국에서 2년을 머물다가 정광 2년(521)에 돌아왔다. 뒷부분은 일실됨.

『수경주水經注』「하수편河水篇」에 다음 기록이 있다.

석씨釋氏의 『서역기西域記』에 "아누달태산阿耨達太山 위에는 큰 연못이 있는데, 궁전과 누각이 매우 크다. 이 산은 바로 곤륜산이다. 곤륜산에서는 6개의 큰 강물이 나온다. 산의 서쪽에 있는 강은 인더스강으로, 계빈국·건월국揵越國·마하라슈트라Maharashtra[21] 등의 여러 나라를 거쳐 남해로 들어간다.『수경주』에서 인용하고 있는『법현전法顯傳』은 이미 앞에서 전부 수록했기 때문에 여기에서는 다시 수록하지 않는다. 아누산阿耨山의 서남쪽에는 줌나강[22]이, 산의 서남쪽에서 약간 동쪽에는 살윈강Salween River[23]이, 동쪽에는 강가강Ganga River[24]이 있는데, 이 세 강은 똑같이 한 산에서 나와 모두 갠지스강으로 유입된다"라고 한다. 강태康泰의 『부남전扶南傳』에서는 "갠지스강의 수원은 바로 서북쪽 끝으로, 곤륜산에서 나오는데

5대 수원이 있다. 모든 지류는 이 5대 수원에서 나온다. 후글리강Hooghly River[25]은 곤륜산에서 나와 서북쪽으로 흐르다가 동남쪽에서 바다로 유입된다. 후글리강은 바로 갠지스강이다"라고 한다. 이에 석씨의 『서역기』에는 갠지스강에 대해 여러 명칭이 나온다. 갠지스강의 북쪽에는 4개의 나라가 있는데, 갠지스강 가장 서쪽 끝에 있는 나라가 이곳이다. 쿠시나가라[26]와 임양국林揚國[27]이 있는데, 그 물살이 어지럽게 흘러서 갠지스강으로 유입된다. 갠지스강은 동쪽으로 바이샬리를 지나는데, 북쪽으로 라지기르성과 50유순由旬[28] 떨어져 있다. 갠지스강은 또한 동쪽으로 계빈국의 요이성饒夷城을 지나는데, 성의 서북쪽 6~7리에 있는 갠지스강의 북쪽 강변이 부처가 설법하던 곳이다. 갠지스강은 또한 동남쪽으로 카필라바스투[29] 북쪽을 지나는데, 이곳은 옛 정왕淨王[30]의 궁宮이다. 축법유竺法維 스님은 "카필라바스투[31]는 부처가 탄생한 인도의 한 나라로, 세계의 중심이다"라고 한다. 갠지스강은 또한 동쪽으로 남막탑藍莫塔을 지나는데, 탑 주변에는 연못이 있고 연못의 용이 탑을 수호한다. 갠지스강은 또한 동쪽으로 오하구五河口에 이르는데, 다섯 지류가 모이는 곳이다. 강을 건너 남쪽으로 1유순을 내려가면 마가다국의 파탈리푸트라에 도착하는데, 이곳은 아소카왕이 다스리던 도시이다. 여러 나라 중에서 유독 이 도시가 가장 크고 사람들이 부유하며 다투어 인의仁義를 행한다. 갠지스강은 또한 동남쪽으로 소고석산小孤石山을 지나는데, 산꼭대기에는 부처가 좌선했던 석실이 있다. 갠지스강은 또한 서쪽으로 라지기르성을 지나는데, 이곳은 아자타샤트루왕이 세운 곳이다. 또 서쪽으로 가나성迦那城의 남쪽을 지난다. 석씨의 『서역기』에서는 "니란자나강Niranjana River[32]은 남쪽으로 갠지스강으로 유입되며, 부처가 이곳에서 목욕했다"라고 한다. 다시 갠지스강을 따라 서쪽으로 내려가면 카시국의 바라나시에 도착한다. 축법유 스님이 말하길, "바라나시는 카필라바스투 남쪽 1200리에 위치하며 중간에 갠지스강이 있어 동남쪽으로 흐른다. 부처가 법륜法輪[33]을 돌린 곳은 성의 동북쪽 10리에 있는데, 바로 사르나트[34]이다"라고 한다. 법현은 또한 "갠지스강은 또 동쪽으로 흘러 탐랄리프티국에 이르는데, 이곳이 바로 해구이다"라고 한다. 석씨의 『서역기』에서는 "대진의 또 다른 이름은 리간梨軒이다"라고 하고, 강태의 『부남전』에서는 "가나조주迦那調洲[35]의 서남쪽에서 큰 만으로 들어가는데, 7백~8백 리쯤 가면 바로 후글리강 입구에 이른다. 강을 건너 서쪽으로 가면 대진에 이른다"라고 한다. 또 말하길, "구리구拘利口[36]를 나와 큰 만으로 유입되어 정서북쪽으로 들어가 1년여쯤 흘러가면 인도의 강 입구에 도달하는데, 이곳을 갠지스강이라고 부른다. 강 입구에는 담몌擔袂[37]라는 나라가 있고 인도에 속한다"라고 한다. 석씨의 『서역기』에서는 "갠지스강은 동쪽으로 흘러 동해로 들어가는데, 두 강물이 두 개의 바다로 유입된다고 보아 동서로 흐른다"라고 한다. 또 말하길, "파미르고원의 높이는 1천 리로, 수원이 땅속으로 흐르다가 고원에서 두 줄기로 나뉜다"라고 한다. 하나는 서쪽으로 휴순국休循國[38] 남쪽을 지나고, 또 난두국難兜國 북쪽을 지나서 또 서쪽으로 계빈국 북쪽을 거쳐 또 서쪽으로 월지국 남쪽을 지난다. 그 풍속은 안식국과 같다. 또 서쪽으로 안식국 남쪽을 지나며 도시는 아무다리야강Amu Darya[39]에 접해 있고 면적은 사방 수천 리이다. 강물은 예라기체수蜺羅跂禘水와 합쳐져 카스피해 Caspian Sea[40]로 유입되는데, 이것이 파미르고원 서쪽으로 흐르는 물이다. 석씨의 『서역기』에는 "예라기체수 역시 아누달산阿耨達山의 북쪽에서 나와 서쪽으로 규시라국紕尸羅國의 4대 탑 북쪽을 거쳐 또 서쪽으로 간다라국 북쪽을 지나며 그 강은 안식국에 이르러서야 카스피해로 유입된다"라고 한다.

『신당서新唐書』에 다음 기록이 있다.

인도는 한대의 신독국身毒國으로, 마가타摩伽陀라고도 하고 브라만(波羅門)이라고도 한다. 도성에서 9600리 떨어져 있고, 도호부都護部의 치소에서는 2800리 떨어져 있으며, 파미르고원의 남쪽에 위치하고, 면적은 3만 리이다. 동·서·남·북·중의 오인도로 나뉘며 모두 성읍城邑이 수백 개이다. 남인도는 바다에 접해 있으며 사자·표범·산휘山貚[41]·낙타·무소·코끼리·화제주火齊珠·낭간·석청·흑염이 난다. 북인도는 설산이 거리를 두고 벽처럼 둘러싸고 있으며, 남쪽에 있는 골짜기는 이 나라로 들어가는 문이다. 동인도는 바다를 사이에 두고 프놈국·럼업국과 접한다. 서인도는 계빈국·파사국과 접한다. 중인도는 네 인도가 모이는 곳에 위치하며, 도성은 파탈리푸트라[42]이고 강가강[43]에 접해 있다. 별도로 수백 개의 성이 있어 모두 우두머리를 두었고, 별도로 수십 개의 나라가 있어 왕을 두었는데, [나라로는] 슈라바스티국과 카마루파국Kamarupa[44]이 있다. 문은 모두 동쪽을 향해 열어 놓는다. 중인도 왕의 성은 찰刹이고 이름은 리지利氏로, 대대로 그 나라를 다스리며 왕위를 찬탈하지 않는다. 그곳은 무더우며 벼가 4번 익고 긴 벼는 낙타를 가릴 정도이다. 패화貝貨를 사용하고 금강석·전단旃檀·울금이 난다. 로마·프놈·자오찌와 서로 무역하고, 사람들은 부유하고 즐거우며, 토지대장은 없지만 왕의 땅을 경작하는 사람은 토지세를 낸다. 발을 핥고 발꿈치를 문지르는 것으로 예를 행했다. 집에는 기이한 음악을 연주하는 예인藝人이 있다. 왕과 대신들은 모두 비단옷과 모직물을 입고, 정수리[45]에서 나선형으로 머리를 땋아 올리며, 나머지 머리는 다듬어서 말았다. 남자는 귀를 뚫어 귀걸이를 다는데, 간혹 귀족은 금귀걸이를 달며, [사람들은] 맨발로 다니고 의복은 흰색을 중시한다. 여자는 목에 금은이나 구슬 목걸이로 장식한다. 죽은 사람은 화장해서 그 재로 스투파Stupa[46]를 세우거나 들이나 강에 뿌려 새·짐승·물고기·자라의 먹이로 주었으며 장례 의식은 없다. 모반한 자는 가두어 죽이고 가벼운 죄는 속량전贖良錢을 냈으며 불효자는 수족을 자르고 귀와 코를 베어 변방으로 보냈다. 문자가 있고 절기를 계산하는 데 뛰어나며, 『실담장悉曇章』[47]을 배우는데, 이를 망령되이 범천법梵天法[48]이라고 한다. 패다라수의 잎에 사실을 기록한다. 불법을 숭상하고 살생과 음주를 하지 않는다. 나라 안에는 곳곳에 부처의 옛 자취가 남아 있다고 한다. 맹세를 중시하고 주술을 전하며, 용을 불러와 비구름을 일으킬 수 있다. 수隋나라 양제煬帝 때에 배구裴矩[49]를 보내 서역의 여러 나라와 교류했지만, 인도와 동로마 제국[50]만이 오지 않은 것을 한스러워했다. 무덕武德[51] 연간에 인도에 큰 난리가 일어나자 [중인도의] 왕 시라디티야Śilāditya[52]가 군대를 이끌고 거침없이 싸워서 코끼리는 안장을 내려놓지 않고 군사는 갑옷을 벗지 않은 채 네 인도를 토벌하고 모두 신하로 삼았다. 때마침 당나라 스님 현장玄奘이 그 나라에 갔을 때, 시라디티야가 현장을 불러들여서는 "그대의 나라에 성인이 나와 「진왕파진악秦王破陣樂」[53]을 지었다고 하는데, 나를 위해 그의 사람됨에 대해 말해 보거라"라고 했다. 현장이 태종太宗의 뛰어난 무예와 난리를 평정하여 사이四夷가 모두 복속된 상황을 대충 이야기하자 왕이 기뻐했다.

정관貞觀 15년(641)에 사신을 보내 글을 올리니, 황제는 운기위雲騎尉[54] 양회경梁懷璥에게 부절符節을 가지고 가 위무하게 했다. 시라디티야가 놀라서 나라 사람들에게 "옛날부터 마하차이나스타나국Mahachinasthana[55]의 사자가 우리나라에 온 적이 있느냐?"라고 물으니 모두 "없습니다"라고 대답했다. 서쪽 오랑캐는 중국을 마하차이나스타나국이라고 불렀다. 이에 시라디티야가 나가 맞이하며 합장하고 절하면서 조서를 정중히 받들었다. 다시 사자를 보내 중국의 사자를 따라서 입조하게 했다. 정관 23년(649)에 우위솔부장사右衛率府長史[56] 왕현책王玄策[57]을 그 나라에 사신으로 보내면서 장사인蔣師仁을 부사副使로 삼았다. 그들이 채 도착하기도 전에 시라디티야가 죽고 나라에서는 난리가 일어나 그의 신하 카나우지Kannauj[58]의 아루나스바Arunāsva[59]가 스스로 왕이 되어 군대를 일으켜 왕현책을 막았다. 당시에 따라온 기병이 겨우 수십 명이라 전투에서 승리하지 못한 채 모두 죽고 결국 여러 나라에서 받은 공물도 빼앗겼다. 왕현책은 힘을 다해 토번 서쪽 변방으로 도망쳤고, 격문을 보내 이웃 나라의 병사를 소집했다. 토번은 군사 1천 명을 보냈고, 네팔Nepal[60]은 기병 7천명을 보냈다. 왕현책은 군대를 나누어 파탈리푸트라로 진군하여 3일 만에 격파하고 3천 급을 참수했으며 물에 빠져 죽은 사람도 1만 명이나 되었다. 아루나스바는 나라를 버리고 도망갔다가 흩어진 군사를 모아 다시 진을 쳤으나, 장사인이 그를 사로잡았고 참수한 포로만도 1천 명이나 되었다. 나머지 무리는 왕의 처자식을 받들며 간다키강Gandaki River[61]에서 저항했다. 장사인이 그들을 공격해 크게 무찔렀으며 왕비와 왕자를 사로잡고 남녀 1만 2천 명과 가축 3만을 포획했으며 성읍 580곳을 항복시켰다. 동인도의 왕 시리구마라Srikumara[62]가 소와 말 3만 마리와 군량미·활·칼·보석·구슬 목걸이를 보내왔다. 카마루파에서는 기이한 물건을 바치고 지도를 올리면서 노자상老子象을 청했다. 왕현책이 아루나스바를 붙잡아 황제께 바치니, 담당 관리가 이 일을 종묘에 알렸다. 이에 왕현책을 조산대부朝散大夫[63]로 발탁했다. 왕현책은 방사方士 나라야나스바민Nārāyaṇasvāmin[64]을 얻었는데, 스스로 2백 살이라고 말하며 불사不死의 술법이 있다고 했다. 황제는 그의 거처를 옮겨 단약을 만들게 하고 병부상서兵部尙書 최돈례崔敦禮[65]에게 사신이 천하를 돌아다니며 괴이한 약초와 기이한 돌을 채집하는 것을 살피게 했다. 후에 술법이 효험이 없자 돌아가라는 조서를 내렸지만 돌아가지 못하고 장안에서 죽었다. 고종高宗 때 노가일다盧伽逸多[66]는 동인도 우디야나국[67] 사람으로 술법으로 조정에 나와 회화대장군懷化大將軍을 제수받았다. 건봉乾封 3년(668)에 오인도에서 모두 조정에 왔다. 개원開元 연간에 중인도와 북인도에서 각각 사신을 보내왔고, 남인도에서도 오색앵무새를 바치며 대식국과 토번을 토벌해 줄 것을 청하고 그 군대의 이름을 지어 주길 바라자 현종玄宗이 조서를 내려 회덕군懷德軍이라는 이름을 내렸다.

마가다국(摩揭陀)은 마가타摩伽陀라고도 하며 본래 중인도의 속국이다. 둘레가 50리이고 토지는 비옥하여 농사짓기에 적합하며 낱알이 거대한 기이한 벼가 있어서 '거인의 쌀'이라고 한다. 왕은 파탈리푸트라[68]에 사는데, 이곳은 북쪽으로 강가강[69]에 접해 있다. 정관 21년(647)에 처음으로 사신을 보내 천자와 교류하면서 바라수波羅樹를 바쳤는데, 백양나무와 비슷했다. 태종이 사신을 보내 설탕 제조법을 가져오자 양주揚州에 조서를 내려 여러 사탕수수를 올리도록 했는데, 그 제조법처럼 사탕수수를 짜서 가라앉혔지만, 색과 맛은 서역보다 훨씬 떨어졌다. 고종은 다시 왕현책을 마가다국에 보내 보리사菩提祠에 비석을 세웠다. 후에 덕종이 종명鍾銘을 만들어 날란다Nālandā 사원[70]에 하사했다. 또한 나가라하라[71]라는 나라가 있는데, 역시 속국이며 정관 20년(646)에 사신을 보내 특산품을 조공했다. 우디야나는 오복나烏伏那, 오장烏萇이라고도 하며 바로 인도의 남쪽에 있다. 국토의 면적은 5천 리이고, 동쪽으로 볼로르Bolor[72]까지 6백 리, 서쪽으로 계빈국까지 4백 리 떨어져 있으며, 산과 계곡이 서로 연이어 있다. 금·철·포도·울금이 나며 벼는 1년에 3번 수확한다. 사람들은 유순하면서도 속이길 잘하며 주술[73]에 능하다. 나라에는 사형이 없어 살인을 저지른 자는 깊은 산속에 버려 놓는다. 죄가 의심스러우면 약을 먹여 오줌이 맑은지 탁한지를 보고 죄의 경중을 결정한다. 다섯 개의 성이 있는데, 왕은 밍고라성Mingora[74]에 산다. 성의 동북쪽에는 다렐Darel[75]이 있는데 바로 우디야나국의 옛 땅이다. 정관 16년(642)에 그 나라 왕이 사신을 보내 용뇌향龍腦香을 바치자 옥새가 찍힌 문서로 후하게 답했다. 대식은 우디야나국의 동쪽 변경과 접하여 여러 번 그 왕을 꾀었으나 쿠탈국Khuttal[76]·샤마카[77] 두 왕과 함께 신하 되기를 원하지 않자 개원 연간에 사신을 보내 왕으로 책봉했다. 장게발국章揭拔國[78]은 본래 서강西羌족으로, 스립슐국Sribsyul[79] 서남쪽의 사산四山에 살았지만, 후에 산의 서쪽으로 이동해 동인도와 접하게 되었고 의복도 대체로 비슷해서 여기에 덧붙인다. 면적은 8백~9백 리이고 정예병이 2천 명이며, 성곽이 없고 노략질을 좋아해 상인들이 근심했다. 정관 20년(646)에 그 나라 왕이 스립슐국을 따라 사신을 보내 입조했다. 왕현책이 중인도를 토벌할 때 군대를 보낸 공이 있었고, 이 때문에 조공이 끊이지 않았다. 스립슐국은 토번의 서남쪽에 있으며, 인구는 5만이고 성읍은 대부분 계곡 옆에 있다. 남자는 명주로 머리를 묶고 털옷을 입으며, 여자는 머리를 땋고 짧은 치마를 입는다. 혼인할 때는 예물을 보내지 않는다. 곡식은 메벼·보리·콩을 재배한다. 사람이 죽으면 들에서 장사 지내고 무덤을 만들지 않으며 상복은 검은 옷을 입고 1년이 지나면 벗는다. 코를 베는 형벌이 있다. 항상 토번에 속해 있었다.

당나라 현장의 『사서역기使西域記』[80]에 다음 기록이 있다.

고창국高昌國[81]의 옛 땅을 나서면 여기서 가장 가까운 곳은 아그니국Agni[82]이다. 이 나라는 사방이 산에 둘러싸여 길이 험해서 수비가 쉬우며 하천이 서로 뒤섞여 흐른다. 인도의 문자를 사용하고 금전·은전·작은 동전을 화폐로 사용한다. 사찰은 10여 곳이고 소승을 수행한다. 이곳에서 서남쪽으로 9백여 리를 가면 쿠차국Kucha[83]에 도착한다. 국토는 동서의 길이가 1천여 리, 남북의 길이가 6백여 리이다. 사찰은 1백여 곳이고 스님은 3천여 명으로 소승을 수행한다. 성 북쪽 40리 되는 곳에 강가에 접해 두 개의 사찰이 있고 그곳에 불상이 있는데, 사람의 솜씨라고는 믿기 어려운 훌륭한 장식이 되어 있고 5년마다 한 번씩 재회齋會를 연다. 불상을 수레에 싣고 행상을 하는데, 천여 명의 사람들이 움직이며 스님과 신자가 구름처럼 모여 공양한다. 이곳에서 서쪽으로 6백여 리를 가서 작은 사막을 건너면 쿰국Kum[84]에 도착한다. 서북쪽으로 3백여 리를 가서 돌이 많은 사막을 건너면 무자트Muzart[85]에 이른다. 산골짜기에는 눈이 쌓여 있어 봄과 여름에도 얼어 있다. 산을 넘어 4백여 리를 가면 이식쿨호 Lake Issyk-kul[86]에 도착하는데, 둘레는 1천여 리이며 동서는 길고 남북은 좁다. 이식쿨호에서 서북쪽으로 5백여 리를 가면 수야브성Suyab[87]에 이르는데 여러 나라의 상인들이 섞여 거주한다. 수야브성의 서쪽에는 수십 개의 고성孤城이 있는데, 성마다 각각 우두머리가 있으나 모두 돌궐에 속해 있다. 수야브성에서 서쪽으로 4백여 리를 가면 천천千泉[88]에 이른다. 천천은 땅이 사방 2백 리이고 남쪽은 설산에, 나머지 삼면은 평지에 접해 있다. 돌궐의 칸이 매번 피서하러 온다. 서쪽으로 150리를 가면 탈라스Talas[89]에 도착한다. 또 서남쪽으로 2백여 리를 가면 이스피잡Isfijāb[90] 서남쪽에 이른다. 남쪽으로 2백여 리를 가면 공어성恭御城에 이른다. 이곳에서 남쪽으로 40~50리를 가면 누지칸드국Nujkand[91]에 이르는데, 둘레는 1천여 리이며, 토지가 비옥하여 농사가 잘되고 꽃과 과일도 무성하며 포도가 많이 난다. 성읍은 1백여 개로 성읍에는 군주가 있고 비록 토지를 나누어 구분하고는 있지만 모두 누지칸드국이라 총칭한다. 이곳에서 서쪽으로 2백여 리를 가면 타슈켄트국Tashkent[92]에 이르는데, 당대唐代에는 석국이라 불렀다. 둘레는 1천여 리로, 서쪽으로 시르다리야강Syr Darya[93]에 접해 있으며, 동서는 좁고 남북은 길다. 토산품과 기후는 누지칸드국과 같다. 성읍은 수십 개이지만 총괄하는 군주는 없고 돌궐에 속해 있다. 이곳에서 동남쪽으로 1천여 리를 가면 페르가나국Ferghana[94]에 이른다. 둘레는 4천여 리로, 토지가 비옥해서 농작물이 잘 자라고 양과 말 기르기에도 적합하다. 기후는 춥고 사람들은 강하며 외모는 못생겼고 언어는 다르며 대군주가 없다. 이곳에서 서쪽으로 1천여 리를 가면 수트루사나국Sutrushana[95]에 도착하는데, 둘레는 1400~1500리이고 동쪽으로 시르다리야강과 접해 있다. 시르다리야강은 파미르고원 북쪽에서 나와 서북쪽으로 흘러가는데, 큰 물살이 탁하고 급하다. 토산품과 풍속은 타슈켄트국과 같다. 자체적으로 왕이 있으나 돌궐에 속해 있다. 이곳에서 서북쪽으로 큰 사막에 들어서면 멀리 큰 산이 보이고 유골遺骨을 찾아야 가야 할 방향을 알 수 있다. 5백여 리를 가면 사마르칸트국Samarkand[96]에 도착하는데, 당대에는 강국康國이라고 했다. 사마르칸트국은 둘레가 1600~1700리이며, 동서의 너비는 길고 남북은 좁다. 지세가 험하지만 비옥해 준마가 많이 나며, 여러 나라 가운데 이곳이 중심지로, 금은보화가 모이고 기술이 특히 뛰어나다. 풍속이 거칠고 군대가 강성하다.

이곳에서 동남쪽으로 가면 마이무르그국Maymurgh[97]에 이르는데, 당나라에서는 미국米國이라고 했다. 마이무르그국의 둘레는 4백여 리이고 강을 끼고 있으며, 동서의 너비는 짧고 남북은 길다. 여기에서 출발해서 비로소 카푸타나국Kaputana[98]에 도착한다. 또 서쪽으로 3백여 리를 가면 쿠샤니아국Kushania[99]에 이른다. 또 서쪽으로 2백여 리를 가면 카르간국Kharghan[100]에 이른다. 또 서쪽으로 4백여 리를 가면 부하라국Bukhara[101]

에 이른다. 또 서쪽으로 4백여 리를 가면 버틱국Betik[102]에 이른다. 또 서남쪽으로 5백여 리를 가면 호라즘국Khorazm[103]에 이른다. 또 남쪽으로 3백여 리를 가면 사국史國에 이르는데, 현지에서는 쿠샨국Kushan[104]이라고 한다. 마이무르그국·카푸타나국·쿠샤니아국·쿠샨국·카르간국·버틱국·부하라국[105] 등 여러 나라는 풍속이 모두 사마르칸트국과 같다. 수야브국에서 쿠샨국까지의 지역을 술리크Sulik[106]라고 하며, 사람들 또한 그렇게 부른다. 쿠샨국에서 서남쪽으로 2백여 리를 가서 산으로 들어가면 가파른 산길과 험한 절벽에 물과 풀도 거의 없다. 동남쪽으로 산길을 3백여 리를 가면 철문鐵門[107]으로 들어간다. 철문은 좌우로 산을 끼고 있는데, 길이 좁고 험준하며 양옆은 석벽이라 그 색이 철과 같고 문이 철로 되어 있으며 험난하기 때문에 이렇게 이름 붙여졌다. 철문을 나서면 토하라국Tokhara[108]에 도착하는데, 그 땅은 남북이 1천여 리, 동서가 3천여 리이고, 동쪽은 파미르고원, 서쪽은 페르시아,[109] 남쪽은 대설산, 북쪽은 철문과 접해 있으며, 옥수스강Oxus River[110]이 나라를 관통해서 서쪽으로 흐른다. 수백 년 동안 왕족은 후사가 끊겨 호족들이 각각 37개국으로 나누어 차지하고 있다. 비록 토지를 구획하여 구분하고는 있지만, 나라 전체가 돌궐에 속한다. 이 지역 남쪽은 겨울과 봄에 이슬비가 내리고 풍토병이 많다. 사람들은 겁이 많고 볼품없으며 그다지 남을 속이지는 않는다. 문자는 25개 낱소리에 근원을 두고, 가로쓰기로 왼쪽에서 오른쪽으로 읽으며 문자 기록이 점차 많아지고 있다.

　광활한 술리크 지역을 넘어 옥수스강을 따라 북쪽으로 내려가면 테르메즈국Termez[111]에 도착한다. 또한 동쪽으로 차가니안국Chaghāniyān[112]·카룬국kharun[113]·슈만국Shuman[114]·바흐쉬국Vakhsh[115]·쿠탈국[116]·쿠메즈국Kumedh[117]에 도착하는데, 이 나라들은 모두 서쪽에서 동쪽으로 걸쳐 있다. 쿠메즈는 파미르고원 중심에 위치하며, 서남쪽으로는 옥수스강과 접해 있다. 옥수스강을 건너면 다르마스티티국Dharmasthiti[118]·바다흐샨국Badakhshān[119]·얌간국Yamgan[120]·쿠란국Kuran[121]·히마탈라국Himatala[122]·파르하르국Parkhar[123]·케슘국Qeshm[124]·라완국Rāwan[125]·아르한국Ārhan[126]·문잔국Munjan[127]에 도착한다. 워왈리국Warwali[128]에서 동남쪽으로 가면 호스트국Khost[129]·안다랍국Andarab[130]에 도착하는데, 이 나라들에 관련된 내용은 이슬람 기록에 남아 있다. 워왈리국에서[131] 서남쪽으로 가면 바글란국Baghlan[132]에 이르고, 또 남쪽으로 가면 사만간국Samangan[133]에, 또 서북쪽으로 가면 홀름국Khulm[134]에, 또 서쪽으로 가면 박트리아국Baktria[135]에 도착하는데, 이곳이 바로 토하라국의 수도이다. 북쪽으로 옥수스강에 접하며 사람들은 모두 소왕사성小王舍城이라 부르는데, 사찰은 1백여 개, 스님은 3천여 명이 있으며 모두 소승을 수행한다. 성 밖 서남쪽에는 새로운 사찰이 있는데, 이 나라 선왕이 세운 곳으로, 장엄하고 진귀한 보석으로 장식되어 있으며, 안에는 부처의 치아·부처의 항아리·부처의 빗자루가 있다. 사찰 서남쪽에는 정사 하나가 있는데, 각 스님이 모이는 곳으로, 4과果[136]에 이른 사람이 많다. 스투파[137] 수백 개가 세워져 있다. 도성의 서남쪽에서 설산 골짜기로 들어가면 주마탄국Zumathan[138]·구즈간국Guzgan[139]·탈로칸국Taloqan[140]에 도착하는데, 이 나라들은 서쪽으로 페르시아 국경과 접한다. 남쪽으로 1백여 리를 가면 가즈국Gaz[141]에 도착한다. 이상 수십 개의 여러 소국은 토하라국 경내에 있는 부락들이다. 동남쪽으로 대설산에 들어가면 산은 높고 골짜기는 깊으며 한여름에도 눈이 쌓여 있는데, 산도깨비와 요괴들이 재앙을 일으키고 도적들이 횡행한다. 6백여 리를 가서 막 토하라국을 나오면 바미안국Bāmiān[142]에 도착한다. 토하라국은 북인도와 대설산을 경계로 하고 북쪽으로는 철문을 경계로 한다. 바미안국은 설산 속에 있는데, 동서의 너비는 2천여 리이고 남북의 길이는 3백여 리이며, 수도는 절벽 사이 골짜기에 있다. 꽃과 과일은 적고 목축은 적합하며, 기후는 차고 풍속은 사나운데, 삼보三寶[143]를 신실히 믿는 것이 특히 이웃 나라보다 더하다. 동남쪽으로 2백여 리를 가서 대설산을 넘어 동쪽으로 가면 작은 연못이 나오며, 그곳에 사찰이 있는데, 부처의 치아와 태초 독각불獨覺佛[144]의 치아·금륜왕金輪王[145]의 치아·나한의 철로 된 발우를 소장하고 있다.

여기에서 동쪽으로 가서 설산을 벗어나 흑령黑嶺[146]을 넘으면 카피사국 Kapisa[147]에 도착한다. 카피사국의 둘레는 4천여 리이며, 북쪽은 설산을 등지고 있고 삼면은 흑령으로 둘러싸여 있으며, 수도는 서북쪽으로 대설산과 2백여 리 떨어져 있다. 준마·울금향이 나며 다른 나라의 기이한 물건들이 모이는 곳이다. 풍속은 토하라국과 같다. 왕은 크샤트리아Ksatriya[148]로, 10여 개국을 통솔하고 삼보를 숭상한다. 수도 서북쪽에 위치한 큰 강의 남쪽 언덕에는 옛 사찰이 있는데, 그 안에는 부처의 유치乳齒·정골·머리카락이 있다. 스투파 안에는 1되 남짓 되는 사리가 있다.

여기에서 동쪽으로 6백여 리를 가서 흑령을 넘으면 북인도의 경계로 들어간다. 인도의 명칭을 자세히 살펴보면 신독이라고도 하고 현두賢豆라고도 하는데, 지금은 표준음에 따라 인도라고 해야 한다. 오인도는 둘레가 9만 리이고 직경이 3만 리이며, 삼면은 바다에 접해 있고 북쪽은 설산을 등지고 있는데, 북쪽은 넓고 남쪽은 좁아 모양은 반달과 같다. 토지를 구획해서 70여 개국으로 나누었으며, 북쪽은 산과 언덕이 많고, 동쪽은 하천과 평원이 있고 땅이 기름지며, 남쪽은 덥고 습하며, 서쪽은 땅이 척박하다. 인도 문자는 브라흐마Brāhma[149]가 만들었는데, 47개 낱소리를 상황에 따라 활용했다. 아이들은 7세 이후에야 점차 5명明이란 큰 의론을 배우는데, 첫 번째가 성명聲明,[150] 두 번째가 교명巧明,[151] 세 번째가 의방명醫方明,[152] 네 번째가 고명固明,[153] 다섯 번째가 내명內明[154]이다. 브라만은 4 베다 Veda의 의론[155]을 익히는데, 첫 번째가 수壽,[156] 두 번째가 사祠,[157] 세 번째가 평平,[158] 네 번째가 술術[159]이다. 불경 한 부를 강론하는 스님은 승지사僧知事[160]를 면제받는다. 두 부를 강론하는 스님에게는 거처와 가재도구를 제공한다. 세 부를 강론하는 스님에게는 시중드는 사람을 보내 모시게 한다. 네 부를 강론하는 스님에게는 정인淨人[161]을 보내 일을 시키게 한다. 다섯 부를 강론하는 스님은 코끼리 수레를 타고 다닌다. 여섯 부를 강론하는 스님에게는 또한 호위병을 배치시켜 주위를 지키게 한다. 스님들의 우열을 따져 무능한 스님은 쫓아내고 유능한 스님을 등용하며, 교의를 어기는 자는 배척하여 상대하지 않는다. 종족의 계급은 4가지로, 첫 번째가 브라만[162]이고, 두 번째가 크샤트리아로 왕족이며, 세 번째가 바이샤 Vaiśya[163]로 상인이고, 네 번째가 수드라Sudra[164]로 농민이다. 군대도 4가지가 있는데, 보군步軍·마군馬軍·거군車軍·상군象軍이다. 형벌에도 4가지가 있는데, 수형水刑·화형·저울형[165]·독살형이다. 왕의 토지에 농사를 지으면 6분의 1을 세금으로 내며, 토지세로 나오는 돈은 대부분 4가지 방법으로 사용되는데, 첫 번째가 제사 비용이고 두 번째가 관리들의 봉록이며, 세 번째가 학자들의 상금이고, 네 번째는 복전福田[166]을 세우는 일에 쓴다. 진귀한 여러 보물은 연해에서 나오며 물건과 바꿀 수 있다. 교역할 때는 금전·은전·패주貝珠·소주小珠를 사용한다. 인도의 풍토는 대략 이러하다.

카피사국은 북인도의 북쪽 경계에 위치하며 그 관할지로 람파카국 Lampaka[167]이 있는데, 기후는 점차 따뜻해지고 서리나 눈도 없으며, 남을 잘 속이고 경박하며 의복은 대부분 흰 모직 옷을 입는다. 이곳에서 동남쪽으로 1백여 리를 가서 큰 산맥을 넘고 큰 강을 건너면 나가라하라국[168]

에 도착한다. 이 나라에는 여래의 영굴影窟과 여래의 발자국, 여래가 옷을 빤 돌 및 석장과 정골이 있으며 모든 성지는 대부분 영험하다. 이곳에서 동남쪽 산골짜기로 5백여 리를 가면 간다라국[169]에 도착하는데, 동쪽으로 인더스강[170]에 접하며 따뜻해서 서리나 눈이 없다. 예로부터 무착보살無著菩薩[171]·세친보살世親菩薩[172]·협존자脅尊者[173] 등이 탄생한 곳이다. 카니슈카왕[174]이 세운 스투파는 둘레가 1.5리이고 높이가 4백 자로, 여러 나라에 이름이 났다. 50리를 가서 큰 강을 건너면 푸쉬칼라바티성Puṣkalāvatī[175]에 도착한다. 동남[176]쪽으로 2백여 리를 가면 바르샤푸라Varsapura[177]에 도착한다. 또 동남쪽으로 150리를 가면 우타칸드Utakhand[178]에 도착하는데, 남쪽으로는 인더스강에 접하며 여러 지방의 보화들이 대부분 이곳으로 모인다. 다시 북쪽으로 산을 넘고 물을 건너 6백여 리를 가면 우디야나국에 도착하는데, 이 나라는 둘레가 6천여 리이며, 풍속은 유유자적하고 주술을 익히며 대부분 대승을 수행한다. 밍고라[179]가 있는데, 여래가 옛날에 인욕선忍辱仙[180]이 되고 보살이 된 곳으로, 고행을 감내하며 수행하고 몸을 바쳐 게송을 구하며 몸을 바쳐 비둘기로 변신하고 뼈를 갈며 경전을 썼던 일이 모두 이곳에서 있었다. 밍고라에서 동북쪽으로 산을 넘고 계곡을 건너서 인더스강을 거슬러 올라 1천여 리를 가면 다렐에 이르는데, 이곳이 바로 우디야나국의 옛 도성이다. 다시 산을 넘고 계곡을 건너서 인더스강을 거슬러 올라 5백여 리를 가면 발루라국Balūra[181]에 도착하는데, 둘레는 4천여 리이고 대설산 사이에 위치하며, 동서는 넓고 남북은 좁으며, 기후는 춥고 풍속은 사납다. 이곳에서 다시 우타칸드로 돌아가 남쪽으로 인더스강을 건넌다. 인더스강의 너비는 3~4리로, 서남쪽으로 흐르며 물이 거울처럼 맑다. 인더스강을 건너면 탁샤실라국Takṣaśilā[182]에 도착한다. 이상의 여러 나라는 카피사국[183]에 속해 있으며 모두 북인도 북쪽 경계에 있다.

　북인도에서는 카스미라국Kasmira[184]이 가장 크며, 모두 7개의 나라가 속해 있다. 탁샤실라국도 이전에는 카피사국에 속해 있었으나 지금은 또한 카스미라국에 속해 있다. 이 나라에서 동남쪽으로 산과 계곡을 넘어 7백여 리를 가면 싱하푸라국Sinhapura[185]에 도착한다. 이 나라의 둘레는 3천여 리이며, 서쪽으로 인더스강을 접하고 도성은 험하고 견고하다. 기후는 춥고 풍속은 거칠고 사나우며, 군주가 없고 카스미라국에 속해 있다. 이곳에서 다시 탁샤실라국의 북쪽 경계로 돌아가 인더스강을 건너서 동남쪽으로 2백여 리를 가고 대석문大石門을 지나 다시 동남쪽 산길로 5백여 리를 가면 우라사국Urasa[186]에 도착한다. 이 나라의 둘레는 2천여 리이며 산과 언덕이 이어져 있고 전답은 좁다. 기후는 온화하여 서리나 눈이 거의 내리지 않으며, 카스미라국에 속해 있고 스님은 대승의 가르침을 수행한다. 이곳에서 동남쪽으로 험한 산을 넘고 철교鐵橋를 건너 1천여 리를 가면 카스미라국에 이르는데, 바로 옛 계빈국이다. 이 나라의 둘레는 7천여 리이고 사방이 산을 등지고 있으며, 들어가는 길이 험하고 좁아 예로부터 이웃 나라들도 이 나라를 정벌하지 못했다. 도성의 서쪽은 큰 강과 접해 있으며 기후는 아주 춥고 눈이 많이 내리나 바람은 적다. 모두 흰 모직물 옷을 입고 용모는 아름다우며 사교邪教와 정교正教를 모두 믿는다. 스님은 5천 명이며 여래가 죽은 지 1백 년 후에 아소카왕[187]이 세운 5백 개의 사찰이 있고 여래가 죽은 지 4백 년 후에 카니슈카왕이 5백 나한을 모아 『비바사론毗婆沙論』[188]을 저술한 곳이 있다. 이곳에서 서남쪽으로 산을 넘고 험지를 건너 7백여 리를 가면 파르노사국Parṇorsa[189]에 도착한다. 이 나라의 둘레는 2천여 리로, 산천이 많고 논밭이 적다. 기후는 따뜻하고, 풍속은 거칠고 용맹하며, 대군주가 없고 카스미라국에 속해 있다. 이곳에서 동남쪽으로 4백여 리를 가면 라자푸라Rājapura[190]에 도착한다. 이 나라의 둘레는 4천여 리이고, 험하고 견고하며, 산이 많고 토지는 비옥하지 않다. 사람들은 거칠고 용맹하며 카스미라국에 속해 있다. 람파카국[191]에서 여기까지는 거칠고 비루하며 난폭해서 인도 본토의 풍속이 아니라 변방의 야만적 풍속이다.

이곳에서 동남쪽으로 산을 내려가 물을 건너 7백여 리를 가면 타카국Taka[192]에 도착한다. 이 나라의 둘레는 1만여 리이고, 동쪽으로는 베아스강Beas River[193]에, 서쪽으로는 인더스강에 접하며, 풍속은 난폭하고 급하며 의복은 흰색을 입는다. 불법을 신봉하는 사람은 적고 천신天神을 섬기는 사람이 많다. 수백 년 전에 미히라쿨라왕Mihirakula왕[194]이 불법을 파괴하고 스님을 내쫓았다. 그 이웃 국가 마가다국의 발라디티야Baladitya왕[195]은 불법을 공경했는데, 미히라쿨라왕이 군대를 정비해 공격하자 발라디티야왕은 차마 백성을 싸우게 할 수 없어 섬으로 도망치니 따르는 자가 수만이었다. 미히라쿨라왕이 바다를 건너 정벌하러 가자 발라디티야왕은 험지를 지키며 적을 유인하니, 매복했던 군사들이 사방에서 나타나 미히라쿨라왕을 사로잡았다. 발라디티야왕의 모친이 그를 가엽게 여겨 풀어 주었다. 미히라쿨라왕은 북쪽의 카스미라국에 투항했고, 그 국왕은 그에게 토읍土邑을 봉해 주었는데, 오랜 시간이 지나자 그는 읍인들을 이끌고 가 카스미라국 왕을 죽이고는 스스로 왕위에 앉았다. 서쪽으로 간다라국을 멸망시키고 탑과 사찰 1600개를 훼손했으며, 30만 상류층과 30만 중류층을 인더스강에 수장시키고 30만 하층인은 군사들에게 나누어 주었는데, 얼마 지나지 않아 죽어 무간지옥無間地獄[196]에 떨어졌다. 이곳에서 동쪽으로 5백여 리를 가면 치나북티국Cīnabhukti[197]에 도착한다. 이 나라의 둘레는 2천여 리이고, 기후는 따뜻하며, 사람들은 겁이 많고 나약하다. 도성의 동남쪽으로 5백여 리를 가면 과거사불過去四佛[198]이 앉았던 자리와 행선行禪했던 유적이 있고, 작은 스투파와 여러 큰 석실이 양쪽으로 늘어서 있다. 또한 천지가 개벽한 이래로 여러 증과證果를 얻은 성인들이 이곳에서 열반에 들었다. 이곳에서 동북[199]쪽으로 145리를 가면 잘란다르국Jalandhar[200]에 도착하는데, 이 나라는 기후가 따뜻하고 성정이 강하며 용모가 비루하고 토지는 풍요롭다. 또 동북쪽으로 산골짜기를 넘어 7백여 리를 가면 쿨루타국Kuluta[201]에 도착한다. 이 나라의 둘레는 3천여 리이며, 설산과 이웃하고 있어 진귀한 약초가 많고, 기후는 점차 추워져 서리와 눈이 조금씩 내린다. 사람들의 모습은 투박하고 용맹함을 높이 숭상하며, 절벽에는 석실이 많은데, 나한과 선인仙人이 머무는 곳이다. 이곳에서 남쪽으로 7백 리를 가서 큰 산을 넘고 큰 강을 건너면 사타드루국Satadru[202]에 도착한다. 이 나라의 둘레는 2천여 리로, 서쪽으로는 큰 강에 접해 있으며 농업이 번성하고, 의복은 고운 비단옷을 입으며, 기후는 덥고 성정은 온화하며 불법을 신실히 믿는다. 이상은 모두 북인도이다.

이곳에서 서남쪽으로 8백여 리를 가면 파리야트라국Pariyatra[203]에 이르는데, 비로소 중인도로 들어간다. 이 나라의 둘레는 3천여 리이며, 벼를 심으면 60일 만에 수확하고, 소와 양은 많지만, 꽃과 과일은 적다. 기후는 덥고 풍속은 거칠고 사나우며, 학문과 예술을 숭상하지 않고 외도外道[204]를 신봉한다. 이곳에서 남쪽으로 5백여 리를 가면 마투라국[205]에 도착한다. 이 나라의 둘레는 5천여 리이고, 기후는 덥고 토양은 비옥하며, 덕德과 학문을 숭상한다. 과거사불의 유적이 매우 많고 여러 성스러운 제자의 사리를 모신 스투파가 갖춰져 있어서 매년 삼장三長[206]과 매월 육재六齋[207]에는 스님들이 각각 자신이 따르는 바에 따라 공양을 드리는데, 향 연기는 구름처럼 자욱하고 꽃비가 내리며 깃발과 양산은 거리를 가득 덮었다. 이곳에서 동북쪽으로 5백여 리를 가면 스타니쉬바라국 Sthanishvara[208]에 도착한다. 이 나라의 둘레는 7천여 리이고, 따뜻하여 농사짓기에 적합하며, 풍속은 사치스럽고 환술幻術을 숭상하며, 이익을 좇아서 농사짓는 사람이 적으며 사방의 진귀한 물건이 모인다. 도성의 둘레는 2백 리로, 원주민들은 그곳을 복 받은 땅(福地)이라고 부른다. 이곳에서 동북쪽으로 4백여 리를 가면 스루그나국Srughna[209]에 도착한다. 이 나라의 둘레는 6천여 리로, 동쪽으로는 갠지스강[210]과 접하고, 북쪽으로는 큰 산을 등지고 있으며, 야무나강Yamuna River[211]이 국토 중간을 흐른다. 여래의 사리·손톱·머리카락과 여러 스투파가 있으며, 최근 국왕이 그릇된 외도에 미혹되어 사도를 잘못 믿으면서 정법正法을 폐지했다. 야무나강을 따라 동쪽으로 8백여 리를 가면 갠지스강에 이르는데, 수원水源의 너비는 3~4리이고, 동남쪽으로 흘러 바다로 들어가는 곳은 너비가 10여 리인데, 그곳 기록에는 이 강을 복 받은 강(福水)이라고 부른다. 강을 건너면 동쪽 기슭에는 마티푸라국Matipura[212]이 있다. 이 나라의 둘레는 6천여 리이고, 민간에서는 주술이 만연하며, 사도와 정법을 모두 신봉하고, 왕은 천신을 공경하여 이교도들이 섞여서 산다. 이곳에서 북쪽으로 3백여 리를 가면 브라흐마푸라국Brahmapura[213]에 도착하는데, 이 나라만은 또한 북인도의 지경에 들어가며 큰 산 가운데에 자리 잡고 있고 둘레는 4천여 리이다. 이 나라 북쪽의 대설산 안에는 질 좋은 황금이 나는 나라가 있는데, 동서로는 넓고 남북으로는 좁으니, 바로 동녀국東女國[214]이다. 대대로 여자가 국왕이 되며 동쪽으로는 토번국, 북쪽으로는 우전국, 서쪽으로는 삼푸아자국Sampuaza[215]과 접해 있다. 마티푸라국[216]에서 동남쪽으로 4백여 리를 가면 고비사나국Govisana[217]에 도착하는데, 다시 중인도로 들어간다. 이 나라의 둘레는 2천여 리이고 도성은 험준하며, 풍속은 순박하고 불교를 좋아해서 소승을 수행하는데, 여래가 옛날에 이곳에서 한 달 동안 여러 불법의 요체를 설파했다. 이곳에서 동남쪽으로 4백여 리를 가면 아이차트라국Ahicchattra²¹⁸에 도착한다. 이 나라의 둘레는 3천여 리이고 여래가 옛날에 용왕을 위해 7일 동안 이곳에서 설법했다고 한다.

이곳에서 남쪽으로 260~270리를 가서 갠지스강을 건너 서남쪽으로 가면 비라사나국Virasana²¹⁹에 도착한다. 또 동남쪽으로 2백여 리를 가면 카피타국Kapitta²²⁰에 도착하는데, 여래가 도리천에서 내려올 때 사용한 보석 계단과 성스러운 흔적이 있어 경내에는 영험이 계속 나타난다. 서북쪽으로 2백 리를 가면 카냐쿠브자국²²¹에 도착한다. 이 나라의 둘레는 4천여 리이며 도성은 서쪽으로 갠지스강에 접하고 이역의 진귀한 물건들이 모여든다. 거주민들은 부유하고 낙천적이며 스님은 1만여 명이 있다. 선왕이 동인도의 샤샨카Śaśāṅka왕²²²에게 살해당하자 동생인 하르샤Harsha왕²²³이 왕위를 계승하고 형의 원수를 갚을 것을 맹세하고는 군사를 훈련시켰다. 상군象軍 5천 명, 마군馬軍 2만 명, 보군步軍 5만 명을 이끌고 서쪽에서 동쪽으로 나아가며 굴복하지 않는 자들을 정벌하니, 코끼리는 안장을 풀지 않고 군사들은 갑옷을 벗지 않은 채 6년 동안 오인도를 점령했다. 다시 군사를 보충하여 상군象軍 6만, 마군馬軍 10만이 되니 30년 동안 전쟁이 일어나지 않았다. 오인도에서는 육식을 금하고 생명을 죽인 경우는 주살해서 용서하지 않았다. 갠지스강 옆에 스투파 수천 개를 세웠는데, 각각의 높이가 1백여 자나 되었다. 오인도에 사찰을 세워 5년에 한 번 무차대회無遮大會²²⁴를 열어 창고를 열어 보시했으나, 다만 무기만은 제외했다. 멀리 당나라에서 스님이 왔다는 소식을 듣고 물었다. "마하차이나스타나국²²⁵에 진왕秦王이라는 천자가 있는데, 천하를 평정하고 「진왕파진악秦王破陣樂」을 만들었다고 들었습니다. 정말로 그런 일이 있습니까?"

현장이 당의 공덕을 갖추어 대답했다. 하르샤왕은 장차 카냐쿠브자국으로 돌아가 법회를 열기 위해 수십만의 무리를 거느리고 강의 남쪽 기슭에 있었고, 쿠마라Kumara왕[226]은 수만의 무리를 거느리고 강의 북쪽 기슭에 있었다. 강의 중간에서 나뉘어 수륙水陸으로 함께 나아가며 두 왕이 인도하고 상병象兵·마병馬兵·거병車兵·보병步兵이 엄중히 호위하니 90일 후에 카냐쿠브자국에 도착했다. 20여 리에 있던 여러 나라가 모두 집회에 왔는데, 이때가 중춘월仲春月[227]이었다. 하르샤왕은 먼저 강의 서쪽에 큰 사찰을 세우고, 동쪽에는 보대寶臺, 남쪽에는 보단寶壇을 만들었는데, 불상을 목욕시키는 곳이었다. 행궁에서 사찰까지 길 양쪽에는 누각을 세웠고 아악雅樂을 끊임없이 연주했다. 하르샤왕이 행궁에서 금불상 하나를 내놓으면 큰 코끼리에 싣고 보석 장막을 치는데, 하르샤왕은 제석帝釋[228]이 되어 왼쪽에 서고 쿠마라왕[229]은 범왕梵王[230]이 되어 오른쪽에 서며, 각각 5백 명의 상군이 갑옷을 입고 주위를 호위했다. 하르샤왕은 진주와 갖가지 보석·금·은·갖가지 꽃을 걸음마다 사방으로 뿌려 삼보에 공양하고 향수를 불상에 뿌린 뒤 갖가지 보석과 옷을 수천 수백 개 공양했다. 마지막 날에 사찰의 문루門樓에서 갑자기 불길이 일어났다. 하르샤왕은 무상함을 깊이 깨닫고 스투파에서 계단을 내려오는데, 갑자기 이상한 사람이 나타나 칼을 들고 왕을 찌르자 좌우에서 그를 잡아 심문하니, 외도의 유혹에 빠져 자객이 되었다고 했다. 이에 외도의 무리를 추궁하니 5백 명의 브라만이 스님들이 하르샤왕에게 공양받는 것을 질투하여 이에 불화살로 누대를 태우고 사람을 고용해 암살하려 했다고 말했다. 하르샤왕은 이에 그 우두머리만 벌하고 5백 명의 브라만을 미워해 인도 국경 밖으로 추방했다.

이곳에서 동남쪽으로 6백여 리를 가서 갠지스강을 건너면 남쪽으로 아유다국Ayudha[231]에 도착한다. 나라의 둘레는 5천 리이고 도성의 북쪽은 갠지스강과 접하며, 세친보살과 무착보살의 강당 및 여래의 사리와 관련된 여러 유적이 있다. 이곳에서 동쪽으로 3백여 리를 가서 갠지스강을 건너면 북쪽으로 아야무카국Ayamukha[232]에 도착한다. 이 나라의 둘레는 2400여 리이고, 도성 동남쪽은 갠지스강에 접해 있으며, 스투파가 있는데, 여래가 옛날에 이곳에서 3개월 동안 설법했다고 한다. 이곳에서 동남쪽으로 6백여 리를 가서 갠지스강을 건너 남쪽으로 가면 야무나강 북쪽에 있는 프라야가국Prayaga[233]에 도착한다. 이 나라의 둘레는 5천여 리이며, 도성은 두 강이 만나는 곳에 위치한다. 지대가 높고 건조하며 모래가 넓게 펼쳐져 있어 대시장大施場이라고 부른다. 당시 하르샤왕은 5년 동안 모은 재산을 하루아침에 다 시주했다. 첫 번째 날은 큰 불상을 안치하고 모든 불실佛室을 장엄하게 꾸민 뒤 가장 좋고 진귀한 물건으로 보시했고, 다음 날에는 상주하는 스님에게, 그다음 날에는 중생들에게, 그다음 날에는 재주가 뛰어나고 학식이 큰 사람들에게, 그다음 날에는 외도를 배우는 무리에게, 그다음 날에는 홀아비·과부·고아나 가난한 사람, 거지들에게 보시했다. 창고도 비고 의복과 장식품을 모두 보시하고 나자, 상투에 꽂은 구슬과 몸에 있는 구슬 장식을 보시하고도 후회하지 않았다. 이런 연후에 여러 나라의 군왕들이 각각 진귀한 물건과 의복을 바치니 10일도 되기 전에 창고가 가득 찼다. 이곳에서 서남쪽으로 5백여 리를 가면 카우샴비국[234]에 도착한다. 이 나라의 둘레는 6천여 리로, 도성의 서남쪽에는 여래가 독룡毒龍을 항복시킨 석굴이 있다. 또 동북쪽 큰 수풀 속으로 7백여 리를 가서 갠지스강을 건너 다시 북쪽으로 170~180리를 가면 비샤카국Viśaka[235]에 도착한다. 이 나라의 둘레는 4천여 리이고, 여래가 옛날에 이곳에서 6년 동안 설법했던 곳으로, 보리수가 여전히 남아 있다.

　이곳에서 동북쪽으로 5백여 리를 가면 슈라바스티국²³⁶에 도착하는데, 이곳은 바로 사위국舍衛國으로, 프라세나지트왕이 다스리던 도성이다. 이 나라의 둘레는 6천여 리이고, 도성 안에는 수닷타Sudatta장자²³⁷의 고택이 있다. 도성 남쪽 5~6리에는 제타Jeta의 숲²³⁸이 있는데, 이곳의 급고독원給孤獨園은 여래가 행선하고 설법하던 곳이다. 이곳에 깃발을 꽂아 스투파를 세우니, 명계冥界의 신이 호위하고 상서로운 기운이 간간이 일어나며, 간혹 하늘의 음악이 연주되기도 하고 신묘한 향기가 나기도 해서 크나큰 복의 상서로움을 갖추었기 때문에 이루 다 서술하기 어렵다. 크고 깊은 구덩이가 3개 있는데, 외도를 믿는 사람들과 데바닷타Devadatta²³⁹가 부처를 비방하며 살해하려다가 산 채로 지옥에 떨어진 곳이다. 또 동남쪽으로 5백여 리를 가면 카필라바스투²⁴⁰에 도착하는데, 빈 성이 수십 개로 이미 매우 황폐하다. 궁전 안에는 옛터가 남아 있는데, 슈도다나왕²⁴¹의 정전으로, 그 위에는 정사를 세우고 안에 국왕의 석상을 만들어 놓았으며, 마야Maya부인²⁴²의 침전이 있다. 도성 남문 밖에는 석가태자가 출가해서 수행한 곳과 집으로 돌아와 아버지를 뵌 곳, 열반에 든 곳 등 여러 유적이 있다. 부처가 열반에 든 연대에 대해서는 여러 서적에서 이견이 많은데, 1200여 년이라고도 하고 1300여 년이라고도 하며 1500여 년이라고도 하고, 이미 9백 년은 지났다고도 하고 아직 1천 년은 되지 않았다고도 한다. 부처가 열반에 든 날짜에 대해서는 3월 15일이라고도 하고 9월 8일이라고도 한다. 다시 큰 수풀 속으로 5백여 리를 가면 바라나시국²⁴³에 도착한다. 이 나라의 둘레는 4천여 리이고, 도성의 서쪽은 갠지스강에 접해 있으며, 건물이 즐비하고 주민들은 부유하며, 보화가 넘쳐난다. 풍속은 열심히 공부하는 것을 중히 여기며, 대부분 외도를 믿는다. 부처가 세수하고 그릇을 씻고 옷을 빨던 세 연못이 있는데, 용의 보호를 받는다. 이곳에서 갠지스강을 따라 동쪽으로 3백여 리를 가면 유다파티Yuddhapati[244]에 도착한다. 이 나라의 둘레는 2천여 리이고, 도성은 갠지스강에 접해 있으며, 강을 건너 동북쪽으로 150리를 가면 바이샬리국에 도착한다. 이 나라의 둘레는 5천여 리로, 도성은 황폐하고 스님들도 거의 없으며 이교도들과 섞여 산다. 여래가 옛날에 이곳에서 『유마힐경維摩詰經』[245]을 설법했으며, 유마힐장자가 꾀병을 방편 삼아 설법했던 곳도 있다. 도성에서 동남쪽으로 150리를 가면 스님들이 불도를 닦는 곳이 있어 대승을 수행한다. 여기에서 동북쪽으로 5백여 리를 가면 바지국Vajji[246]에 도착한다. 이 나라의 둘레는 4천여 리이고, 서쪽은 강가를 사이에 두고 있으며, 동서는 길고 남북은 좁다. 토지는 비옥하고 기후는 추우며 외도를 믿는 사람들이 스님보다 많다.

이곳에서 서북쪽으로 1400~1500리를 가서 산을 넘고 계곡으로 들어가면 네팔라국Nepala[247]에 도착한다. 이 나라의 둘레는 4천여 리이고, 농사짓기에 적합하며, 꽃과 과일이 많다. 적동赤銅·야크·공명조共命鳥[248]가 나며 화폐로 적동전을 사용한다. 기후는 춥고 성정은 사나우며, 사교와 정법을 모두 믿는다. 이곳에서 다시 바이샬리국으로 돌아가서 남쪽으로 갠지스강을 건너면 마가다국에 도착한다. 이 나라의 둘레는 5천여 리이고, 기후는 습하고 더우며, 마을은 고원에 위치하고, 스님들은 1만여 명으로 대승을 수행한다. 갠지스강 남쪽에는 옛 쿠스마푸라성Kusumapura[249]이 있는데, 단지 성터만 남아 있다. 수십 길 높이의 돌기둥도 있는데, 아소카왕이 만든 지옥 터이다. 또한 사리를 보관한 아소카왕의 스투파와 여러 나한의 석실이 있다. 성의 서남쪽 모퉁이에서 2백여 리 떨어진 곳에 스투파가 있는데, 과거사불이 좌선하고 행선했던 유적이 있는 곳이다. 다시 서남쪽으로 2백 리를 가면 큰 산이 있고 구름이 그윽하며 돌이 무성한데, 이곳은 부처가 입적한 곳이다. 또 서남쪽으로 4천~5천 리를 가서 니란자나강²⁵⁰을 건너면 가야산Gayasura²⁵¹에 도착한다. 그 계곡은 아주 깊고 산이 험난해서 인도에서는 영산靈山이라 칭한다. 전대의 군주들은 모두 산에 올라 봉제封祭를 지내며 업적을 고했고, 여래도 이곳에서 『보운경寶雲經』 등을 설법했다. 동쪽으로 큰 강을 건너면 프라그보디히기리Prag Bodhigiri²⁵²에 도착하는데, 여래가 이곳에서 금강정金剛定²⁵³에 들어 깨달음을 이루었다. 그 아래에 금강좌金剛座²⁵⁴가 있는데, 금강좌 이외의 곳은 땅이 흔들리고 산도 함몰되었다. 정문은 동쪽으로 치우쳐 니란자나강과 마주한다. 금강좌는 태초에 대지와 함께 생겨나 삼천대천세계三千大千世界²⁵⁵의 중천에 위치하며, 아래로는 금륜金輪²⁵⁶에 이르고 위로는 땅의 끝에 이른다. 금강으로 되어 있고, 그 둘레는 1백여 보이다. 현겁천불이 이곳에 앉아 금강정에 들었는데, 대지가 흔들릴 때도 오직 이곳만은 기울거나 흔들리지 않았다. 지금은 보리수로 그곳을 표시했다. 보리수에서 남쪽으로 10여 리를 가면 부처의 자취가 잇달아 있어서 일일이 다 나열하기 어렵다. 해마다 비구승²⁵⁷이 우안거雨安居를 끝낼 무렵이면 사방에서 사람들이 불법으로 마음을 씻고 7일 밤낮 동안 향과 꽃을 들고 음악을 연주하며 숲속을 돌아다니면서 예배하고 공양한다. 보리수 동쪽으로 니란자나강을 건너서 큰 숲으로 들어가 1백여 리를 가면 쿡쿠타파라산에 도착한다. 높게 솟은 3개의 봉우리는 존자尊者 마하카사파가 옷을 남기고 입적한 곳이다. 또한 쿠샤그라프라Kuśāgrapura²⁵⁸는 마가다국의 정중앙에 위치하고, 높은 산이 사방 150여 리를 둘러싸고 있으며, 옛 성은 둘레가 30여 리이다. 성의 동북쪽으로 14~15리를 가면 취봉鷲峰에 이르는데, 이곳이 바로 깃자쿠타산Gijjhakūṭa²⁵⁹이다. 여래가 세상에 있는 50년 동안 주로 이 산에 기거하면서 널리 묘법妙法을 설파했다. 빔비사라Bimbisara왕[260]은 산기슭에서 봉우리까지 돌을 이어 계단을 만들었는데, 너비는 10여 보, 길이는 5~6리가 되었다. 중도에 2개의 작은 스투파가 있으며, 왕이 여기까지 오면 수레에서 내려 걸어서 정사까지 들어갔다. 옆에는 큰 돌이 있는데, 데바닷타[261]가 멀리서 부처에게 [돌을] 던졌던 곳이다. 그 남쪽 절벽 아래는 부처가 『법화경法華經』을 설법했던 곳이다. 산의 서남쪽 그늘에는 옛날에는 5백 개의 온천이 있었는데, 지금은 단지 수십 개뿐으로, 여전히 찬 물도 있고 따뜻한 물도 있어 모두가 따뜻하지는 않다. 남산의 북쪽에는 큰 대나무 숲속에 큰 석실이 있는데, 여래가 열반한 후에 마하카사파와 1천 명의 대아라한이 삼장을 결집했던 곳이다. 베누바나비하라Venuvana-vihāra[262]의 옆에 팔공덕수八功德水[263]가 있는데, 지금은 역시 말라 버렸다. 서북쪽으로 2~3리를 가면 라지기르성에 도착하는데, 바깥 성곽은 이미 허물어졌지만, 안쪽 기반은 여전히 남아 있다. 둘레는 2천여 리로, 빔비사라왕이 쿠샤그라프라[264]에서 이곳으로 천도했다. 사찰은 가장 복 받은 땅에 위치하고 있어 오인도의 우러름을 받는다. 이곳에서 동쪽으로 큰 산림으로 들어가 3백여 리를 가면 히란야파바타국Hiranyaparvata[265]에 도착한다. 이 나라의 둘레는 3천여 리이고, 성의 북쪽은 갠지스강에 접해 있다. 이곳에서 갠지스강의 남쪽 기슭을 따라 동쪽으로 3백여 리를 가면 감파국[266]에 도착한다. 이 나라의 둘레는 4천여 리이고, 성의 북쪽은 모두 갠지스강이다. 이곳에서 동쪽으로 4백여 리를 가면 카잔가라국Kajangala[267]에 도착하는데, 이 나라의 둘레는 2천여 리이다. 또 동쪽으로 갠지스강을 건너 6백여 리를 가면 푼드라바르다나국Pundravardhana[268]에 도착하는데, 이 나라의 둘레는 4천여 리이다. 이상은 모두 중인도이다.

이곳에서 동쪽으로 9백여 리를 가서 큰 강을 건너면 카마루파국[269]에 이르는데, 여기서부터 동인도가 시작된다. 이 나라의 둘레는 1만여 리이고, 땅에는 습지가 많으며 과일이 많이 나고 농사짓기에 적합하며, 피부는 검고 성정은 사납다. 대부분 천신을 섬겨 이교도가 수만 명에 달하기 때문에 불교가 흥기한 때부터 지금까지 여전히 사찰을 세운 적도 없고, 불법을 믿는 무리가 있다고 해도 몰래 염불할 뿐이다. 왕은 본래 브라만족으로, 비록 불법을 독실하게 믿지는 않지만, 학문이 높은 스님은 공경한다. 왕이 중국[270]의 스님이 멀리 마가다국에 왔다는 소식을 듣고 정중하게 요청하자 현장은 불법을 전파하는 것을 마음에 품었기 때문에 결국 사신과 함께 그 나라로 갔다. 쿠마라왕[271] 역시 「진왕파진악」에 대해 문자 이로 인해 덕화德化가 널리 일어났다고 대답하니 왕은 매우 흠모했다. 이 나라의 동쪽은 산과 언덕이 연이어 있고 큰 도시도 없다. 국경은 서남쪽 오랑캐들과 접해 있고 두 달쯤 가면 사천四川 서남쪽 경계로 들어갈 수 있다. 그러나 길은 험하고 풍토병이 심해 여행객의 발길을 붙잡는다. 이곳에서 남쪽으로 1200~1300리 가면 사마타타국Samatata[272]에 도착한다. 이 나라의 둘레는 3천여 리이고, 바다에 접해 있어 지대가 낮고 습하며, 피부색이 검고 성정이 강한데, 사도邪道와 정도正道를 모두 믿는다. 도성 밖에는 스투파가 있는데, 여래가 옛날에 여러 천인天人을 위해 이곳에서 7일 동안 설법했다고 한다. 이곳에서 동북쪽 큰 해변으로 가서 산골짜기로 들어가면 스리크세트라국Sri Ksetra[273]이 나온다. 그 동남쪽 대해 끝에는 카마랑카국kamalanka[274]이 있다. 그 동쪽에는 탐랄리프티국[275]이 있고 그 동쪽에는 이사나푸라국Isanapura[276]이 있으며, 그 동쪽에는 마하참파국Mahāchampā[277]이 있는데, 바로 럼업Lâm Ấp이다. 그 서남쪽에는 야마나드위파국Yamanadvipa[278]이 있다. 이 여섯 나라는 산천이 길을 막고 있어서 그 경내로 들어가지 못했다. 사마타타국에서 서쪽으로 9백여 리를 가면 탐랄리프티국²⁷⁹에 도착한다. 이 나라의 둘레는 1500리이고, 해안가라서 지대가 낮고 습하며, 바다와 육지가 서로 만나는 곳이라 진귀한 보물이 모이고, 사람들은 부유하고 용감하며 사도와 정도를 모두 믿는다. 과거불過去佛의 혼적이 남아 있다. 이곳에서 서북쪽으로 7백여 리를 가면 카르나수바르나국Karnasuvarna²⁸⁰에 도착한다. 이 나라의 둘레는 4500리이고, 풍속은 이전 나라들과 같으며, 여래가 경전을 설법하던 곳이 있다. 서남쪽으로 7백여 리를 가면 우드라국Udra²⁸¹에 도착한다. 이 나라의 둘레는 7천여 리이며, 사람들은 체구가 건장하고 대부분 불법을 믿으며, 스님은 1만여 명이고 대승을 수행한다. 스투파는 10여 개가 있고, 모두 여래가 설법했던 곳이다. 나라의 동남쪽 해안가에 견고하고 높은 성이 있는데, 여러 기이한 물건이 많으며 성 밖에는 5개의 사찰이 줄지어 있다. 남쪽으로 싱할라국²⁸²과 2만여 리 떨어져 있지만, 고요한 밤에 멀리 바라보면 싱할라국에서 부처의 치아를 보관한 스투파 위 보주寶珠가 찬란히 빛나고 있는 것이 보인다. 이곳에서 서남쪽으로 큰 숲을 지나 1200여 리를 가면 콩고다국Kongoda²⁸³에 도착한다. 이 나라의 둘레는 1천여 리이며, 바다와 접해 있고 성정이 용맹하며, 신체는 건장하고 피부색은 검으며 외도를 숭상한다. 성은 산과 바다에 자리 잡았으며, 지세가 험하고 군대가 강성해 이웃 나라 중에 가장 위엄 있고 용감하다. 이곳에서 서남쪽으로 가서 큰 황야로 들어서면 해를 가릴 정도로 숲이 깊고, 1500리를 가면 칼링가국Kalinga²⁸⁴에 도착한다. 이상이 모두 동인도이다.

칼링가국에서 남인도가 시작되는데, 이 나라의 둘레는 5천 리로, 숲이 대부분 수백 리에 걸쳐 연이어 있다. 크고 푸른 코끼리가 나고, 언어는 중인도와 같으며, 스님들은 대부분 대승불교이고, 외도를 믿는 사람 또한 많다. 이곳에서 서북쪽으로 산림 속을 1800여 리 가면 코살라국Kosala[285]에 도착한다. 이 나라도 중인도의 경계에 속하며, 왕은 불법을 숭상하고 스님은 대승을 수행한다. 나라의 서남쪽 3백여 리에는 용맹보살龍猛菩薩[286]이 살았던 사찰이 있는데, 절벽이 아득하게 깊어 길을 찾을 수 없었다. 여기에서 큰 숲을 지나 남쪽으로 9백여 리를 가면 안드라국Andhra[287]에 도착하고 다시 남인도의 경계로 들어간다. 이 나라의 둘레는 3천여 리이고, 여래가 옛날에 이 성 옆의 큰 사찰에서 설법하여 많은 중생을 제도했다고 한다. 여기에서 임야를 통해 남쪽으로 1천여 리를 가면 다라니코타국Dharanikota[288]에 도착한다. 성의 동쪽과 서쪽에는 산이 있고 두 산 모두 사찰이 있는데, 정법正法 시기[289] 매해 1천 명의 스님이 함께 안거에 들어 대부분 4과果를 증명했다. 근래에는 산신이 행인을 겁주어 놀라게 하니, 스님들이 한 사람도 남지 않고 다 사라져 버렸다. 성 남쪽의 큰 산은 청변논사淸辨論師[290]가 수라궁修羅宮에 머물면서 자씨慈氏[291]가 성불하는 것을 기다리던 장소이다. 이곳에서 서남쪽으로 1천여 리를 가면 촐라국Chola[292]에 도착하는데, 옛날에 여래가 설법하던 곳으로, 지금은 황폐해져 도적이 많다. 이곳에서 남쪽으로 임야로 들어가 1500~1600리를 가면 드라비다국Dravida[293]에 도착한다. 이 나라의 둘레는 6천여 리로, 부처의 유적이 매우 많고 유적마다 스투파를 세웠으며, 스님은 1만여 명이고 문자와 언어는 중인도와 조금 다르다. 이곳에서 남쪽으로 3천여 리를 가면 말라쿠타국Malakuta[294]에 도착한다. 이 나라의 둘레는 5천 리로, 상선이 모여드는 곳이다. 사람들은 잇속에 밝고, 남아 있는 사찰의 옛터는 매우 적다. 해안가에 마라야산Malayaparvata[295]이 있는데, 용뇌향이 난다. 산의 동쪽에는 포탈라카산Mount Potalaka[296]이 있으며, 산 정상에는 연못이 있고 연못 옆에는 석천궁石天宮이 있는데, 관자재보살觀自在菩薩[297]이 왕래하며 머무는 곳이다. 여기에서 산의 동북쪽으로 가면 해안가에 성이 있는데, 이곳은 남해의 싱할라국으로 가는 길목이다. 이곳에서 바다로 들어가 동남쪽으로 3천여 리쯤 가면 싱할라국에 도착하는데, 당대唐代에는 사자국이라고 했으며, 또한 남인도의 경계이다. 나라의 둘레는 7천여 리이고, 옛날에는 본래 보물섬으로 불렸으며, 나찰羅刹[298]이 살고 있었다. 이전에 싱할라국 왕이 군사를 이끌고 바다를 건너가서 주문을 외고 무예를 떨쳐 결국 그 나라를 차지했는데, 그 왕이 바로 석가모니 부처의 전생이다. 성정은 순박하고 스님들은 2만여 명이다. 왕궁 옆에는 부처의 치아를 안치한 스투파가 있는데, 그 높이는 수백 자로 위에는 파드마라가Padmaraga[299]라는 큰 보석이 박혀 있어 멀리서 바라보면 밤낮으로 밝은 별처럼 빛났다. 나라 동남쪽 모퉁이에는 능가산楞伽山[300]이 있는데, 옛날에 여래가 이곳에서 『능가경楞伽經』을 설법했다. 드라비다국에서 북쪽으로 임야로 들어가 2천여 리를 가면 콩카나푸라국Koṅkaṇa-pura[301]에 도착한다. 이 나라의 둘레는 5천여 리이고, 스님은 1만여 명이다. 왕궁 옆의 큰 사찰에는 스님 3백 명이 있는데, 모두 뛰어난 인물들이다. 서북쪽으로 큰 임야로 들어가 2500리를 가면 마하라슈트라[302]에 도착한다. 이 나라의 둘레는 6천여 리로, 성 서쪽은 큰 강과 접해 있으며, 토지는 비옥하고 기후는 따뜻하다. 사람들은 몸집이 크고 성정은 거만하며 원한이 있으면 반드시 보복하는데, 먼저 가서 알리고 각자 갑옷을 입은 후에 싸운다. 전쟁터에서 패배해서 항복한 자는 죽이지 않는다. 군인이 전쟁에서 패하면 형벌을 내리지는 않지만 여자 옷을 내리니 격분해서 자살한다. 나라에서는 용사 수백 명과 사나운 코끼리 수백 마리를 양성해서, 전쟁을 할 때 용사와 코끼리에게 모두 술을 마시게 해서 한 명이 만 명을 대적하니, 이를 당해낼 적이 전혀 없다. 지금 하르샤왕이 동으로 서로 정벌했지만, 오직 이 나라만은 정복하지 못해서 여러 번 오인도의 군사를 이끌고 정벌하러 갔

어도 이기지 못했다. 사람들은 학문을 좋아하고 사교와 정법을 모두 숭
상한다. 스님 5천 명이 있고 부처의 유적이 모두 남아 있다.

이곳에서 서쪽으로 1천여 리를 가서 나르마다강Narmada River[303]을 건너
면 바루카차파국Bharukacchapa[304]에 도착한다. 이 나라의 둘레는 2400리로,
소금이 나고 기후는 무더우며 풍속은 경박하다. 이곳에서 서북쪽으로
2천여 리를 가면 말라바국Malava[305]에 도착하는데, 바로 남라라국南羅羅國이
다. 이 나라의 둘레는 6천여 리로, 성은 마히강Mahi River[306] 동남쪽에 접해
있다. 오인도 경내에는 두 나라가 학문을 중시하는데, 서남쪽의 말라바
국과 동북쪽의 마가다국으로, 스님이 2만여 명이며 대부분 소승을 수행
한다. 이곳에서 서북쪽으로 2400리를 가면 아탈리국Atali[307]에 도착한다.
이 나라의 둘레는 6천여 리이고, 상업을 생업으로 삼아 재물을 중시하고
덕德을 경시한다. 기복신앙이 있기도 하지만 천신天神만을 섬긴다. 이곳
에서 서남쪽으로 3백 리를 가면 케다국Kheda[308]에 도착한다. 이 나라의 둘
레는 3천여 리이고, 말라바국에 속해 있으며 풍속도 같다. 이곳에서 북
쪽으로 1천여 리를 가면 발라비국Vallabhi[309]에 도착한다. 토산품이나 풍속
은 모두 말라바국과 같다. 먼 곳의 기이한 물건이 대부분 이 나라로 모이
며, 백만의 재물을 쌓아 놓은 집이 1백여 호나 된다. 여래가 세상에 있을
때 여러 번 이 나라에 와서 지금까지 유적에 대한 이야기가 전해져 온다.
스님들은 대부분 소승을 수행한다. 이상은 모두 남인도이다.

이곳에서 서북쪽으로 7백여 리를 가면 아난다푸라국Anandapura[310]에 도
착하는데, 여기서부터 서인도의 경계로 들어간다. 이 나라의 둘레는 2천
여 리이고, 말라바국에 속해 있으며 토산물과 풍속도 같다. 서쪽으로 5백
여 리를 가면 수라스트라국Surastra[311]에 도착하는데, 나라의 둘레는 4천여
리이고, 서쪽으로 마히강[312]에 접해 있으며, 발라비국에 속한다. 이 땅은

서해의 길목에 해당해서 사람들은 모두 해상무역에 종사한다. 성 밖에는 우잔타산Mount Ujjanta[313]이 있는데, 선인과 성인이 머물렀던 사찰이 있다. 발라비국에서 북쪽으로 1800여 리를 가면 구르자라국Gurjara[314]에 도착한다. 이 나라의 둘레는 5천여 리이고, 토산품과 풍속은 앞 나라들과 같다. 백성들은 외도를 숭상하나 왕은 불법을 받든다. 이곳에서 동남쪽으로 2800리를 가면 우자야니국Ujjayani[315]에 도착하고, 또 동북쪽으로 1천여 리를 가면 척지타국擲枳陀國[316]에 도착하는데, 이 두 나라는 모두 남인도이다. 또 북쪽으로 9백여 리를 가면 마헤스바라푸라국Maheśvarapura[317]이고, 또 중인도로 들어간다. 이 세 나라는 모두 외도를 숭상하며 불법을 믿는 사람은 적다. 이곳에서 구르자라국으로 돌아갔다가 다시 북쪽으로 황야와 사막을 건너 1900리를 가서 인더스강을 건너면 신두국Sindu[318]에 도착하는데, 바로 서인도이다. 신두국의 둘레는 7천여 리로, 오곡이 잘 자라고 금·은·놋쇠가 나며, 소·양·단봉낙타를 키우고 적염赤鹽·백염白鹽·흑염이 생산된다. 사람들은 강직하고 직설적이라 싸움을 잘하며 불법을 깊이 믿는다. 스님은 1만여 명으로 대부분 나태하지만, 그중 수행에 정진하는 자들은 한적한 산속에서 도를 닦아 열반에 드는 이가 많다. 여래가 옛날에 자주 이 나라에 왔는데, 지금 그 성지에 세운 스투파가 수십 개 있다. 이곳에서 동쪽으로 9백여 리를 가서 인더스강 동쪽 기슭을 건너면 물라스타나푸라국Mulasthanapura[319]이 있다. 이 나라의 둘레는 4천여 리이고, 타카국에 속해 있으며, 땅은 비옥하고 풍속은 질박하며 대부분 천신을 섬긴다. 이곳에서 동북쪽으로 7백여 리를 가면 파르바타국Parvata[320]에 도착한다. 이 나라의 둘레는 5천여 리이고, 타카국에 속한다. 성 옆에는 큰 사찰이 있고 스님들은 모두 대승을 수행한다. 천사天祠는 20곳이고 이교도와 섞여 산다. 신두국에서 서남쪽으로 1500~1600리를 가면 아티아나바켈라국Ātyanabakhela³²¹에 도착한다. 이 나라의 둘레는 5천여 리이며, 성은 인더스강에 접해 있고, 큰 해변과 이웃하고 있으며, 신두국에 속한다. 바람이 세차게 불고 기후가 약간 차서 소·양·낙타 등을 키우기에 적합하다. 사람들은 난폭하고 급하며, 배우는 것을 좋아하지 않고 삼보를 믿는데, 여래가 설법했던 유적이 있다. 이곳에서 서쪽으로 2천 리를 가면 랑갈라국Langala³²²에 도착한다. 동서남북이 각각 수천 리로 대군주 없이 강을 끼고 자립하는데, 모두 페르시아³²³에 속한다. 큰 해변에 접해 있으며 서녀국西女國³²⁴으로 들어가는 길목이다. 문자는 대체로 인도와 같고 언어는 조금 다르며, 사교와 정교를 모두 믿고 있어 사찰과 천사가 각각 1백 곳이 있다. 이곳에서 서북쪽으로 가면 페르시아에 도착하며, 여기부터는 인도가 아니다. 페르시아의 둘레는 수만 리이고, 기후 역시 따뜻하며, 금·은·놋쇠·파지頗胝³²⁵·수정·진귀하고 기이한 보석·대금大錦³²⁶·가는 털옷·양탄자 등이 나고 준마와 낙타가 많으며, 화폐는 큰 은전을 사용한다. 언어와 문자는 여러 나라와 다르다. 사람들은 거칠고 급하며 예의가 없다. 그들이 만든 공예품은 주변국에 인기가 많다. 혼인은 난잡하며, 머리를 잘 빗어 내리고 관을 쓰지 않는다. 천사는 매우 많으며 스님은 수백 명이다. 왕궁에는 석가모니의 바리때가 있다. 서북쪽으로는 로마 제국³²⁷과 접해 있는데, 풍토는 모두 같다. 로마 제국 서남쪽 바다 섬에는 서녀국이 있는데, 여러 진귀한 보물이 많으며 로마 제국에 속해 있기 때문에 국왕은 남자를 보내 짝지어 준다. 이 여러 나라는 모두 인도가 아니다. 아티아나바켈라국에서 북쪽으로 7백여 리를 가면 파타실라국Patasila³²⁸에 도착하는데, 서인도이다. 이 나라의 둘레는 3천여 리이고, 신두국에 속해 있으며, 소금기 있는 사막으로 찬바람이 강하고, 사람들은 난폭하고 배우는 것을 좋아하지 않지만, 불법만은 믿는다. 이곳에서 동북쪽으로

3백여 리를 가면 아반다국Avanda[329]에 도착하는데, 나라의 둘레는 2500리이고, 신두국에 속한다. 기후는 차고 성정은 사나우며 삼보를 독실하게 믿는다. 여래가 옛날에 이곳에 머물 때 밤에 추워서 삼의三衣[330]를 겹쳐 입고, 다음 날 아침이 되자 여러 스님에게 솜옷 납의納衣를 벗어 덮어 주었다고 한다. 이곳에서 동북쪽으로 9백여 리를 가면 바르누국Varnu[331]에 도착하는데, 둘레는 40여 리이고, 카피사국에 속한다. 사람들은 난폭하고, 스님들은 대부분 대승을 수행한다. 이상은 모두 서인도이다.

이곳에서 서북쪽으로 큰 산을 넘고 넓은 강을 건너 작은 마을을 지나 2천여 리를 가면 인도의 경계를 벗어난다. 돌아오는 길에 하루는 자구다국Jaguda[332]에 갔는데, 이곳은 서리와 눈이 많으며, 부처도 공경하고 스님도 중시하지만, 천사도 숭배하며 자못 주술로 병을 치료하기도 한다. 이곳에서 북쪽으로 5백여 리를 가면 브리지스타나국Vṛjisthāna[333]에 도착하는데, 국왕은 돌궐족으로, 삼보를 깊이 믿는다. 이곳에서 동북쪽으로 산을 넘고 강을 건너 카피사국[334] 변경의 작은 마을 수십 곳을 넘으면 대설산의 바라세나Varasena[335]에 도착한다. 얼음을 깨며 건너면 사흘 만에 정상에 이르는데, 잠부드위파Jambudvīpa[336] 중에서 이 고개가 가장 높다. 또 사흘에 걸쳐 고개를 내려가면 안다랍국에 도착하고, 또 4백 리를 가면 호스트국에 도착하며, 또 3백 리를 가면 위왈리국에 도착하는데, 모두 토하라국의 옛 땅으로, 돌궐 위왈리국의 통치를 받는다. 철문鐵門 남쪽의 여러 작은 나라는 새처럼 이리저리 옮겨 살아서 일정한 거주지가 없다. 이곳에서 동쪽으로 파미르고원으로 들어가는데, 파미르고원은 잠부드위파 중앙에 위치하고, 남쪽으로는 대설산, 북쪽으로는 열지熱池와 천천千泉, 서쪽으로는 위왈리국, 동쪽으로는 오슈국Osh[337]에 접해 있다. 파미르고원(蔥嶺)은 사방이 각각 수천 리이고 절벽은 수백 겹이며, 야생 파가 많이 나고, 또 산 절벽이 파처럼 파랗다고 해서 이름을 이렇게 불렀다. 동쪽으로 1백여 리를 가면 문잔국에 도착하고, 또 북쪽으로 가면 아르한국·라완국·크리시마국Krisma[338]·파르하르국[339]·히마탈라국[340]·바다흐샨국[341]·얌간국[342]·쿠란국[343]·다르마스티티국[344]에 이르는데, 모두 토하라국의 옛 땅으로 돌궐에 속해 있고, 기후와 풍속 역시 같다. 여러 나라는 대부분 옥수스강[345] 양안에 자리 잡고 있다. 다르마스티티국은 동서는 1500리, 남북의 너비는 4~5리이고, 좁은 곳은 1리가 못 되기도 하며, 옥수스강과 접해 있다. 땅은 구불구불하고 찬 바람이 세차게 분다. 말이 나는데, 높은 곳도 잘 달린다. 사람들은 사납고 추하며, 의복은 털옷만 입는다. 이곳에서 토하라국의 경계를 벗어나 시키니국Sikni[346]·샤마카를 거쳐 험한 길을 넘어 7백여 리를 가면 파미르고원[347]에 도착한다. 파미르고원은 동서가 1천여 리이고, 남북이 1백여 리이며, 좁은 곳은 10리를 넘지 않는다. 두 설산 사이에는 아나바타프타Anavatapta[348]가 있는데, 동서의 길이는 3백여 리이고, 남북의 길이는 50여 리로, 파미르고원 안에 위치한다. 아나바타프타는 잠부드위파에서 가장 높고, 물색은 검푸르며 물맛은 달고 맛있다. 아나바타프타 서쪽으로 큰 물줄기 하나가 흘러 다르마스티티국의 동쪽 경계에 이르면 옥수스강과 합류하여 서쪽으로 흘러간다. 아나바타프타 동쪽으로 큰 물줄기 하나가 동북쪽으로 슐러국Shule[349]의 경계에 이르러 야르칸드강Yarkand River[350]과 합류해 동쪽으로 흘러간다. 그래서 이곳 오른쪽에 있는 물은 모두 서쪽으로 흐르고, 왼쪽에 있는 물은 모두 동쪽으로 흐른다. 5백여 리를 가면 카반다국[351]에 도착하는데, 성은 큰 돌산을 기반으로 하고 뒤에는 야르칸드강이 있다. 이곳에서 동쪽 파미르고원으로 내려가 8백여 리를 가면 비로소 파미르고원을 벗어나 오슈국에 도착한다. 오슈국은 카반다국에 속해 있다. 또 동쪽으로 5백여 리를 가면 슐러국에 도착하고, 또 동쪽으로 5백여 리를 가면 차쿠카국Chakuka[352]에 도착하며, 또 동쪽으로 8백여 리를 가면 우전국에 도착한다.

위원이 살펴보건대, 법현과 혜왕惠王[353]은 서쪽으로 갈 때 모두 우전국에서 출발했는데, 유독 현장[354]의 기행만은 진실로 의심되는 바가 있다. 현장이 쿠차국에 도착해서 만약 천산을 돌아 서쪽으로 갔다면, 곧 슐러국을 거쳐 파미르고원에 오를 수 있었을 텐데, 바로 또 무자트를 돌아 북쪽으로 오손국으로 나와서 소무구성昭武九姓[355]의 여러 나라를 두루 유람한 후, 남쪽으로 계빈국에 도착한 것은 왜인가? 대저 무자트는 얼음산이고 대청지大淸地는 지금 이리 서남쪽의 이식쿨호[356]이다. 강국康國·조국曹國·하국何國·석국石國·사국史國·안국安國·미국米國 등의 9성은 고대의 강거康居·대완大宛·월지이며, 지금의 카자흐Kazakh[357]·코칸트Kokand[358]·부하라[359]로, 모두 인도를 경유하는 길이 아닌데도 어찌 수천 리의 여정을 돌아갔단 말인가? 아! 나는 알겠다. 현장법사는 몸을 바쳐 불법을 구함에 처음에는 부처의 가르침이 바다 서쪽에 두루 미쳤다고 여겼으니, 어찌 파미르고원 북쪽의 먼 변방에 현철賢哲이 없음을 알았겠는가? 두루 물어보고 널리 찾아갔으니, 산 넘고 물 건너는 일을 어찌 사양하겠는가? 이미 돌궐이 각각 강하고 난폭하며 배울 것이 없음을 알고는 비로소 오로지 남쪽으로 간 것이다. 3년 동안 인도에 머물다 불현듯 돌아올 때는 다시 북쪽을 향하지 않고 곧장 슐러국을 거쳐 바로 우전국으로 왔다. 옛사람의 마음을 내가 헤아려 보니 이런 뜻인 듯하다.

『송사宋史』에 다음 기록이 있다.

인도의 옛 이름은 신독으로, 마가다摩伽陀라고도 하고 브라만(婆羅門)이라고도 하며, 민간에서는 불교³⁶⁰를 신봉하여 술을 마시거나 고기를 먹지 않는다. 한 무제_{武帝} 때 사신 10여 무리를 보내 간간이 서남쪽으로 나가 신독을 찾아가려 했지만, 곤명_{昆明}에 막혀 교류하지 못했다. 한 명제_{明帝}가 꿈에 금인을 보고 인도에 사신을 보내 불도의 법을 묻게 해서 그때부터 불교가 중국에 전해졌다. 양_梁나라 무제_{武帝}와 북위_{北魏} 선무제_{宣武帝} 때 모두 와서 조공을 바쳤다. 당_唐나라 정관_{貞觀}³⁶¹ 연간 이후 조공이 끊이지 않았다. 측천무후_{則天武后} 천수_{天授}³⁶² 연간에는 오인도의 왕이 모두 와서 조공을 바쳤다. 건원_{乾元}³⁶³ 연간 말에 하롱_{河隴}³⁶⁴이 함락된 후 다시는 오지 못했다. 후주_{後周} 광순_{廣順} 3년(953)에 서인도 스님 살만다_{薩滿多} 등 16 종족이 와서 명마를 조공했다. 건덕_{乾德} 3년(965)에 창주_{滄洲} 스님 도원_{道圓}이 서역에서 돌아와 부처의 사리 하나와 수정 그릇·패엽범경_{貝葉梵經}³⁶⁵ 40협_夾³⁶⁶을 바쳤다. 도원은 후진_{後晉} 천복_{天福}³⁶⁷ 연간에 서역으로 가서, 길에서 12년을 보내고 오인도에서 6년 동안 머물렀다. 오인도가 바로 천축이다. 우전국을 거쳐 돌아오면서 그곳의 사신과 함께 왔다. 송_宋나라 태조가 그를 불러서 거쳐 갔던 곳의 풍속·산천·거리를 물어서 일일이 다 기록할 수 있었다. [건덕] 4년(966)에 스님 행권_{行勤} 등 157명이 궁궐에 와서 서역에 가서 불경을 구하길 바란다고 아뢰자 허락했다. 그들이 거쳐 갈 감주_{甘州}·사주_{沙州}·이주_{伊州}·숙주_{肅州} 등의 주와 아그니국·쿠차국·우전국·카를루크 Qarluq³⁶⁸ 등의 나라, 또 푸루사Purusa³⁶⁹·카스미라국 등의 나라에 모두 조서를 내려 사람을 보내 길을 인도하게 했다. 개보_{開寶}³⁷⁰ 연간 이후에 인도의 스님이 불서_{佛書}를 가지고 와 바치는 일이 끊이지 않았다. [개보] 8년(975) 겨울에 동인도의 왕자 양결설라_{穰結說羅}가 와서 조공했다.

인도의 법은 국왕이 죽으면 태자가 왕위를 세습하고 나머지 아들은 모두 출가하여 스님이 되어서 다시는 본국에 살지 않았다. 만주슈리

Mañjuśrī[371]도 바로 그곳의 왕자이지만 중국 스님을 따라 중국에 왔다. 태조가 상국사相國寺[372]에 살게 했는데, 계율을 잘 지켜 도성 사람들이 그를 공경하여 시주한 재물이 집에 가득했다. 많은 스님이 그를 질투해서 그가 중국어를 알지 못하는 것을 빌미로 본국에 돌아가길 바란다는 거짓 상주를 올리니 황제가 허락했다. 조서가 내려진 후에야 만주슈리가 크게 놀라 한스러워하자 스님들이 조서의 뜻을 설명하니 할 수 없이 몇 개월을 머문 뒤에 떠나갔다. 스스로 남해로 간다고 하고 상인의 배를 빌려 타고 돌아갔으나 끝내 어디로 갔는지는 알 수 없다. 태평흥국太平興國 7년 (982)에 익주益州 스님 광원光遠이 인도에서 돌아와 그 나라 왕 몰사낭沒徙曩의 표를 올렸는데, 석가모니의 사리를 광원 편에 바친다고 했다. 시호施護는 우디야나국[373] 사람으로, 그 나라는 북인도에 속한다. 서쪽으로 12일을 가면 간다라국에 도착한다. 또 서쪽으로 20일을 가면 나가라하라국[374]에 도착한다. 또 서쪽으로 10일을 가면 람파카국[375]에 도착한다. 또 서쪽으로 12일을 가면 가즈니국[376]에 도착한다. 또 서쪽으로 가면 페르시아에 이르러 페르시아만에 도착한다. 북인도에서 120일을 가면 중인도에 도착한다. 중인도에서 서쪽으로 3일 여정으로 가면 카필라바스투[377]에 도착한다. 또 서쪽으로 12일을 가면 바라나시[378]에 도착한다. 또 서쪽으로 12일을 가면 프라야가국에 도착한다. 또 서쪽으로 60일을 가면 카냐쿠브자국[379]에 도착한다. 또 서쪽으로 20일을 가면 말라바국[380]에 도착한다. 또 서쪽으로 20일을 가면 우자야니국[381]에 도착한다. 또 서쪽으로 25일을 가면 라라국Lala[382]에 도착한다. 또 서쪽으로 40일을 가면 수랏타Suraṭṭha[383]에 도착한다. 또 서쪽으로 11일을 가면 아라비아해에 이른다. 중인도에서 6개월 여정을 가면 남인도에 도착한다. 또 서쪽으로 90일을 가면 콩카나푸라국[384]에 도착한다. 또 서쪽으로 한 달을 가면 아라비아해에 도착

한다. 남인도에서 남쪽으로 6개월 여정을 가면 인도양에 도착한다. 이것
은 모두 시호가 서술한 내용이다.

[태평흥국] 8년(983)에 스님 법우法遇가 인도에서 불경을 가지고 돌아오
다가 스리비자야국Srivijaya[385]에서 인도 스님 미마라실려彌摩羅失黎를 만났는
데, 표를 부탁하며 중국에 가서 경전을 번역하고 싶다고 했다. 황제는 기
꺼이 조서를 내려 그를 불러왔다. 법우는 후에 연제용보개緣制龍寶蓋와 가
사袈裟를 구하러 다시 인도에 가게 되자, 표를 올려 경유하는 여러 나라
에 칙서를 보내 달라고 하니, 황제가 스리비자야국 등 나라의 국왕에게
칙서를 내려 그를 파견했다. 옹희雍熙[386] 연간에 위주衛州의 스님 사한辭瀚
이 서역에서 돌아오면서 호승胡僧 밀달라密坦羅와 함께 북인도 왕 및 금강
좌왕金剛坐王 나란타那爛陀의 편지를 가지고 왔다. 또한 브라만 스님 영세永世
가 페르시아 외도를 믿는 아리연阿里煙과 함께 개봉開封에 왔다. 영세가 말
하길, "우리 나라의 이름은 이득국利得國으로, [왕은] 노란 옷을 입고 금관
을 쓰며 칠보로 장식합니다. 외출할 때는 코끼리나 가마를 타고 법라法螺
와 요발鐃鈸을 연주하며 앞에서 인도합니다. 대부분 불교 사찰에 가서 가
난한 사람들에게 널리 보시합니다. 왕비는 금실로 수놓은 붉은 비단옷을
입고, 1년에 한 번 외출하여 보시를 많이 합니다. 사람들은 억울함이 있
으면 왕과 왕비가 외출할 때를 기다렸다가 그들을 맞이하여 따라가며 억
울함을 호소합니다. 나라에는 재상 4명을 두고 각종 사무는 모두 그들에
게 맡겨 처리합니다. 오곡, 육축, 과일은 중국과 다르지 않습니다. 장사
할 때는 동전을 사용하는데, 둥그런 모양에 무늬가 있는 것은 중국과 같
지만, 그 가운데가 채워져 꿸 수는 없습니다"라고 했다. 그 나라 동쪽으
로 6개월을 가면 대식국大食國에 도착하고, 또 2개월을 가면 서주西州에 도
착하며, 또 3개월을 가면 하주夏州에 도착한다. 아리연도 말하길, "우리나

라의 왕은 흑의黑衣³⁸⁷라고 부르고, 채색 비단옷을 입으며, 매번 2~3일 동안 사냥을 하고 돌아옵니다. 나라에는 대신 9명을 두어 국사를 다스립니다. 화폐는 없고 여러 가지 물건으로 교역합니다"라고 했다. 그 나라에서 동쪽으로 6개월을 가면 브라만국에 도착한다. 지도至道 2년(996) 8월에 인도 스님이 배를 타고 해안에 도착했는데, 제종帝鍾·영오鈴杵·동령銅鈴 각 하나씩과 불상 1구, 패엽범서 1협을 가지고 와서 이를 건네며 말했지만, 알아들을 수 없었다. 천성天聖³⁸⁸ 연간과 경우景佑³⁸⁹ 연간에도 서인도 스님이 여러 번 범경梵經·불골佛骨 및 청동과 상아로 만든 보살상을 바치자 각각 자색 가사袈裟와 속백束帛을 하사했다.

범성대范成大³⁹⁰의 『오선록吳船錄』에 다음 기록이 있다.

건덕 2년(964)에 스님 3백 명에게 조서를 내려 인도로 들어가서 사리와 패다엽서貝多葉書를 구해 오게 했다. 삼장법사 계업繼業은 성이 왕씨王氏이고 요주耀州 사람으로, 파견단에 참여했다. 개보 9년(976)에서야 사찰로 돌아왔다. 소장된 『열반경涅盤經』 1질은 42권으로, 계업은 각 권의 뒤에 서역의 여정을 나누어 기록했는데, 비록 그다지 상세한 것은 아니지만 지리는 대략 참고할 만하고 세상에서 드물게 보이는 것이라서 여기에 기록하여 국사에서 빠진 부분을 구비하고자 한다.

계업은 계주階州³⁹¹에서 국경을 나와 서쪽으로 가면서 영무靈武³⁹²·서량西涼³⁹³·감주甘州³⁹⁴·숙주肅州³⁹⁵·과주瓜州³⁹⁶·사주沙州 등을 지나 쿠물국Qumul³⁹⁷·고창국·아그니국·우전국·슐러국·대식국 등의 나라에 들어갔다. 설령雪嶺을 넘어 푸루사국³⁹⁸에 도착했고, 다시 파미르고원의 설산을 넘어 카스미라국에 도착했다. 서쪽으로 큰 산에 오르니 살타태자薩埵太子가 몸을 벼랑에 던져 호랑이 밥이 된 장소가 있었고 마침내 간다라국에 도착했는데,

이곳이 중인도라고 했다.

　다시 서쪽으로 가서 술탄푸르국Sultanpur[399]과 잘란다르[400]에 도착했는데, 이 나라에는 두 개의 사원이 있었다. 다시 서쪽으로 4개의 큰 나라를 지나 카냐쿠브자국[401]에 도착했는데, 남쪽으로는 야무나강[402]에 임해 있고 북쪽으로는 갠지스강[403]을 등지고 있었으며, 탑묘塔廟는 매우 많았지만 스님은 없었다. 다시 서쪽으로 2일 여정을 갔는데, 보계寶階의 옛터가 있었다. 또 서쪽으로 가서 바라나시국에 도착했는데, 두 성의 간격은 5리이고, 남쪽으로 갠지스강에 접해 있었다. 다시 서북쪽으로 10여 리를 가서 사르나트에 도착했는데, 탑묘와 부처의 유적이 매우 많았다. 계업은 스스로 따로 기록을 남겨 두었다고 말했지만, 지금은 전해지지 않는다. 남쪽으로 10리를 가서 갠지스강을 건넜는데, 강의 남쪽에 큰 불탑이 있었다. 사르나트에서 서쪽으로 가서 마가다국에 이르러 한사漢寺[404]에서 묵었다. 사찰의 세수입이 많고 8개의 촌락[405]을 관할하고 있어서 스님들의 왕래가 매우 빈번했다. 남쪽으로 장림산杖林山과 직선으로 있는데, 높은 봉우리들이 우뚝 서 있다. 산의 북쪽에는 우파굽타Upagupta[406] 존자의 석실과 탑묘의 옛터가 있다. 서남쪽으로 1백 리를 가니 우뚝 솟은 산이 있는데, 쿡쿠타파라산[407]이라고 부르며 가섭불이 입적한 곳이라고 했다. 또 서북쪽으로 1백 리를 가니 보리보좌성菩提寶座城이 있는데, 네 개의 문이 서로 바라보고 있고 그 가운데에 위치한 금강좌金剛座가 동쪽을 향하고 있었다. 다시 동쪽으로 니란자나강에 도착했는데, 동쪽 기슭에 있는 돌기둥에는 부처의 옛일을 기록해 놓았다. 보리좌菩提座에서 동남쪽으로 5리를 가서 부처가 고행한 곳에 도착했고, 다시 서쪽으로 3리를 가서 삼가섭촌三迦葉村과 목우녀지牧牛女池에 도착했다. 금강좌의 북문 밖에 싱할라국의 사찰이 있었다. 다시 북쪽으로 5리를 가서 가야성에 도착했다.

또 북쪽으로 10리를 가서 가야산에 이르렀는데, 부처가 『보운경寶雲經』[408]을 설법한 곳이라고 했다. 다시 금강좌에서 동북쪽으로 15리를 가서 보디히기리Bodhigiri[409]에 도착했고, 다시 동북쪽으로 30리를 가서 골마성骨磨城에 도착했다. 계업은 하라사蝦羅寺에서 묵었는데, 이곳이 남인도라고 했다. 여러 나라의 스님들이 대부분 그곳에서 머물렀다. 다시 동북쪽으로 40리를 가서 라지기르성에 도착했는데, 라지기르성 동남쪽 5리에 강취상탑降醉象塔이 있다. 다시 동북쪽으로 가서 큰 산에 올랐는데, 좁은 길을 구불구불 올라가니 사리탑이 있고, 또 계곡 근처에는 마하영풍탑馬下迎風塔이 있다. 절벽을 지나 산 정상에 올랐더니 큰 탑묘가 있는데, 칠불七佛이 설법한 장소라고 했다. 산 북쪽 평지에는 또한 사리본생탑舍利本生塔이 있다. 그 북쪽 산 중턱을 취봉鷲峰이라고 불렀는데, 부처가 『법화경法華經』을 설법한 곳이라고 했다. 산 아래는 바로 라지기르성이다. 라지기르성 북쪽의 산자락에는 온천 20여 곳이 있다. 또한 북쪽에는 큰 사찰과 칼란다kalanda[410]의 베누바나비하라 유적이 있다. 또한 동쪽에는 아난의 반신半身사리탑이 있다. 온천의 서쪽은 평지였고, 곧장 남쪽으로 산허리에 오르니 필발라굴畢鉢羅窟[411]이 있었다. 계업은 굴 안에 머물면서 1백 일 동안 불경을 암송하고 떠났다. 굴의 서쪽에는 또 아난의 증과탑證果塔이 있다. 여기서 라지기르성까지는 8리였는데, 계업은 매일 걸식회乞食會에 갔다. 라지기르성에는 사찰이 있는데, 한사에서 관할했다. 또한 수제가樹提迦의 고택이 있고, 그 서쪽에는 윤왕탑輪王塔이 있다. 다시 북쪽으로 15리를 가면 나란타사那爛陁寺[412]가 있는데, 사찰의 남쪽과 북쪽에는 각각 수십 개의 사찰이 있으며 문은 모두 서쪽을 향하고 있었다. 그 북쪽에 사불좌四佛座가 있다. 다시 동북쪽으로 15리를 가서 오전두사烏顚頭寺에 도착했다. 동남쪽 5리에는 성스러운 관자재보살觀自在菩薩상이 있다. 다시 동북쪽으로 10리를 가서 가습미라사伽濕彌羅寺에 도착했는데, 사찰의 남쪽에서 한사까지는 8리쯤 되었다. 한사에서 동쪽으로 12리를 가니 각제희산卻提希山에 도착했다. 다시 동쪽으로 70리를 가니 합사鴿寺가 있었다. 서북쪽으로 50리를 가니 지나서사支那西寺가 있었는데, 옛 한사이다. 서북쪽으로 1백 리를 가서 파탈리푸트라성[413]에 도착했는데, 아소카왕의 옛 도성이다. 이곳에서 강을 건너 북쪽으로 바이샬리성[414]에 도착했는데, 그곳에 유마거사維摩居士가 거처했던 유적이 있다. 또 쿠시나가르성Kushinagar[415]과 타라Tara[416] 마을에 도착했다. 겹겹이 펼쳐진 큰 산을 넘어 네팔라국[417]에 도착했다. 다시 마유리磨逾里에 도착해서 설령을 넘어 삼야사三耶寺에 이르렀다. 왔던 길을 따라 이곳에서 계주로 들어갔다.

『원사元史』「곽간전郭侃傳」에 다음 기록이 있다.

임자년(1252)에 송왕宋王 훌라구Hulagu[418]를 따라 서쪽을 정벌했다. 계축년(1253)에 알무라히드al-mulaḥid[419]에 도착했다. 그 나라에서 길에 참호를 파고 물에 독을 풀었지만, 곽간은 그 나라 군사 5만 명을 격파하고 128개의 성을 함락시켰으며, 그들의 장군 홀도답이올주忽都荅而兀朱[420]술탄(算灘)을 참수했다. 술탄은 중국어로 왕王을 말한다. 병진년(1256)에 게르드쿠Girdkūh[421]에 도착했다. 그 성은 담간Damghan[422] 위에 있어 사다리를 걸쳐 오르내렸고 정예병과 용맹한 군사들이 지켰다. 협성夾城[423]을 쌓아 둘렀기 때문에 함락시킬 수 없었다. 곽간이 대포를 설치해 공격하자 수비를 맡은 장수 화자납실아火者納失兒[424]가 성문을 열고 항복했다. 훌라구가 곽간을 보내 루큰 알딘 쿠르샤Rukn al-Din Khurshah[425]술탄을 설득하자 항복했다. 그의 부친 알라 알딘 무함마드Ala al-Din Muhammad[426]는 서쪽 성을 지키고 있었으나 곽간이 격파했다. 알라 알딘 무함마드는 동쪽 성으로 달아났지만, 다시 곽간의 공격을 받고 죽었다. 정사년(1257) 정월에 올리아성兀里兒城에 도착해 군사를 매복시키고 징 소리가 들리면 일제히 나오라고 명령했다. 과연 적병이 오자 매복한 군사가 일어나 적병을 전멸시키니 해아海牙술탄도 항복했다. 다시 서쪽으로 알라무트Alamut⁴²⁷에 도착해 유격대 3만을 격파하니, 마잔다란Mazandaran⁴²⁸ 왕국의 술탄이 항복했다. 카슈미르Kashmir⁴²⁹에 도착하자 홀리忽里술탄이 항복했다. 다시 바그다드Baghdad⁴³⁰에 도착했는데, 이 서융西戎의 큰 나라는 땅이 사방 8천 리이고, 부자가 서로 세습한 지 42대가 되었으며, 정예병이 수십만 명이었다. 곽간의 군대가 도착해 그 군사 7만을 무찔렀으며, 그 서쪽 성을 파괴하고 또 동쪽 성도 격파했다. 동쪽 성 전당殿堂은 모두 침향목으로 만들어져 불을 붙여 태우자 향기가 1백 리까지 퍼졌다. 72현의 비파와 5자의 산호등경珊瑚燈檠을 획득했다. 두 성 사이에 큰 강이 있었는데, 곽간은 미리 부교浮橋를 만들어 그들이 달아나지 못하도록 했다. 성이 파괴되자 알무스타심Al-Musta'sim⁴³¹술탄이 배를 타고 강을 보니 부교가 막고 있기에 스스로 결박하고 군문에 가서 항복했다. 그의 장군 주답이紂答爾가 도망가자 곽간이 그를 추격했다. 저녁이 되어 여러 군사는 머물러 쉬기를 바랐지만, 곽간은 듣지 않고 또 10여 리를 가서 멈췄다. 밤에 폭우가 내려 원래 머물고자 했던 곳은 물에 잠겨 수심이 몇 자나 되었다. 다음 날 주답이를 사로잡아 참수하고 3백여 성을 차지했다. 다시 서쪽으로 3천 리를 가서 메카Mecca⁴³²에 도착하자 장군 주석住石이 서신을 보내 항복을 요청했다. 좌우 사람들은 주석이 항복을 요청한 것을 믿으며 그들을 쉽게 봐 대비하지 않았다. 곽간이 말했다. "적을 업신여기면 망한다. 군사의 책략은 속임수가 많으니, 만약 저들의 계책에 걸려든다면 이보다 더 큰 수치는 없다." 이에 빈틈없이 방비하고 기다렸다. 과연 주석이 우리 군대를 공격해 오자 곽간은 그와 싸워 크게 물리쳤다. 무함마드 아불 누바즈Muhammed abul-Nubaj[433]술탄은 항복했고 성 185개를 함락시켰다. 다시 서쪽으로 4천 리를 가서 미스르국Misr[434]에 도착했다. 때마침 날이 저물어 잠시 쉬다가 다시 군사를 재촉하면서 병든 군사 몇 명은 남겨 두었다. 서쪽으로 10여 리를 가서 잠시 머물며 군사들에게 나무 막대기를 문 채 조용히 나아가게 했다. 적군은 이 사실을 전혀 모른 채 밤에 가서 습격했는데, 병든 군사만 죽었다. 이에 사이프 앗딘 쿠투즈Saif ad-Din Qutuz[435]술탄은 크게 놀라 "동천장군東天將軍은 신인神人이다"라고 하며 결국 항복했다. 8년(1258) 무오년에 훌라구가 곽간에게 서쪽으로 바다를 건너 파랑Farang[436]을 접수하게 했다. 곽간이 화복禍福을 예언하니, 다비드David[437]술탄이 말했다. "내가 어젯밤 꿈에 본 신인이 바로 장군입니다." 그리고는 항복했다. 살펴보건대, 이는 지중해의 한 섬나라를 차지한 것이지 유럽에 간 것은 아니다. 군대가 돌아올 때 서남쪽으로 시라즈국Shiraz[438]에 이르러 적군이 와서 막으니, 기병奇兵을 보내 기습 공격하여 크게 이기자 예쿠노 암라크Yekuno Amlak[439]술탄이 항복했다. 기미년(1259)에 자그웨 왕조Zagwe dynasty[440]의 유격대 4만을 격파하니, 자일마크눈Za-Ilmaknun[441]술탄이 크게 놀라 와서 항복했고 성 124개를 차지했다. 남쪽으로 아덴만Aden bay[442]에 도착하자 아부드 자말라드딘Abūd JamaladDīn[443]술탄이 와서 항복했다. [이로써] 서역이 평정되었다.

北魏僧惠生『使西域記』

一

見『洛陽伽藍記』.

　魏神龜元年十一月冬, 太后遣崇立寺比丘惠生與敦煌人宋雲向西域取經,
凡得百七十部, 皆是大乘妙典. 初發京師, 西行四十日至赤嶺, 卽國之西疆也.
山無草木, 有鳥鼠同穴. 又西行二十三日, 至吐谷渾國. 又西行三千五百里, 至
鄯善城. 又西行千六百四十里, 至且末城, 有呂光伐胡時所作佛菩薩像. 又西
行千三百七十五里, 至末城. 又西行二十二里, 至捍嫲城, 有于闐國, 供佛之塔,
其旁小塔數千, 懸幡萬計. 又西行八百七十八里, 至于闐國, 有國王所造覆盆浮
圖一軀, 有罽賓佛靴, 于今不爛. 于闐境東西三千餘里. 神龜二年七月二十九
日, 入朱駒波國, 人民山居, 不立屠殺, 食自死肉. 風俗語言與于闐同, 文字與
婆羅門同. 其國疆界可五日行徧. 八月入渴盤陀國界, 西行六日登蔥嶺山. 復西
行三日至鉢盂城, 三日至毒龍池, 爲昔盤陀王以婆羅門咒呪之龍, 徙蔥嶺西去
此地二千餘里. 自發蔥嶺, 步步漸高, 如此四日, 乃得至嶺依約中下, 實天半矣.
渴盤陀國正在山頂. 自蔥嶺已西, 水皆西流, 入西海. 世人云, 是天地之中. 九
月中旬, 入鉢和國. 高山深谷, 險道如常, 因山爲城, 氈服窟居. 人畜相依, 風雪

勁切. 有大雪山望若玉峰. 十月初旬, 入嚈噠國, 居無城郭, 隨逐水草, 不識文字, 年無盈閏, 用十二月爲一歲. 受諸國貢獻, 南至牒羅, 北盡敕勒, 東被于闐, 西及波斯, 四十餘國皆來朝貢, 最爲強大. 王帳周四十步, 器用七寶, 不信佛法, 殺生血食. 見魏使, 拜受詔書. 去京師二萬餘里. 十一月入波斯國境, 土甚狹, 七日行過 按: 此在蔥嶺中, 非『魏書』西海上之波斯, 亦非佛經之波斯匿王國也. 人居山谷, 雪光耀日. 十一月中旬入賖彌國, 漸出蔥嶺, 磽角危峻, 人馬僅通. 鐵鎖懸度, 下不見底. 十二月初入烏場國, 北接蔥領, 南連天竺, 土氣和暖. 原田膴膴, 民物殷阜. 國王菜食長齋, 晨夜禮佛, 日中已後始治國事. 鐘聲徧界, 異花供養. 聞魏使來, 膜拜受詔. 國中有如來曬衣履石之處, 其餘佛跡, 所至炳然. 每一佛跡, 輒有寺塔覆之. 比丘戒行精苦.

至光元年四月中旬入乾陀羅國, 土地與烏場國相似, 本名業波羅國, 爲嚈噠所滅, 遂立敕勒爲王. 國中人民悉是婆羅門種, 崇佛經典. 而國王好殺, 不信佛法, 與罽賓爭境, 連年戰鬪, 師老民怨. 坐受詔書, 凶慢無禮, 送使一寺, 供給甚薄. 西行三月至新頭大河, 復西行十三日至佛沙伏城. 城郭端直, 林泉茂盛, 土饒珍寶, 風俗淳善. 各僧德泉道行高奇, 石像莊嚴, 通身金箔, 有迦葉佛跡. 復西行一日, 乘舟渡一深水, 三百餘步. 復西南行六十里, 至乾陀羅城. 有佛涅盤後二百年國王迦尼色迦所造雀離浮圖, 凡十二重, 去地七百尺, 基廣三百餘步. 悉用文石爲陛, 塔內佛事千變萬化, 金盤晃朗, 寶鐸和鳴, 西域浮圖最爲第一. 復西北行七日, 渡一大水至那迦羅訶國, 有佛頂骨·牙·髮·袈裟·錫杖. 山窟中有佛影·佛跡, 有七佛手作浮圖及佛手書梵字石塔銘. 凡在烏場國二年, 至正光二年還. 闕.

『水經注』「河水篇」: 釋氏『西域記』阿耨達太山, 其上有大淵水, 宮殿樓觀甚大焉. 山卽崑崙山也. 其山出六大水. 山西有水名新頭河, 經罽賓·揵越·摩訶刺諸國而入南海. 凡『注』中引『法顯傳』, 前已全錄, 今不復載. 阿耨山西南有水名遙奴, 山西南小東有水名薩罕, 水東有水名恒伽, 此三水同出一山, 俱入恒水. 康泰『扶南傳』曰恒水之源, 乃極西北, 出崑崙山中, 有五大源. 諸水分流皆由此五大源. 枝扈黎大江出山, 西北流, 東南注大海. 枝扈黎卽恒水也. 故釋氏『西域記』作恒曲之目. 恒北有四國, 最西頭恒曲中者是也. 有拘夷那褐國·林揚國, 其水亂流, 注于恒. 恒水有東逕毗舍利城, 北去王舍城五十由旬. 恒水又東逕屬賓饒夷城, 城之西北六七里, 恒水北岸, 佛說法處. 恒水又東南逕迦維羅城北, 故淨王宮也. 竺法維曰: "迦維衛國, 佛所生天竺國也, 天地之中央也." 恒水又東逕藍莫塔, 塔邊有池, 池中龍守護之. 恒水又東至五河口, 蓋五水所會也. 渡河南下一由旬, 到摩竭提國巴連林邑, 卽阿育王所治之城. 凡諸國中, 惟此城爲大, 居人富盛, 競行仁義. 恒水又東南逕小孤石山, 山頭有佛所坐石室. 恒水又西逕王舍新城, 是阿闍世王所造. 又西逕迦那城南. 釋氏『西域記』曰: 尼連禪水南注恒水, 佛於此浴. 復順恒水西下到迦屍國波羅奈城. 竺法維曰: 波羅奈國在迦維羅衛國南千二百里, 中間有恒水東南流. 佛轉法輪處在城東北十里, 卽鹿野苑. 法顯又曰: 恒水又東到多磨梨靬, 卽是海口. 釋氏『西域記』: 大秦一名梨靬, 康泰『扶南傳』曰: 從迦那調洲西南入大灣, 可七八百里, 乃到枝扈梨大江口. 渡江逕西行, 極大秦也. 又云: 發拘利口入大灣中, 正西北入, 可一年餘得天竺江口, 名恒水. 江口有國號擔袂, 屬天竺. 釋氏『西域記』曰: 恒水東流入東海, 蓋二水所注, 兩海所納, 自爲東西也. 又曰: 蔥嶺高千里, 河源潛發, 其嶺分爲二水. 一水西徑休循國南, 又逕難兜國北, 又西逕屬賓國北, 又西逕月氏國南. 其俗與安息同. 又西逕安息國南, 城臨嬀水, 地方數千里. 河水與蜺羅跂禘水同注雷翥海, 此蔥嶺西流之水也. 釋氏『西域記』: 蜺羅跂禘水亦出阿耨達山之北, 西逕糾尸羅國四大塔北, 又西逕犍陀衛國北, 其水至安息注雷翥海.

『新唐書』: 天竺國, 漢身毒國也, 或曰摩伽陀, 曰波羅門. 去京師九千六百里, 都護治所二千八百里, 居蔥嶺南, 幅員三萬里. 分東·西·南·北·中五天竺, 皆城邑數百. 南天竺瀕海, 出師子·豹·犀·橐駝·犀·象·火齊·琅玕·石蜜·黑鹽. 北天竺距雪山, 圍抱如壁, 南有谷, 通爲國門. 東天竺際海, 與扶南·林邑接. 西天竺與罽賓·波斯接. 中天竺在四天竺之會, 都城曰茶鎛和羅城, 濱迦毗黎河. 有別城數百, 皆置長, 別國數十, 置王, 曰舍衛國, 曰迦沒路國. 開戶皆東向. 中天竺王姓刹利名利氏, 世有其國, 不篡殺. 土漯熱, 稻四熟, 禾之長者沒橐駝. 以貝齒爲貨, 有金剛·旃檀·鬱金. 與大秦·扶南·交趾相貿易, 人富樂無簿籍, 耕王地者, 乃輸稅. 以舐足摩踵爲致禮. 家有奇樂倡伎. 王大臣皆服錦罽, 爲螺髻于頂, 餘髮剪使卷. 男子穿耳垂璫, 或懸金耳環者爲上類, 徒跣衣重白. 婦人項飾金銀·珠纓絡. 死者燔骸, 取灰建窣堵, 或委野及河餌鳥獸魚鱉, 無喪紀. 謀反者幽殺之, 小罪贖錢, 不孝者斷手足, 劓耳鼻, 徙于邊. 有文字, 善步歷. 學『悉曇章』, 妄曰梵天法. 書貝多葉以記事. 尙浮屠法, 不殺生·飮酒. 國中處處指曰佛故迹也. 信盟誓, 傳禁咒, 能致龍起雲雨. 隋煬帝時, 遣裴矩通西域諸國, 獨天竺·拂菻不至爲恨. 武德中, 國大亂, 王尸羅逸多勒兵戰無前, 象不弛鞍, 士不釋甲, 因討四天竺, 皆北面臣之. 會唐浮屠玄奘至其國, 屍羅逸多召見曰: "而國有聖人出, 作「秦王破陣樂」, 試爲我言其爲人." 玄奘粗言太宗神武, 平禍亂四夷賓服狀, 王喜.

貞觀十五年, 遣使者上書, 帝命雲騎尉梁懷璥持節慰撫. 尸羅逸多驚問國人: "自古亦有摩阿震旦使者至吾國乎?" 皆曰: "無有." 戎言中國爲摩阿震旦. 乃出迎, 膜拜受詔書, 戴之頂. 復遣使者隨入朝. 二十三年, 遣右衛率府長史王玄策使其國, 以蔣師仁爲副. 未至, 尸羅逸多死, 國人亂, 其臣那伏帝阿羅那順自立, 發兵拒玄策. 時從騎才數十, 戰不勝, 皆沒, 遂剽諸國貢物. 玄策挺身奔吐蕃西鄙, 檄召隣國兵. 吐蕃以兵千人來, 泥婆羅以七千騎來. 玄策分部進戰茶鎛和羅城, 三日破之, 斬首三千級, 溺水死萬人. 阿羅那順委國走, 合散兵復陣, 師仁禽之, 俘斬千計. 餘衆奉王妻息阻乾陀衛江. 師仁擊之, 大潰, 獲其妃·王子, 虜男女萬二千人, 雜畜三萬, 降城邑五百八十所. 東天竺王尸鳩摩送牛馬三萬饋軍, 及弓刀寶纓絡. 迦沒路國獻異物, 竝上地圖, 請老子象. 玄策執阿羅那順獻闕下, 有司告宗廟. 玄策朝散大夫. 得方士那羅邇娑婆寐, 自言壽二百歲, 有不死術. 帝改館使治丹, 命兵部尙書崔敦禮護視使者馳天下, 采怪藥異石. 後術不驗, 有詔聽還, 不能去, 死長安. 高宗時盧伽逸多者, 東天竺烏茶人, 以術進, 拜懷化大將軍. 乾封三年, 五天竺皆來朝. 開元時中天竺·北天竺各遣使者至, 南天竺亦獻五色能言鳥乞師討大食·吐番, 丐名其軍, 玄宗詔賜懷德軍.

摩揭陀, 一曰摩伽陀, 本中天竺屬國. 環五十里, 土沃宜稼穡, 有異稻巨粒, 號其大人米. 王居拘闍揭羅布羅城, 北瀕殑伽河. 貞觀二十一年始遣使者自通于天子, 獻波羅樹, 樹類白楊. 太宗遣使取熬糖法, 卽詔揚州上諸蔗, 搾沈如其劑, 色味愈西域遠甚. 高宗又遣王玄策至其國摩訶菩提祠立碑焉. 後德宗自制鍾銘, 賜那爛陀祠. 又有那揭者, 亦屬國也, 貞觀二十年遣使者貢方物. 烏茶者, 一曰烏伏那, 亦曰烏萇, 直天竺南. 地廣五千里, 東距勃律六百里, 西闕賓四百里, 山谷相屬. 産金·鐵·葡萄·鬱金, 稻歲三熟. 人柔詐, 善禁伽術. 國無殺刑, 抵死者放之窮山. 罪有疑, 飮以藥, 視溲淸濁而決輕重. 有五城, 王居矕揭釐城. 東北有達麗羅川, 卽烏萇舊地. 貞觀十六年, 其王遣使者獻龍腦香, 璽書優答. 大食與烏萇東鄙接, 數誘之, 其王與骨咄·俱位二王不肯臣, 開元中命使者冊爲王. 章揭拔國本西羌種, 居悉立西南四山中, 後徙山西, 與東天竺接, 衣服略相類, 因附之. 地袤八九百里, 勝兵二千人, 無城郭, 好鈔暴, 商旅患之. 貞觀二十年, 其王因悉立國, 遣使入朝. 玄策之討中天竺, 發兵來赴, 有功, 由是職貢不絶. 悉立當吐番西南, 戶五萬, 城邑多傍澗谿. 男子繪束頭, 衣氈褐, 婦人辮髮短裙. 婚姻不以財聘. 其穀宜粳稻·麥·豆. 死者葬于野, 不封樹, 喪制爲黑衣, 滿年而除. 刑有刖鼻. 常羈屬吐番.

唐玄奘『使西域記』: 出高昌故地, 自近者始曰焉耆國. 國四面據山, 道險易守, 泉流交帶. 文字取則印度, 貨用金銀錢, 小銅錢. 伽藍十餘所, 習學小乘. 從此西南行九百餘里, 至龜茲國. 國東西千餘里, 南北六百餘里. 伽藍百餘所, 僧徒三千餘人, 習學小乘. 城北四十里, 臨河有二伽藍, 佛像莊飾殆越人工, 五年建一大會. 輦載行像, 動以千數, 道俗雲集供養. 從此西行六百餘里, 經小沙磧至姑墨國. 西北行三百餘里, 度石磧, 至淩山. 山谷積雪, 春夏結冰. 逾山四百餘里至大淸地, 周千餘里, 東西長, 南北狹. 淸地西北行五百餘里至素葉水城, 諸國商胡雜居. 素葉已西, 數十孤城, 城各立長, 然皆役屬突厥. 素葉西行四百餘里至千泉. 千泉者, 地方二百餘里, 南面雪山, 三垂平陸. 突厥可汗每來避暑. 西行百五十里至呾羅私城. 又西南得二百餘里至白水城西南. 南行二百餘里至恭御城. 從此南行四五十里至笯赤建國, 國周千餘里, 沃壤備稼穡, 盛花果, 多葡萄. 城邑百數, 城邑君長雖則畫野區分, 總稱笯赤建國. 從此西行二百餘里至赭時國, 唐言石國也. 國周千餘里, 西臨葉河, 東西狹, 南北長. 土宜氣宇, 如赤建國. 城邑數十, 旣無總主, 役屬突厥. 從此東南千餘里, 至怖捍國, 國周四千餘里, 膏腴多稼, 宜羊馬. 氣寒, 俗剛, 貌弊, 語異, 無大君長. 從此西行千餘里至窣堵利瑟那國, 國周千四五百里, 東臨葉河. 葉河出蔥嶺北原西北流, 浩汗濁急. 土宜風俗同石國. 自有王, 附突厥. 從此西北入大沙磧, 望大山, 尋遺骨以知所指. 行五百餘里至颯秣建國, 唐言康國也. 國周千六七百里, 東西長, 南北狹. 地險而沃, 多善馬, 凡諸胡國, 此爲其中, 寶貨所聚, 伎巧特工. 風俗猛烈, 兵馬強盛.

從此東南至彌秣賀國, 唐言米國也. 國周四百餘里, 據川中, 東西狹, 南北長. 從此始至曹國. 又西行三百餘里至何國. 又西二百餘里至東安國. 又西四百

餘里至中安國. 又西四百餘里至西安國. 又西南五百餘里至貨利息彌伽國. 又
南行三百餘里至史國, 土言羯霜那國也. 凡米‧曹‧何‧史‧安諸國, 風俗竝同康
國. 自素葉水城至此, 地名窣利, 人亦謂焉. 從史國西南行二百餘里入山, 崎嶇
險絶, 又少水草. 東南山行三百餘里, 入鐵門. 鐵門者, 左右帶山, 狹徑險阻, 兩
傍石壁, 其色如鐵, 門扉鐵錮, 以險得名. 出鐵門, 至睹貨羅國, 其地南北千餘
里, 東西三千餘里, 東扼蔥嶺, 西接波刺斯, 南距大雪山, 北據鐵門, 縛芻大河
中境西流. 自數百年王族絶嗣, 酋豪各擅分爲三十七國. 雖畫野區分, 總役屬突
厥. 此境已南, 冬春零雨, 竝多溫疾. 志怯貌陋, 不甚欺詐. 字源二十五言, 書以
橫讀, 自左而右, 文記漸多.

　逾廣窣利, 順縛芻河北下流, 至呾密國. 又東至赤鄂衍那國‧忽露摩國‧愉漫
國‧鑊沙國‧珂咄羅國‧拘謎陀國, 此皆自西而東. 拘謎陀國據大蔥嶺之中, 西南
隣縛芻河. 渡河至達摩悉鐵諦國‧鉢鐸創那國‧淫薄健國‧屈浪拏國‧泗摩達羅
國‧鉢利曷國‧訖栗瑟摩國‧曷羅胡國‧阿利尼國‧曹健國. 自活國, 東南至闊悉多
國‧安呾羅縛國, 事在回記. 自活國西南至縛伽浪國, 又南至紇露悉泯建國, 又
西北至忽懍國, 又西至縛喝國, 乃睹賀羅國之王都也. 北臨縛芻河, 人皆謂之小
王舍城, 伽藍百餘所, 僧徒三千餘人, 皆習小乘. 城外西南有新伽藍, 此國先王
所建, 莊嚴珍寶, 中有佛牙‧佛罐‧佛帚. 伽藍西南有一精廬, 各僧所聚, 多證四
果. 諸窣堵波建立數百. 從都城西南入雪山阿, 至銳秣陀國‧胡實健國‧呾刺健
國, 此國西接波刺斯國界. 南行百餘里至揭職國. 以上諸小國數十, 竝睹賀羅境
內之部落. 東南入大雪山, 山高谷深, 盛夏積雪, 山魅妖崇, 寇盜橫行. 行六百
餘里, 始出睹賀羅境, 至梵衍那國. 其睹賀羅國之與北印度, 以大雪山爲界, 北
以鐵門爲界. 梵衍那國者, 在雪山中, 東西二千餘里, 南北三百餘里, 都城跨厓
據谷. 少花果, 宜牧畜, 氣洌俗獷, 淳信三寶, 特甚隣國. 東南行二百餘里, 度大
雪山, 東至小川澤, 有僧伽藍, 藏佛齒及劫初獨覺佛齒‧金輪王齒‧羅漢鐵鉢.

從此東行出雪山, 逾黑嶺, 至迦畢試國. 國周四千餘里, 北背雪山, 三垂黑嶺, 都城西北距大雪山二百餘里. 出善馬·鬱金香, 異方奇貨所聚. 風氣同睹貨羅國. 王刹利種也, 統十餘國, 敬崇三寶. 王城西北, 大河南岸, 舊伽藍內有釋迦弱齡亂齒, 有如來頂骨及髮. 窣堵波中有舍利升餘.

從此東行六百餘里, 越黑嶺, 入北印度境. 詳夫天竺之稱, 或云身毒, 或云賢豆, 今從正音, 宜云印度. 五印度境周九萬里, 逕三萬里, 三垂大海, 北背雪山, 北廣南狹, 形如半月. 畫野區分七十餘國, 北乃山阜隱軫, 東則川原膏沃, 南方暑濕, 西土磽確. 其文字梵天所制, 四十七言, 隨事轉用. 童蒙七歲以後漸學五明大論: 一聲明, 二巧明, 三醫方明, 四固明, 五內明. 其婆羅門學四毗陀論, 一壽, 二祠, 三平, 四術. 僧徒宣講佛經一部, 乃免僧知事. 二部, 加上房資具. 三部, 差侍者祇承. 四部, 給淨人役使, 五部, 則行乘象輿. 六部, 又導從周衛. 考其優劣, 黜陟幽明, 其義負者, 擯斥不齒. 族姓有四, 一婆羅門種, 二刹利王種, 三毗舍商賈種, 四首陀農種. 兵伍有四, 步·馬·車·象. 刑罰有四, 水·火·稱·毒. 種王田者六稅其一, 田稅所出, 大分爲四, 一充祭祀, 二供官祿, 三賞總學, 四樹福田. 珍奇雜寶, 出自海隅, 易以求貨. 所用貿易金錢·銀錢·貝珠·小珠. 印度風壤, 大略斯在.

迦畢試國, 北印度之北境也, 所屬有濫波國, 氣序漸溫, 微霜無雪, 詐弱輕躁, 衣多白氈. 從此東南行百餘里, 踰大嶺, 濟大河, 至那揭羅曷國. 有如來影窟, 如來足跡, 如來浣衣石及錫杖·頂骨, 凡諸聖蹟, 多有靈異. 從此東南山谷中行五百餘里, 至健馱羅國, 東臨信度河, 溫暑無霜雪. 自昔無著菩薩·世親菩薩·脅尊者等所生處也. 迦膩色迦王所建, 窣堵波基周里半, 高四百尺, 名聞諸國. 行五十里, 渡大河, 至布色羯羅伐底城. 東南二百餘里, 至跋虜沙城. 又東南百五十里, 至烏鐸迦漢茶城, 南臨信渡河, 諸方寶貨多集于此. 復北踰山涉川六百餘里, 至烏仗那國, 國周六千餘里, 俗閑禁咒, 多學大乘. 有瞢揭厘城, 如來在昔爲忍辱仙及爲菩薩, 修苦行, 舍身求偈, 舍身代鴿, 析骨寫經, 皆在此地. 從瞢揭厘城東北踰山越谷, 逆上信度河, 行千餘里, 至達麗羅川, 卽烏仗那國舊都也. 復逾嶺越谷, 逆上信度河五百餘里, 至鉢露羅國, 周四千餘里, 在大雪山間, 東西長, 南北狹, 氣寒俗獷. 從此復還烏鐸迦漢茶城, 南渡信度河. 河廣三四里, 西南流, 澄清皎鏡. 度河至呾叉始羅國. 以上諸國竝屬役迦畢試國, 皆北印度之北境.

北印度以迦濕彌羅國最大, 諸七國皆屬焉. 呾叉始羅國, 舊屬迦畢試國, 近亦附庸于迦濕彌羅國. 從此國東南越山谷七百餘里, 至僧訶補羅國. 國周三千餘里, 西臨信度河, 都城險固. 氣序寒, 俗驍猛, 無君長, 役屬迦濕彌羅國. 從此復還呾叉始羅國北界, 渡信度河, 東南行二百餘里, 度大石門, 復東南山行五百餘里, 至烏剌尸國. 國周二千餘里, 山阜連接, 田疇狹隘. 氣序溫和, 微有霜雪, 屬役迦濕彌羅國, 僧習大乘法敎. 從此東南履山險, 度鐵橋, 行千餘里, 至迦濕彌羅國, 舊罽賓也. 國周七千餘里, 四境負山, 門徑險隘, 自古隣敵無能攻伐. 城西臨大河, 氣序寒勁, 多雪少風. 衣皆白氈, 容貌妍美, 邪正皆信. 僧徒五千, 有如來沒一百年後無憂王所建五百僧伽藍, 有如來四百年後迦膩色迦王請集五百羅漢作毗婆沙論之所. 從此西南踰山涉險, 行七百餘里, 至半笯蹉國. 國周二千餘里, 山川多, 疇隴狹. 氣溫暑, 俗勇烈, 無大君長, 屬役迦濕彌羅國. 從此東南四百餘里, 至葛羅闍補羅國. 國周四千餘里, 險固多山, 地利不豐. 人性驍勇, 役屬迦濕彌羅國. 自濫波國至此, 粗鄙獷暴, 非印度之正境, 乃邊裔之曲俗.

從此東南下山渡水, 行七百餘里, 至磔迦國. 國周萬餘里, 東據毗播奢河, 西臨信度河, 風俗暴急, 衣服鮮白. 少信佛法, 多事天神. 數百年前, 有大族王滅法逐僧. 其隣境摩揭陀國幻日王雅敬佛法, 大族王治兵攻之, 幻日王不忍鬪其民, 逃竄海島, 從者數萬. 大族王浮海往伐, 幻日王扼險誘戰, 伏兵四起, 生擒大族王. 幻日王母憐而赦之. 大族王北投迦濕彌羅國, 其國王封以土邑, 久乃

率其邑人殺迦濕彌羅王而自立. 西滅健馱羅國, 毀廢塔寺千有六百, 以三億上
族, 三億中族臨信度河殺之, 三億下族分賜軍士, 尋卽殂落, 墮無間獄. 從此東
行五百餘里, 至至那僕底國. 國周二千餘里, 氣序溫暑, 風俗怯弱. 都城東南行
五百餘里, 有過去四佛座及經行遺蹟, 小窣堵波諸大石室鱗次相望. 竝是劫初
以來諸果聖人于此寂滅. 從此東北百四十五里, 至闍爛達羅國, 氣溫俗剛, 貌
鄙土富. 又東北踰嶺谷七百餘里, 至屈露多國. 國周三千餘里, 隣雪山, 多珍藥,
氣序逾寒, 霜雪微降. 人貌粗弊, 高尙勇猛, 巖多石室竝羅漢仙人所止. 從此南
行七百里越大山, 濟大河, 至設多圖盧國. 國周二千餘里, 西臨大河, 稼穡殷盛,
服用鮮綺, 氣暑俗和, 敦信佛法. 已上竝北印度境.

　　從此西南行八百餘里, 至波理夜呾羅國, 始入中印度境. 國周三千餘里, 有
稻, 六十日而獲, 多牛羊, 少花果. 氣暑熱, 俗剛猛, 不尙學藝, 信奉外道. 從此
南行五百餘里, 至秣菟羅國. 國周五千餘里, 氣暑土沃, 崇德尙學. 過去四佛遺
跡甚多, 諸聖弟遺身窣堵波具在, 每歲三長及月六齋僧徒, 各隨所宗而致, 供養
香雲花雨, 旛蓋蔽虧. 從此東北行五百餘里, 至薩他泥濕伐羅國. 國周七千餘
里, 溫暑宜稼, 俗奢, 尙幻術, 逐利少農, 諸方奇貨所聚. 都城周二百里, 內土人
謂爲福地. 從此東北行四百餘里, 至窣祿勤那國. 國周六千餘里, 東臨殑伽河,
北背大山, 閻牟那河, 中境而流. 有如來舍利·爪·髮·諸窣堵波, 近世國王爲諸
外道所誑, 誤信受邪法, 捐廢正見. 從閻牟那河東行八百餘里, 至殑伽河, 河源
廣三四里, 東南流入海處廣十餘里, 彼土書記謂之福水. 渡河東岸至秣底補羅
國. 國周六千餘里, 俗嫻咒術, 兼信邪正, 王敬天神, 異道雜居. 從此北行三百
餘里, 至婆羅吸摩補羅, 此一國又涉入北印度境, 據大山中, 周四千餘里. 此國
境北大雪山中, 有國產上黃金, 東西長, 南北狹, 卽東女國. 世以女爲王, 東接
土番國, 北接于闐國, 西接三波訶國. 從秣底補羅國東南行四百餘里, 至瞿毗霜
那國, 復入中印度境. 國周二千餘里, 都城險峻, 俗淳好佛, 習學小乘, 如來在

昔于此一月說諸法要. 從此東南行四百餘里, 至瑿醯掣呾羅國. 國周三千餘里, 如來昔爲龍王七日于此說法.

自此南行二百六七十里, 度殑伽河, 西南至毗羅刪拏國. 又東南行二百餘里, 至劫比他國, 有如來自忉利天降下寶階聖迹, 垣內靈異相繼. 從西北行二百里, 至曲女城國. 國周四千餘里, 都城西臨殑伽河, 異方奇貨所聚. 居人富樂, 僧徒萬有餘人. 先王爲東印度設賞迦王所害, 今戒日王以弟嗣立, 誓報兄讐, 講習戰士. 象軍五千, 馬軍二萬, 步軍五萬, 自西徂東, 征伐不服, 象不解鞍, 人不釋甲, 于六年中據五印度. 更增甲兵, 象軍六萬, 馬軍十萬, 垂三十年, 兵戈不起. 令五印度不得啖肉, 若斷生命, 有誅無赦. 于殑伽河側建立數千窣堵波, 各高百餘尺. 于五印度建立精廬, 五歲一設無遮大會, 傾庫布施, 惟除兵器. 聞大唐國沙門遠至, 問曰: "聞摩訶震旦有秦王天子, 平定海內, 作「秦王破陣樂」. 誠有之乎?" 玄奘具對大唐功德. 戒日王將還曲女城, 設法會, 從數十萬衆, 在河南岸, 拘摩羅王從數萬衆在河北岸, 分河中流, 水陸竝進, 二王導引, 四兵嚴衛, 經九十日, 至曲女城. 諸國二十餘里皆來集會, 時仲春月也. 王先于河西建大伽藍, 東起寶臺, 南起寶壇, 爲浴佛像之處. 由行宮至伽藍, 夾道爲閣, 雅樂迭奏. 王于行宮出一金像, 載以大象, 張以寶幰, 戒日王爲帝釋左侍, 拘摩羅王爲梵王右侍, 各五百象軍披鎧周衛. 王以眞珠雜寶及金銀諸花隨步四散, 供養三寶, 香水浴佛, 以諸寶衣數十百千而爲供養. 及至散日, 伽藍門樓忽然火起. 戒日王深悟無常, 從窣堵波方下階陛, 忽有異人持刃逆王, 左右執訊之, 受外道之誘, 使爲刺客. 于是究問外道徒屬, 有五百婆羅門, 嫉諸沙門蒙王供養, 乃火箭燒臺, 雇人行刺. 王乃罰其首, 惡五百婆羅門出印度境.

自此東南行六百餘里, 渡殑伽河, 南至阿踰陀國. 國周五千里, 都城北臨殑伽河, 有世親·無著菩薩講堂及如來舍利諸蹟. 從此東行三百餘里, 渡殑伽河, 北至阿耶穆佉國. 國周二千四百餘里, 城東南臨殑伽河, 有窣堵波, 如來昔于此處三月說法. 從此東南行六百餘里, 渡殑伽河, 南閻牟那河北至鉢羅那伽國. 國周五千餘里, 都城據兩河交. 土地爽塏, 細沙彌漫, 號大施場. 今戒日王五年積財, 一旦傾舍. 初第一日置大佛像, 衆室莊嚴, 卽持上妙奇珍而以奉施, 次常住僧, 次現前衆, 次高才碩學, 次外道學徒, 次鰥寡孤獨·貧寡乞丐. 府庫旣傾, 服玩都盡, 髻中明珠, 身諸瓔珞, 施無所悔. 自後諸國君王各獻珍服, 常不逾旬, 府庫充牣. 從此西南行五百餘里, 至拘炎彌國. 國周六千餘里, 城西南有如來降毒龍石窟. 又東北大林中行七百餘里, 渡殑伽河, 復北行百七八十里, 至鞞索迦國. 國周四千餘里, 如來常昔于此地六年說法, 道樹猶在.

從此東北行五百餘里, 至室羅伐悉底國, 卽舍衛國也, 卽波斯匿王所治國都. 國周六千餘里, 城中有須達長者故宅. 城南五六里有祇陀林, 是給孤獨園, 凡如來經行之迹·說法之處. 竝樹旌表, 建窣堵波, 冥祇警衛, 靈瑞間起, 或鼓天樂, 或聞神香, 景福之祥, 難以備敍. 有三大深坑, 是諸外道及捏婆達多謗佛害佛, 生陷地獄之處. 又東南行五百餘里, 至迦毗羅衛國, 空城數十, 荒蕪已甚. 宮城內有故基, 淨飯王正殿也, 上建精舍, 中作王像, 有摩耶夫人寢殿. 城南門外有釋迦太子出家修行·還家見父及至涅盤諸蹟. 自佛涅盤, 諸部異議, 或云千二百年, 或云千三百餘年, 或云千五百餘年, 或云已過九百, 或云未滿千年. 其入般涅盤日, 或云當在三月十五, 或云當在九月八日. 復大林中行五百餘里, 至波羅奈國. 國周四千餘里, 城西臨殑伽河, 閻閭櫛比, 居人殷盛, 寶貨充溢. 俗重強學, 多信外道. 有佛盥·浴器·浣衣三池, 竝有龍護. 從此順殑伽河東行三百餘里, 至戰主國. 國周二千餘里, 城臨殑伽河, 渡河東北百五十里, 至毗舍離國. 國周五千餘里, 都城傾圮, 僧徒寡少, 異道雜居. 如來昔于此說『維摩詰經』, 有長者現疾說法之處. 城東南行百五十里, 有僧伽藍, 竝學大乘. 此東北行五百餘里, 至弗栗恃國. 國周四千餘里, 西距河濱, 東西長, 南北狹. 土沃氣寒, 外道多于僧衆.

從此西北行千四五百里, 踰山入谷, 至尼波羅國. 國周四千餘里, 宜穀稼, 多
花果. 出赤銅·犛牛·共命鳥, 貨用赤銅錢. 氣洌俗獷, 邪正兼信. 從此復還毗舍
離國, 南渡殑伽河, 至摩竭陀國. 國周五千餘里, 土地濕熱, 邑居高原, 僧徒萬
餘, 宗習大乘. 殑伽河南有故花宮城, 惟存基址. 有石柱高數十丈, 是無憂王作
地獄處. 又有所藏舍利王窣堵波及諸羅漢石室. 城西南隅二百餘里, 有窣堵波
是過去四佛座及經行遺跡之所. 又西南行二百里, 有大山, 雲石幽蔚, 是佛入定
處. 又西南行四五千里, 渡泥連禪河, 至迦耶山. 溪谷杳冥, 峰岩危險. 印度國
俗稱曰靈山. 前代之君莫不登封, 而告成功, 如來于此演說『寶雲』等經. 東渡
大河, 至前正覺山, 如來于此入金剛定而成正覺. 其下有金剛座, 若座餘處地輒
震動, 山亦傾陷. 正門東闢, 對尼連禪河. 金剛座者劫初與大地俱起, 據三千大
千世界之中, 下極金輪, 上侵地際. 金剛所成, 周百餘步. 賢劫千佛座之而入金
剛定, 大地震動, 獨無傾搖. 今有菩提樹表其處. 自菩提樹南十餘里, 聖迹相隣,
難以備舉. 每歲苾芻解雨安居, 四方法浴, 七日七夜, 香華鼓樂, 偏遊林中, 禮
拜供養. 菩提樹東度尼連禪河, 入大林野行百餘里, 至雞足山. 峻起三峰, 是尊
者大迦葉傳衣入定之所. 又有上茅宮城, 摩揭陀國之正中也, 崇山四周百五十
餘里, 故城周三十餘里. 城東北十四五里至鷲峰, 即耆闍窟山也. 如來御世五十
年多居此山, 廣說妙法. 毗婆羅王自麓至峰, 編石爲級, 廣十餘步, 長五六里.
中路有二小窣堵波, 王至此下乘, 徒行以進精舍. 旁有大石, 是提婆達多遙擲
擊佛處. 其南厓下, 佛說『法華經』處. 山西南陰, 昔五百溫泉, 今惟數十, 猶有
冷有暖, 未盡溫也. 南山之陰, 大竹林中, 有大石室, 如來涅盤後, 迦葉與一千
大阿羅漢結集三藏處. 竹林精舍旁八功德水, 今亦枯涸. 西北行三二里, 至王舍
城, 外郭已毀, 內基尚存. 周二千餘里, 毗婆羅王自上茆宮遷都于此. 外伽藍最
居福地, 爲五印度之所宗仰. 從此東行入大山林中三百餘里, 至伊爛鉢伐多國.
國周三千餘里, 城北臨殑伽河. 從此順殑伽河南岸東行三百餘里, 至瞻波國. 國

周四千餘里, 城北皆殑伽河. 自此東行四百餘里, 至羯朱嗢祇羅國, 國周二千餘里. 又東渡殑伽河, 行六百餘里, 至奔那伐彈那國, 周四千餘里. 以上竝皆中印度境.

自此東行九百餘里, 渡大河, 至迦摩縷波國. 始入東印度境. 國周萬餘里, 土地泉濕, 多果宜稼, 貌黧俗獷. 多事天神, 異道數萬, 故自佛興至今, 尚未建立伽藍, 其有淨伶之徒潛念而已. 王本婆羅門種, 雖不淳信佛法, 然敬高學沙門. 聞有支那國僧遠至摩竭陀國, 殷勤來請, 玄奘以宏法爲心, 遂與使偕往. 拘摩羅王亦問「秦王破陣之樂」, 爲闡揚德化, 王甚欣慕. 此國之東, 山阜連接, 無大國都. 其境接西南夷, 計兩月行, 可入蜀西南境. 然險阻瘴毒, 行旅裹足. 從此南行千二三百里, 至三摩呾吒國. 國周三千餘里, 瀕海卑濕, 色黧性剛, 邪正兼信. 城外有窣堵波, 如來昔爲諸天人于此說法七日. 從是東北大海濱, 山谷中有室利差呾羅國. 次東南大海隅, 有迦摩浪迦國, 次東有墮羅鉢底國, 次東有伊賞補羅國, 次東有摩訶瞻波國, 卽林邑國也. 次西南有閻摩那洲國. 凡此六國, 山川道阻, 不入其境. 自三摩呾吒國西行九百餘里, 耽摩栗底國. 國周千五百里, 瀕海卑濕, 水陸交會, 珍寶所聚, 殷富強勇, 邪正兼信. 有過去佛蹟. 自此西北行七百餘里, 至羯羅蘇伐剌那國. 國周四千五百里, 風俗如前, 有如來說經法之處. 西南七百餘里至烏荼國. 國周七千餘里, 容貌魁梧, 多信佛法, 僧徒萬餘, 習學大乘. 諸窣堵波十餘所, 竝是如來說法之處. 境東南臨大海, 有城堅峻, 多諸奇貨, 城外鱗次, 有五伽藍. 南去僧伽羅國二萬餘里, 靜夜遙望, 見彼國佛牙窣堵波上, 寶珠光耀. 自此西南大林中行千二百餘里, 至恭御陀國. 國周千餘里, 瀕海, 風俗勇烈, 形偉貌黧, 崇敬外道. 城據山海, 地險兵強, 威雄隣境. 從此西南入大荒野, 深林蔽日, 千五百里至羯棱伽國. 已上竝東印度.

羯棱伽國始入南印度境, 國周五千里, 林藪連綿, 動數百里. 出大靑象, 語言頗同中印度, 僧多大乘, 外道亦衆. 自此西北山林中千八百餘里, 至憍薩羅道.

此國又中印度境, 王崇佛法, 僧習大乘. 國西南三百餘里, 有龍猛菩薩所住伽藍, 巖谷杳冥, 莫知逕路. 從此大林中南行九百餘里, 至案達羅國, 復入南印度境. 國周三千餘里, 如來昔于此城側大伽藍說法, 度無量衆. 從此林野中南行千餘里, 至大安達羅國. 城東西據山, 兩山皆有伽藍, 在正法時每歲千僧, 同入安居, 多證四果. 近則山神恐嚇行人, 闃無僧衆. 城南大山乃清辨論師住修羅宮待見慈氏成佛之所. 自此西南行千餘里, 至珠利耶國, 昔亦如來說法之所, 今則荒蕪多盜. 從此南入林野千五六百里, 至達羅毗茶國. 國周六千餘里, 聖蹟甚衆, 皆建窣堵波, 僧徒萬餘, 文字語言少異中印度. 自此南行三千餘里, 至枳秼羅國. 國周五千里, 海舶所聚. 人善逐利, 伽藍故址存者實少. 瀕海有秼剌耶山, 產龍腦香. 山東有布呾洛迦山, 山頂有池, 池側有石天宮, 觀自在菩薩往來遊舍. 從此山東北海畔有城, 是往南海僧伽羅國路. 從此入海, 東南可三千餘里, 至僧伽羅國, 唐言師子國, 亦南印度之境也. 國周七千餘里, 昔本寶渚, 羅利居之. 前王僧伽刺治兵浮海而往, 誦咒奮武遂有其國, 其王卽釋迦佛前生也. 風俗淳信, 僧徒二萬餘人. 王宮側有佛牙精舍, 高數百尺, 上置鉢曇摩羅伽大寶, 晝夜遠望, 光若明星. 國東南隅有楞伽山, 昔如來于此說『楞伽經』. 自達羅毗茶國北入林野中行二千餘里, 至恭建那補羅國. 國周五千餘里, 僧徒萬餘. 王宮城側大伽藍有三百僧, 實唯俊彥. 西北入大林野二千五百里, 至摩訶剌佗國. 國周六千餘里, 城西臨大河, 土沃氣溫. 形偉性傲, 有怨必復, 先輒告之, 各披堅甲, 然後爭鋒. 臨陣逐北, 不殺已降. 兵將失利, 無所刑罰, 賜之女服, 感激自死. 國養勇士數百, 暴象數百, 臨陣皆令酣飲, 以一摧萬, 全無堅敵. 今戒日王東征西伐, 惟此國不賓, 屢率五印度兵往伐, 未克. 人知好學, 邪正兼崇. 僧五千人, 佛跡具在.

自此西行千餘里, 度耐秼陀河至跋祿羯婆國. 國周二千四百里, 鹹鹵暑熱, 土俗澆薄. 從此西北行二千餘里, 至摩臘婆國, 卽南羅羅國也. 國周六千餘里,

城據莫訶河東南. 五印度境, 兩國重學, 西南摩臘婆國, 東北摩竭陀國, 僧徒二
萬餘, 多習小乘. 自此西北行二千四百里, 至阿吒厘國. 國周六千餘里, 商賈爲
業, 貴財賤德. 縱有信福, 但事天神. 從此西南行三百里, 至契吒國. 國周三千
餘里, 屬役摩臘羅國, 風俗遂同. 從此北行千餘里, 至伐臘毘國. 土產風俗竝如
摩臘羅. 遠方奇貨多聚其國, 積財百億者至百餘室. 如來在世, 屢遊此國, 至今
遺跡相聞. 僧多小乘. 已上竝南印度.

自此西北行七百餘里, 至阿難陀補羅國, 始入西印度境. 國周二千餘里, 屬
役摩臘婆國, 土宜風俗如之. 西行五百餘里至蘇剌佗國, 國周四千餘里, 西據
莫醯河, 屬役伐臘毘國. 地當西海孔道, 人皆販海爲業. 城外郁鄙多山有伽藍,
仙聖之所遊止. 從伐臘毘國北行千八百餘里, 至瞿折羅國. 國周五千餘里, 土
宜風俗同前. 國俗崇外道, 王敬佛法. 從此東南二千八百里, 至鄔闍衍那國, 又
東北行千餘里至擲枳陀國, 二國竝南印度境. 又北行九百餘里至摩濕伐羅補
羅國, 又涉入中印度境. 此三國竝宗外道, 少信佛法. 從此還至瞿折羅國, 復北
行荒野險磧千有九百里, 渡信度大河, 至信度國, 西印度境也. 信度國周七千
餘里, 宜五穀, 出金·銀·鍮石, 宜牛·羊·獨峰駝, 產赤白黑鹽. 人剛烈質直, 好鬪
諍, 深信佛法. 僧徒萬餘, 多懈怠, 其有精勤哲士, 閑寂山林, 多證聖果. 如來昔
頗遊此國, 今有聖蹟窣堵波數十所. 從此東行九百餘里, 渡信渡河東岸, 至茂羅
三部盧國. 國周四千餘里, 屬役磔迦國, 饒沃質直, 多事天神. 從此東北行七百
餘里, 至鉢伐多國. 國周五千餘里, 役屬磔迦國. 城側大伽藍, 僧皆習大乘. 天
祠二十, 異道雜居. 從信度國西南行千五六百里, 至阿點婆翅羅國. 國周五千
餘里, 城臨信渡河, 隣大海濱, 統屬信度國. 風飆勁烈, 氣序微寒, 宜牛·羊·橐駝
之屬. 人暴急, 不好學, 敬信三寶, 有如來說法遺跡. 從此西行二千里, 至狼揭
羅國. 東西南北各數千里, 無大君長, 據川自立, 役屬波剌斯國. 臨大海濱, 入
西女國之路也. 文字大同印度, 語言少異, 邪正兼信, 伽藍·天祠各百所. 自此西

北至波剌斯, 非印度之國也. 周數萬里, 氣序亦溫, 出金·銀·鍮石·頗胝·水精·奇珍異寶·大錦·細褐·氍毹之類, 多善馬·駱駝, 貨用大銀錢. 語言文字異諸國. 俗躁暴, 無禮義. 工伎造作爲隣國所重. 昏姻雜亂, 齊髮露頂. 天祠甚多, 僧徒數百. 王宮有釋迦佛鉢. 西北接佛懍國, 風土悉同. 拂懍國西南海島有西女國, 多諸珍寶, 附拂凜國, 國王遂遣丈夫往配焉. 此數國竝非印度境. 自阿點婆翅羅國北行七百餘里至臂多勢羅國, 西印度境也. 國周三千餘里, 役屬信度國, 沙鹵寒勁, 獷暴不學, 惟信佛法. 從此東北行三百餘里, 至阿軬茶國, 國周二千五百里, 役屬信度國. 氣寒性獷, 淳信三寶. 如來昔日止此, 夜寒, 三衣重覆, 至明旦開諸苾芻著複衲衣. 從此東北行九百餘里, 至伐剌拏國, 周四十餘里, 役屬迦畢試國. 風俗獷暴, 僧多大乘. 已上竝西印度.

從此西北踰大山, 涉廣川, 歷小城邑, 二千餘里出印度境. 經歷歸途, 曰漕利國, 地多霜雪, 敬佛重僧兼崇天祠, 頗能咒術療疾. 從此北行五百餘里, 至弗粟恃薩儻那國, 國王突厥種, 深信三寶. 從此東北逾山涉川, 越迦畢試國邊, 城小邑凡數十所, 至大雪山婆羅犀那大嶺. 鑿冰而度, 三日至巓, 贍部洲中斯嶺特高. 又三日下嶺, 至安呾羅縛國, 又四百里至闊悉多國, 又三百里至活國, 竝睹賀羅國故地也, 竝屬突厥活國管. 鐵門已南諸小國遷徙鳥居, 不常其邑. 從此東入蔥嶺, 蔥嶺者, 據贍部洲中, 南接大雪山, 北至熱池·千泉, 西至活國, 東至烏鍛國. 四面各數千里, 嶺崖數百重, 多出野蔥, 又山崖蔥翠, 遂以名焉. 東行百餘里至曹健國, 又北至阿利尼國·曷羅胡國·訖粟瑟摩國·鉢利賀國·呬摩達羅國·鉢鐸創羅國·壬薄健國·屈浪那國·達摩悉諦國, 竝睹賀羅國故地也, 竝役屬突厥, 風氣土俗亦同. 諸國多帶縛芻河兩岸. 達摩悉鐵諦國東西千五百里, 南北廣四五里, 狹不踰一里, 臨縛芻河. 盤紆曲折, 寒風淒烈. 產馬, 耐馳陟. 俗獷貌陋, 服惟氈褐. 從此出睹賀羅境, 經尸棄尼國·商彌國, 踰險越阻七百餘里, 至波密羅川. 東西千餘里, 南北百餘里, 狹處不踰十里. 據兩雪山間有大龍池, 東西三百餘里, 南北五十餘里, 據大蔥嶺內. 當瞻部洲中最高, 色靑黑, 味甘美. 池西派一大流, 至達摩悉諦國東界, 與縛芻河合而西流也. 東派一大流, 東北至佉沙國界, 與徒多河合而東流. 故此已右水皆西流, 已左水皆東流. 行五百餘里至竭盤陀國, 城基大石嶺, 背徒多河. 從此東下蔥嶺, 行八百餘里方出蔥嶺, 至烏鍛國. 役屬于竭盤陀. 又東五百餘里, 至疏勒國, 又東五百餘里至沮渠國, 又東八百餘里至于闐國.

源案: 法顯惠王西邁竝出于闐, 獨玄奘之行良爲可惑. 旣至龜茲, 卽可循天山而西, 逕疏勒上蔥嶺矣, 乃又遠道凌山, 北出烏孫, 徧遊昭武九姓諸國, 而後南至罽賓, 何爲耶? 夫凌山卽冰嶺也, 大淸地卽今伊黎西南之特穆圖泊也. 康·曹·何·石·史·安·米等九姓卽古之康居·大宛·月氏, 今之哈薩克·敖罕·布哈爾也, 竝非天竺經由之道, 何爲紆數千里之程? 烏呼! 吾知之矣. 奘師忘身求法, 初以佛敎橫被海西, 安知嶺北遐陬, 不有隱淪賢哲? 周諮博訪, 跋涉奚辭? 旣知突厥各强, 獷粗無學, 乃始壹意南馳. 三載印度, 翻然歸途, 不復北指, 徑回疏勒, 直趨于闐. 昔人有心, 予揣度之, 是之謂矣.

『宋史』: 天竺國, 舊名身毒, 亦曰摩伽陀, 復曰婆羅門, 俗宗浮圖道, 不飮酒食肉. 漢武帝遣使十餘輩間出西南, 指求身毒, 爲昆明所閉, 莫能通. 至漢明帝夢金人, 于是遣使天竺問佛道法, 由是其敎傳于國中. 梁武帝·後魏宣武皆來貢獻. 唐貞觀以後朝貢相繼. 則天授天中, 五天竺王竝來朝獻. 乾元末, 河隴陷沒, 遂不復至. 周廣順三年, 西天竺僧薩滿多等十六族來貢名馬. 乾德三年, 滄洲僧道圓自西域還, 得佛舍利一·水晶器·貝葉梵經四十夾來獻. 道圓晉天福詣西域, 在塗十二年, 住五印度凡六年. 五印度卽天竺也. 還經于闐, 與其使偕至. 太祖召問所歷風俗·山川·道里, 一一能記. 四年, 僧行勤等一百五十七人詣闕上言, 願至西域求佛書, 許之. 以其所歷甘·沙·伊·肅等州, 焉耆·龜茲·于闐·割祿等國, 又歷布路沙·加溼彌羅等國, 竝詔諭其國, 令人引導之. 開寶後, 天竺僧持梵夾來獻者不絕. 八年冬, 東印度王子穰結說羅來朝貢.

天竺之法, 國王死, 太子襲位, 餘子皆出家爲僧, 不復居本國. 有曼殊室利者, 乃其王子也, 隨中國僧至焉. 太祖令館于相國寺, 善持律, 爲都人所傾向, 財施盈室. 衆僧頗嫉之, 以其不解唐言, 卽僞爲奏求還本國, 許之. 詔旣下, 曼殊室利始大驚恨, 衆僧諭以詔旨, 不得已, 遲留數月而後去. 自言詣南海, 附賈人船而歸, 終不知所適. 太平興國七年, 益州僧光遠至自天竺, 以其王沒徒曩表來上, 以釋迦舍利附光遠上進. 施護者烏塡曩國人, 其國屬北印度. 西行十二日, 至乾陀羅國. 又西行二十日, 至曩誐羅國. 又西行十日, 至嵐婆國. 又西行十二日, 至誐惹曩國. 又西行至波斯國, 得西海. 自北印度行百二十日, 至中印度. 中印度西行三程, 至呵囉尾國. 又西行十二日, 至末曩羅國. 又西行十二日, 至鉢賴野伽國. 又西行六十日, 至囉拏俱惹國. 又西行二十日, 至摩羅尾國. 又西行二十日, 至烏然泥國. 又西行二十五日, 至羅羅國. 又西行四十日, 至蘇羅茶國. 又西行十一日, 至西海. 自中印度行六月程, 至南印度. 又西行九十日, 至供迦拏國. 又西行一月, 至西海. 自南印度南行六月程, 得南海. 皆施護之所述云.

八年, 僧法遇自天竺取經回至三佛齊, 遇天竺僧彌摩羅失黎, 附表願至中國譯經. 上優詔召之. 法遇後募緣制龍寶蓋·袈裟, 將復往天竺, 表乞給所經諸國敕書, 遂賜三佛齊等國王書以遣之. 雍熙中, 衛州僧辭瀚自西域還, 與胡僧密坦羅奉北印度王及金剛坐王那爛陀書來. 又有婆羅門僧永世與波斯外道阿里煙同至京師. 永世自云, "本國名利得國, 衣黃衣, 戴金冠, 以七寶爲飾. 出乘象或肩輿, 以音樂螺鈸前導, 多遊佛寺, 博施貧乏. 其妃衣大綱鏤金紅衣, 歲一出,多所振施. 人有冤抑, 候王及妃出遊, 卽迎隨伸訴. 署國相四人, 庶務竝委裁制. 五穀·六畜·果實與中國無異. 市易用銅錢, 有文漫圓徑如中國之制, 但實其中心, 不穿貫耳."其國東行經六月至大食國, 又二月至西州, 又三月至夏州. 阿里煙自云, "本國王號黑衣, 用錦綵爲衣, 每遊獵三二日一還國. 署大臣九人治國事. 無錢貨, 以雜物貿易."其國東行經六月至婆羅門. 至道二年八月, 有天竺僧隨舶至海岸, 持帝鐘·鈴杵·銅鈴各一, 佛像一軀, 貝葉梵書一夾, 與之語, 不能曉. 天聖景佑中, 西印度僧屢獻梵經·佛骨及銅牙菩薩像, 各賜紫方袍·束帛.

范成大『吳船錄』曰: 乾德二年, 詔沙門三百人入天竺求舍利及貝多葉書. 有繼業三藏, 姓王氏, 耀州人, 預遣中. 至開寶九年始歸寺. 所藏『涅盤經』一函四十二卷, 業于每卷後分記西域行程, 雖不甚詳, 然地理大略可考, 世所罕見, 錄于此以備國史之闕.

業自階州出塞, 西行由靈武·西梁·甘·肅·瓜·沙等州, 入伊吳·高昌·焉耆·于闐·疏勒·大石諸國. 度雪嶺至布路州國, 又度大蔥嶺雪山至伽濕彌羅國. 西登大山, 有薩埵太子投崖飼虎處, 遂至健陀羅國, 謂之中印土.

又西至庶流波國及左欄陀羅國, 國有二寺. 又西過四大國至大曲女城, 南臨滔牟河, 北背洹河, 塔廟甚多而無僧尼. 又西二程有寶階故基. 又西至波羅奈國, 兩城相距五里, 南臨洹河. 又西北十許里至鹿野苑, 塔廟佛跡最夥. 業自云別有傳記, 今不傳矣. 南行十里, 渡恒河, 河南有大浮屠野. 自鹿苑西至摩羯提國, 館于漢寺. 寺多租入, 八村隸焉, 僧徒往來如歸. 南與杖陵山相直, 巍峰崛然. 山北有優波掬多石室及塔廟故基. 西南百里, 孤山名雞足三峰, 云是迦葉入定處. 又西北百里, 有菩提寶座城, 四門相望, 金剛座其中東向. 又東至尼連襌州, 東岸有石柱, 記佛舊事. 自菩提座東南五里至佛苦行處, 又西三里至三迦葉村及牧牛女池. 金剛座之北門外有師子國伽藍. 又北五里至伽耶城. 又北十里至伽耶山, 云是佛說『寶雲經』處. 又自金剛座東北十五里至正覺山, 又東北三十里至骨磨城. 業館于鰕羅寺, 謂之南印土. 諸國僧多居之. 又東北四十里, 至王舍城東南五里, 有降醉象塔. 又東北登大山, 細路盤紆, 有舍利子塔, 又臨淵有馬下迎風塔. 度絕壑, 登山頂大塔廟, 云是七佛說法處. 山北平地, 又有舍利本生塔. 其北山半曰鷲峰, 云是佛說『法華經』處. 山下卽王舍城. 城北山趾有溫泉二十餘井. 又北有大寺及伽藍阤竹園故跡. 又東有阿難半身舍利塔. 溫湯之西有平地, 直南登山腹, 有畢鉢羅窟. 業止其中, 誦經百日而去. 窟西復有阿難證果塔. 此去新王舍城八里, 日往乞食會. 新王舍城中有蘭若隸漢寺. 又有樹提迦故宅城, 其西有輪王塔. 又北十五里, 又那爛阤寺, 寺之南北各有數十寺, 門皆西向. 其北有四佛座. 又東北十五里至烏顚頭寺. 東南五里有聖觀自在像. 又東北十里至伽濕彌羅寺, 寺南距漢寺八里許. 自漢寺東行十二里, 至卻提希山. 又東七十里有鴿寺. 西北五十里有支那西寺, 古漢寺也. 西北百里至花氏城, 育王故都也. 自此渡河, 北至毗耶離城, 有維摩方丈故跡. 又至拘尸那城及多羅聚落. 踰大山數重, 至泥波羅國. 又至磨逾里, 過雪嶺至三耶寺. 由故道自此入階州.

『元史』「郭侃傳」: 壬子, 從宋王旭烈兀西征. 癸丑, 至木乃奚. 其國塹道置毒水中, 侃破其兵五萬, 下一百二十八城, 斬其將忽都荅而兀朱算灘. 算灘, 華言王也. 丙辰, 至乞都卜. 其城在檐定山上, 懸梯上下, 守以精兵悍卒. 乃築夾城圍之, 莫能克. 侃架砲攻之, 守將火者納失開降. 旭烈兀遣往說兀魯兀乃算灘來降. 其父阿力據西城, 侃攻破之. 走據東城, 復攻破殺之. 丁巳正月, 至兀里兒城伏兵, 下令聞鉦聲則起. 敵兵果來, 伏發, 盡殺之, 海牙算灘降. 又西至阿剌汀, 破其遊兵三萬, 禡拶營爾算灘降. 至乞石迷部, 忽里算灘降. 又至報達部, 此西戎大國, 地方八千里, 父子相傳四十二世, 勝兵數十萬. 侃兵至, 破其兵七萬, 屠其西城, 又破東城. 東城殿宇皆構以沈檀木, 舉火焚之, 香聞百里. 得七十二弦琵琶, 五尺珊瑚燈檠. 兩城間有大河, 侃預造浮梁, 以防其遁. 城破, 合法里算灘登舟觀河, 有浮梁扼之, 乃自縛詣軍門降. 其將紂答爾遁去, 侃追之. 至暮諸軍欲頓舍, 不聽, 又行十餘里乃止. 夜暴雨, 元所欲舍處水深數尺. 明日, 獲紂答爾, 斬之, 拔三百餘城. 又西行三千里, 至天房, 其將住石致書請降. 左右以住石之請爲信然, 易之不爲備. 侃曰: "欺敵者亡. 軍機多詐, 若中彼計, 恥莫大焉." 乃嚴備以待. 住石果邀我師, 侃與戰, 大敗之. 巴爾算灘降, 下其城一百八十五. 又西行四千里, 至密昔爾國. 會日暮已休, 復驅兵起, 留數病卒. 西行十餘里頓下, 令軍中銜枚轉前. 敵不知也, 潛兵夜來, 襲殺病卒. 可乃算灘大驚曰, "東天將軍神人也." 遂降. 八年戊午, 旭烈兀命侃西渡海, 收富浪. 喩以禍福, 兀都算灘曰: "吾昨所夢神人, 乃將軍也." 卽來降. 案: 此取地中海一島國, 非卽至歐羅巴州也. 師還, 西南至石羅子國, 敵人來拒, 以奇兵掩擊, 大敗之, 加葉算灘降. 己未, 破兀林遊兵四萬, 阿必丁算灘大懼, 來降, 得城一百二十四. 南至乞里灣, 忽都馬丁算灘來降. 西域平.

주석

1 신귀神龜: 북위 효명제孝明帝 원후元詡의 두 번째 연호(518~520)이다.

2 토욕혼국吐谷渾國: 고대 선비족이 세운 나라로, 옛 땅은 지금의 청해성靑海省 공화현共和縣 서쪽에 있는 복사성伏俟城에 위치한다.

3 체르첸Cherchen: 원문은 '차말성且末城'으로, 옛 땅은 지금의 신강 위구르 자치구 카르칸현Qarqan 차이성車爾城 부근이다.

4 여광呂光: 저족氐族 사람으로, 자는 세명世名이며 양涼나라를 세웠다.

5 주구파국朱駒波國: 한대에는 서야국鼠夜國으로 불렸으며, 옛 땅은 지금의 신강 위구르 자치구 야르칸드현Yarkand 서남쪽 카길리크현Qaghiliq 일대이다.

6 브라만Brahman: 원문은 '바라문婆羅門'이다. 여기서는 인도를 가리키는 것으로 추정된다.

7 카반다국Kabhanda: 원문은 '갈반타국渴盤陀國'으로, 한반타국漢盤陀國이라고도 한다. 옛 땅은 지금의 신강 위구르 자치구 타슈쿠르간Tashkurgan에 위치한다.

8 발화국鉢和國: 지금의 아프가니스탄 동북쪽 와한 지역에 있던 나라이다.

9 대설산大雪山: 여기에서는 히말라야산과 힌두쿠시산맥을 말한다.

10 에프탈Ephtal: 원문은 '암달국曜噠國'으로, 엽달국嚈噠國, 읍달국悒怛國이라고도 한다. 옛 땅은 지금의 아프가니스탄 동북부에 위치한다.

11 샤마카Syamaka: 원문은 '사미국賖彌國'으로, 상미국商彌國이라고도 한다. 옛 땅은 지금의 파키스탄 북부 치트랄Chitral에 위치한다.

12 우디야나국: 원문은 '오장국烏場國'이다.

13 지광至光: 정광正光의 오자이다. 정광은 북위 효명제 원후의 세 번째 연호(520~525)이다.

14 칙륵敕勒: 돌궐어로 태자, 왕자를 가리킨다.

15 계빈국闞賓國: 서역의 고대 국명인 카스미라로, 인도 서북부에서 파키스 탄 북동부에 위치한다. 옛 땅은 지금의 카슈미르 일대에 위치한다.

16 푸루샤푸라: 원문은 '불사복성佛沙伏城'으로, 발로사성跋廬沙城, 불루사국 佛樓沙國이라고도 한다. 옛 땅은 지금의 파키스탄 페샤와르 일대에 위치 한다.

17 간다라성: 원문은 '건타라성乾陀羅城'으로, 간다라국의 수도이다. 옛 땅은 지금의 파키스탄 페샤와르에 위치한다.

18 카니슈카: 원문은 '가니색가迦尼色迦'이다.

19 작리부도雀離浮圖: 불탑의 이름이다. 작리는 산스크리트어로 '이채롭다' 라는 뜻이다.

20 나가라하라국: 원문은 '나가라가국那迦羅訶國'이다.

21 마하라슈트라Maharashtra: 원문은 '마하랄국摩訶剌國'으로, 마하랄차摩訶剌侘 라고도 한다. 옛 땅은 지금의 고다바리강Godavari River 상류 및 이 강과 크 리슈나강Krishna River 사이에 위치한다.

22 줌나강: 원문은 '요노遙奴'로, 염모나하閻牟那河라고도 한다.

23 살윈강Salween River: 원문은 '살한수薩罕水'이다.

24 강가강Ganga River: 원문은 '항가恒伽'이다.

25 후글리강Hooghly River: 원문은 '지호려대강枝廬黎大江'으로, 지호리枝廬梨라 고도 한다.

26 쿠시나가라: 원문은 '구이나갈국拘夷那褐國'이다. 광서 2년본에는 '양이나 갈국揚夷那褐國'으로 되어 있으나, 『수경주』에 따라서 고쳐 번역한다.

27 임양국林揚國: 임양林楊, 임양林陽이라고도 하며, 옛 땅은 지금의 태국 서 남부 혹은 미얀마 동남부에 위치한다.

28 유순由旬: 길이의 단위로, 11~15km에 해당한다.

29 카필라바스투: 원문은 '가유라성迦維羅城'이다.

30 정왕淨王: 석가모니의 부친인 슈도다나를 가리킨다.

31 카필라바스투: 원문은 '가유위국迦維衛國'이다.

32 니란자나강Niranjana River: 원문은 '니련선수尼連禪水'이다.

33 법륜法輪: 산스크리트어로는 다르마차크라Dharma-Cakra이며 범륜梵輪이라 고도 한다. 부처의 가르침으로, 법의 수레바퀴이다.

34 사르나트: 원문은 '녹야원鹿野苑'이다.

35 가나조주迦那調洲: 고대 지역명으로, 옛 땅은 지금의 미얀마 연안 일대로 추정된다.

36 구리구拘利口: 광서 2년본에는 '양리구揚利口'로 되어 있으나, 『수경주』에 따라서 고쳐 번역한다. 말레이반도에 위치한다.

37 담메擔袂: 광서 2년본에는 '담질擔袟'로 되어 있으나, 『수경주』에 따라서 고쳐 번역한다. 옛 땅은 지금의 인도 서벵골주 남부의 탐루크에 위치한다.

38 휴순국休循國: 광서 2년본에는 '순휴국循休國'으로 되어 있으나, 『수경주』에 따라서 고쳐 번역한다.

39 아무다리야강Amu Darya: 원문은 '규수嬀水'이다.

40 카스피해Caspian Sea: 원문은 '뇌저해雷翥海'이다.

41 산휘山㹜: 원문은 '휘㹜'로, 『산해경』「북산경」에 의하면 사람의 얼굴에 개의 모습을 하고 있다고 한다.

42 파탈리푸트라: 원문은 '도박화라성荼鎛和羅城'으로, 다박화라성荼鎛和羅城 이라고도 한다.

43 강가강: 원문은 '가비려하迦毗黎河'이다.

44 카마루파국Kamarupa: 원문은 '가몰로국迦沒路國'으로, 가마루파迦摩縷波, 가마루다迦摩縷多라고도 한다. 동인도에 있던 고대 국명으로, 옛 땅은 지금의 인도 아삼주 서부의 가우하티Gauhati 일대에 위치한다.

45 정수리: 원문은 '정頂'이다. 광서 2년본에는 '항頂'으로 되어 있으나, 『신당서』에 따라 고쳐 번역한다.

46 스투파Stupa: 원문은 '솔도窣堵'로, 탑의 일종이다.

47 『실담장悉曇章』: 어린아이들에게 산스크리트어를 가르치기 위해 사용하던 교재이며, 모두 1만여 자로 이루어져 있다. 실담은 싯다Siddha를 옮긴 것으로, '성취成就'를 의미한다.

48 범천법梵天法: 범천의 궁전에서 벌을 다스리던 법을 말한다.

49 배구裴矩: 배구(547~627)는 자가 홍대弘大이며, 하동河東 문희聞喜 사람이
다. 북제北齊에서 관직을 시작하여 북제가 멸망한 후에는 북주北周로 갔
고, 양견楊堅이 수나라를 건국한 뒤에는 수나라에 중용됐다. 그는 대업
大業 원년에서 9년까지 4차례에 걸쳐서 서역을 다니며 각 나라의 산천
지리와 인물 풍속에 관한 자료를 수집하고 『서역도기西域圖記』 3권을 지
었다.

50 동로마 제국: 원문은 '불름국拂菻國'이다.

51 무덕武德: 당나라 고조 이연의 연호(618~626)이다.

52 시라디티야Śīlāditya: 원문은 '시라일다尸羅逸多'로, 계일왕戒日王이라고도
한다. 푸슈야부티 왕조Pushyabhuti dynasty의 마지막 왕 하르샤바르다나
Harshavardhana(재위 606~647)로, 불교를 보호하고 문학을 장려했다.

53 「진왕파진악秦王破陣樂」: 악곡명으로, 칠덕무七德舞이다. 태종太宗이 진왕
秦王이었을 때 유무주劉武周를 공격하자 군대에서 「진왕파진악」을 만들
었는데, 태종이 즉위한 뒤 연회 때에 반드시 연주했다고 한다.

54 운기위雲騎尉: 당나라 무덕武德 7년(625)에 수도독帥都督의 명칭을 운기위
라고 바꿨다. 운기위는 훈관勳官의 하나로, 정7품에 해당한다.

55 마하차이나스타나국Mahachinasthana: 원문은 '마아진단摩阿震旦'으로, 진단
振旦, 진단眞丹, 마가진단摩訶震旦, 마가지나국摩訶脂那國, 마가지나국摩訶至那
國이라고도 한다. 고대 인도 사람들이 중국을 부르던 명칭이다. 산스크
리트어로 마하Maha는 크다는 뜻이고, 차이나china는 진秦의 음역이며, 스
타나sthana는 국경의 의미이다.

56 우위솔부장사右衛率府長史: 우위솔장사右衛率長史라고도 하며, 수나라 때
처음 생겼고 당나라에서는 태자좌우위솔부太子左右衛率府에 각각 장사長
史를 한 명씩 두었다.

57 왕현책王玄策: 하남성河南省 낙양洛陽 사람이다. 정관 17년(643)부터 용삭龍
朔 원년(661)까지 18년 동안 세 차례나 인도에 사신으로 갔다.

58 카나우지Kannauj: 원문은 '나복제那伏帝'로, 제나복제帝那伏帝라고도 한다.

옛 땅은 지금의 인도 우타르프라데시주에 위치한다.

59 아루나스바Arunāsva: 원문은 '아라나순阿羅那順'으로, 시라디티야왕 때의
인물이다.

60 네팔Nepal: 원문은 '니파라泥婆羅'이다.

61 간다키강Gandaki River: 원문은 '건타위강乾陀衛江'으로, 나라야니Narayani 및
간닥Gandak이라고도 한다. 네팔 중부에서 인도 비하르주Bihar 북부를 흐
르는 강이다.

62 시리구마라Srikumara: 원문은 '시구마尸鳩摩'이다. 동인도 카마루파국의 왕
으로, 현장법사를 환대했고 왕현책이 중인도에 사신으로 갔을 때 사절
을 보내 보물을 바쳤다.

63 조산대부朝散大夫: 중국 고대의 문관 계급 제도로, 수나라 때 처음 제정
되었고 당나라 때는 종5품 이하, 문관 제13계급이었다.

64 나라야나스바민Nārāyaṇasvāmin: 원문은 '나라이사파매那邏邇娑婆寐'이다.
7세기 마가다국의 방사이다.

65 최돈례崔敦禮: 최돈례(596~656)는 당唐 고종高宗 시기 재상으로, 옹주雍州 함
양咸陽 사람이다. 변방의 사정에 밝아서 여러 차례 돌궐에 사신으로 파
견되었다.

66 노가일다盧伽逸多: 노가아일다盧伽阿逸多라고도 한다. 7세기 우디야나국의
방사로, 고종에게 단약을 제조해 바쳐 그 공로로 회화대장군의 작위를
제수받았다.

67 우디야나국: 원문은 '오도烏荼'로, 오독烏篤, 오리사烏里舍라고도 한다.

68 파탈리푸트라: 원문은 '구사게라포라성拘闍揭羅布羅城'이다.

69 강가강: 원문은 '긍가하殑伽河'로, 긍가하兢迦河라고도 한다.

70 날란다Nālandā 사원: 원문은 '나란타사那爛陀祠'이다. 지금의 인도 비하르
주 파트나 동남쪽에 위치한다.

71 나가라하라: 원문은 '나게那揭'로, 나갈那竭, 나가라가那迦羅訶라고도 한다.

72 볼로르Bolor: 원문은 '발률勃律'로, 옛 땅은 지금의 파미르고원에 위치
한다.

73 주술: 원문은 '금가술禁伽術'이다. 진기眞氣·부적·주문 등을 이용하여 병을 치유하거나 재앙을 물리치는 행위를 가리킨다.

74 밍고라성Mingora: 원문은 '몽게리성瞢揭釐城'으로, 옛 땅은 지금의 파키스탄 북서부 스와트강 부근에 위치한다.

75 다렐Darel: 원문은 '달려라천達麗羅川'으로, 옛 땅은 지금의 밍고라 동북쪽에 위치한다.

76 쿠탈국Khuttal: 원문은 '골돌骨咄'로, 가돌라국珂咄羅國, 가돌珂咄이라고도 한다. 옛 땅은 지금의 타지키스탄 하틀론주Khatlon에 위치한다.

77 샤마카: 원문은 '구위俱位'이다.

78 장게발국章揭拔國: 옛 땅은 지금의 티베트 시가체 서남쪽, 아리의 동남쪽에 위치한다.

79 스립슐국Sribsyul: 원문은 '실립悉立'으로, 지금의 티베트에 위치했던 고대 왕국이다.

80 『사서역기使西域記』: 『대당서역기大唐西域記』이다.

81 고창국高昌國: 옛 땅은 지금의 신강 위구르 자치구 투르판 동남쪽 카라호자Karakhoja에 위치한다.

82 아그니국Agni: 원문은 '언기국焉耆國'으로, 아기니국阿耆尼國이라고도 한다. 옛 땅은 지금의 신강 위구르 자치구 카라샤르 회족 자치현에 위치한다.

83 쿠차국Kucha: 원문은 '구자국龜茲國'으로, 굴지국屈支國이라고도 한다. 지금의 쿠차현에 위치했던 고대 도시 국가이다.

84 쿰국Kum: 원문은 '고묵국姑墨國'으로, 극묵亟墨, 발록가국跋祿迦國이라고도 한다. 옛 땅은 지금의 아크수Aksu 일대에 위치한다.

85 무자트Muzart: 원문은 '능산淩山'으로, 빙산冰山이라고도 한다. 무자트Muzart의 무즈Muz는 돌궐어로 얼음을 지칭한다.

86 이식쿨호Lake Issyk-kul: 원문은 '대청지大淸地'로, 열해熱海라고도 한다.

87 수야브성Suyab: 원문은 '소엽수성素葉水城'으로, 쇄엽성碎葉城, 소엽성素葉城이라고도 한다. 수야브강으로 인해 명명되었다.

88 천천千泉: 돌궐어 Ming-bulaq의 의역으로, 천 개의 샘을 의미한다. 옛 땅
   은 지금의 키르기스스탄 북쪽에 위치한다.

89 탈라스Talas: 원문은 '훤라사성呾邏私城'으로, 옛 땅은 지금의 카자흐스탄
   잠빌Jambyl에 위치한다.

90 이스피잡Isfijāb: 원문은 '백수성白水城'으로, 옛 땅은 지금의 타슈켄트 동
   북쪽, 시르다리야강 중류 왼쪽 강변에 위치한다.

91 누지칸드국Nujkand: 원문은 '노적건국笯赤建國'으로, 노실갈성弩室羯城이라
   고도 한다. 옛 땅은 지금의 타슈켄트 일대로 추정된다.

92 타슈켄트국Tashkent: 원문은 '자시국赭時國'으로, 자설者舌, 자지赭支, 자지柘
   支라고도 한다. 옛 땅은 지금의 치르치크강Chirchiq River 유역에 위치한다.

93 시르다리야강Syr Darya: 원문은 '섭하葉河'로, 섭섭하葉葉河, 약살수藥殺水라
   고도 한다.

94 페르가나국Ferghana: 원문은 '시한국怖捍國'으로, 파낙나破洛那, 발한나拔汗
   那, 발하나鏺賀那라고도 한다.

95 수트루사나국Sutrushana: 원문은 '솔도리슬나국窣堵利瑟那國'으로, 옛 땅은
   지금의 타지키스탄 수그드주Sughd에 위치한다.

96 사마르칸트국Samarkand: 원문은 '삽말건국颯秣建國'으로, 실만근悉萬斤, 살
   말건薩末鞬이라고도 한다.

97 마이무르그국Maymurgh: 원문은 '미말하국彌秣賀國'이다. 옛 땅은 지금의
   우즈베키스탄 사마르칸트 서남쪽에 위치한다.

98 카푸타나국Kaputana: 원문은 '조국曹國'이다. 옛 땅은 지금의 우즈베키스
   탄 사마르칸트 북쪽 일대에 위치한다.

99 쿠샤니아국Kushania: 원문은 '하국何國'이다. 옛 땅은 지금의 우즈베키스
   탄 사마르칸트 서북쪽에 위치한다.

100 카르간국Kharghan: 원문은 '동안국東安國'으로, 갈간喝干이라고도 한다. 옛
   땅은 지금의 우즈베키스탄 부하라 일대에 위치한다.

101 부하라국Bukhara: 원문은 '중안국中安國'으로, 포활布豁이라고도 한다.

102 버틱국Betik: 원문은 '서안국西安國'이다. 광서 2년본에는 '서西'가 '동東'으

로 되어 있으나, 『대당서역기』에 따라서 고쳐 번역한다. 옛 땅은 지금 의 우즈베키스탄 부하라 일대에 위치한다.

103 호라즘국Khorazm: 원문은 '화리식미가국貨利息彌伽國'으로, 홀사밀忽似密, 화사미火辭彌, 화리습미貨利習彌라고도 한다. 옛 땅은 아무다리야강 하류 의 서쪽 지구에 위치한다.

104 쿠샨국Kushan: 원문은 '갈상나국羯霜那國'이다. 옛 땅은 지금의 우즈베키 스탄 샤흐리삽스Shahrisabz에 위치한다.

105 카르간국·버틱국·부하라국: 원문은 '안국安國'으로, 동안국, 서안국, 중 안국을 통칭한 말이다.

106 술리크Sulik: 원문은 '솔리窣利'로, 속과粟弋, 속특粟特, 속리速利라고도 한 다. 소그드족의 고대 국가인 소그디아를 일컫는 페르시아어에서 유래 한다.

107 철문鐵門: 고대의 중앙아시아 남북을 관통하던 요새이다. 페르시아어로 는 다르이 아하닌Dar-i Ahanin로, 옛 땅은 지금의 우즈베키스탄 남쪽에 위 치한다.

108 토하라국Tokhara: 원문은 '도화라국睹貨羅國'으로, 토호라吐呼羅, 토화라吐火 羅, 토활라吐豁羅라고도 한다. 옛 땅은 지금의 아프가니스탄 북부에 위치 한다.

109 페르시아: 원문은 '파랄사波剌斯'이다.

110 옥수스강Oxus River: 원문은 '박추대하縛芻大河'이다.

111 테르메즈국Termez: 원문은 '훤밀국呾密國'으로, 달만怛滿, 달몰怛沒이라고도 한다. 옛 땅은 지금의 아무다리야강 강변에 위치한다.

112 차가니안국Chaghāniyān: 원문은 '적악연나국赤鄂衍那國'이다. 광서 2년본에 는 '역악연나국亦鄂衍那國'으로 되어 있으나, 『대당서역기』에 따라서 고 쳐 번역한다. 석한나石汗那, 지한나支汗那라고도 하며, 옛 땅은 지금의 서 칸다리야강Surkhan Darya 상류에 위치한다.

113 카룬국Kharun: 원문은 '홀로미국忽露靡國'이다. 옛 땅은 지금의 타지키스 탄 두샨베Dushanbe 부근에 위치한다.

114 슈만국Shuman: 원문은 '유만국愉漫國'으로, 수만數滿이라고도 한다. 옛 땅은 지금의 타지키스탄 두샨베 부근에 위치한다.

115 바흐쉬국Vakhsh: 원문은 '확사국鑊沙國'이다. 광서 2년본에는 '사沙'가 '하河'로 되어 있으나, 『대당서역기』에 따라서 고쳐 번역한다. 옛 땅은 지금의 타지키스탄 두샨베 부근에 위치한다.

116 쿠탈국: 원문은 '가돌라국珂咄羅國'으로, 가돌珂咄, 골돌骨咄이라고도 한다. 옛 땅은 지금의 타지키스탄 두샨베 일대에 위치한다.

117 쿠메즈국Kumedh: 원문은 '구미타국拘謎陀國'이다. 옛 땅은 지금의 펀자브 지방 다르바즈Darvaz에 위치한다.

118 다르마스티티국Dharmasthiti: 원문은 '달마실철체국達摩悉鐵諦國'이다. 옛 땅은 지금의 아프가니스탄 와한 지역에 위치한다.

119 바다흐샨국Badakhshān: 원문은 '발탁창나국鉢鐸創那國'으로, 파다차나波多叉拏라고도 한다.

120 얌간국Yamgan: 원문은 '음박건국淫薄健國'이다. 옛 땅은 지금의 아프가니스탄 동북부에 위치한다.

121 쿠란국Kuran: 원문은 '굴랑나국屈浪拏國'으로, 구란俱蘭, 구라노俱羅弩, 구란나俱爛那라고도 한다. 옛 땅은 지금의 아프가니스탄 동북부에 위치한다.

122 히마탈라국Himatala: 원문은 '사마달라국泗摩達羅國'이다.

123 파르하르국Parkhar: 원문은 '발리갈국鉢利曷國'이다. 옛 땅은 지금의 아프가니스탄 타하르주Takhar에 위치한다.

124 케슘국Qeshm: 원문은 '흘률슬마국訖栗瑟摩國'이다. 옛 땅은 지금의 이란 남부 호르모간주Hormozgan에 위치한다.

125 라완국Rāwan: 원문은 '갈라호국曷羅胡國'이다. 옛 땅은 지금의 옥수스강 북부에 위치한다.

126 아르한국Ārhan: 원문은 '아리니국阿利尼國'이다. 옛 땅은 지금의 타슈켄트 하즈라트이맘Hazrat Imam 일대에 위치한다.

127 문잔국Munjan: 원문은 '몽건국䓗健國'이다. 옛 땅은 지금의 아프가니스탄 북부 탈로칸에 위치한다.

128 위왈리국Warwali: 원문은 '활국活國'으로, 알환성遏換城, 아완성阿緩城이라고
   도 한다. 옛 땅은 지금의 아프가니스탄 동북부 쿤두즈Kunduz 일대에 위
   치한다.

129 호스트국Khost: 원문은 '활실다국闊悉多國'이다. 옛 땅은 지금의 아프가니
   스탄 동부에 위치한다.

130 안다랍국Andarab: 원문은 '안훤라전국安呾羅縛國'이다. 옛 땅은 지금의 아
   프가니스탄 북부 바글란주에 위치한다.

131 에서: 원문은 '자自'이다. 광서 2년본에는 이 글자가 없지만, 『대당서역
   기』에 따라서 고쳐 번역한다.

132 바글란국Baghlan: 원문은 '전가랑국縛伽浪國'이다. 옛 땅은 지금의 아프가
   니스탄 북부에 위치한다.

133 사만간국Samangan: 원문은 '흘로실민건국紇露悉泯建國'이다. 옛 땅은 지금
   의 아프가니스탄 북부에 위치한다.

134 훌름국Khulm: 원문은 '훌름국忽懍國'이다. 옛 땅은 지금의 아프가니스탄
   북부에 위치한다.

135 박트리아국Baktria: 원문은 '전갈국縛喝國'이다. 옛 땅은 아프가니스탄 마
   자리샤리프Mazar-i-Sharīf 일대에 위치한다.

136 4과果: 예류預流, 일래一來, 불환不還, 아라한으로, 수행하는 사람이 얻게
   되는 종교적 체험을 크게 네 단계로 구분한 것이다.

137 스투파: 원문은 '솔도파窣堵波'이다.

138 주마탄국Zumathan: 원문은 '예말타국銳秣陀國'이다. 옛 땅은 지금의 아프가
   니스탄 북부 발흐에 위치한다.

139 구즈간국Guzgan: 원문은 '호실건국胡實健國'이다. 옛 땅은 지금의 아프가
   니스탄 북부에 위치한다.

140 탈로칸국Taloqan: 원문은 '훤랄건국呾剌健國'이다. 달랄건국呾剌健國이라고
   도 한다.

141 가즈국Gaz: 원문은 '계직국揭職國'이다. 옛 땅은 지금의 아프가니스탄 발
   흐 남부에 위치한다.

142 바미안국Bāmiān: 원문은 '범연나국梵衍那國'으로, 범인犯引, 범양范陽, 범연帆延이라고도 한다. 옛 땅은 지금의 아프가니스탄 수도 카불 서쪽에 위치한다.

143 삼보三寶: 불교도의 세 가지 귀의처歸依處인 불보佛寶·법보法寶·승보僧寶를 말한다.

144 독각불獨覺佛: 부처님이 아직 세상에 오지 않았을 때 저절로 깨달음을 얻은 사람을 말한다.

145 금륜왕金輪王: 사방 천하를 다스리는 왕이다.

146 흑령黑嶺: 힌두쿠시산맥의 일부분인 카라코람산맥Karakoram Range으로, 검은 산이라는 의미이다.

147 카피사국Kapisa: 원문은 '가필시국迦畢試國'으로, 가비시迦臂施라고도 한다. 옛 땅은 지금의 아프가니스탄 카불 북쪽에 위치한다.

148 크샤트리아Ksatriya: 원문은 '찰리종刹利種'으로, 인도 카스트 제도에서 두 번째인 왕이나 귀족 계급을 말한다.

149 브라흐마Brāhma: 원문은 '범천梵天'으로, 사바세계를 지배하는 신이다.

150 성명聲明: 글을 배워 의미를 해석하고 줄거리를 분류·구별하는 것을 말한다.

151 교명巧明: 기술·공예·음양陰陽·역법歷法 등을 말한다.

152 의방명醫方明: 주술·약물·치료·침구鍼灸를 익히는 것을 말한다.

153 고명固明: 옳고 그름을 명백히 구분하는 것을 말한다.

154 내명內明: 오승五乘인 인人·천天·성문聲聞·연각緣覺·보살菩薩의 인과 묘리를 연구하는 것을 말한다.

155 4 베다Veda의 의론: 원문은 '사비타론四毗陀論'이다. 베다는 인도 브라만교의 근본 성전이자 가장 오래된 경전으로, 인도의 종교·철학·문학의 근원을 이루는데, 리그베다Rig-Veda, 야주르베다Yajur-Veda, 사마베다Sāma-Veda, 아타르바베다Atharva-Veda의 네 가지가 있다.

156 수壽: 삶을 영위하고 본성을 깨우치는 것이다.

157 사祠: 제사 지내고 기도하는 것이다.

158 평笒: 예의·점복·병법 등을 말한다.

159 술術: 기술·수학·의학·주술 등을 말한다.

160 승지사僧知事: 사찰에서 스님들의 잡일이나 사무를 담당하는 직책이다.

161 정인淨人: 속인으로 절에 살면서 스님의 시중을 드는 사람을 말한다.

162 브라만: 원문은 '바라문종婆羅門種'이다.

163 바이샤Vaiśya: 원문은 '비사毗舍'이다.

164 수드라Sudra: 원문은 '수타首陀'이다.

165 저울형: 원문은 '칭稱'이다. 사람을 돌과 평형을 잡아 저울에 달고는 그 가볍고 무거움에 따라 벌을 내리는 방법으로, 죄가 없으면 사람 쪽이 내려가고 죄가 있으면 사람 쪽이 올라간다.

166 복전福田: 공양을 받을 만한 법력이 있는 사람에게 공양하고 선행을 쌓아서 내생의 복을 마련하는 일을 말한다.

167 람파카국Lampaka: 원문은 '람파국濫波國'이다. 옛 땅은 지금의 아프가니스탄 카불강 북쪽의 라그만Laghman에 위치한다.

168 나가라하라국: 원문은 '나게라갈국那揭羅曷國'으로, 나갈국那竭國이라고도 한다.

169 간다라국: 원문은 '건타라국健馱羅國'이다.

170 인더스강: 원문은 '신도하信度河'이다.

171 무착보살無著菩薩: 4세기 후반부터 5세기 전반에 걸쳐 활약한 인도의 스님으로, 산스크리트어로는 아승가Asaṃga이다. 간다라의 브라만 집안에서 태어났으며 부파불교部派佛教의 일파에 속했다가 후에 중인도의 아요디아Ayodhya에 이르러 대승불교로 전향했다.

172 세친보살世親菩薩: 무착보살의 동생으로, 산스크리트어로는 바수반두Vasubandhu이다. 『구사론俱舍論』을 지었으며 유가유식설瑜伽唯識說의 완성에 힘썼다.

173 협존자脅尊者: 인도 스님으로, 산스크리트어로는 파르슈바Pārśva라고 한다. 소승불교의 유부종 사람으로, 불멸 후 600년경에 카니슈카왕에게 권하여 5백 명의 비구를 모아 세우世友와 함께 제4 결집結集을 행하게 했다.

174 카니슈카왕: 원문은 '가니색가왕迦膩色迦王'이다.

175 푸쉬칼라바티성Puṣkalāvatī: 원문은 '포색갈라벌저성布色羯羅伐底城'이다. 간다라국의 옛 도시로, 옛 땅은 지금의 파키스탄 차르사다Chārsadda에 위치한다.

176 동남: 원문은 '동남東南'이다. 광서 2년본에는 '동서東西'로 되어 있으나, 『대당서역기』에 따라서 고쳐 번역한다.

177 바르샤푸라Varsapura: 원문은 '발로사성跋虜沙城'으로, 불사복佛沙伏이라고도 한다. 옛 땅은 지금의 파키스탄 페샤와르 동북쪽 샤바즈가르히Shahbaz Garhi에 위치한다.

178 우타칸드Utakhand: 원문은 '오탁가한다성烏鐸迦漢茶城'이다. 옛 땅은 지금의 카불강과 인더스강이 만나는 훈드Ohind에 위치한다.

179 밍고라: 원문은 '몽게리성瞢揭厘城'이다.

180 인욕선忍辱仙: 석가모니가 인욕선이 되어 인욕의 수행을 할 때, 가리왕이 팔다리를 절단했지만 굴하지 않고 수행하여 성불했다고 한다.

181 발루라국Balūra: 원문은 '발로라국鉢露羅國'으로, 지금의 발루치스탄Baluchistan이다.

182 탁샤실라국Takṣaśilā: 원문은 '달차시라국呾叉始羅國'으로, 간다라국의 수도이다. 옛 땅은 지금의 파키스탄 라왈핀디Rawalpindi 일대에 위치한다.

183 카피사국: 원문은 '가필시국迦畢試國'이다. 광서 2년본에는 '필시국畢試國'으로 되어 있으나, 『대당서역기』에 따라서 고쳐 번역한다.

184 카스미라국Kasmira: 원문은 '가습미라국迦濕彌羅國'으로, 지금의 인도 북서쪽에 위치한 카슈미르이다.

185 싱하푸라국Sinhapura: 원문은 '승가보라국僧訶補羅國'으로, 고대 북인도에 위치했던 옛 국명이다.

186 우라사국Urasa: 원문은 '우랄시국烏剌尸國'으로, 옛 땅은 지금의 파키스탄 하자라Hazara 일대에 위치한다.

187 아소카왕: 원문은 '무우왕無憂王'으로, 무우안존자無憂顔尊者라고도 한다.

188 『비바사론毗婆沙論』: 『아비달마대비바사론阿毗达磨大毗婆沙論』으로, 산스

크리트어로는 'Abhidharma Mahāvibhāṣā Śāstra'라고 한다. 불교의 논서
論書로, 카니슈카왕이 편찬한 것이라고 한다.

189 파르노사국Parṇorsa: 원문은 '반노차국半笯蹉國'이다. 옛 땅은 지금의 인도
북부 카슈미르에 속해 있는 푼치Poonch로 추정된다.

190 라자푸라Rājapura: 원문은 '갈라사보라국曷羅闍補羅國'으로, 지금의 인도 카
슈미르에 위치한 라자우리Rajauri이다.

191 람파카국: 원문은 '람파국濫波國'이다. 광서 2년본에는 '람피국濫彼國'으로
되어 있으나, 『대당서역기』에 따라서 고쳐 번역한다.

192 타카국Taka: 원문은 '책가국磔迦國'으로, 지금의 펀자브평원을 가리킨다.

193 베아스강Beas River: 원문은 '비파사하毗播奢河'이다.

194 미히라쿨라Mihirakula왕: 원문은 '대족왕大族王'이다. 6세기경 훈족의 왕 토
라마나Toramāṇa의 아들이다. 불교를 박해한 왕으로 유명하다.

195 발라디티야Baladitya왕: 원문은 '환일왕幻日王'이다.

196 무간지옥無間地獄: 아비지옥阿鼻地獄이라고도 하며, 8대 지옥 중에서도 가
장 극악한 자가 떨어져 벌을 받는 곳이다.

197 치나북티국Cīnabhukti: 원문은 '지나복저국至那僕底國'이다. 고대 북인도의
옛 왕국으로, 지금의 인도 치니야리Chiniyari로 추정된다.

198 과거사불過去四佛: 현겁에서 최초로 출현한 4명의 부처, 즉 구류손불拘留
孫佛, 구나함모니불拘那含牟尼佛, 가섭불迦葉佛, 석가모니불釋迦牟尼佛을 가리
킨다.

199 동북: 원문은 '동북東北'이다. 광서 2년본에는 '동서東西'로 되어 있으나,
『대당서역기』에 따라서 고쳐 번역한다.

200 잘란다르국Jalandhar: 원문은 '사란달라국闍爛達羅國'으로, 사란달나闍爛達那,
사란달사간타闍爛達闍闍陀라고도 한다. 광서 2년본에는 '암란달라국闇爛達
羅國'으로 되어 있으나, 『대당서역기』에 따라서 고쳐 번역한다. 지금의
인도 암리차르Amritsar 동남쪽의 잘란다르이다.

201 쿨루타국Kuluta: 원문은 '굴로다국屈露多國'이다. 옛 땅은 지금의 인도 북
부 베아스강 상류의 심라Simla 서북쪽 쿨루Kulu에 위치한다.

202 사타드루국Satadru: 원문은 '설다도려국設多圖盧國'이다. 수틀레지강Sutlej River 강변에 있던 나라로 추정된다.

203 파리야트라국Pariyatra: 원문은 '파리야달라국波理夜呾羅國'이다. 옛 땅은 지금의 델리Delhi 일대에 위치한다.

204 외도外道: 불교 이외의 도를 말한다.

205 마투라국: 원문은 '말토라국秣莵羅國'이다. 옛 땅은 지금의 인도 우타르프라데시주에 위치한다.

206 삼장三長: 매년 1월, 5월, 9월에 지내는 제사 의식을 말한다.

207 육재六齋: 매월 8일, 14일, 15일, 23일, 29일, 30일에 지내는 제사 의식을 말한다.

208 스타니쉬바라국Sthanishvara: 원문은 '살타니습벌라국薩他泥濕伐羅國'으로, 옛 땅은 지금의 인도 북부 타네사르Thanesar에 위치한다.

209 스루그나국Srughna: 원문은 '솔록근나국窣祿勤那國'으로, 옛 땅은 지금의 인도 북부 데라둔Dehra Dun 근처의 수그Sugh 지역으로 추정된다.

210 갠지스강: 원문은 '긍가하殑伽河'이다.

211 야무나강Yamuna River: 원문은 '염모나하閻牟那河'이다.

212 마티푸라국Matipura: 원문은 '말저보라국秣底補羅國'으로, 옛 땅은 지금의 인도 북부 하르드와르Hardwar 지역으로 추정된다.

213 브라흐마푸라국Brahmapura: 원문은 '바라흡마보라婆羅吸摩補羅'이다. 옛 땅은 지금의 인도 북부 스리나가르Srinagar 일대에 위치한다.

214 동녀국東女國: 고대 티베트 서북부 지구에 있던 소국小國으로, 옛 땅은 지금의 히말라야산 북쪽, 우전국 남쪽, 라다크Ladakh 동쪽에 위치한다.

215 삼푸아자국Sampuaza: 원문은 '삼파가국三波訶國'으로, 말라사국秣邏娑國이라고도 한다. 옛 땅은 지금의 히말라야산맥 서쪽 라다크 지역에 위치한다.

216 마티푸라국: 원문은 '말저보라국秣底補羅國'이다. 광서 2년본에는 '미저보라未底補羅'로 되어 있으나, 『대당서역기』에 따라서 고쳐 번역한다.

217 고비사나국Govisana: 원문은 '구비상나국瞿毗霜那國'이다. 옛 땅은 지금의

인도 우타라칸드주에 위치한다.

218 아이차트라국Ahicchattra: 원문은 '악해체달라국堊醢掣呾羅國'이다. 광서 2년
본에는 '악堊' 자가 '아亞' 자로 되어 있으나, 『대당서역기』에 따라서 고
쳐 번역한다. 옛 땅은 지금의 인도 우타르프라데시주에 위치한다.

219 비라사나국Virasana: 원문은 '비라산나국毗羅刪拏國'이다. 옛 땅은 지금의
인도 북부 우타르프라데시주에 위치한다.

220 카피타국Kapitta: 원문은 '겁비타국劫比他國'으로, 승가시僧伽屍, 승가사僧伽
奢라고도 한다. 옛 땅은 지금의 인도 우타르프라데시주에 위치한다.

221 카냐쿠브자국: 원문은 '곡녀성국曲女城國'이다.

222 샤샨카Śaśāṅka왕: 원문은 '설상가왕設賞迦王'이다. 7세기경 벵골 지역의 왕
으로, 불교를 탄압했다.

223 하르샤Harsha왕: 원문은 '계일왕戒日王'이다. 힌두교 시대에 불교로 개종
한 왕이다.

224 무차대회無遮大會: 스님·속인·남녀·노소·귀천의 차별 없이 일반 대중을
대상으로 널리 집행하는 법회를 말한다.

225 마하차이나스타나국: 원문은 '마가진단국摩訶震旦國'이다.

226 쿠마라Kumara왕: 원문은 '구마라왕拘摩羅王'이다. 인도 바르만 왕조Varman
dynasty의 마지막 왕인 바스카라바르만Bhaskaravarman을 가리킨다.

227 중춘월仲春月: 바이샤카달로, 인도력 2~4월을 말한다.

228 제석帝釋: 불교의 천신天神이다.

229 쿠마라왕: 원문은 '구마라왕拘摩羅王'이다. 광서 2년본에는 '양마라왕揚摩
羅王'으로 되어 있으나, 『대당서역기』에 따라서 고쳐 번역한다.

230 범왕梵王: 색계의 초선천初禪天에 속하는 최고의 하늘을 다스리는 왕
이다.

231 아유다국Ayudha: 원문은 '아유타국阿踰陀國'으로, 아유도阿踰闍·아유차阿踰
遮라고도 한다. 힌두교의 7대 성지 중 하나로, 옛 땅은 지금의 아요디아
에 위치한다.

232 아야무카국Ayamukha: 원문은 '아야목좌국阿耶穆佐國'으로, 옛 땅은 지금의

인도 북부 우타르프라데시주 프라탑가르Pratapgarh 일대로 추정된다.

233 프라야가국Prayaga: 원문은 '발라나가국鉢羅那伽國'으로, 발뢰야가국鉢賴野
伽國이라고도 한다. 고대 인도의 유명한 성지로, 옛 땅은 지금의 우타르
프라데시주 알라하바드에 위치한다.

234 카우샴비국: 원문은 '구염미국拘炎彌國'으로, 구사미俱舍彌, 양시모揚屍㫶,
교당憍堂이라고도 한다. 인도 16국 중의 하나로, 옛 땅은 지금의 인도 우
타르프라데시주 바라나시 서쪽에 위치한다.

235 비샤카국Viśaka: 원문은 '비색가국鞞索迦國'이다. 옛 땅의 위치는 명확하지
않다.

236 슈라바스티국: 원문은 '실라벌실저국室羅伐悉底國'이다.

237 수닷타Sudatta장자: 원문은 '수달장자須達長者'이다. 석가모니와 같은 시대
에 인도 슈라바스티에 살던 큰 부호이다. 제타바나를 지어 석가모니에
게 드렸다고 한다. 자비심이 많아 가난한 사람들에게 많이 보시하였으
므로 급고독장자給孤獨長者라고도 한다.

238 제타Jeta의 숲: 원문은 '기타림祇陀林'이다.

239 데바닷타Devadatta: 원문은 '날바달다捏婆達多'로, 제바달다提婆達多라고도
한다. 석가모니의 사촌 동생으로, 석가모니를 죽이려고 3번이나 시도
했지만 모두 실패로 끝났다고 한다.

240 카필라바스투: 원문은 '가비라위국迦毗羅衛國'이다. 샤카국의 수도로, 석
가모니가 태어난 곳이다.

241 슈도다나왕: 원문은 '정반왕淨飯王'으로, 석가모니의 아버지이다.

242 마야Maya부인: 원문은 '마야부인摩耶夫人'으로, 석가모니의 어머니이다.

243 바라나시국: 원문은 '바라내국波羅奈國'이다. 석가모니가 깨달음을 얻은
후 처음으로 설법을 한 사르나트 성지가 있다.

244 유다파티Yuddhapati: 원문은 '전주국戰主國'이다. 옛 땅은 지금의 바라나시
동쪽, 갠지스강 북쪽 기슭의 가지푸르Ghazipur에 위치한다.

245 『유마힐경維摩詰經』: 『승만경勝鬘經』과 함께 대승불교의 재가주의在家主義
를 천명하고 있으며 모두 3권 14품으로 구성되어 있다. 5세기 초에 쿠

마라지바Kumārajīva가 한역한 것이다. 『유마힐경』은 소승불교와 대승불교의 대립 구도를 십대제자와 유마거사와의 관계를 통해 보여 주고 있는 경전이다.

246 바지국Vajji: 원문은 '불률시국弗栗恃國'으로, 발지跋祇, 비리지毗梨祇, 불률지佛栗氏라고도 한다. 옛 땅은 지금의 비하르주 다르방가Darbhanga에 위치한다.

247 네팔라국Nepala: 원문은 '니파라국尼波羅國'으로, 니파라泥婆羅, 니파라偌波羅, 니팔랄尼八剌이라고도 한다. 옛 땅은 지금의 네팔 카트만두 분지에 위치한다.

248 공명조共命鳥: 꿩의 일종으로, 하나의 몸에 머리가 둘이며, 하나가 죽으면 다른 하나도 따라 죽는다는 상상 속의 새이다.

249 쿠스마푸라성Kusumapura: 원문은 '화궁성花宮城'으로, 왕궁에 꽃이 많았기 때문에 붙은 이름이다. 옛 땅은 지금의 비하르주의 주도 파트나Patna에 위치한다.

250 니란자나강: 원문은 '니련선하泥連禪河'이다.

251 가야산Gayasura: 원문은 '가야산迦耶山'이다. 인도의 불교 성지인 부다가야Buddha Gaya에 위치한 성산으로, 지금의 브라마요니언덕Brahmayoni Hill이다.

252 프라그보디히기리Prag Bodhigiri: 원문은 '전정각산前正覺山'이다.

253 금강정金剛定: 금강삼매金剛三昧, 금강유정金剛喩定, 금강심金剛心, 정삼매頂三昧라고도 한다. 금강이 견고하여 다른 것을 깨뜨리는 것과 같이 모든 번뇌를 끊어 없애는 선정을 말한다.

254 금강좌金剛座: 바즈라사나Vajrāsana이다. 중인도 마가다국 보리수 아래에 있는, 석가모니가 성도할 때 앉았던 금강 자리를 뜻한다.

255 삼천대천세계三千大千世界: 고대 인도의 우주관에 의하면, 수미산을 중심으로 해, 달, 사대주, 육욕천, 범천 등이 있는데 이들을 합해서 한 세계라 하고, 이것의 1천 배를 소천세계, 소천의 1천 배를 중천세계, 중천의 1천 배를 대천세계라고 한다. 소천, 중천, 대천세계를 모두 합하여 삼천

대천세계라 한다.

256 금륜金輪: 고대 인도의 우주관에 따르면 수미세계須彌世界의 기저에는 풍
륜風輪·수륜水輪·금륜의 3륜이 있는데, 풍륜은 바람, 수륜은 물, 금륜은
땅을 상징한다.

257 비구승: 원문은 '필추苾芻'이다.

258 쿠샤그라프라Kuśāgrapura: 원문은 '상모궁성上茅宮城'이다.

259 깃자쿠타산Gijjhakūṭa: 원문은 '기도굴산耆闍崛山'이다. 당나라 시기에는
취봉, 또는 취대鷲臺로 불리었으며, 석가모니가 기거했던 영취산靈鷲山
이다.

260 빔비사라Bimbisara왕: 원문은 '비바라왕毗婆羅王'이다. 중인도 마가다국의
왕으로, 라지기르성에 살며 불교 신자가 되어 석가모니와 그의 교단을
보호했다.

261 데바닷타: 원문은 '제바달다提婆達多'이다.

262 베누바나비하라Venuvana-vihāra: 원문은 '죽림정사竹林精舍'로, 불교에서 세
운 최초의 사원이다.

263 팔공덕수八功德水: 달고, 차고, 부드럽고, 가볍고, 깨끗하고, 냄새 없고,
마실 때 목이 상하는 일이 없고, 마신 후 배탈이 없는 8가지 공덕을 갖
춘 물이란 뜻이다. 『대당서역기』에 의하면 이 샘의 정식 명칭은 가란타
지迦蘭陀池라고 한다.

264 쿠샤그라프라: 원문은 '상묘궁上茆宮'이다.

265 히란야파바타국Hiranyaparvata: 원문은 '이란발벌다국伊爛鉢伐多國'으로, 이
란나국伊爛拿國이라고도 한다. 옛 땅은 지금의 인도 비하르주 몽기르
Monghyr에 위치한다.

266 감파국: 원문은 '첨파국瞻波國'으로, 수도는 참파이다. 옛 땅은 지금의 인
도 비하르주 바갈푸르Bhagalpur에 위치한다.

267 카잔가라국Kajangala: 원문은 '갈주올지라국羯朱嗢祇羅國'으로, 갈승게라국
羯蠅揭羅이라고도 한다. 광서 2년본에는 '갈미온지라국羯米溫祇羅國'으로
되어 있으나, 『대당서역기』에 따라서 고쳐 번역한다. 옛 땅은 지금의

라지마할Rajmahal에 위치한다.

268 푼드라바르다나국Pundravardhana: 원문은 '분나벌단나국奔那伐潭那國'으로, 동인도의 고대 국가이다. 옛 땅은 지금의 방글라데시 라지샤히Rajshahi와 보그라Bogra 일대에 위치한다.

269 카마루파국: 원문은 '가마루파국迦摩縷波國'이다. 옛 땅은 지금의 인도 북동부 아삼Assam 서쪽 지역에 위치한다.

270 중국: 원문은 '지나국支那國'이다.

271 쿠마라왕: 원문은 '구마라왕拘摩羅王'이다. 광서 2년본에는 '양마라왕陽摩羅王'으로 되어 있으나, 『대당서역기』에 따라서 고쳐 번역한다.

272 사마타타국Samatata: 원문은 '삼마달타국三摩呾吒國'이다. 옛 땅은 지금의 동파키스탄, 갠지스강 하구의 삼각주 일대로 추정된다.

273 스리크세트라국Sri Ksetra: 원문은 '실리차달라국室利差呾羅國'이다. 옛 땅은 지금의 미얀마 프롬Prome 일대로 추정된다.

274 카마랑카국kamalanka: 원문은 '가마랑가국迦摩浪迦國'이다. 옛 땅은 지금의 방글라데시 치타공 일대로 추정된다.

275 탐랄리프티국: 원문은 '타라발저국墮羅鉢底國'이다.

276 이사나푸라국Isanapura: 원문은 '이상보라국伊賞補羅國'으로, 고대 첸라 왕국의 수도였다.

277 마하참파국Mahāchampā: 원문은 '마하첨파국摩訶瞻波國'으로, 인도차이나반도 동남해안에 있었던 것으로 추정된다.

278 야마나드위파국Yamanadvipa: 원문은 '염마나주국閻摩那洲國'으로, 지금의 자와Jawa로 추정된다.

279 탐랄리프티국: 원문은 '탐마률저국眈摩栗底國'이다.

280 카르나수바르나국Karnasuvarna: 원문은 '갈라소벌랄나국羯羅蘇伐剌那國'이다. 옛 땅은 지금의 인도 서벵골주 무르시다바드Murshidabad에 위치한다.

281 우드라국Udra: 원문은 '오다국烏茶國'으로, 옛 땅은 지금의 인도 오리사주 Orisa 북부에 위치한다.

282 싱할라국: 원문은 '승가라국僧伽羅國'으로, 승가랄僧伽剌, 승가라僧訶羅, 승

가랄승迦剌이라고도 한다.

283 콩고다국Kongoda: 원문은 '공어타국恭御陀國'이다. 옛 땅은 지금의 인도 오리사주 간잠Ganjam에 위치한다.

284 칼링가국Kalinga: 원문은 '갈릉가국羯棱伽國'으로, 가릉가迦陵伽, 가릉아迦陵誐라고도 한다. 옛 땅은 지금의 인도 오디샤와 안드라프라데시Andhra Pradesh의 북부에 위치한다.

285 코살라국Kosala: 원문은 '교살라도憍薩羅道'이다. 옛 땅은 지금의 인도 마하라슈트라 찬드라푸르Chandrapur 일대에 위치한다.

286 용맹보살龍猛菩薩: 용수보살龍樹菩薩인 나가르주나Nāgārjuna를 말한다. 용수보살은 3세기에 중관中觀(Madhyamaka)을 주창한 인도의 스님이다.

287 안드라국Andhra: 원문은 '안달라국案達羅國'으로, 남인도의 고대 국가이다. 옛 땅은 지금의 안드라프라데시주 하이데라바드Hyderabad 일대에 위치한다.

288 다라니코타국Dharanikota: 원문은 '대안달라국大安達羅國'으로, 태나갈책가국䭾那羯磔迦國이라고도 한다. 옛 땅은 지금의 크리슈나강 연안에 위치한다.

289 정법正法 시기: 석가모니가 열반한 뒤에 석가모니의 가르침, 수행, 깨달음이 두루 이루어지는 시기를 말한다.

290 청변논사淸辨論師: 바비베카Bhāviveka로, 중관불교를 개창한 논사이다.

291 자씨慈氏: 자씨보살로, 미륵불이다.

292 촐라국Chola: 원문은 '주리야국珠利耶國'이다. 옛 땅은 남인도 동쪽의 펜나강Penna River 하류 넬로르Nellore 일대에 위치한다.

293 드라비다국Dravida: 원문은 '달라비다국達羅毗荼國'으로, 달라비다達羅鼻荼, 달라비타達羅比吒라고도 한다. 옛 땅은 지금의 안드라프라데시주 남부와 타밀나두주Tamil Nadu 북부 사이에 위치한다.

294 말라쿠타국Malakuta: 원문은 '지말라국枳秣羅國'으로, 말라구타국秣羅矩吒國이라고도 한다. 옛 땅은 지금의 인도 타밀나두주 마두라이Madurai 일대에 위치한다.

295 마라야산Malayaparvata: 원문은 '말랄야산秣刺耶山'이다.

296 포탈라카산Mount Potalaka: 원문은 '포달락가산布呾洛迦山'으로, 보타산普陀山, 보타락가산補陀落迦山, 보달락가산補怛洛迦山, 보타낙산補陀落山이라고도한다. 지금의 인도반도 남부에 있는 파파나삼Papanasam산을 가리킨다.

297 관자재보살觀自在菩薩: 관세음보살이다.

298 나찰羅刹: 소머리에 사람 손을 가진 악귀였는데, 후에 불법의 수호신이 되었다.

299 파드마라가Padmaraga: 원문은 '발담마라가鉢曇摩羅伽'로, 루비의 일종이다.

300 능가산楞伽山: 랑카Lanka의 음역이다.

301 콩카나푸라국Koṅkaṇa-pura: 원문은 '공건나보라국恭建那補羅國'으로, 남인도에 있던 고대 국가이다.

302 마하라슈트라: 원문은 '마하랄타국摩訶剌佗國'이다.

303 나르마다강Narmada River: 원문은 '내말타하耐秣陀河'이다. 인도 중부에서 서쪽으로 흐르는 강으로, 아라비아해의 캄바트만으로 흘러든다.

304 바루카차파국Bharukacchapa: 원문은 '발록갈파국跋祿羯婆國'으로, 파로갈차婆虜羯車, 파로갈차婆虜羯泚라고도 한다. 광서 2년본에는 '기록갈파국跋祿羯婆國'으로 되어 있으나, 『대당서역기』에 따라서 고쳐 번역한다. 옛 땅은 지금의 인도 서부 담맘Dammam만 보로다Boroda에 위치한다.

305 말라바국Malava: 원문은 '마랍파국摩臘婆國'이다. 옛 땅은 지금의 인도 말와Malwa에 위치한다.

306 마히강Mahi River: 원문은 '막가하莫訶河'이다. 인도 서부를 흐르는 강으로, 빈디아산맥 서부 사르다르푸르 남쪽에서 발원해 북쪽으로 흐른다.

307 아탈리국Atali: 원문은 '아타리국阿吒厘國'이다. 옛 땅은 지금의 카티아와르반도Kathiawar Peninsula 북쪽에 위치했던 것으로 추정된다.

308 케다국Kheda: 원문은 '계타국契吒國'이다. 옛 땅은 지금의 인도 구자라트주에 위치한다.

309 발라비국Vallabhi: 원문은 '벌랍비국伐臘毗國'이다. 광서 2년본에는 '북라라국北羅羅國'으로 되어 있으나, 『대당서역기』에 따라서 고쳐 번역한다. 이

하 동일하다. 옛 땅은 지금의 구자라트주에 위치한다.

310 아난다푸라국Anandapura: 원문은 '아난타보라국阿難陀補羅國'이다. 옛 땅은 지금의 인도 서부 구자라트주 시드푸르Sidhpur 동남쪽에 위치한다.

311 수라스트라국Surastra: 원문은 '소랄타국蘇剌侘國'으로, 소랄타蘇剌吒라고도 한다. 옛 땅은 지금의 카티아와르반도 남부에 있는 수라트Surat에 위치한다.

312 마히강: 원문은 '막혜하莫醯河'이다.

313 우잔타산Mount Ujjanta: 원문은 '욱선다산郁鄯多山'이다. 지금의 파키스탄 기르나르산Mount Girnar이다.

314 구르자라국Gurjara: 원문은 '구절라국瞿折羅國'이다. 옛 땅은 지금의 인도 구자라트 북부에 위치한다.

315 우자야니국Ujjayani: 원문은 '오도연나국鄔闍衍那國'으로, 우선야니優禪耶尼, 오야니烏惹你, 올서니嗢逝尼, 오연니국烏然泥國이라고도 한다. 옛 땅은 지금의 인도 중부 마디아프라데시주 우자인Ujjain 일대에 위치한다.

316 척지타국擲枳陀國: 남인도 경계에 위치한 고대 국명이다.

317 마헤스바라푸라국Maheśvarapura: 원문은 '마습벌라보라국摩濕伐羅補羅國'이다. 중인도에 위치한 고대 국명이다.

318 신두국Sindu: 원문은 '신도국信度國'이다. 옛 땅은 지금의 파키스탄 편자브주 남부에 위치한다.

319 물라스타나푸라국Mulasthanapura: 원문은 '무라삼부로국茂羅三部盧國'이다. 옛 땅은 지금의 파키스탄 물탄Multan에 위치한다.

320 파르바타국Parvata: 원문은 '발벌다국鉢伐多國'이다. 옛 땅은 지금의 파키스탄 편자브주 하라파Harappa에 위치한다.

321 아티아나바켈라국Ātyanabakhela: 원문은 '아점파시라국阿點婆翅羅國'이다. 서인도에 위치했던 고대 국명이다.

322 랑갈라국Langala: 원문은 '랑게라국狼揭羅國'이다. 옛 땅은 지금의 파키스탄 발루치스탄주 동남부에 위치한다.

323 페르시아: 원문은 '파랄사국波剌斯國'이다.

324 서녀국西女國: 인도 전설에 따르면 인도 서해에 위치한 여인국이다.

325 파지頗胝: 수정의 일종이다.

326 대금大錦: 중금重錦이라고도 하며, 채색 비단의 일종이다.

327 로마 제국: 원문은 '불름국佛懍國'으로, 불름국拂懍國, 불름국懍懍國이라고
도 한다.

328 파타실라국Patasila: 원문은 '비다세라국臂多勢羅國'이다. 옛 땅은 지금의 파
키스탄 신드주 하이데라바드에 위치한다.

329 아반다국Avanda: 원문은 '아반다국阿䩥茶國'이다. 지금의 파키스탄 신드주
카이르푸르Khairpur로 추정된다.

330 삼의三衣: 스님이 입는 승가리僧伽梨, 울다라승鬱多羅僧, 안타회安陀會 세 가
지의 옷을 가리킨다.

331 바르누국Varnu: 원문은 '벌랄나국伐剌拏國'이다. 광서 2년본에는 '대랄나
국代剌那國'으로 되어 있으나, 『대당서역기』에 따라서 고쳐 번역한다. 옛
땅은 지금의 파키스탄 북부 반누에 위치한다.

332 자구다국Jaguda: 원문은 '조리국漕利國'으로, 조구타국漕矩吒國이라고도 한
다. 옛 땅은 지금의 아프가니스탄 동남부에 위치한다.

333 브리지스타나국Vrjiṣṭhāna: 원문은 '불속시살당나국弗粟恃薩儻那國'이다. 광
서 2년본에는 '불속시국弗粟恃國'으로 되어 있으나, 『대당서역기』에 따라
서 고쳐 번역한다. 옛 땅은 지금의 카불강 유역에 있었던 나라로 추정
된다.

334 카피사국: 원문은 '가필시국迦畢試國'이다. 광서 2년본에는 '필가시국畢迦
試國'으로 되어 있으나, 『대당서역기』에 따라서 고쳐 번역한다.

335 바라세나Varasena: 원문은 '파라서나대령婆羅犀那大嶺'이다. 옛 땅은 지금의
하와고개Khawak Pass로 추정된다.

336 잠부드위파Jambudvīpa: 원문은 '섬부주贍部洲'로, 염부제閻浮提라고도 한다.
인도 신화에 나오는 수미산의 사방에 위치한 네 육지 중 남쪽에 위치한
육지를 말한다.

337 오슈국Osh: 원문은 '오쇄국烏鎩國'이다. 옛 땅은 지금의 신강 위구르 자치

구 야르칸드에 위치한다.

338 크리시마국Krisma: 원문은 '흘속슬마국訖粟瑟摩國'이다. 옛 땅은 지금의 아
프가니스탄 북동부 코차강Kokcha River 강변에 위치한다.

339 파르하르국: 원문은 '발리하국鉢利賀國'이다.

340 히마탈라국: 원문은 '희마달라국呬摩達羅國'이다.

341 바다흐샨국: 원문은 '발탁창라국鉢鐸創羅國'이다.

342 얌간국: 원문은 '임박건국壬薄健國'이다.

343 쿠란국: 원문은 '굴랑나국屈浪那國'이다.

344 다르마스티티국: 원문은 '달마실체국達摩悉諦國'이다.

345 옥수스강: 원문은 '전추하縳芻河'이다.

346 시키니국Sikni: 원문은 '시기니국屍棄尼國'이다. 옛 땅은 지금의 파미르고
원 서남쪽의 시그난Shighnan에 위치한다.

347 파미르고원: 원문은 '파밀라천波密羅川'이다.

348 아나바타프타Anavatapta: 원문은 '대용지大龍池'로, 히말라야산 정상에 위
치한 호수이다.

349 슐러국Shule: 원문은 '구사국佉沙國'으로, 가사지리伽師祇離, 소륵국疏勒國이
라고도 한다. 광서 2년본에는 '길사국佶沙國'으로 되어 있으나, 『대당서
역기』에 따라서 고쳐 번역한다. 옛 땅은 지금의 신강 위구르 자치구 카
슈가르Kashgar에 위치한다.

350 야르칸드강Yarkand River: 원문은 '도다하徒多河'이다.

351 카반다국: 원문은 '갈반타국竭盤陀國'이다. 포리구蒲梨國, 한반타漢盤陁, 갈
반타渴盤陁, 갈반타喝盤陀라고도 한다.

352 차쿠카국Chakuka: 원문은 '저거국沮渠國'으로, 작구가국斫句迦國이라고도
한다. 옛 땅은 지금의 신강 위구르 자치구 카길리크현에 위치한다.

353 혜왕惠王: 혜생惠生이다.

354 현장: 원문은 '현장玄奘'이다. 광서 2년본에는 '원장元奘'으로 되어 있으
나, 역사적 사실에 따라서 고쳐 번역한다.

355 소무구성昭武九姓: 중앙아시아 아무다리야강과 시르다리야강 사이 구성

九姓 정권의 총칭이다.

356 이식쿨호: 원문은 '특목도박特穆圖泊'이다.

357 카자흐Kazakh: 원문은 '합살극哈薩克'이다.

358 코칸트Kokand: 원문은 '오한敖罕'이다.

359 부하라: 원문은 '포합이布哈爾'이다.

360 불교: 원문은 '부도도浮圖道'이다. 부도浮圖는 산스크리트어 붓다Buddha의
음역이다.

361 정관貞觀: 당나라 제2대 황제 태종 이세민李世民의 연호(627~649)이다.

362 천수天授: 당나라 측천무후의 첫 번째 연호(690~692)이다.

363 건원乾元: 당 숙종肅宗 이형李亨의 두 번째 연호(758~760)이다.

364 하롱河隴: 하서河西와 농우隴右, 즉 농산隴山 서부 지역을 가리킨다.

365 패엽범경貝葉梵經: 산스크리트어로 쓰인 초기 불교 결집 경전 패엽경貝
葉經을 말한다. 패엽경은 주로 다라수多羅樹 등의 잎에 글자를 새겨 지은
경전이다.

366 협夾: 패엽에 새긴 불교 경서의 단위이다. 패엽경은 패엽을 몇십 장씩
꿰어 묶되 양쪽의 판목에 끼우는 장정裝幀 방식을 썼기 때문에 불경을
범협梵夾이라고도 했다.

367 천복天福: 오대 십국 시기 후진後晉 고조 석경당石敬瑭의 연호(936~944,
947~948)이다.

368 카를루크Qarluq: 원문은 '할록割祿'으로, 갈라록葛邏祿이라고도 한다. 6~
13세기경 중앙아시아에 위치했던 돌궐계 유목민족이 세운 나라이다.

369 푸루사Purusa: 원문은 '포로사布路沙'이다.

370 개보開寶: 북송 태조太祖 조광윤趙匡胤의 세 번째 연호(968~976)이다.

371 만주슈리Mañjuśrī: 원문은 '만수실리曼殊室利'로, 문수보살을 가리킨다.

372 상국사相國寺: 송나라의 수도인 개봉開封 중심에 있던 불교 사원이다. 북
송 때 전국 최대 불교 사원이 되어 천여 명이나 되는 스님이 있었다.

373 우디야나국: 원문은 '오훈낭국烏塤曩國'으로, 오장국烏萇國이라고도 한다.

374 나가라하라국: 원문은 '낭아라국曩誐羅國'이다.

375 람파카국 : 원문은 '람파국嵐婆國'이다.

376 가즈니국: 원문은 '아야낭국誐惹曩國'이다.

377 카필라바스투: 원문은 '가라미국呵囉尾國'이다.

378 바라나시: 원문은 '말낭라국末曩羅國'이다.

379 카냐쿠브자국: 원문은 '나나구야국曩拏俱惹國'이다.

380 말라바국: 원문은 '마라미국摩羅尾國'이다.

381 우자야니국: 원문은 '오연니국烏然泥國'이다. 고대 석가모니 시대 아반티 왕국의 수도로, 옛 땅은 지금의 인도 말와 지역에 위치한다.

382 라라국Lala: 원문은 '라라국羅羅國'으로, 라라羅囉라고도 한다. 옛 땅은 지금의 인도 구자라트주에 위치한다.

383 수랏타국Surattha: 원문은 '소라다국蘇羅茶國'으로, 소랄차蘇剌侘라고도 한다. 옛 땅은 지금의 인도 구자라트주에 위치한다.

384 콩카나푸라국: 원문은 '공가나국供迦拏國'으로, 공건보라국恭建補羅國이라고도 한다. 옛 땅은 지금의 인도 카르나타카주Karnataka에 위치한다.

385 스리비자야국Srivijaya: 원문은 '삼불제三佛齊'이다. 7세기경 수마트라 동남부 팔렘방Palembang 지역을 중심으로 흥기하여 동남아 해상 교역권을 장악했다.

386 옹희雍熙: 송 태종太宗 조광의趙匡義의 두 번째 연호(984~988)이다.

387 흑의黑衣: 750년에서 1258년까지 주로 중동 지역을 근거로 활동한 아바스 왕조를 가리킨다. 항상 흑색 깃발을 사용했기 때문에 당대唐代에는 흑의대식黑衣大食이라고 불렀다.

388 천성天聖: 송 인종仁宗 조정趙禎의 첫 번째 연호(1023~1032)이다.

389 경우景佑: 송 인종 조정의 세 번째 연호(1034~1038)이다.

390 범성대范成大: 범성대(1126~1193)는 남송의 정치가, 시인, 지리학자로, 중국 남부 지방에 대한 연구로 유명하다. 그는 여행 경험을 통해 다양한 서사 및 산문 작품을 남겼다.

391 계주階州: 지금의 감숙성 무도현武都縣이다.

392 영무靈武: 지금의 영하 회족 자치구寧夏回族自治區 영무현靈武縣이다.

393 서량西凉: 지금의 감숙성 무위현武威縣이다.

394 감주甘州: 지금의 감숙성 장액현張掖縣이다.

395 숙주肅州: 지금의 감숙성 무위현이다.

396 과주瓜州: 지금의 감숙성 안서현安西縣이다.

397 쿠물국Qumul: 원문은 '이오伊吾'이다. 옛 땅은 지금의 신강 위구르 자치구에 위치한다.

398 푸루사국: 원문은 '포로주국布路州國'이다.

399 술탄푸르국Sultanpur: 원문은 '서류파국庶流波國'이다. 옛 땅은 지금의 인도 우타르프라데시주에 위치한다.

400 잘란다르: 원문은 '좌란타라국左欄陁羅國'이다.

401 카냐쿠브자국: 원문은 '대곡녀성大曲女城'이다.

402 야무나강: 원문은 '함모하陷牟河'이다.

403 갠지스강: 원문은 '원하洹河'이다.

404 한사漢寺: 10세기 전후로 인도에 있었던 중국 스님들을 중심으로 한 사찰로, 중국 불교 및 그 문화적 특색을 체현한 사찰이다.

405 8개의 촌락: 원문은 '팔촌八村'이다. 광서 2년본에는 팔분八分으로 되어 있으나, 『오선록』에 따라서 고쳐 번역한다.

406 우파굽타Upagupta: 원문은 '우바국다優波掬多'로, 아소카왕의 국사이다.

407 쿡쿠타파라산: 원문은 '계족삼봉雞足三峰'이다.

408 『보운경寶雲經』: 양梁나라 때 만드라세나Mandrasena가 503년에 양도楊都에서 번역한 불경으로, 전체 7권이다. 모든 장애를 없앤 동방의 제개장보살除蓋障菩薩이 연화안여래蓮華眼如來의 허락을 얻어 여러 보살과 함께 석가모니가 있는 곳으로 내려와 어떻게 하면 보살이 보시를 다 갖출 수 있는지 등을 102가지로 나누어 질문하자, 석가모니가 각각의 물음에 10가지로 대답한 글이다.

409 보디히기리Bodhigiri: 원문은 '정각산正覺山'이다.

410 칼란다Kalanda: 원문은 '가란타迦蘭陁'이다. 고대 인도 라지기르성 사람으로, 매우 부유해서 자신의 소유지인 베누바나를 부처에게 공양했다.

411 필발라굴畢鉢羅窟: 대가섭의 본명인 피팔리Pippali의 이름을 따서 붙인 동굴로, 부처 사후 그 제자들이 모여 처음으로 결집을 한 곳으로 유명하다.

412 나란타사那爛陁寺: 고대 중인도 마가다국 라지기르성 북쪽의 날란다에 있던 사찰로, 시무염사施無厭寺라고도 한다. 7세기 초 현장이 인도에 유학할 무렵에는 인도 불교의 중심지였다.

413 파탈리푸트라성: 원문은 '화씨성花氏城'이다.

414 바이샬리성: 원문은 '비야리성毗耶離城'이다.

415 쿠시나가르성Kushinagar: 원문은 '구시나성拘尸那城'이다. 불교 4대 성지 중한 곳으로, 옛 땅은 지금의 인도 북부 우타르프라데시주에 위치한다.

416 타라Tara: 원문은 '다라多羅'이다.

417 네팔라국: 원문은 '니파라국泥波羅國'이다.

418 홀라구Hulagu: 원문은 '욱열올旭烈兀'이다. 칭기즈칸의 손자로, 1255년에 서남아시아의 이슬람 국가들을 공격해서 1258년에 아바스 왕조를 멸하고 일한국Ilkhanate을 건설했다.

419 알무라히드al-mulaḥid: 원문은 '목내해木乃奚'이다. 옛 땅은 지금의 이란 북부 카스피해 남쪽 기슭에 위치한다.

420 홀도답이올주忽都荅而兀朱: 광서 2년본에는 '홀도화이올주忽都花爾兀朱'로 되어 있으나, 『원사』에 따라서 고쳐 번역한다.

421 게르드쿠Girdkūh: 원문은 '걸도복乞都卜'이다. 옛 땅은 지금은 이란 담간 Damghan 지역에 위치한다.

422 담간Damghan: 원문은 '첨정산檐定山'이다.

423 협성夾城: 성곽 밖에 다시 쌓은 성을 말한다.

424 화자납실아火者納失兒: 광서 2년본에는 '복자납실아卜者納失兒'로 되어 있으나, 복卜 자는 화火 자의 오자이다.

425 루큰 알딘 쿠르샤Rukn al-Din Khurshah: 원문은 '올로올내兀魯兀乃'이다. 페르시아 아사신Assassin의 제8대 수장이자 최후의 수장이다.

426 알라 알딘 무함마드Ala al-Din Muhammad: 원문은 '아력阿力'이다.

427 알라무트Alamut: 원문은 '아랄정阿剌汀'이다. 옛 땅은 지금의 이란 카스피
해 남쪽에 위치한다.

428 마잔다란Mazandaran: 원문은 '마찰영이禡拶營爾'이다. 옛 땅은 지금의 카스
피해 남쪽 연안에 위치한다.

429 카슈미르Kashmir: 원문은 '걸석미부乞石迷部'이다.

430 바그다드Baghdad: 원문은 '보달부報達部'로, 백대白大라고도 한다. 지금의
이라크 수도 바그다드이다.

431 알무스타심Al-Musta'sim: 원문은 '합법리合法里'이다. 알무스타심(재위 1242~
1258)은 아바스 왕조의 마지막 칼리프이다.

432 메카Mecca: 원문은 '천방天房'이다.

433 무함마드 아불 누바즈Muhammed abul-Nubaj: 원문은 '파이巴爾'이다. 누바즈
(재위 1254~1301)는 맘루크Mamluk 왕국의 첫 번째 샤리프이다.

434 미스르국Misr: 원문은 '밀석이국密昔爾國'으로, 밀서리密徐離, 물사리勿斯里
라고도 한다. 이집트 맘루크 왕조이다.

435 사이프 앗딘 쿠투즈Saif ad-Din Qutuz: 원문은 '가내可乃'이다. 맘루크 왕조
제4대 술탄이다.

436 파랑Farang: 원문은 '부랑富浪'으로, 유럽 또는 지중해 동부 구역을 가리
킨다.

437 다비드David: 원문은 '올도兀都'로, 마쿠리아Makuria 왕국의 국왕이다. 마쿠
리아는 지금의 수단 북부와 이집트 남부에 위치한 누비아Nubia이다.

438 시라즈국Shiraz: 원문은 '석라자국石羅子國'으로, 실라자失羅子, 실랄사失剌
思, 설랄실泄剌失이라고도 한다. 옛 땅은 지금의 이란 남서부 파르스주에
위치한다.

439 예쿠노 암라크Yekuno Amlak: 원문은 '가섭加葉'이다. 에티오피아의 솔로몬
왕조를 세운 국왕이다.

440 자그웨 왕조Zagwe dynasty: 원문은 '올림兀林'이다. 지금의 에티오피아 북
부와 에리트레아Eritrea 공화국에 위치했던 중세 왕조이다.

441 자일마크눈Za-Ilmaknun: 원문은 '아필정阿必丁'으로, 자그웨 왕조의 마지막

왕이다.

442 아덴만Aden bay: 원문은 '걸리만乞里灣'이다.

443 아부드 자말라드딘Abūd JamaladDīn: 원문은 '홀도마정忽都馬丁'이다. 이파트
    술탄국Sultanate of Ifat의 제8대 왕이다.

원나라 유욱 『서사기』 외

——

헌종황제憲宗皇帝[1] 2년(1252) 임자년에 황제의 동생 훌라구[2]가 여러 군대를 거느리고 서쪽 정벌에 나서, 살펴보건대, 훌라구는 바로 석라斷攔로, 석리고錫里 □라고도 한다. 6년 동안 수만 리의 영토를 개척했다. [헌종] 9년[3](1259) 기미년 정월 갑자일에 상덕常德 자는 강경江卿이다. 이 낙타를 타고 서쪽으로 훌라구를 만나러 갔다. 카라코룸Karakorum[4]에서 올손兀孫[5]으로 나와 서쪽으로 2백여 리를 가니 지대가 점점 높아졌다. 역참으로 들어가 항가이산 Hangain nuruu[6]을 지나니, 지대가 매우 높고 추워서 비록 혹서의 날씨에도 눈이 녹지 않았으며, 산의 돌은 모두 소나무 무늬였다. 서남쪽으로 7일을 가서 항가이산을 넘고 3백 리를 가니 지대가 점차 낮아졌다. 살펴보건대, 지대가 높은 곳에서 점차 낮아진다는 것은 알타이산맥Altai Mountains[7]을 넘은 것이다. 불강강Bulgan River[8]의 강폭은 몇 리인데, 여름에 강물이 불어나면 배를 타고 건널 수 있다. 며칠을 가서 용골하龍骨河 바로 오르혼강(烏龍古河)으로, 코브도Kobdo[9] 서남쪽 5백 리에 있다. 를 건너 다시 서북쪽으로 가면 베쉬발릭

Beshbalik[10] 남로南路와 마주한다. 살펴보건대, 원나라 때는 천산남로天山南路를 베쉬발릭이라고 했고 관청소재지는 지금의 우룸치Urumqi[11]에 있었다. 인근 5백 리까지는 한족漢族이 많이 살고 보리·기장·곡식이 난다. 강 서쪽에 물이 유입돼 모여 바다를 이루었는데, 약 1천여 리이고 걸칙리팔사乞則里八寺[12]라고 한다. 오르혼강 서쪽의 혁살이파십박赫薩爾巴什泊이다. 걸칙리팔사는 바로 혁살이파십과 독음이 비슷하다. 물고기가 많아 잡아먹을 수 있고, 물로 물레방아를 돌린다. 좀 더 서쪽으로 가면 업만業滿[13]이라는 성이 있다. 또 서남쪽으로 가면 패라성孛羅城[14]을 지나는데, 모두 보리와 벼를 심었고 산에는 측백나무가 많았지만 큰 나무를 이루지 못하고 돌에 얽혀 자란다. 성안에는 시장과 공원이 섞여 있으며 흙집의 창문은 모두 유리였다. 성의 북쪽에는 에비호Ebi Lake[15]가 있는데, 철산鐵山[16]에서 바람이 불면 종종 행인이 호수에 빠진다. 서남쪽으로 20리를 가면 철목이참찰鐵木爾懺察이란 관문이 나오는데, 관문을 지키는 사람은 모두 한족이다. 관문의 길은 험준해서 마치 잔도棧道와 같다. 관문을 나오면 알말리크Almalyk[17]에 도착하는데, 인가가 모인 거리에는 모두 강물이 교차하며 흘러가고, 여러 과일이 있는데 그중에 박·포도·석류가 가장 맛있다. 회흘回紇이 한족과 함께 살다가 풍속이 점차 뒤섞여 중국과 자못 비슷하다. 또 남쪽에는 적목아성赤木兒城[18]이 있는데, 주민은 대부분 병주竝州·분주汾州 사람이다. 살펴보건대, 알말리크는 이리성伊犁城이다. 패라성 북쪽에 있는 호수는 바로 이리성에서 동북쪽으로 1백여 리 간 곳에 위치한 사이람호Sayram Lake[19]이다. 이곳을 지나면 모두 파미르고원 동쪽의 회흘 지역으로, 태조가 이미 복속시켜서 판도에 들어온 지 20여 년이 됐기 때문에 한족인 병주·분주 사람들이 그곳에서 장사를 하며 사는 것이다. 호랑이처럼 생긴 짐승[20]이 있는데, 털은 두껍고 금색으로 무늬가 없으며, 사람을 잘 해친다. 거미 같은 곤충[21]도 있어 사람들이 그 독에 쏘이면 답답하고 갈증이 나는데, 물을 마시면 즉시 죽으며, 포도주로 진탕 취하게 해서 토하면 해독된다. 향기로운 술이 있다. 패라성 서쪽은 금전·은전·동전을 사용하며, 무늬는 있는데 네모난 구멍이 없다. 지금 신강의 보이젼普爾錢에는 아직도 그 방식이 남아 있다. 트란스옥시아나Transoxiana[22]에 도착하니 말이 썰매[23]를 끌었는데, 무거운 것을 싣고 빠르게 달렸다. 어떤 사람이 말하길, 키르기스스탄Kyrgyzstan[24]에서는 말 대신 개가 끈다고 했다. 2월 24일에 준가르알라타우산Dzungarian Alatau[25]을 넘었는데, 두 산 사이의 토지는 평평해서 사람들이 많이 살며, 도랑이 띠를 이루고 있고 옛 성곽에는 무너진 담이 많았다. 물어보니 거란의 옛 거주지라고 했다. 여기서 말하는 거란은 서거란이다. 요遼나라의 후예로, 무리를 거느리고 서쪽으로 회부回部의 땅을 차지했는데, 파미르고원을 넘어 수천 리에 달했다. 태조가 나이만Naiman[26]을 멸하고 타이양칸Tayang Khan[27]을 사로잡자, 그의 아들 쿠츨루크Küčülüg[28]가 서거란으로 도망갔다가 얼마 지나지 않아 왕위를 찬탈했다. 또 10여 년 후에 태조가 서역을 정벌하자 멸망했다. 이곳은 그 옛 땅으로, 『장춘진인서유기長春眞人西遊記』에서 말하듯이 밭에 뽕나무와 삼이 심겨 있어, 막북漠北과는 다른 곳이다. 이리 서쪽 경내에 있어 아직 파미르고원을 넘어가기 전이다. 그곳은 카라코룸에서 5천 리 떨어져 있다. 가까이에 추강Chu River[29]이 있는데, 물결이 세차게 동쪽으로 흘러서 원주민들은 이곳이 황하黃河의 발원지라고 말한다. 이곳은 파미르고원 동쪽의 카슈가르강Kashgar River[30]의 발원지이다. 28일에 탈라스강 Talas River[31] 탑랄사하搭剌斯河이다. 을 건넜다. 3월 1일에 사이람성Sayram[32]에 도착했는데, 불탑이 있어 여러 회흘이 기도하는 곳이다. 『명사明史』에 "사이람[33]은 타슈켄트[34] 동쪽에 위치한다. 지금 타슈켄트성은 시린강Xilin River[35]의 북쪽에 위치하는데, 원나라 때는 서역으로 오갈 때 반드시 거쳐야 하는 길이다"라는 기록이 있다. 3일에 타슈켄트[36]를 지나갔는데, 여러 회흘이 삼월 삼짇날[37]처럼 장사하고 있었다. 4일에 나린강Naryn River[38]을 건너는데, 궁혜弓鞋[39] 같은 배를 타고 건넜다. 나린강은 곽천하灕闡河의 음역으로, 지금의 코칸트[40] 경내에 위치한다.

　사람들이 말하길, 황하는 남쪽의 큰 산에서 발원하며, 그 지역은 옥이 많이 생산된다고 하니, 아마도 곤륜산崑崙山인 것 같다. 살펴보건대, 파미르고원은 본래 곤륜으로, 원나라 사람들은 이미 이 말을 알고 있었다. 서쪽은 거북과 뱀이 많아 함께 뒤섞여 산다. 우체국과 객점은 벽돌로 되어 있고, 욕실과 문은 모두 유리로 장식했다. 사람들은 해마다 단지 금전 10문文을 세금으로 납부했지만, 빈부에 따라 차이가 있었다. 8일에 사마르칸트[41]를 지나갔다. 살펴보건대, 『원사』「태조본기太祖本紀」에는 16년에 직접 회회回回를 정벌해 심사간성尋思干城을 차지했다고 한다. 『장춘진인서유기』에도 사미사간성邪迷思干城에서 태조를 알현했다고 하는데, 바로 이곳이다. 지금의 사마르칸트[42]로, 코칸트에 위치하며 파미르고원 서쪽의 요충지이고, 원나라 태조가 군사를 주둔시킨 곳이기 때문에, 이상의 일을 통해 모두 태조 때 이미 차지한 나라임을 알 수 있다. 성은 크고 사람이 많다. 당시에 많은 꽃이 막 꽃을 피웠는데, 배꽃·장미·찔레꽃만 중국과 같았고, 나머지 대부분은 이름을 알 수 없었다. 성의 서쪽에 심은 식물은 포도와 메벼였다. 보리도 있었는데, 가을에 씨를 뿌렸다. 온 땅에 수십 종의 약초가 생산됐는데, 모두 중국에는 없는 것으로, 병을 치료하는 효과가 매우 좋았다. 14일에 아무다리야강[43]을 건넜다. 『원사』에서는 암포하暗布河, 아포하阿布河, 아모하阿母河라고도 하고, 『원비사元秘史』에서는 아매하阿梅河라고 하며, 『장춘진인서유기』에서는 아모하阿母河라고 하는데, 불경에 나오는 옥수스강이다. 발원지는 파미르고원의 아나바타프타이고, 서쪽으로 카스피해에 유입된다. 원나라 초에는 아모하에 원수부元帥府를 설치해 파미르고원 서쪽의 각 나라를 다스렸다. 여름에는 비가 오지 않지만, 가을이면 비가 와서 밭에 물을 댈 수 있었다. 그 지역에는 메뚜기가 많아 새가 날아다니다 잡아먹었다. 19일에 이축성里丑城[44]을 지났는데, 그 땅은 뽕나무와 대추나무가 있었으며, 서역을 정벌할 때 후방 진영[45]이 이곳에서 머물렀다. 26일에 말란Malan[46]을 지나고, 또 부샹Bushang[47]을 지났는데, 풀들은 모두 개자리풀이었고, 측백나무로 울타리를 둘렀다. 29일에 네이샤부르Neyshabur[48]를 지났는데, 산 전체가 모두 수정 모양의 소금으로, 서남쪽으로 6~7리에 걸쳐 있었다. 『장춘진인서유기』에는 철문을 넘어 동남쪽으로 가면 산기슭에서 소금 샘물이 흘러나오는데, 해가 뜨면 즉시 흰 소금으로 변한다. 또한 동남쪽으로 분수령을 지나면 서쪽으로 얼음과 같은 높은 계곡이 보이는데, 모두 소금이었다는 기록이 있다. 이상은 모두 태조 때에 이미 정복한 부락이다. 새로 얻은 나라는 알무라히드로, 소는 모두 낙타처럼 혹이 있으며 검은색이다. 그 지역은 물이 없어 원주민들이 산 사이에 우물을 파고 수십 리를 따라 아래로 물이 흐르게 해서 밭에 물을 댄다. 알무라히드에 속해 있는 산성은 360개로 이미 모두 복종했다. 살펴보건대, 이 나라는 파미르고원 서쪽, 지중해 동쪽에 위치한다. 『사주지리지四州地理志』의 고찰을 따르면, 터키가 페르시아를 멸망시켰고 몽골이 또 터키를 멸망시켰기 때문에 이곳이 터키임은 의심의 여지가 없다. 부하라[49]와 아프가니스탄의 서쪽에 위치한 지역으로, 『명사』에서 말한 합렬哈烈[50]로 추정되는데, 혹자는 합렬이 바로 아프가니스탄이라고 한다. 다만 담간Damghan[51] 서쪽에 산 하나가 있는데, 그 산성은 기르드흐Ghirdkuh[52]라고 하며, 홀로 우뚝 선 봉우리에 깎아지른 듯한 절벽에 있어 화살과 돌도 미칠 수 없다. [헌종] 6년(1256) 병진년에 친왕의 군대가 성 아래에 이르렀는데, 산성이 매우 높고 험해 위를 바라보았더니 모자가 떨어졌다. 모든 길로 한꺼번에 진격하니, 적이 크게 놀라 재상 나시르 알딘 알투시Nasir al-Din al-Tusi[53]에게 항복하라고 명하고, 이에 술탄 루큰 알딘 쿠르샤Rukn al-Din Khurshah[54]도 투항했다. 술탄은 국왕을 뜻한다. 위원이 살펴보건대, 술탄은 서역 국왕의 칭호로, 『원사』에는 산단算端, 『명사』에는 쇄로단瑣魯檀으로 되어 있고, 청조의 공문서에는 소륵탄蘇勒坦, 또는 속로단速魯檀으로 되어 있으며, 또 클라파에서는 그 왕을 수난(巡欄)이라 불렸는데, 사실 모두 한 음이 변한 것이다. 또한 흔도사탄痕都斯坦의 4글자도 흔도痕都는 국명, 사탄斯坦은 국왕의 뜻이다.[55] 서양 지도에서 파미르고원 서쪽의 각 나라를 사단±丹,[56] 사단±單으로 썼는데, 한 음이 여러 개로 번역되었지만, 모두 같은 뜻이다. 술탄의 아버지가 군사를 거느리고 산성을 점거하자, [친왕이] 아들을 보내 공격하게 하니, 7일 만에 함락되었다. 금은보화가 매우 많았고 천은의 가치가 있는 홀대笏帶도 있었다. 그 나라의 군사들은 모두 자객이다. 민간에서 용감한 남자가 보이면 이익을 미끼로 유혹해서 직접 아버지나 형을 죽이게 한 후에 군사로 충당해 술에 취하게 하고는 동굴로 부축해서 들어가 음악과 미녀들과 함께 며칠 동안 마음껏 즐기게 한 뒤 이전 장소로 데려다 놓았다. 깨어난 뒤에 그가 무엇을 보았는지 물어보고, 가르쳐서 자객으로 삼았다. 죽으면 그처럼 복을 누리기 때문에 그들에게 경문을 주어 날마다 암송시키는데, 대개 그들의 마음을 미혹시켜 죽어도 후회가 없게 하려는 것이다. 가령 복종하지 않는 나라는 반드시 그 군주를 죽인 후에야 그만두었으며, 비록 여인이라 하더라도 예외가 없었다. 알무라히드는 서역에서 가장 흉악해서 이웃 나라들을 40년 동안 위협했다. 친왕의 군대가 그들을 물리친 후 남김없이 모두 주살했다. 살펴보건대, 『당서唐書』에 따르면 대식국은 본래 페르시아로, 수천 명을 수용할 수 있는 예배당이 있어 매 7일이면 왕이 높은 자리에 앉아 아랫사람들에게 "적을 죽인 자는 천상에서 태어나며 적을 살해하면 복을 받는다"라고 말한다고 한다. 그래서 민간에서는 용감하게 싸운다. 또한 백의대식白衣大食과 흑의대식黑衣大食 두 나라로 나뉘었다고 하는데, 바로 지금의 백모회白帽回·흑모회黑帽回이다.

4월 6일에 흘립아성訖立兒城[57]을 지나갔다. 그곳의 뱀은 모두 발이 네 개로, 길이는 5자 남짓이며, 검은 머리에 몸은 누렇고 피부는 악어 같으며, 자줏빛 혀를 날름거린다. 알라무트[58]를 지났는데, 사람들은 머리를 풀어 헤치고 모두 붉은 모자를 눌러썼으며, 의복은 귀신처럼 푸른색이었다. 이곳이 바로 옛날의 흑의대식이다. 친왕의 군대가 서역으로 들어간 후에 항복한 나라가 거의 30개국이나 된다. 걸석미서乞石迷西라는 불국佛國이 인도의 서북쪽에 있는데, 부처의 가사와 발우가 전해져 온다. 그 나라 사람들의 용모는 매우 고풍스러워 전해져 내려오는 달마상達摩像과 같았고, 냄새나는 채소와 술을 먹지 않고 날마다 메벼 1합슴을 먹었으며, 불법佛法·선정禪定에 대해 저녁 늦게까지 논했다. 살펴보건대, 걸석미서는 지금의 카슈미르로, 『대당서역기大唐西域記』에서는 카스미라국(伽濕彌勒國)이라고 했으며 바로 북인도이다. 힌두스탄의 서북쪽에 있기 때문에 인도 서북쪽에 있다고 한 것이다. 이때는 북인도가 아직 이슬람교로 개종하기 전이다. 7년(1257) 정사년에 바그다드를 정복했는데, 남북이 2천 리로 그 왕은 알무스타심이다. 그 성은 동쪽 성과 서쪽 성이 있어 그 가운데에 큰 강물이 흐르며, 서쪽 성은 보루가 없고 동쪽 성은 견고하여 벽돌로 성 위에 그림을 그려 놓아 매우 성대했다. 친왕의 군대가 성 아래에 이르러 한 차례 교전에 정예병 40여만 명을 쳐부수니, 서쪽 성은 이미 함락되었고 사람들도 모두 도륙되었다. 동쪽 성을 포위하고 6일 만에 쳐부수니, 죽은 사람이 수십만 명이었다. 알무스타심은 배를 타고 달아나다가 사로잡혔다. 그 나라는 매우 부유하여 서역의 으뜸이었는데, 궁전은 모두 침단沈檀·오목烏木·강진降眞으로 만들었고, 벽은 모두 흑옥黑玉·백옥白玉으로 만들었으며, 금은보화가 셀 수 없을 정도였다. 그 황후와 비빈은 모두 한족이었다. 그곳의 큰 구슬은 태세탄太歲彈·난석蘭石·슬슬瑟瑟·금강찬金剛鑽의 종류이고, 천금의 가치가 있는 홀대가 있었다. 그 나라는 6백여 년 동안 40명의 군주가 있었고, 알무스타심에 이르러 망했지만, 사람들은 다른 나라보다 뛰어났다. 그곳의 말은 탈필찰脫必察이라고 했다. 알무스타심[59]은 술을 좋아하지 않아 오렌지주스에 설탕을 섞어 마셨다. 비파는 36현이 있었다. 이전에 알무스타심이 두통이 심했는데, 의원은 치료할 수 없었다. 한 악공이 72현으로 된 새로운 비파를 탔는데, 그 소리를 듣고 즉시 병이 나았다. 원주민은 바그다드를 선조로 여겼기 때문에 여러 종족 모두 신하로 복종했다. 살펴보건대, 바그다드는 지금의 페르시아(包社)로, 파사巴社라고도 하며 바로 백두회白頭回이다. 무함마드가 일찍이 이곳을 도성으로 삼았기 때문에 종주국이라고 말한 것이다.

바그다드의 서쪽으로 말을 타고 20일을 가면 메카가 있는데, 안에는 천사신天使神이 있으며, 여러 종족의 조상을 장사 지낸 곳이다. 스승은 파이감바르Paighambar[60]라고 했고, 신전 안에는 쇠밧줄이 매달려 있는데, 정성이 있으면 손으로 문지를 수 있었고 정성이 없으면 결국 문지를 수 없었다. 경문은 매우 많은데, 모두 파이감바르가 지은 것이다. 큰 성 수십 개를 관할했는데, 그곳 사람들은 모두 부귀했다. 살펴보건대, 이곳이 진짜 이슬람교의 종주국으로, 천방天方이라고도 하고 묵극默克이라고도 한다. 경전을 만든 선조는 파이감바르로, 여기에서는 벽안팔아擘顏八兒라고 했는데, 번역한 음은 다르지만 중국어로 천사를 말한다. 그렇기 때문에 천방天方은 바로 메카로, 그 나라는 페르시아의 서쪽에 있다. 한나라 때 안식국安息國은 바로 바그다드이고, 조지국條支國은 바로 메카이다. 이번 정벌은 오로지 이슬람 국가를 정복하는 것이었기 때문에 메카가 평정되자 군대를 되돌렸다. 인도를 정복했다는 것은 아마도 태조가 먼저 파미르고원 동서쪽에 있는 여러 이슬람 국가를 평정하고 헌종이 다시 파미르고원 서남쪽의 여러 이슬람 국가를 평정한 것이다. 서쪽에는 미스르가 있는데, 특히 부유하며 땅에서는 금이 나서 밤에 빛이 나는 곳을 보고 재로 표시를 해 두었다가 다음 날 그 곳을 파 보면 대추만 한 금이 나왔다. 바그다드까지는 6천여 리이다. 나라의 서쪽은 바로 바다이며, 바다의 서쪽에는 파랑국이 있는데, 여자들의 의관은 세속화 속 보살 옷 같고, 남자들의 호복胡服은 모두 멋지다. 잠

잘 때도 옷을 벗지 않고 비록 부부일지라도 다른 곳에서 거처했다. 큰 새가 있는데, 낙타의 발굽에 푸른색이고 날개를 펼치고 다니며, 높이는 1길 남짓이고 불을 먹으며, 그 알[61]은 1되 남짓이다. 살펴보건대, 미스르(密昔爾)는 불림국이고 그 서쪽의 파랑국(富浪)은 지중해 북쪽 섬이다. 낙타 발굽의 큰 새는 바로 『한서』에 기록된 안식국에서 난다는 타조[62]이다. 시라즈에서는 진주가 나고 그 왕은 아비시 카툰Abish Khatun[63]이다. 그 서남쪽은 바다로, 진주를 캐서 풀로 엮은 자루에 담는데, 단지 두 손에만 의지하고 허리에는 밧줄로 돌을 매달은 채 바다로 들어가 진흙이 묻은 조개를 캐서 자루에 담으며, 나쁜 벌레를 만나면 그곳에 식초를 뿌려 퇴치했다. 조개가 자루에 가득 차면 밧줄을 흔들어 뱃사람들이 끌어당기는데, 종종 죽는 경우도 있었다. 살펴보건대, 시라즈는 『원사』「곽간전」에 보인다. 다음은 6년 이후에 출정한 군사가 동쪽으로 돌아오는 길에 공격해 차지한 각 나라로, 대세로 모두 중인도에 속한다.

인도는 중국에서 가장 가까우며, 군민軍民은 1200만 호이고, 토산품으로는 세약細藥·큰 호두·진주·오목烏木·정향丁香[64]·빈설賓舌·빈철賓鐵[65] 등이 있다. 나라에는 큰 종이 걸려 있어 호소할 일이 있는 사람이 종을 치면 담당 관리가 그 사건과 시간을 기록하고, 왕조의 관리 또한 그 이름을 기록해서 속이는 일을 방지했다. 사람들은 부들로 집을 지었고, 여름이면 너무 더워 물속에서 살았다.

9년(1259) 기미년 7월에 셀주크Selçuk[66]의 이즈 알딘Izz al-Din[67]술탄이 투항했는데, 큰 성과 작은 성이 120개이고, 인구는 170만 명이었다. 산에서는 은이 산출된다. 흑거란국은 케르만Kerman[68]으로도 불리며, 왕은 쿠트브 알딘Qutb al-Din[69]술탄으로, 중국의 왕이 매우 현명하다는 소문을 듣고 또한 와서 투항했다. 바르시르Bardsir[70]에 있는 숫사자는 갈기와 꼬리가 갓끈 같아서 그것을 휘저으면 사람을 다치게 하며, 울부짖으면 소리가 뱃

속에서부터 나와서 말이 듣고는 두려워 피오줌을 싼다. 이리도 갈기가 있다. 공작은 중국 그림과 같이 생겼는데, 다만 꼬리가 날개 안에 있어 매일 정오에 날개를 펼친다. 제넷고양이는 토착 표범같이 생겼고, 똥과 오줌은 모두 사향 냄새가 난다. 앵무는 대부분 오색빛깔이고, 풍타風駝는 빨라서 그것을 타면 하루에 천 리를 갈 수 있다. 산호는 서남해에서 나며 철망으로 채취하는데, 높이가 3자나 되는 것도 있다. 난적蘭赤[71]은 서남해에 있는 섬의 돌 속에서 자라며, 오색 압사鴨思[72]의 가격이 가장 높고, 금강찬金剛鑽은 인도에서 나며, 고기를 큰 계곡 아래에 던져 놓으면 새가 그 고기를 먹은 뒤 싸는 똥 속에서 얻는다. 살파이撒巴爾[73]는 서해에서 난다. 대모玳瑁의 남은 결정체를 상어가 먹고 토해 내면 세월이 지나면서 뭉쳐져 만들어지는데, 그 가치는 금과 같으며 무소의 똥으로 가짜를 만든다. 골독서骨篤犀는 큰 뱀의 뿔로, 여러 독을 해독한다. 용종마龍種馬는 서해에서 나며 비늘과 뿔이 있고, 암말은 새끼가 있는 경우 함께 키우지 않는데, 끌고 바다에 들어가기 때문이다. 또한 조조皁雕[74]가 나는데, 한 번에 알 세 개를 낳고 그중에 알 하나에서는 개가 태어나며, 회색에 털이 짧고 어미 그림자를 따라 다니는데, 쫓는 것마다 잡지 못하는 것이 없다. 농종양龍種羊은 서해에서 나며, 양 배꼽을 흙에 심고 물을 주면 천둥소리를 듣고 자란다. 배꼽이 땅에 붙어 있다가 다 자랐을 때 나무로 놀라게 하면 배꼽이 떨어져 돌아다니며 풀을 뜯는데, 가을이 되면 잡아먹을 수 있다. 배꼽은 다시 씨앗이 된다. 살펴보건대, 양 배꼽에 관한 일은 또한 『당서』 「서역전」 불름국에 보인다. 또한 말의 말을 알아들을 수 있는 여자가 있어 길흉을 알며 매우 영험하다. 이러한 괴이한 일들은 일일이 다 기록할 수 없다. 왕복하는데 14개월이 걸렸다.

유욱이 말한다. 서역을 개척한 일은 장건에서 시작되었다. 그 토지와 산천은 그대로인데, 세월이 오래되어 국호가 바뀌었고 사건도 고증하기 어려웠다. 지금의 항가이산은 옛날의 금산金山이다. 인도는 한나라 때의 신독이다. 타조는 안식국에서 생산되는 대마작大馬爵이다. 미스르는 당나라 때 불름국의 땅이다. 살펴보건대, 불름국은 조지국의 서쪽에 있어 바다를 건너지 않는다. 『당서』에서 불름국은 바다 건너편의 대진국이라고 했는데, 이는 잘못된 것이다. 미스르는 지금의 유다국Judah[75]으로, 아프리카[76]와 가깝다. 이는 그 토산품과 풍속을 보면 알 수 있다. 또한 『당서』의 기록에 불름국은 도성과 4만 리 떨어져 있고 서해에 위치한다고 하는데, 이곳에서 생산되는 진귀한 물건도 지금의 지리와 똑같으니 의심의 여지가 없다. 중통中統[77] 4년(1263) 3월 유욱이 기록하다.

『사고전서총목』에 다음 기록이 있다.

『서사기』, 원나라 유욱이 찬했다. 유욱은 진정眞定[78] 사람으로, 이 책은 상덕이 서쪽으로 황제의 동생 훌라구[79]의 군대에 사신으로 갔다가 군대에서 다시 돌아오는 길에 본 바를 기록한 것이다. 왕운王惲이 일찍이 『옥당잡기玉堂雜記』에 수록한 『서사기』는 아마도 별도의 판본인 것 같다. 『원사』 「헌종기憲宗紀」에는 2년(1252) 임자년 가을에 석라를 보내 서역의 여러 술탄국을 정벌하게 했다고 하는데, 이때는 석라가 죽은 해이다. 3년(1253) 계축년 여름 6월에 여러 왕에게 명하자 훌라구는 울라간카다코타 Ulaɣanqada qota[80]에 도착한 뒤 군대를 거느리고 서역의 법륵갈파法勒噶巴·합태哈台 등의 나라를 정벌했다. 8년(1258) 무오년에 훌라구는 회회·법갈파法噶巴를 토벌해 평정한 후 그 왕을 사로잡고 사신을 보내 승리를 알렸다. 「세계표世系表」를 살펴보면 예종睿宗의 11명의 아들 중에 여섯 번째 아들이 훌라구이고 여러 왕 중에 따로 석라는 없다. 「곽간전」에는 "곽간은 임자년[81]에 훌라구를 따라 서쪽으로 갔다"라고 하니, 「서사기」에서 말한 임자년과 황제의 동생 석라가 조서를 받들고 군대를 통솔해서 서쪽으로 정벌을 떠나 6년 동안 영토를 몇만 리 확장했다는 말이 서로 부합되기 때문에 석라는 바로 훌라구이다. 『원사』가 명대에 편찬되었기 때문에 번역된 음이 잘못되어 하나는 석라, 하나는 석리괴홀라구]가 되어 두 사람으로 잘못 나뉜 것이다. 이에 「헌종기」에서 2년에 석라가 죽었다고 쓰고, 3년에 다시 훌라구가 서쪽을 정벌했다고 써서 계속 잘못 기록됐다. 『서사기』에서 상덕이 사신으로 서쪽에 간 때는 기미년 정월이니, 아마도 훌라구가 승리를 알린 다음 해이며, 견문에 의거해 기록했지만, 고적古蹟으로 고증할 수 없기 때문에 때때로 소문 같은 것이 섞여 들어간 것이다. 「곽간전」에 실린 내용과 『서사기』는 대략 같으며, 다만 이 말이 번역될 당시 우연히 음의 차이가 생겼을 뿐이다. 청조에서는 서역을 평정해 곤륜과 월돌月窟이 모두 판도에 들어왔다. 상덕이 지난 곳도 모두 지금에는 둔전을 설치한 영역 내의 지역이니, 자세한 것은 『서역도지西域圖志』에 보인다. 유욱의 『서사기』는 본래 군이 언급할 필요가 없으나 잠시 참고로 기록했을 뿐이다.

위원이 살펴보건대, 「서사기」에 실린 바에 따르면 이슬람국은 곧장 메카까지 가고 불국은 곧장 인도까지 가서 모두 파미르고원을 넘어 서해에 도착한 것이다. 지금 신강의 판도는 단지 파미르고원 동쪽에만 있는데, 어찌 둔전을 설치한 영역 내의 지역일 수 있겠는가? 『고종어제문집高宗御製文集』 「오천축설五天竺說」을 읽으면 청조는 먼 나라를 정벌하는 데는 힘쓰지 않았으니, 원나라와 무용을 다툴 필요도 없고 또한 아첨하는 말로 지난 왕조를 무고할 필요도 없다.

명나라 『직방외기職方外紀』에 다음 기록이 있다.

중국의 서남은 인도[82]로, 바로 천축 오인도이다. 인더스강 좌우에 위치하며, 그 나라 사람들의 얼굴은 모두 자주색이다. 남인도는 천문에 밝고 성학性學을 잘 알았으며 또한 온갖 기술과 솜씨도 뛰어났다. 붓과 종이가 없어 송곳으로 나뭇잎에 그리면서 글을 썼다. 국왕의 혈통은 세습되지 않고 자매의 아들이 왕위를 계승했으며, 친아들은 녹봉을 주어 스스로 살게 했다. 남자는 옷을 입지 않고 단지 1자 정도의 천으로 배꼽 아래만 가릴 뿐이었고, 여자는 천으로 머리에서 발까지 감쌌다. 풍속은 사농공상士農工商이 각각 그 생업을 대물림했다. 가장 존귀한 계층은 브라만이었고 다음은 나이르Nair[83]였다. 대체로 불교를 신봉하고 대부분은 제단을 설치해 제사를 지냈는데, 오늘날 연해 여러 나라 중 서양인과 교류하는 곳은 역시 대체로[84] 천주교를 신봉하고 있다.

그 지역은 고츠산맥Ghats[85]을 사이에 두고 남북으로 나뉜다. 남쪽은 산천·기후·조수鳥獸·충어蟲魚·초목 등이 각각 매우 괴이하다. 그 땅은 입하부터 추분까지 비가 오지 않는 날이 없지만, 나머지 날에는 구름 한 점도 없어 더위가 심해 견디기 어렵다. 다만 날마다 시원한 바람이 불어 더위를 해소시켜 주는데, 그 바람은 사시부터 신시까지는 바다 서쪽에서 불어오고, 해시부터 인시까지는 육지 동쪽에서 불어온다. 기이한 초목이 셀 수 없을 정도로 많다. 서양인 테렌츠Terrenz[86]가 일찍이 이 나라를 유람한 적이 있는데, 직접 본 초목 중 평생에 한 번도 보지 못한 것이 5백여 종이나 되었다. 그곳에서 나는 나무로 배를 만들면 매우 단단해서 영원히 부서지지 않는다. 야자수가 많이 나는데, 천하의 가장 좋은 목재로, 줄기는 배와 수레를 만들 수 있고 잎은 집을 덮을 수 있으며, 열매는 배고픔을 채울 수 있고 과즙은 갈증을 풀어 주며 술·식초·기름·엿을 만들 수 있다. 단단한 부분은 깎아서 못을 만들 수 있고,

껍질은 음식을 담을 수 있으며, 속은 새끼줄을 만들 수 있으니, 나무 한 그루를 심으면 한 집에서 필요한 이로움을 모두 얻을 수 있다. 또한 두 종류의 기이한 나무가 있는데, 한 나무는 음수陰樹로, 꽃은 모리화와 닮았고, 아침과 낮에는 꽃을 피우지 않다가 밤이 돼서야 꽃을 피우며, 새벽이 되면 모두 땅에 떨어진다. 나라 사람들은 이 나무 아래에서 자는 것을 좋아하는데, 아침이 되면 꽃이 온몸을 덮는다. 또 한 종류의 나무는 꽃을 피우지 않고, 열매를 맺으나 사람들이 먹을 수 없으며, 그 가지가 바람에 날리다가 아래로 늘어져 땅에 닿으면 곧 뿌리가 생겨 기둥처럼 서는데, 이렇게 오랜 세월이 지나면 거대한 숲을 이룬다. 나라 사람들은 그 아래 그늘을 집과 다름없이 여기는데, 1천 명까지 수용할 수 있다. 그 나무의 원래 줄기에서 가까운 곳에 부처를 모셨기 때문에 보살수菩薩樹라고 부른다. 새의 종류가 상당히 많다. 거대한 새[87]의 부리는 온갖 독을 해독할 수 있어 나라에서는 가장 귀하게 여겨 부리 하나에 금 50전이나 한다. 그 땅에서 나는 코끼리는 다른 나라의 코끼리와 달라서 사람의 말을 알아들을 수 있다. 원주민이 간혹 물건을 싣고 어느 장소로 가라고 하면 어김없이 그곳에 가고, 다른 나라의 코끼리들이 이 코끼리를 만나면 무릎을 꿇고 엎드린다. 독각수獨角獸가 있는데, 세상에서 수가 가장 적고 가장 기이하게 생겼으며 아프리카에도 있다. 이마 사이에 뿔이 하나 있는데, 그 뿔은 해독 작용이 뛰어나다. 이 땅에는 항상 독사가 있어 독사가 샘물을 마시면 물이 그 독에 오염되는데, 사람이나 짐승이 마시는 경우 반드시 죽는다. 모든 짐승은 물가에 있으면서 목이 말라도 감히 물을 마시지 않으며, 이 짐승이 오길 반드시 기다렸다가 뿔로 물을 휘저어 독이 해독되면 비로소 모든 짐승이 다가가 물을 마신다. 베네치아Venezia[88]의 창고에는 양각수兩角獸가 있는데, 국보로 칭한다고 한다. 또한 소처럼 생긴 짐승이 있으며, 몸은 코끼리처럼 크나 키는 조금 작고 두 개의 뿔이 있는데, 하나는 코 위에 하나는 목과 등 사이에 있다. 온몸을 덮은 가죽은 매우 단단하여 총과 화살도 들어갈 수 없고, 가죽이 이어진 부분은 갑옷처럼 배열되어 있으며, 가죽의 표면은 상어 가죽처럼 거칠고, 머리는 크고 꼬리는 짧다. 물속에서 수십

일 동안 살 수 있으며, 어려서부터 키우면 부릴 수도 있는데, 모든 짐승이 두려워 숨으며 유독 코끼리와 말을 싫어해 우연히 마주치면 반드시 쫓아가서 죽인다. 그 뼈와 살·가죽·뿔·송곳니·발굽·똥은 다 약으로 쓰며, 서양에서도 모두 귀중하게 여겨 파규罷虬라고 부르는데, 중국에서 말하는 기린麒麟·천록天祿·벽사辟邪가 그것이다. 날개가 달린 고양이가 있어 날 수 있다. 고양이만큼 큰 박쥐도 있다. 뱀 종류는 엄청 많은데, 대부분 독이 있다.

지세는 삼각형으로 되어 있어, 뾰족한 부분은 너비가 채 1백 보도 되지 않는다. 동서의 기후는 각기 서로 다르다. 이곳이 맑으면 저곳은 비가 내리고, 이곳이 추우면 저곳은 더우며, 이곳에 풍랑이 하늘을 가리면 저곳은 평지처럼 평온하다. 그래서 선박이 순풍을 타고 지나가다가 뾰족한 부분에 이르면 산을 뽑는 것처럼 나아가기가 어렵다. 이것이 남인도의 특이점이다.

또 다음 기록이 있다.

오인도 중에서 오직 남인도만이 여전히 그 옛 모습 그대로이고, 나머지 네 인도는 지금 모두 무굴 제국Mughal Empire[89]에 합병되었다. 무굴 제국은 매우 넓어서 14도道로 나뉘었고, 코끼리도 3천여 마리였으며, 근래 1백 년 동안 합병한 이웃 나라가 상당히 많다. 일찍이 서인도를 공격했을 적에 서인도 왕은 군사 50만, 말 15만, 코끼리 2백 마리를 거느렸고 코끼리마다 나무 누각 하나를 실었는데, 20명의 사람이 탈 수 있었다. 또 총포 1천 문門을 실었는데, 그중에서 대포는 4문이며, 소 2백 마리가 각 대포를 끌었다. 그리고 금과 은이 가득 담긴 50개의 거대한 항아리를 많이 싣고 막았지만, 승리하지 못해서 모두 무굴 제국 국왕이 차지하게 되었다.

또 동인도에는 안일安日이라는 큰 강이 있다. 바로 갠지스강이다. 나라 사람들은 이 강물에 한번 몸을 씻으면 지은 죄업이 모두 없어진다고 했다. 오인도 사람들은 모두 이 강에 가서 몸을 씻고 죄를 없애 하늘에서 살 수 있기를 바란다. 그 동쪽 믈라카Melaka[90] 근처에는 나라 사람들이 각각 4원소 중 하나를 신봉하는데, 죽은 후에 각각 신봉한 원소를 이용해 시신을 장례 지낸다. 예를 들면, 흙을 신봉한 사람은 흙으로 돌아가고, 물과 불을 신봉한 사람은 물과 불에 던져지며, 공기를 신봉한 사람은 공중에 시신을 매달아 두는데, 매우 특이하다.

元劉郁 『西使記』

—

　　憲宗皇帝二年壬子, 命皇弟旭烈統諸軍西征, 案: 旭烈卽錫喇, 一作錫里庫.

凡六年, 拓境幾萬里. 九年己未正月甲子, 常德 字江卿. 馳驛西覲. 自和林出兀

孫中, 西北行二百餘里, 地漸高. 入站經瀚海, 地極高寒, 雖酷暑雪不消, 山石

皆松文. 西南七日, 過瀚海, 行三百里, 地漸下. 案: 地高漸下者, 過阿爾泰山也.

有河闊數里, 曰昏木輦. 夏漲, 以舟楫濟. 數日, 過龍骨河, 卽烏龍古河, 在科布

多西南五百里. 復西北行, 與別失八里南路相直. 案: 元時天山南路曰別失八里,

治今烏魯木齊. 近五百里多漢民, 有麥·黍·穀. 河西注潴爲海, 約千餘里, 曰乞則

里八寺. 卽烏龍古河所西潴之赫薩爾巴什泊也. 乞則里八寺卽赫薩爾巴什, 譯音相

近. 多魚可食, 有碾磑, 亦以水激之. 行漸西, 有城曰業滿. 又西南行, 過孛羅城,

所種皆麥稻, 山多柏, 不能株, 駱石而長. 城居肆圍間錯, 土屋, 窗戶皆琉璃. 城

北有海, 鐵山風出往往吹行人墮海中. 西南行二十里, 有關曰鐵木爾懺察, 守關

者皆漢民. 關徑崎嶇似棧道. 出關至阿里麻里城, 市井皆流水交貫, 有諸果, 唯

瓜·葡萄·石榴最佳. 回紇與漢民同居, 其俗漸染, 頗似中國. 又南有赤木兒城,

居民多竝·汾人. 案: 阿里麻里卽伊犁城也. 孛羅城北之海, 卽伊犁東北百餘里之賽里木泊也. 此所過皆蔥嶺東回鶻地, 太祖時所已服者, 入版圖二十餘年, 故有漢民竝汾民商販其中. 有獸似虎, 毛厚金色無文, 善傷人. 有蟲如蛛, 毒中人則煩渴, 飮水立死, 惟過醉葡萄酒吐則解. 有蕾酒. 孛羅城迤西, 金·銀·銅爲錢, 有文而無孔方. 今回疆普爾錢尙其遺制. 至麻阿中, 以馬韡拖床遞鋪, 負重行疾. 或曰乞里乞西易馬以犬. 二月二十四日過亦塔, 兩山間土平民夥, 溝洫映帶, 多故壘壞垣. 問之, 蓋契丹故居也. 此契丹乃西契丹也. 遼之後裔, 率衆西據回部地, 踰蔥嶺數千里. 太祖滅乃蠻, 執太陽汗, 其子屈突律奔西契丹, 旋襲簒其位. 又十餘年, 太祖征西域, 滅之. 此其故土, 『長春西遊記』所云田疇桑麻異于漠北者. 在伊犁西境, 尙未踰蔥嶺也. 計其地去和林五千里. 而近有河曰亦, 運流洶洶東注, 土人云, 此黃河源也. 此蔥嶺東喀什噶爾河之源也. 二十八日, 過塔剌寺. 今塔剌斯河也. 三月一日, 過賽藍城, 有浮圖, 諸回紇祈拜之所. 『明史』: 賽蘭在塔失干之東. 今塔失干城在錫林河之北, 元時西域往返必由之路. 三日, 過別石蘭, 諸回紇貿易如上巳節. 四日, 過忽牽河, 渡船如弓鞋然. 忽牽河卽霍闡河之音轉, 今敖罕境內之納林源.

人云河源出南大山, 地多產玉, 疑爲崑崙山. 案: 蔥嶺本昆侖, 元人已有此語. 以西多龜蛇, 行相雜. 郵亭客舍敖如, 浴室門戶皆以琉璃飾之. 民賦歲止輸金錢十文, 然貧富有差. 八日, 過樿思干城. 案:『元太祖本紀』, 十六年親征回回, 克尋思干城. 『長春西遊記』見太祖于邪迷思干城, 卽此也. 卽今賽馬爾罕城, 在敖罕境, 爲蔥嶺以西扼要之地, 元太祖駐軍之所, 故知以上皆太祖時已服之國. 城大而民繁. 時群花正開, 唯梨花·薔薇·玫瑰如中國, 餘多不能名. 城之西所植皆葡萄·粳稻. 有麥, 亦秋種. 滿地產藥十數種, 皆中國所無, 藥物療病甚效. 十四日, 過暗布河. 『元史』或作暗布河, 或作阿布河, 又作阿母河, 『元秘史』作阿梅河, 『長春西遊記』作阿母河, 卽佛經之縛芻大河. 源出蔥嶺大龍池, 西注裏海者也. 元初置阿母河元帥府, 領蔥嶺以西各國. 夏不雨, 秋則雨, 漑田以水. 地多蝗, 有鳥飛食之. 十九日, 過里丑城, 其地有桑棗, 征西奧魯屯駐於此. 二十六日, 過馬蘭城, 又過納商城, 草皆苜蓿, 藩籬以柏. 二十九日, 過㣺埽爾城, 滿山皆鹽, 如水晶狀, 近西南六七里. 『長春西遊記』: 踰鐵門東南行, 山根有鹽泉流出, 見日卽成白鹽. 又東南經分水嶺, 西望高澗若冰, 皆鹽. 以上皆太祖時舊得之部落. 新得國曰木乃奚, 牛皆駝峰黑色. 地無水, 土人隔山嶺鑿井, 相沿數十里, 下通流以漑田. 所屬山城三百六十, 已而皆下. 案: 此國在蔥嶺西, 地中海之東. 以『四洲地理志』考之, 言都魯機滅包社, 而蒙古又滅都魯機, 則此爲都魯幾無疑. 在布哈爾·愛烏罕之西境, 疑『明史』所稱哈烈也, 或曰哈烈卽愛烏罕. 惟簮定西一山, 城名乞都布, 孤峰峻絶, 不能矢石. 六年丙辰, 王師至城下, 城絶高險, 仰視之, 帽爲墜. 諸道竝進, 敵大驚, 令其相臣大赭約失兒來納款, 已而兀魯兀乃算灘出降. 算灘, 猶國王也. 源案: 算灘爲西域國王之稱, 『元史』作算端, 『明史』作鎖魯檀, 本朝官書作蘇勒坦, 亦或速魯檀, 又葛留巴稱其王曰巡欄, 其實皆一音之轉也. 又痕都斯坦四字, 痕都, 國名, 斯坦, 卽國王也. 西洋地圖蔥嶺西各國或作士丹, 或作士單, 音凡數譯, 字皆一義. 其父領兵據山城, 令其子取之, 七日而陷. 金玉寶貨甚多, 一帶有值銀千笏者. 其國兵皆刺客. 俗見男子勇壯者利誘之, 令手刃父兄, 然後充兵醉酒, 扶入窟室, 娛以音樂·美女, 縱其欲數日, 復置故處. 旣醒, 問其所見, 敎之能爲刺客. 死則享福如此, 因授以經咒日誦, 蓋使蠱其心志, 死無悔也. 潛令使未服之國, 必刺其主而後已, 雖婦人亦然. 木乃奚在西域中最爲凶悍, 威脅隣國四十餘年. 王師旣克, 誅之無遺類. 案: 『唐書』大食本波斯地, 有禮堂容數千人, 每七日, 王高坐爲下說曰: "死敵者生天上, 殺敵授福." 故俗勇於鬪. 又言有白衣大食·黑衣大食, 分二國, 卽今白帽回·黑帽回也.

四月六日, 過訖立兒城. 所産蛇皆四跗, 長五尺餘, 首黑身黃, 皮如鯊魚, 口吐紫豔. 過阿剌丁城, 人被髮, 率以紅帕勒首, 衣靑如鬼然. 此卽古之黑衣大食

也. 王師自入西域, 降者幾三十國. 有佛國名乞石迷西, 在印毒西北, 蓋傳釋迦
氏衣鉢者. 其人儀狀甚古, 如世所繪達摩像, 不茹葷酒, 日啖粳一合, 所談皆佛
法·禪定, 至暮方語. 案: 乞石米西, 卽今克什米爾, 『大唐西域記』作伽濕彌勒國,
卽北印度也. 在溫都斯坦之西北, 故曰在印度西北. 此時北印度尙未改回敎. 七年
丁巳歲, 取報達國, 南北二千里, 其王曰合法里. 其城有東西城, 中有大河, 西
城無壁壘, 東城固之, 以甓繪其上, 甚盛. 王師至城下, 一交戰, 破勝兵四十餘
萬, 西城旣陷, 盡屠其民. 尋圍東城, 六日而破, 死者以數十萬. 合法里以舸走,
獲焉. 其國俗富庶, 爲西域冠, 宮殿皆以沈檀·烏木·降眞爲之, 壁皆黑白玉爲之,
金珠珍貝不可勝計. 其后妃皆漢人. 所產大珠曰太歲彈·蘭石·瑟瑟·金剛鑽之
類, 帶有值千金者. 其國六百餘年傳四十主, 至合法里而亡, 人物頗秀于諸國.
所產馬名脫必察. 合法里不悅酒, 以橙漿和糖爲飲. 琵琶三十六弦. 初, 合法里
患頭痛, 醫不能治. 一伶人作新琵琶七十二弦, 聽之立解. 土人相傳報達諸胡
之祖, 故諸胡皆臣服. 案: 報達卽今包社, 亦作巴社, 乃白頭回也. 穆罕默德曾都此,
故亦云祖國.

　報達之西, 馬行二十日, 有天房, 內有天使神, 胡之祖葬所也. 師名癖顏八
兒, 房中懸鐵絙, 以手捫之, 誠可及, 不誠者竟不得捫. 經文甚多, 皆癖顏八所
作. 轄大城數十, 其民富貴. 案: 此眞回敎祖國, 亦名天方, 亦名墨克. 其造經之祖,
曰派罕巴爾, 此作癖顏八兒, 蓋譯音不同, 華言天使也. 然則天方卽天房, 其國在包
社之西. 漢安息國卽報達也, 條支國卽天方也. 此役爲專征回國, 故旣平天方始旋
師. 服印度蓋自太祖先平蔥嶺西東諸回國, 憲宗乃復平蔥嶺西南諸回國也. 西有密
昔爾國, 尤富, 地產金, 夜視有光處誌之以灰, 翼日發之, 有大如棗者. 至報達
六千餘里. 國西卽海, 海西有富浪國, 婦人衣冠如世所畫菩薩狀, 男子胡服, 皆
好善. 寢不去衣, 雖夫婦亦異處. 有大鳥, 駝蹄蒼色, 鼓翅而行, 高丈餘, 食火,
其如升餘. 案: 密昔爾卽蒲林國, 其西富浪則地中海北島夷也. 駝蹄大鳥卽『漢書』

安息所産大馬爵. 其石羅子國出珍珠, 其王名奧思阿塔卑. 其西南, 海也, 採珠盛以草囊, 止露兩手, 腰絚石墜入海, 取蚌竝泥沙貯于囊, 中遇惡蟲, 以醋噀之卽去. 旣得蚌滿囊, 撼絚, 舟人引出之, 往往有死. 案: 石羅子國見『元史』「郭侃傳」. 以下乃六年以後班師回東便道攻取各國, 大抵皆屬中印度也.

印度國去中國最近, 軍民一千二百萬戶, 所出細藥·大胡桃·珠寶·烏木·雞舌·賓舌·賓鐵諸物. 國中懸大鐘, 有訴者擊之, 司鐘者紀其事及時, 王官亦紀其名, 以防奸欺. 民居以蒲爲屋, 夏大熱, 人處水中.

九年己未歲七月, 兀林國阿旱算灘來降, 城大小一百二十, 民一百七十萬. 山産銀. 黑契丹國名乞里彎, 王名忽敎馬丁算灘, 聞王大賢, 亦來降. 其拔里寺大城, 獅子雄者鬃尾如纓, 拂傷人, 吼則聲從腹中出, 馬聞怖溺血. 狼有鬃. 孔雀如中國畫者, 惟尾在翅內, 每日中振羽. 香貓似土豹, 糞溺皆香如麝. 鸚鵡多五色, 風駝急使乘之, 日可千里. 珊瑚出西南海, 取以鐵網, 高有至三尺者. 蘭赤生西南海山石中, 有五色鴨思價最高, 金剛鑽出印毒, 以肉投大澗底, 飛鳥食其肉, 糞中得之. 撒巴爾出西海中. 蓋璚瑁之遺精, 蛟魚食之吐出, 年深結成, 價如金, 其假者卽犀牛糞爲之也. 骨篤犀, 大蛇之角也, 解諸毒. 龍種馬出西海中, 有鱗角, 牝馬有駒, 不敢同牧, 被引入海中. 復出阜雕一産三卵, 內一産生犬, 灰色而毛短, 隨母影而走, 所逐擒無不獲者. 壟種羊出西海, 以羊臍種土中, 漑以水, 聞雷而生. 臍系地中, 及長, 驚以木, 臍斷便行, 齧草, 至秋可食. 臍肉復有種. 案: 羊臍事亦見『唐書』「西域傳」拂菻國. 又一胡婦解馬語, 卽知吉凶, 甚驗. 其怪異等事, 不可殫記. 往返十四月.

郁款曰: 西域之開, 始自張騫. 其土地山川固在也, 然世代浸遠, 國號變易, 事亦難考. 今之所謂瀚海, 卽古金山也. 印毒卽漢身毒也. 曰駝鳥者, 卽安息所産大馬爵也. 密昔爾, 卽唐拂菻地也. 案: 拂菻卽在條支之西, 不渡海. 『唐書』乃以拂菻卽隔海之大秦, 誤也. 密昔爾, 今爲如德亞國, 近利未亞州. 觀其土産風俗可知已. 又『唐書』載拂菻去京師四萬里, 在西海上, 所產珍異之物與今日地理正同, 蓋無疑也. 中統四年三月劉郁記.

　　『四庫書目』曰:『西使記』, 元劉郁撰. 郁眞定人, 是書記常德西使皇弟錫里庫軍, 軍中返道途之所見. 王惲嘗載入『玉堂雜記』中, 此蓋別行之本也.『元史』「憲宗紀」: 二年壬子秋, 遣錫喇征西域蘇丹諸國, 是歲錫喇薨. 三年癸丑夏六月, 命諸王錫里庫及烏蘭哈達, 帥師征西域法勒噶巴·哈台等國. 八年戊午, 錫里庫討回回法噶巴, 平之, 擒其王, 遣使來獻捷. 考「世系表」, 睿宗十一子, 次六曰錫里庫, 而諸王中別無錫喇.「郭侃傳」"侃, 壬子從錫里庫西行", 與此記所云壬子歲·皇弟錫喇統諸軍奉詔西征, 凡六年, 拓境幾萬里者相合, 然則錫喇卽錫里庫. 因『元史』爲明代所修, 故譯音訛舛, 一以爲錫喇, 一以爲錫里庫, 誤分二人. 而『憲宗紀』二年書錫喇薨, 三年重書錫里庫征西, 遂相承誤載也. 此記言常德西使在己未正月, 蓋錫里庫獻捷之明年, 所記雖但據見聞, 不能考證古蹟, 然亦時有異聞.「郭侃傳」所載與此略同, 惟譯語時偶有訛異耳. 我朝戡定西域, 崑崙·月䐃盡入版圖. 計常德所經皆在今屯田列障之內, 具詳『西域圖志』. 劉郁所紀本不足道, 姑錄以備考耳.

　　源案: 此記所載, 回國則直造天方, 佛國則直窮印度, 皆踰蔥嶺而抵西海. 今新疆版圖僅有蔥嶺以東, 安能在屯田列障之內? 讀『高宗御製』「五天竺說」, 則我朝不勤遠略, 無庸與元代爭黷武, 亦不必以諛詞誣往代也.

　　明『職方外紀』: 中國之西南曰印弟亞, 卽天竺五印度也. 在印度河左右, 國人面皆紫色. 其南土曉天文, 頗識性學, 亦善百工技巧. 無筆札, 以錐畫樹葉爲書. 國王之統, 例不世及, 以姊妹之子爲嗣, 親子弟給祿自膳. 男子不衣衣, 僅以尺布掩臍下, 女人有以布纏首至足者. 其俗士農工賈各世其業. 最貴者曰婆羅門, 次曰乃勒. 大抵奉佛, 多設齋醮, 今沿海諸國與西客往來者, 亦率奉天主教.

其地有加得山, 中分南北. 南半則山川·氣候·鳥獸·蟲魚·草木之屬, 無不各極詭異. 其地自立夏以至秋分, 無日不雨, 反是則片雲不合, 酷暑難堪. 惟日有涼風解之, 其風自巳至申從海西來, 自亥至寅從陸東來. 草木異于常者不可屈指. 西友鄧儒望嘗遊其國, 獲覩草木生平未嘗見者至五百餘種. 其所產木, 以造舟極堅, 永不破壞. 多產椰樹, 爲天下第一良材, 幹可造舟車, 葉可覆屋, 實能療饑, 漿能止渴, 又可爲酒·爲醋·爲油·爲飴糖. 堅處可削爲釘, 殼可盛飮食, 瓢可索綯, 種一木而一室之利畢賴之矣. 又有二奇木, 其一名陰樹, 花形如茉莉, 且晝不開, 至夜始放, 向晨盡落地矣. 國人好臥于樹下, 至蚤花覆滿身. 其一木不花而實, 人不可食, 其枝飄揚下垂, 附地便生根若柱, 如是歲久, 結成巨林. 國人蔭其下, 無異屋宇, 至有容千人者. 其樹之中近原幹處, 則以供佛, 名菩薩樹. 鳥類最多. 有巨鳥吻, 能解百毒, 國中甚貴之, 一吻直金錢五十. 地產象, 異于他種, 能識人言. 土人或命負物至某地, 往輒不爽, 他國象遇之則蹲伏. 有獸名獨角, 天下最少, 亦最奇, 利未亞亦有之. 額間一角, 極能解毒. 此地恒有毒蛇, 蛇飮泉水, 水染其毒, 人獸飮之必死. 百獸在水次, 雖渴不敢飮, 必俟此獸來, 以角攪其水, 毒遂解, 百獸始就飮焉. 勿棚祭亞國庫云有兩角, 稱爲國寶. 又有獸形如牛, 身大如象而少低, 有兩角, 一在鼻上, 一在項背間. 全身披甲甚堅, 銃箭不能入, 其甲交接處比次如鎧甲, 甲面犖確如鯊皮, 頭大尾短. 居水中可數十日, 從小豢之亦可馭, 百獸俱懾伏, 尤憎象與馬, 偶值必逐殺之. 其骨肉皮角牙蹄糞皆藥也, 西洋俱貴重之, 名爲罷達, 或中國所謂麒麟·天錄·辟邪之類. 其貓有肉翅能飛. 蝙蝠大如貓. 蛇種類極多, 大半俱毒.

地勢爲三角形, 末銳處闊不百步. 東西氣候無不各極相反. 此晴則彼雨, 此寒則彼熱, 此風濤蔽天則彼穩如平地矣. 故海舶有乘順風而過者, 至銳處則行如拔山. 此南印度之尤異也.

又曰: 印度有五, 惟南印度尙仍其舊, 餘四印度今皆爲莫臥爾回國所倂矣.
莫臥爾國甚廣, 分爲十四道, 象至三千餘隻, 近百年內吞倂隣國甚多. 嘗攻西印
度, 其西印度王統兵五十萬·馬十五萬·象二百, 每象負一木臺, 容人可二十. 又
載銃千門, 其大者四門, 每門駕牛二百. 又盛載金銀滿五十巨囊以禦之, 不勝,
盡爲莫臥爾國王所獲.

又東印度有大河名安日. 卽恒河. 國人謂經此水一浴, 所作罪業悉得消除.
五印度之人咸往沐浴, 冀得滅罪生天也. 其東近滿剌加處, 國人各奉四元行之
一, 死後各用本行葬其屍. 如奉土者入土, 奉水火者投水火, 至奉氣者則懸掛屍
于空中, 亦大異也.

주석

1   헌종황제憲宗皇帝: 몽골 제국의 제4대 대칸인 몽케칸Möngke Khan(재위 1251~1259)의 묘호이다. 시호는 환숙황제桓肅皇帝이다.

2   홀라구: 원문은 '욱렬旭烈'이다.

3   9년: 광서 2년본에는 '10년'으로 되어 있으나, 역사적 사실에 따라서 고쳐 번역한다.

4   카라코룸Karakorum: 원문은 '화림和林'이다. 옛 땅은 지금의 몽골 공화국 서부 오르혼강 상류 부근에 위치한다.

5   올손兀孫: 고대 국가인 오손국烏孫國이 있던 곳으로, 옛 땅은 지금의 신강 위구르 자치구와 카자흐스탄 지역에 걸쳐 위치해 있었다.

6   항가이산Hangain nuruu: 원문은 '한해瀚海'로, 항애산杭愛山이라고도 한다. 지금의 내몽골 서부 오르도스 서북쪽과 음산산맥陰山山脈 남쪽 사이에 위치한다.

7   알타이산맥Altai Mountains: 원문은 '아이태산阿爾泰山'이다.

8   불강강Bulgan River: 원문은 '혼목련昏木輦'으로, 포이근하布爾根河라고도 한다. 목련은 강을 의미하며, 지금의 몽골 서쪽에 위치한다.

9   코브도Kobdo: 원문은 '과포다科布多'로, 지금의 몽골 북서부에 있는 도시 호브드Hovd이다.

10   베쉬발릭Beshbalik: 원문은 '별실팔리別失八里'로, 별석파別石把라고도 한다. 옛 땅은 지금의 신강 위구르 자치구 지미사르Jimisar 북쪽에 위치한다.

11   우룸치Urumqi: 원문은 '오로목제烏魯木齊'이다.

12   걸칙리팔사乞則里八寺: 돌궐어 키질바시Kızılbaş의 음역으로, 붉은 머리라는 뜻이다. 붉은 머리의 물고기가 많이 살기 때문에 이렇게 불린다.

13   업만業滿: 섭밀립葉密立, 미리迷里, 섭밀리葉密里라고도 하며, 신강 위구르 자치구 에밀강Emil river 강변에 위치한다.

14 패라성孛羅城: 보랄普剌, 불랄不剌이라고도 하며, 옛터는 지금의 보르타라시Börtala 동남쪽에 위치한다.

15 에비호Ebi Lake: 원문은 '해海'이다.

16 철산鐵山: 에비호 서남쪽에 있는 광산이다.

17 알말리크Almalyk: 원문은 '아리마리성阿里麻里城'으로, 중앙아시아 천산북로에 있던 옛 오아시스 도시이다.

18 적목아성赤木兒城: 한나라 오손국이 있었던 적곡성赤谷城이다. 지금의 이리강Ili River 지류인 테케스강Tekes River 남쪽에 위치한다.

19 사이람호Sayram Lake: 원문은 '새리목박賽里木泊'이다.

20 호랑이처럼 생긴 짐승: 원문은 '수사호獸似虎'이다. 카라칼Caracal로, 힘이 세고 사나우며 털은 길고 짙은 갈색에 반점이 없다. 몽골인이 매우 귀하게 여겼다고 한다.

21 거미 같은 곤충: 원문은 '충여주蟲如蛛'이다. 다리가 길고 잘 달리며 한 번 물리면 바로 즉사하는 팔차충八叉蟲을 가리킨다.

22 트란스옥시아나Transoxiana: 원문은 '마아중麻阿中'이다. 강 너머의 땅이라는 아랍어 마 와라 안나흐르Mā Warā' an-Nahr의 음역으로, 시르다리야강과 아무다리야강 사이에 위치한 지역을 가리킨다.

23 썰매: 원문은 '타상체포拖狀遞鋪'이다. 『신당서』에서는 민간에서 목마를 타고 빙판 위를 달린다고 했는데, 바로 이 도구를 말한다.

24 키르기스스탄Kyrgyzstan: 원문은 '걸리걸서乞里乞西'로, 길리길사吉利吉思라고도 한다.

25 준가르알라타우산Dzungarian Alatau: 원문은 '역도산亦堵山'이다. 지금의 이식쿨호 북쪽에 위치한다.

26 나이만Naiman: 원문은 '내만乃蠻'으로, 터키계 부족이다. 10~13세기에 알타이산맥 동서에 걸쳐 건국했으나 1218년 몽골군에게 멸망했다.

27 타이양칸Tayang Khan: 원문은 '태양한太陽汗'으로, 태양한太陽罕, 탑양한塔陽汗, 태양가한太陽可汗이라고도 한다. 본명은 타이 부카Tai Buqa(1134~1204)로, 나이만족의 마지막 칸이다.

28 쿠출루크Küčülüg: 원문은 '굴돌률屈突律'이다. 쿠출루크(1156?~1218)는 타이양칸의 아들로, 서요西遼에 망명했다.

29 추강Chu River: 원문은 '역亦'으로, 쇄섭수碎葉水, 소섭수素葉水, 섭수葉水, 세섭천細葉川, 수하垂河, 취몰련吹沒輦, 취하吹河라고도 하며, 지금의 중앙아시아 키르기스스탄 일대를 흐르는 강이다.

30 카슈가르강Kashgar River: 원문은 '객십갈이하喀什噶爾河'이다.

31 탈라스강Talas River: 원문은 '탑랄사塔剌寺'로, 키르기스스탄에 있는 강이다.

32 사이람성Sayram: 원문은 '새람賽藍'으로, 색람塞藍이라고도 하며 옛 땅은 지금의 우즈베키스탄 타슈켄트 동북쪽에 위치한다.

33 사이람: 원문은 '새란賽蘭'이다.

34 타슈켄트: 원문은 '탑실간塔失干'으로, 달실간達失干이라고도 하며 지금의 우즈베키스탄 수도이다.

35 시린강Xilin River: 원문은 '석림하錫林河'로, 지금의 중국 내몽골 자치구를 흐르는 강이다.

36 타슈켄트: 원문은 '별석란別石蘭'이다.

37 삼월 삼짇날: 원문은 '상사절上巳節'로, 봄을 알리는 절기이다.

38 나린강Naryn River: 원문은 '홀견하忽牽河'이다.

39 궁혜弓鞋: 끝이 뾰족하게 위로 솟은 신발로, 전족한 여자들이 신었다.

40 코칸트: 원문은 '오한敖罕'으로, 지금의 우즈베키스탄 페르가나주에 위치한다.

41 사마르칸트: 원문은 '심사간성樳思干城'이다.

42 사마르칸트: 원문은 '새마이한성賽馬爾罕城'이다.

43 아무다리야강: 원문은 '암포하暗布河'로, 아포하阿布河, 아모하阿母河, 아매하阿梅河라고도 한다.

44 이축성里丑城: 지금의 투르크메니스탄Turkmenistan 마리Mary로 추정된다.

45 후방 진영: 원문은 '오로奧魯'로, 몽골어 아구르그Aghurugh의 음역이다. 출정할 때 군사의 가족들이 머무는 곳을 말한다.

46 말란Malan: 원문은 '마란성馬蘭城'으로, 지금의 아프가니스탄 헤라트 하리

강Hari Rud 남쪽에 위치한다.

47 부샹Bushang: 원문은 '납상성納商城'으로, 하리강 서쪽에 위치한다.

48 네이샤부르Neyshabur: 원문은 '체소이성嚹埽爾城'으로, 원나라 때는 니사불아你沙不兒, 내사불이乃沙不耳, 닉찰불아匿察不兒라고도 했으며, 지금의 이란에 위치한다.

49 부하라: 원문은 '포합이布哈爾'로, 지금의 우즈베키스탄 중부에 위치한다.

50 합렬哈烈: 지금의 우즈베키스탄 헤라트이다.

51 담간Damghan: 원문은 '첨정櫍定'으로, 지금의 이란 북부 셈난주에 위치한다.

52 기르드흐Ghirdkuh: 원문은 '걸도포乞都布'이다.

53 나시르 알딘 알투시Nasir al-Din al-Tusi: 원문은 '대자약실아大赭約失兒'이다. 나시르(1201~1274)는 페르시아의 수학자, 천문학자, 철학자, 신학자, 생물학자이다.

54 루큰 알딘 쿠르샤Rukn al-Din Khurshah: 원문은 '올로올내산탄兀魯兀乃算灘'이다. 루큰 알딘 쿠르샤(1230~1256)는 페르시아 아사신의 제8대 수장이자 최후의 수장이며 무함마드 3세의 아들이다.

55 흔도사탄痕都斯坦의 … 뜻이다. 흔도사탄은 힌두스탄Hindustan의 음역이며, 스탄stan은 페르시아어로 토지를 의미한다.

56 사단士丹: 광서 2년본에는 '토단土丹'으로 되어 있으나, 발음상 사단으로 고쳐 번역한다. 이하 동일하다.

57 흘립아성吃立兒城: 이란의 마잔다란 동쪽 경내에 위치한다.

58 알라무트: 원문은 '아랄정성阿剌丁城'이다.

59 알무스타심: 원문은 '합법리合法里'이다. 광서 2년본에는 '후법리后法里'로 되어 있으나, 『서사기』에 따라서 고쳐 번역한다.

60 파이감바르Paighambar: 원문은 '벽안팔아𤼎顔八兒'이다.

61 알: 원문은 '난卵'이다. 원문에는 없으나 『서사기』에 따라서 고쳐 번역한다.

62 타조: 원문은 '대마작大馬爵'이다.

63 아비시 카툰Abish Khatun: 원문은 '오사아탑비奧思阿塔卑'로, 아부 바크르 이븐 사드Abu Bakr ibn Sa'd의 딸이다.

64 정향丁香: 원문은 '계설雞舌'이다.

65 빈철賓鐵: 빈철鑌鐵이라고도 한다. 좋은 품질의 철이며 단단해서 예리한 검을 만들 수 있다.

66 셀주크Selçuk: 원문은 '올림국兀林國'으로, 수도는 코니아Konya이다.

67 이즈 알딘Izz al-Din: 원문은 '아조산탄阿早算灘'이다.

68 케르만Kerman: 원문은 '걸리만乞里彎'으로, 걸력마아乞力麻兒, 흘력마아吃力麻兒, 걸리마니乞里馬泥라고도 한다. 지금의 이란 남부 연해 지역에 위치한다.

69 쿠트브 알딘Qutb al-Din: 원문은 '홀교마정忽敎馬丁'이다.

70 바르시르Bardsir: 원문은 '발리사대성拔里寺大城'으로, 케르만의 주요 도시이다.

71 난적蘭赤: 보석의 일종으로, 라피스라줄리lapis lazuli를 말한다.

72 압사鴨思: 보석의 일종으로, 벽옥을 말한다.

73 살파이撒巴爾: 용연향의 일종이다.

74 조조皁雕: 검은 독수리이다.

75 유다국Judah: 원문은 '여덕아국如德亞國'이다.

76 아프리카: 원문은 '리미아주利未亞州'이다.

77 중통中統: 몽골 제국 세조 쿠빌라이 칸의 첫 번째 연호(1260~1264)이다.

78 진정眞定: 지금의 하북성河北省 서남쪽에 있는 정정현正定縣이다.

79 홀라구: 원문은 '석리고錫里庫'이다.

80 울라간카다코타Ulayanqada qota: 원문은 '오란합달烏蘭哈達'로, 지금의 내몽골 자치구에 위치한다.

81 임자년: 원문은 '왕자王子'로 되어 있으나, 역사적 사실에 따라서 임자壬子로 고쳐 번역한다.

82 인도: 원문은 '인제아印弟亞'이다.

83 나이르Nair: 원문은 '내륵乃勒'으로, 15~16세기 인도 서남부 지역의 귀족을 지칭한다.

84 대체로: 원문은 '율率'이다. 광서 2년본에는 '점漸'으로 되어 있으나, 『직방외기』에 따라서 고쳐 번역한다.

85 고츠산맥Ghats: 원문은 '가득산加得山'으로, 인도 남부에 위치한다.

86 테렌츠Terrenz: 원문은 '등유망鄧儒望'이다. 예수회 신부 요한 슈렉Johann Schreck(1576~1630)으로, 독일인이다. 칙명으로 『숭정역서崇禎曆書』 편찬에 참여했으며, 저서로는 물리학 연구서인 『기기도설奇器圖說』과 해부학 서적인 『인신설개人身說概』 등이 있다.

87 거대한 새: 원문은 '거조巨鳥'로, 코뿔새이다.

88 베네치아Venezia: 원문은 '물닉제아국勿搦祭亞國'이다.

89 무굴 제국Mughal Empire: 원문은 '막와이회국莫臥爾回國'이다.

90 믈라카Melaka: 원문은 '만랄가滿剌加'이다.

갠지스강 고찰 상

—

위원

묻건대, 진晉·위魏·당唐 이래로 역대의 고승들은 서역으로 가면서 모두 파미르고원에서 인더스강을 따라 남쪽으로 가서 중인도와 서인도에 도착했고, 이제까지 갠지스강을 따라간 스님은 없었으니, 설마 갠지스강이 파미르고원에서 발원하지 않고 동쪽 구석에 치우쳐 있어서 그런 것인가? 불경에서 설법할 때 종종 갠지스강에 비유하고, 프라세나지트왕과 여러 대제자大弟子가 오고 간 흔적도 모두 갠지스강에 있으며, 이제까지 인더스강에 대한 언급이 한마디도 없었으니, 설마 부처는 평생 동인도와 남인도에만 치우쳐 다녔고, 중인도와 서인도는 가지 않았단 말인가? 파미르고원의 대용지大龍池는 아나바타프타로, 4대 강의 수원이고 사해四海로 나뉘어 유입되지만, 인더스강과 갠지스강은 모두 남해로 유입되는데, 어찌해서 중국인들은 모두 인더스강²이 서해로 유입된다고 했단 말인가?

위원이 말한다. 갠지스강은 발원지는 같으나 두 길로 나뉘어 흐르니,

파미르고원 아나바타프타에서 발원한 것이 갠지스강의 본류이고, 인도에 이르러서는 두 지류로 나뉜다. 하나는 서인도에서 바다로 들어가는 것으로 서갠지스강이고, 또 하나는 동인도에서 바다로 들어가는 것으로 동갠지스강이다. 부처는 중인도의 슈라바스티국에서 태어나 일생 동안 법륜法輪을 펼치면서 대부분 서갠지스강 주위에 있었고, 동갠지스강은 어쩌다 가는 곳이었지 항상 가는 곳은 아니었다. 후세에 각지에서 동인도의 강을 갠지스강이라 부르게 되면서 서갠지스강은 인더스강으로 잘못 부르게 되었고, 이에 상류가 파미르고원에서 발원하기 때문에 인더스강으로 통칭하게 되었다. 신도하信度河나 신두하新頭河는 모두 인더스(印度)의 음역이다. 다만 『양서』에서는 "천축국은 신두新頭라 불리는 큰 강에 접해 있는데, 곤륜산에서 발원하고 다섯 갈래의 강으로 나뉘며, 항수라고 총칭한다"라고 했고, 또 역도원酈道元은 『수경주』에서 석씨의 『서역기』를 인용하여 다음과 같이 말했다. "아누달태산阿耨達太山 위에는 큰 연못이 있으며, 궁전과 누각이 매우 크다. 이 산은 바로 곤륜산으로, 곤륜산에서는 6개의 큰 강물이 나온다. 산의 서쪽에 있는 강물의 명칭은 신두하이고, 서남쪽에는 3개³의 강물이 있는데, 야무나강, 살윈강, 강가강으로, 모두 같은 산에서 나와 항수로 유입된다." 항수의 한 지류는 리간犂軒이라 불리는 대진국에서 나오고, 한 지류는 동쪽으로 흘러 동해로 들어가니, 아마도 이 두 지류가 유입되는 곳이 두 바다이므로 자연히 동갠지스강과 서갠지스강이 되었을 것이다. 또한 강태의 『부남전』에서는 "항수의 발원지는 바로 서북쪽 끝의 곤륜산으로, 5대 강의 발원지이다. 후글리강은 곤륜산에서 나와 서북쪽으로 흐르다가 동남쪽에서 바다로 유입된다"라고 했는데, 후글리강은 바로 항수로, 강을 건너 서쪽으로 가면 대진국에 이른다. 이는 바로 인더스강이 서갠지스강이고, 인더스강의 발원지가 갠지스강의 발원지임을 말하는 것이다. 『법현전』에서는 상류는 비록 일반적인 명칭을 따라 인더스강이라고 했지만, 하류는 갠지스강이라고 했다. 또한 동쪽으로 가면 탐랄리프티국에 이르는데, 바로 해구이다. 리간은 조지국條支國 서해 가의 땅으로, 이곳에서도 역시 인더스강을 항수라고 했다. 만약 오로지 동인도의 강만을 항수라고 한다면, 어찌 인더스강을 관통해서 서북쪽으로 리간에 이르고, 또 인더스강을 관통해서 동남쪽으로 벵골Bengal[4]에 이를 수 있겠는가? 발원지는 같으나 흐르는 방향이 다른 것이 하늘의 별자리처럼 밝고 분명한데, 어찌 그 지류 하나만을 가지고 그 발원지를 잘못 말하여 불경에서 [인더스강에 대해] 한마디도 언급하지 못하게 만들었단 말인가?

아나바타프타에서 서해로 유입되는 물은 인더스강이 마땅하니, 현장의 『대당서역기』가 잘못된 탓이다. 동갠지스강과 서갠지스강이 모두 지중해가 아니라 남해로 유입된다면, 어찌 인더스강의 해구가 서해가 될 수 있겠는가? 또한 어찌 하나의 갠지스강을 나누어 두 강으로 만들 수 있겠는가? 별도로 『곤륜편崑崙篇』 하에서 상세히 다루었다. 다만 『수경주』에서는 비록 갠지스강이 하류에서 나뉘어 유입된다고는 했지만, 상류의 어느 곳에서 나뉘는지에 대해서는 상세히 밝히지 않았다. 서역의 여러 기록이나 서양의 여러 지도를 살펴봐도 모두 물줄기가 나뉘는 곳에 대한 증거는 없다. 『황청통고皇淸通考』 「사예문四裔門」에서는 "바다흐샨[5]은 파미르고원 서쪽에 위치해 강물이 북쪽으로 흐르는데, 볼로르[6]와 바다흐샨 두 지역 사이를 거쳐 이십득극특伊什得克特[7]에 이르면 갈라져 흘러 한 지류는 북쪽을 지나 투즈쿨호Tuzkul Lake[8]로 들어가고, 한 지류는 서쪽을 지나 또 북쪽으로 야실쿨호Yashilkul Lake[9]에 들어간다"라고 했는데, 아마도 옥수스강과 인더스강이 처음 나뉘는 곳을 가리키는 것 같다. 투즈쿨호는 바로 옥수스강이 지나는 곳이고, 야실쿨호는 인더스강이 지나는 곳이다. 서씨徐氏의 『서역수도기西域水道記』[10]에서 첫 번째 지도에는 대용지의 서쪽으로 두 물줄기가 나오고 6백~7백 리를 가다가 각각 두 지류로 나뉘는데, 추측만 할 뿐 근거가 있는 것은 아니다.

어떤 사람은 갠지스강이 동서로 나뉘어 흐르는 것이 양주梁州의 동한수東漢水·서한수西漢水처럼 계곡에서는 구멍으로 서로 통하기 때문에 서역에 불경을 가지러 간 여러 스님이 모두 이에 대해 언급하지 않아서 또한 억측하는 말이 생겼다고도 한다. 그러나 나는 두 강물의 나뉨이 반드시 중인도 아래 지역에 있지 중인도 위 지역에 있지는 않다고 단언한다. 왜인가? 북인도의 북쪽은 대설산을 경계로 2천 리에 걸쳐 있어 곧장 카스피해와 페르시아 땅으로 이어지는데, 인더스강은 대설산을 따라 서쪽으로 곧장 페르시아로 흐르다가 비로소 남쪽으로 방향을 바꾸기 때문에 상류에서는 단연코 강물이 나뉘어 따로 흐르는 곳이 없음을 알 수 있다. 중인도와 서인도 사이에 이르면 평원과 광야여서 강물이 더욱 많아지며, 비로소 여기에서 한 지류가 동쪽으로 흘러 후장後藏 강가강[11]의 물을 받아들여 그 강물이 불어난다. 또한 동인도 동쪽에 이르러 대금사강大金沙江[12]의 물을 받아들여 강물이 매우 많아지기 때문에, 역대의 서역 기록에는 모두 인더스강을 넘으면 바로 북인도로, 다른 강을 다시 넘은 기록이 없는 것이다. 강가강의 물을 받아들인 이후에 대해서는 『일통지一統志』에서 다음과 같이 서술한다. "강가강은 카일라스산맥Kailas Range[13]에서 발원한다. 산 남쪽의 마품목달뢰지馬品木達賴池와 낭갈지郎噶池에서 서쪽으로 흘러나온 강을 낭초하狼楚河라고 하고, 서쪽으로 2백여 리를 흐르다가 방향을 바꿔 북쪽으로 고격차십로목포칙성古格札什魯木布則城의 서쪽을 돌아서 다시 남쪽으로 방향을 바꿨다가 또 서쪽으로 1500여 리를 가면 아리阿里의 서쪽 변방 상납소목다桑納蘇木多 지역에 이른다. 납초하拉楚河는 승격객파포산僧格喀巴布山에서 발원해 서쪽으로 1600여 리를 흐르다가 남쪽으로 방향을 바꿔 350여 리를 가서 합류한다. 또 남쪽으로 방향을 바꿔 250여 리를 흐르다가 필저성畢底城의 서쪽을 지나 2백여 리를 흐르고, 동쪽으로 방향을 바꿔 1700여 리를 흐르면 나극랍소목다那克拉蘇木多 북쪽 변방에 이르러 다시 마초하麻楚河와 합류한다. 세 강물이 하나로 합쳐져야 비로소 강가강으로 불린다. 동남쪽으로 방향을 바꿔 마목파작목랑馬木巴炸木郎 부락을 거쳐 액눌특극국厄訥特克國에 도달한 후에 남해로 들어간다."

살펴보건대, 액눌특극국은 바로 중인도이다. 그 하류는 동인도에 이르러 또 대금사강과 합쳐지는데, 영국 지도에 그렇게 그려져 있다. 강가강과 대금사강이 합류하면 비로소 안일하安日河, 또는 안시하安市河로 불리고, 이 강은 남해로 들어간다. 이에 『곤여도설』·『직방외기』의 여러 지도에는 모두 대금사강이 없는데, 아마도 안일하의 해구로 합쳐져서 그런 것 같다. 그렇다면 동인도는 마땅히 갠지스강의 서쪽에 있어야 하는가? 아니면 갠지스강의 동쪽에 있어야 하는가? 대답하자면, 갠지스강 양안에 모두 걸쳐 있다. [갠지스강의] 상류는 강가강의 동쪽으로, 캘리컷Calicut[14]·촐라[15]·코임바토르Coimbatore[16] 등의 나라가 있고, 하류는 안일하 동쪽으로 대갈란大葛蘭[17]·소갈란小葛蘭[18]·코친Cochin[19] 등의 나라가 있으며, 그 서쪽은 벵골로 모두 동인도의 영역이다. 대금사강은 미얀마Myanmar[20]에서 거꾸로 흘러 서쪽으로 가면 그 남쪽 기슭의 지역에는 코친 등의 나라가 있으며, 또한 가로질러 흐르다가 동쪽에서 서쪽으로 방향을 바꿔 인도의 경내로 유입된다. 그렇기 때문에 현장의 『대당서역기』에서는 동인도로 갈 때 모두 큰 강을 건너갔다고 한 것이다. 코친·갈란葛蘭은 지금의 미얀마이고, 벵골은 맹가랍孟加臘이라고도 한다. 후장 근처의 공덕아난功德阿難 등의 나라는 구르카Gurkha[21]로, 바다와 접하지는 않았다. 캘리컷[22]·촐라는 『해록海錄』의 치타공Chittagong[23] 등의 지역일 것이다. 『명사』에서 뱃길로 며칠 밤낮을 갔다는 말은 배를 타고 갠지스강 하류를 따라간 것으로, 반드시 모두 대양을 말한 것은 아니다.

恒河考上

魏源

　　問自晉·魏·唐以來, 歷代高僧使西域, 皆自蔥嶺沿印度河南行, 以達中·西二印度, 從無有沿恒河者, 豈恒河不源蔥嶺而偏處東隅乎? 佛經說法動喩恒河, 波斯匿王及諸大弟子往返之迹, 皆在恒河, 從無一語及印度河, 豈佛終身僻處東·南二印度, 而不至中·西二印度乎? 蔥嶺大龍池卽阿耨達池, 出四大水, 分注四海, 而印度河·恒河皆注南海, 何以唐人皆指印度河所注爲西海乎?

　　魏源曰: 恒河同源而異委, 其出于蔥嶺大龍池者卽恒河之正源, 至印度而分二. 一由西印度入海, 是爲西恒河, 一由東印度入海, 是爲東恒河. 佛生中印度之舍衛國, 一生得法輪, 多在西恒河左右, 其東恒河則偶至, 不常至. 後世方俗傳稱東印度之河爲恒河, 而訛稱西恒河爲印度河, 于是竝以上遊出蔥嶺之源統稱印度河. 凡言信度河·新頭河者, 皆印度之轉音也. 惟『梁書』言 "天竺國臨大江, 名新頭河, 源出昆侖, 分爲五江, 總名曰恒水." 又酈氏『水經注』引釋氏『西域記』曰: "阿耨達太山, 其上有大淵池, 宮殿樓觀甚大焉. 山卽崑崙山也, 其山出六大水. 山西有水名新頭河, 西南有三水名遙奴, 一名薩罕, 一名恒伽, 同出一

山, 俱入恒水." 恒水一出大秦名犂軒, 一東流入東海, 蓋二水所注, 兩海所納,
自爲東西也. 又康泰『扶南傳』曰: "恒水之源乃出極西北崑崙山中, 有五大源.
枝扈黎大江出山西北流, 東南注大海.", 枝扈黎卽恒水也, 渡江西行, 極大秦也.
此乃竝指印度河爲西恒河, 印度河源爲恒源.『法顯傳』上遊雖沿俗稱印度河,
而下遊言恒水. 又東到多磨犂軒, 卽是海口. 犂軒乃條支瀕西海之地, 是亦以印
度河卽恒水. 若專指東印度之水爲恒水, 則豈能橫貫印度河而西北至犂軒, 又
貫印度河而東南至榜葛剌耶? 源同委異, 星漢昭明, 安得忽奪其一, 又竝誣其
源, 致佛經無一可通乎?

　至阿耨達注西海之水, 以印度河當之, 尤玄奘『記』之謬. 夫東恒·西恒同注
南海, 非地中海也, 烏得以印度河之海口爲西海? 又安得分一恒河之水以當二
河哉? 別詳「崑崙篇」下. 惟是『水經』雖言恒河下遊之分注, 而不詳上遊何地分
支. 考西域諸記·西洋諸圖, 皆無分流歧出之證.『皇淸通考』「四裔門」曰: "巴
達克山國扼蔥嶺之西, 有河北流, 經博羅爾·巴達克山兩部之間, 至伊什得克特
分流, 一流經北入圖斯泊, 一流逕西又北入伊西洱泊." 此蓋指縛芻河與印度
河初分之處. 圖斯泊卽縛芻河所經, 伊西洱泊卽印度河所經也. 徐氏『西域水道
記』第一圖于龍池西出二派, 行六七百里卽各分爲二, 亦以意爲之, 非有所據.

　或謂恒河東西分流, 如梁州之東漢水·西漢水, 在山谷中孔穴相通, 故西域取
經諸僧皆未道及此, 亦臆度之詞. 而吾則斷兩水之分必在中印度以下, 不在中
印度以上. 何者? 北印度之北界以大雪山綿亘二千里, 直抵里海·包社之地, 印
度河循大雪山而西, 直至包社, 始轉而南, 故知上遊斷無分流別馼之地. 極至
中·西兩印度之間, 平原曠野受水益多, 始分一支東行, 迨受後藏岡噶江之水,
而其流始大. 又至東印度之東, 受大金沙江水, 而浩瀚始極, 故歷代西使之記,
皆蹟印度河卽爲北印度, 無更渡一水者. 至其受岡噶江以後, 則『一統志』述之
曰: "岡噶江源出岡底斯山. 山南馬品木達賴池及郎噶池, 自池西流出名狼楚

河, 西流二百餘里, 折而北繞古格札什魯木布則城西, 仍轉南, 又西流千有五百餘里, 至阿里西鄙桑納蘇木多之地. 拉楚河自僧格喀巴布山發源, 西流千有六百餘里, 轉南流三百五十餘里來會之. 又轉南流二百五十餘里, 經畢底城之西二百餘里, 折東流千七百餘里, 至那克拉蘇木多北鄙, 又有麻楚河來會之. 三水合一, 始名岡噶江. 轉東南經馬木巴柞木郎部落, 至厄訥特克國入南海."

案: 厄訥特阿國卽中印度也. 其下遊至東印度, 又受大金沙江, 則英夷地圖繪之. 岡噶江與大金沙江合流, 始名安日河, 亦名安市河, 河入南海. 故『坤輿』·『職方』諸圖皆無大金沙江, 蓋統于安日河之海口也. 然則東印度當在恒河以西乎? 抑在恒河以東乎? 曰恒河兩岸地皆有之. 上遊則岡噶江以東, 如吉里·鎮里·坎巴諸國, 下遊則安日河以東, 如大·小葛蘭·柯枝諸國, 以西如榜葛剌國, 皆東印度境也. 大金沙江自緬甸逆流而西, 則其南岸之地如柯枝等國, 亦皆橫行自東而西轉入印度境內. 故玄奘『記』往東印度皆涉大河而往. 柯枝·葛蘭, 今名烏土國, 榜葛剌一名孟加臘. 其近後藏之功德阿難等國, 當卽廓爾喀國, 不瀕大海. 其古里·鎮里, 殆卽『海錄』之徹第岡等地歟. 『明史』言水程幾晝夜者, 海艘沿恒河下遊, 非必皆大洋之道里.

주석

1   아나바타프타: 원문은 '아누달지阿耨達池'로, 히말라야산맥에 위치한 커다란 호수이다.

2   인더스강: 원문은 '인도하印度河'이다. 광서 2년본에는 '하河' 자가 없으나 문맥에 따라서 고쳐 번역한다.

3   3개: 원문은 '삼수三水'이다. 광서 2년본에는 '삼三' 자가 '이二' 자로 되어 있으나, 문맥에 따라서 고쳐 번역한다.

4   벵골Bengal: 원문은 '방갈랄榜葛剌'이다.

5   바다흐샨: 원문은 '파달극산국巴達克山國'이다. 아프가니스탄 북동부이자 타지키스탄의 남동부에 있는 지역이다.

6   볼로르: 원문은 '박라이博羅爾'로, 지금의 파키스탄 북단 및 카슈미르 서북부에 위치한다.

7   이십득극특伊什得克特: 『황청통고』「사예문」에 의하면 '엽십득랍극葉什得拉克'으로 되어 있다. 지금의 키르기스스탄에 위치한 이식쿨호로 추정된다.

8   투즈쿨호Tuzkul Lake: 원문은 '도사박圖斯泊'으로, 도사고이圖斯庫爾라고도 한다. 지금의 타지키스탄 고르노바다흐샨 자치주Gorno-Badakhshan에 위치한다.

9   야실쿨호Yashilkul Lake: 원문은 '이서이박伊西洱泊'으로, 엽십륵고륵葉什勒庫勒이라고도 한다. 지금의 타지키스탄 고르노바다흐샨 자치주에 위치한다.

10 『서역수도기西域水道記』: 청나라 서송徐松이 천산남북로天山南北路, 즉 지금의 신강新疆의 수맥水脈을 중심으로 인근의 지리 및 역사를 기술한 책으로, 총 5권으로 구성되어 있다.

11 강가강: 원문은 '강갈강岡噶江'이다.

12 대금사강大金沙江: 미얀마에서 가장 큰 강인 이라와디강을 가리키며, 고대 중국에서는 여수麗水라고도 칭했다.

13 카일라스산맥Kailas Range: 원문은 '강저사산岡底斯山'이다. 히말라야산맥에서 가장 험준한 곳으로, 지금의 중국 티베트 자치구 남서부에 위치한다.

14 캘리컷Calicut: 원문은 '길리吉里'로, 인도반도 서남 해안에 위치하며 지금의 코지코드Kozhikode이다.

15 촐라: 원문은 '쇄리鎖里'로, 지금의 인도 동남 해안에 위치한다.

16 코임바토르Coimbatore: 원문은 '감파坎巴'로, 지금의 인도 타밀나두주 서부에 위치한다.

17 대갈란大葛蘭: 대고람大故藍, 대구남大俱南, 대저남大咀南이라고도 하며, 옛 땅은 지금의 인도 서남부의 콜람kollam 일대에 위치한다.

18 소갈란小葛蘭: 지금의 인도 서남부의 콜람 일대이다.

19 코친Cochin: 원문은 '가지柯枝'이다.

20 미얀마Myanmar: 원문은 '면전緬甸'으로, 오토국烏土國이라고도 한다.

21 구르카Gurkha: 원문은 '곽이객국廓爾喀國'으로, 지금의 네팔Nepal이다.

22 캘리컷: 원문은 '고리古里'이다.

23 치타공Chittagong: 원문은 '철제강徹第岡'으로, 지금의 방글라데시 남동부에 위치한다.

갠지스강 고찰 하

묻는다. 『한서』에서는 계빈국을 갈 때 험준한 현도懸度¹를 지나간다고 했고, 진晉나라 법현도 일찍이 그 땅을 지날 때 다음과 같이 기술했다. "가파른 벼랑과 험한 절벽이 천 길 낭떠러지이고, 아래에는 인더스강이 흐르며 돌을 뚫어 길을 만들어서 매달린 밧줄을 밟고 모래 강을 건너는데, 두 절벽 간의 거리가 80보이다. 인더스강을 건너면 우디야나국이 나오는데, 이곳이 바로 북인도이다." 현도는 아마도 인더스강을 건너 인도로 갈 때 반드시 거쳐 가야 하는 험지이다. 원元나라 구장춘邱長春과 유욱이 서역으로 갈 때뿐만 아니라, 건륭 연간에 관병이 호지잔Hojijan²을 추격할 때도 모두 이 강을 오고 갔는데, 일찍이 밧줄을 밟고 좁은 길을 따라갔던 일은 없었으니, 이 어찌 상전벽해의 큰 변화가 아니겠는가?

대답한다. 『수경주』에서 현도는 오타국 서쪽에 있다고 했는데, 오타국은 지금의 바다흐샨이다. 관군이 적을 추격한 곳은 단지 바다흐샨의 동북쪽 접경지대이니, 어찌 그 서쪽 현도에까지 이를 수 있었다는 말인가?『한서』「계빈전」에는 삼지三池와 반석盤石[3]의 협곡을 지날 때, 그곳이 가늠할 수 없을 정도로 깊고 험해 걷거나 말을 탄 사람들은 밧줄로 서로를 끌어 주며 2천여 리를 가야 현도에 도착한다고 했으니, 그 땅은 아나바타프타에서 멀리 떨어져 있는 것이다. 이에『법현전』에서는 파미르고원을 넘은 후에 또 서남쪽으로 15일을 가야 비로소 현도에 도착한다고 했다. 중국 군대가 적을 추격하여 파미르고원의 아이초산阿爾楚山에 도착했고, 또 3일을 추격해서 야실쿨호에서 전쟁을 벌였으니, 그 양쪽 기슭은 바로 화십주극령和什珠克嶺으로, 아나바타프타 서쪽과 바다흐샨의 동북쪽에 인접해 있어서 법현이 건넌 곳과는 여전히 10여 일 일정의 차이가 있다. 이에『황청통고』「사예문」에서는 "파미르고원 서쪽에 강이 있는데, 북쪽으로 흘러 바다흐샨과 볼로르 두 지역 사이를 경유하고 북쪽으로 야실쿨호에 들어간다"라고 했던 것이다. 그 북쪽 변경에 있는 성이 와한Wakhan[4]인데, 장군 부덕富德[5]은 격문을 돌려 포로를 바치라고 하고 와한까지 진군하여 기다렸으니, 아마도 그 나라 북쪽 변경에 주둔한 것이지, 그 나라 수도에 도착한 것은 아니다. 구장춘의 경우, 처음에는 철문에서 출발해 아무다리야강[6]을 넘어 인도 북쪽 설산의 행재소에 도착했다고 했지, 인더스강을 지났다고는 하지 않았다. 돌아오는 길에는 다른 길을 통해 석협石峽을 지났는데, 돌다리가 그 위에 가로로 놓여 있었고, 아래는 물살이 매우 급해 구장춘은 시를 지어 "강 북쪽의 철문은 그래도 지날 만한데, 강 남쪽의 석협은 더욱 놀랄 만하구나!"라고 읊었으니, 아무다리야강 남쪽의 인더스강을 가리키는 것이 분명하다. 그 후에 다시 행재소에 갈 적에는 배로 아무다리야강을 건넌 후 밤에 발흐Balkh[7]를 지났고, 또 동쪽으로 수십 리를 가서 다시 강 하나를 건넜는데, 말이 겨우 지나갈 수 있었으니, 또 인더스강을 건넌 것이다. 구장춘은 두 번 인더스강을 건넜는데, 한번은 돌다리를 통해서이고 한번은 말을 타고 건넌 것으로, 모두 인더스강 상류여서 그 물이 깊지 않았으니, 또 어찌 일찍이 오타국 서쪽 하류 지역에 위치한 현도에 갔었겠는가? 이뿐만이 아니라 『대당서역기』에 따르면, 당나라 현장은 현도에 간 적도 없다. 아마도 현장은 철문에서 옥수스강을 건너 남쪽으로 대설산을 넘은 것으로, 이는 구장춘이 갔던 길이다. 법현은 강 북쪽 언덕을 따라 서쪽으로 갔기 때문에 철문을 지나지 않았고 또 대설산도 넘지 않았으니, 그 여정은 상류와 하류의 구분만 있을 뿐, 북인도로 가는 경우 반드시 현도의 험지를 경유하지 않아도 되는 것이다. 지리적으로 판단해 보니, 철문은 옥수스강 북쪽, 나린강 남쪽에 있고, 사마르칸트와 가까우니 마땅히 지금의 코칸트 남쪽 경계에 위치하며, 현도는 지금의 바다흐샨 서쪽 경계이자 아프가니스탄 동쪽 경계에 위치한다. 갠지스강은 아마도 이 두 지역을 관통해서 남쪽으로 카슈미르 서쪽[8]을 경유해 힌두스탄으로 유입되니, 배로 다닐 수 있는 곳은 마땅히 현도 하류 아래에 해당한다. 한·당 시기에는 계빈국으로 갈 때 대설산의 험준함이 두려워서 그 하류로 돌아갔다. 당 이후로는 대부분 대설산을 넘어 북인도에 갔기 때문에 현도로 돌아가지 않았다. 『외국사략 外國史略』에는 다음 기록이 있다. "인도의 동·남·북은 모두 높은 산이고, 단지 중앙만이 지세가 평탄하고 낮아 습하며, 손바닥만 한 땅이라도 모두 지류가 있어서 물을 댈 수 있다. 그 강물이 불어날 때는 밭을 망치며, 가물면 쉽게 물이 마르고, 비가 오면 갑자기 물이 불어나니, 집마다 작은 배로 왕래하고 마을에는 높은 언덕도 없다. 강의 흐름이 일정치 않아 바다가 뽕나무밭이 되기도 하고, 언덕이 골짜기가 되기도 하며, 물이 넘치고 마를 때가 있었기 때문에, 동갠지스강과 서갠지스강의 물줄기가 통한 것이 단연코 현도 아래에 있었지, 현도 위에 있지 않았음을 알겠다."

恒河考下

一

問曰: 『漢書』往罽賓有懸度之險, 晉法顯亦曾經其地, 述之曰: "厓岸險絶, 石壁千仞, 下有水, 名新頭河, 鑿石通路, 躡懸緪過沙河, 兩岸相去八十步. 渡河到烏萇國, 卽北天竺." 是懸度蓋度新頭河往印度必由之險. 而元邱長春·劉郁之西行及乾隆中官兵之追霍集占, 皆往反此河, 曾無躡緪緣竿之事, 豈陵谷遷變耶?

曰: 『水經注』言懸度在烏秅之西, 烏秅, 今巴達克山也. 官軍追賊, 僅至巴達克山東北交界, 安能卽至其西境之懸度乎? 『漢書』「罽賓傳」歷三·盤石坂, 臨崢嶸不測之深, 步騎繩索相引二千餘里, 乃到懸度, 是其地距龍池甚遠. 故『法顯傳』踰蔥嶺後, 又西南行十五日始至懸度焉. 我軍追賊至蔥嶺之阿爾楚山, 又三日卽追戰于伊西庫洱河, 其兩岸卽和什珠克嶺, 近在大龍池之西, 巴達克山之東北, 距法顯所渡尙隔十餘程. 故『皇淸』「四裔考」曰: "蔥嶺西有河, 北流經巴達克山·博羅爾兩部之間, 北入伊西洱泊." 其北鄙之城曰瓦漢, 將軍富德移檄索其獻俘, 而進軍瓦漢以待之, 蓋駐軍其國北境, 未抵其國都也. 至邱長春, 初從鐵門踰阿母河, 至印度北雪山行在, 不言過印度河. 及歸從他道過石峽, 有石梁橫其上, 下流甚急, 賦詩有 "水北鐵門猶自可, 水南石峽更堪驚!" 之句, 則明指阿母河以南之印度河矣. 其後次再赴行在, 舟濟阿母河後, 夜過班里城, 又東行數十里, 復過一水, 馬僅能度, 則又涉印度河矣. 長春兩踰印度河, 而一由石梁, 一則馬涉, 是皆印度河上源, 其水尙淺, 又何曾至烏秅以西下遊之懸度乎? 不但此也, 卽唐玄奘 『使西域記』, 亦未經懸度. 蓋玄奘由鐵門過縛芻河, 南度大雪山, 卽邱長春所經之路. 法顯則順河北岸西行, 故未經鐵門, 亦未踰大雪山, 其程途有上下遊之別, 非往北印度者必經懸度之險也. 以地望推之, 鐵門在縛芻河北, 納林河南, 迫近賽馬爾罕, 當在今敖罕南境, 懸度則在今巴達克山西境·愛烏罕東境. 恒河蓋貫二部而南經克什彌爾之西以入痕都斯坦, 其通舟當在懸度下遊以後. 漢·唐時往罽賓者, 憚大雪山之阻, 故繞其下遊. 唐以後多踰大雪山至北印度, 故不繞懸度也. 『外國史略』曰. "印度東·南·北俱高山, 惟中央平坦卑溼, 片地皆支江, 可以灌漑. 其水漲時壞田, 旱易淺涸, 雨則驟潦, 家家以小舟往來, 鄉村亦無高阜. 江河遷徙無常, 滄桑陵谷盈涸時有, 故知東西恒河之通流, 斷在懸度以後, 不在懸度以上."

주석

1   현도懸度:『위서魏書』에 따르면 오타국의 서쪽에 '현도'라는 석산이 있는
    데, 그 협곡을 통과하기 위해서 사람들이 몸에 끈을 묶어 서로 붙잡아
    주면서 건너갔기 때문에 현도산이라 이름 붙였다고 한다.

2   호지잔Hojijan: 원문은 '곽집점霍集占'이다. 광서 2년본에는 '곽집고霍集占'
    로 되어 있으나, 역사적 사실에 따라서 고쳐 번역한다.

3   삼지三池와 반석盤石: 원문은 '삼반지三盤石'이다. 두 장소 모두 파미르 협
    곡에 있는 지명으로 추정된다.

4   와한Wakhan: 원문은 '와한瓦漢'으로, 지금의 아프가니스탄 바다흐샨에 위
    치한다.

5   부덕富德: 청나라의 장군으로, 만주 정황기正黃旗 사람이다. 부덕(?~1776)
    은 건륭 초에 삼등시위三等侍衛에 발탁되었고, 호지잔의 난을 평정한 공
    으로 일등정원성용후一等靖遠成勇侯에 봉해졌으며, 어전대신御前大臣, 이번
    원상서理藩院尚書를 역임했다.

6   아무다리야강: 원문은 '아모하阿母河'이다.

7   발흐Balkh: 원문은 '반리성班里城'으로, 지금의 아프가니스탄 북부에 위치
    한다.

8   서쪽: 원문은 '서西'이다. 광서 2년본에는 '동東'으로 되어 있으나, 지리적
    위치에 따라서 고쳐 번역한다.

海國圖志
卷三十

해국도지
권30

—

소양邵陽 위원魏源 편집

본권에서는 동인도, 중인도, 서인도, 남인도, 북인도에 위치한 각 나라의 연혁과 지리, 풍속, 외모, 언어, 문화적 특색에 대해 중점적으로 기술하고 있으며, 남인도양에 위치한 포탈라카산과 몰디브제도, 스리랑카에 대해서도 서술하고 있다. 특히 중국의 역대 사서와 지리지에 기록된 오인도 각 나라에 대한 중국의 인식이 잘 드러나 있다.

중인도 연혁

—

원본에는 없으나, 지금 보충해서 편집한다.

『한서漢書』에 다음 기록이 있다.

알렉산드리아 프로프타시아Alexandria Prophthasia[1]는 수도[2]가 장안長安에서 1만 2200리 떨어져 있으며 도호부都護府의 관할하에 있지 않다. 인구와 군사가 많으며[3] 대국이다. 동북에서 도호부의 관할 소재지까지는 60일 걸리고, 동쪽으로는 계빈국罽賓國,[4] 서쪽으로는 리간국犁靬國[5]·조지국條支國[6]과 인접해 있다. 알렉산드리아 프로프타시아는 날씨가 무덥고, 땅은 풀이 많고 평평하며, 그곳의 초목·축산물·오곡·과일과 채소·음식·궁실·시장·화폐·무기·금과 구슬 등은 모두 계빈국과 같고, 또 사슴[7]·사자·물소가 있다. 민간에서는 함부로 살생하는 것을 엄중하게 다룬다. 화폐는 앞면에는 오로지 사람의 얼굴만을 새기고 뒷면에는 기마상을 새긴다. 금으로 지팡이를 장식한다. 너무 멀어서 한나라 사신이 가는 경우는 드물다. 옥문관玉門關[8]과 양관陽關[9]에서 남쪽 길로 나서 선선국鄯善國[10]을 지나 남쪽으로 가면 알렉산드리아 프로프타시아가 나오는데, 알렉산드리아 프로프타시아는 남쪽 길의 끝으로, 여기서 북쪽으로 돌아 서쪽으로 가면 안식국安息國이 나온다. 살펴보건대, 알렉산드리아 프로프타시아는 계빈국의 서쪽, 리간국·조지국·안식국의 동남쪽에 위치해 있으니, 중인도임은 의심의 여지가 없다. 민간에서는 함부로 살생하는 것을 엄중하게 다룬다는 것은 불국佛國의 사서에서 처음 보이는데, 이 때문에 중인도의 으뜸이 될 수 있었다. 한나라 초에 신독身毒은 아직 중국과 왕래하지 않았기 때문에 신독에 대해서는 자세히 다루지 않았다.

『후한서後漢書』에 다음 기록이 있다.

인도는 일명 신독이라고도 하며, 월지국月氏國에서 동남쪽 수천 리 떨어진 곳에 있다. 풍속은 월지국과 같지만, 지대가 낮고 습하며 무덥다. 이 나라는 큰 강가에 있으며 코끼리를 타고 싸운다. 이 나라 사람들은 월지국 사람들보다 약해 부처의 가르침을 익히고 살생하지 않더니 결국 그것이 풍속이 되었다. 월지국과 고부국高附國[11]의 서쪽에서 출발하여 남쪽으로 가면 서해가 나오고, 동쪽으로 가면 반기국槃起國[12]이 나오는데, 모두 인도의 땅이다. 이 내용은 이미 「오인도총술五印度總考」에서 살펴보았기 때문에 거듭 서술하지 않는다. 범울종范蔚宗[13]은 「서역전西域傳」에서 다음과 같이 논하고 있다.

"서역의 풍토에 대한 기록은 이제까지 들어본 적이 없다. 한나라 때 장건張騫은 원대한 생각을 품었고, 반초班超는 제후에 봉해질 뜻을 펼쳐,[14] 결국 서쪽 변방에서 공을 세우고, 바깥 지역을 복속시킬 수 있었다. 군사력으로 복속시키고 재물로 회유한 이래로 진기한 물품을 바치지 않은 적이 없었고, 사랑하는 자식을 인질로 들이며 이슬을 맞고 팔꿈치로 기어서 동쪽으로 와서 천자를 배알했다. 그래서 무기교위戊己校尉[15] 관직을 두어 그 일을 분담하게 하고, 도호부의 수장을 세워서 그 권력을 총괄하게 했다. 먼저 귀순하면 재물을 상으로 주고 관직[16]을 하사했으며, 나중에 복종하면 머리를 묶고 북궐北闕[17]에서 죄를 받았다. 기름진 땅에 둔전을 설치하고 요충지에 역참[18]을 두어 분주하게 명을 받들며 역참으로 달려갔고, 사시사철 끊이지 않고 장사하는 오랑캐와 행상들은 날마다 변방을 두드렸다. 그 뒤로 감영甘英[19]이 조지국에 갔다가 안식국을 거쳐 서해西海에 이르러 대진국을 보게 되었으니, 옥문관과 양관에서 4만 리 남짓 떨어진 곳까지 두루 가보지 않은 곳이 없었다. 그곳의 풍속과 사람들의 성정과 지혜의 우열, 그곳에서 나는 물품의 종류, 하천과 산맥의 발원, 계절의 순환, 산과 계곡에 잔도를 설치하고 줄을 잡고 가거나, 사막을 건너는 길, 몸에 열이 나고 두통이 나며 폭풍이나 재해가 심하게 출몰하는 지역 등 그 정황에 대해 다 갖추어 적고 있는데, 모두 자세히 살펴 사실에 근거한 것이다. 불교의 신비함이 인도에서부터 흥기했다는 이야기는 『한서』와 『후한서』의 「지리지」[20]에서는 다루고 있지 않고, 다만 장건이 그 땅이 덥고 습기가 많으며 코끼리를 타고 싸운다고 적고 있다. 반용班勇[21]이 비록 그 땅에서는 부처를 받들고 살생을 하지 않는다고 기록하고 있지만, 불교의 교리와 인과응보의 도리[22]로 사람들을 계도한 공에 대해서는 전하고 있는 바가 없다. 내가 들은 것은 뒤에 나온 말로, 그 나라는 중원보다 풍요롭고 사시사철 기후가 화창하며,[23] 신령과 성인이 강림하여 모인 곳이고, 현인과 훌륭한 사람이 태어나 성장한 곳이다. 그러나 신비한 흔적은 황당하고 괴이해서 이치상 인간 세상에서 벗어난 것이고, 징험이 명확하게 드러난 것은 상상 밖의 일이다. 그런데 장건과 반초가 불교에 대해 듣지 못한 것이 설마하니 그 불도가 끊겨 운수가 떠나가고 천수가 말세[24]를 열어서인가? 그렇지 않고서야 황당무계함이 어찌 이리 심할 수 있단 말인가! 한나라는 초왕楚王 유영劉英[25] 대부터 부처에게 제사를 지내기 시작했고, 환제桓帝[26] 또한 화개華蓋 장식을 만들었으며, 또한 불교의 깊은 뜻은 헤아리지 않은 채 그저 신명의 사술만을 행하고 있어, 마음을 깨끗하게 하고 번뇌를 없애는 가르침, 공空과 유有를 함께 놓아 버리는 종지가 상세하니, 바로 도교와 같은 부류이다. 또한 어짊을 좋아하고 살생을 싫어하며, 폐습을 없애고 선을 숭상하기 때문에, 현명하고 사리에 통달한 군자들은 대부분 그 법을 좋아했다.」『위서魏書』·『당서唐書』·『송사宋史』의 내용은 「오인도총술」에서 이미 보았기 때문에 거듭 서술하지 않는다.

『명사明史』에 다음 기록이 있다.

자운푸르Jaunpur[27]는 벵골Bengal[28]의 서쪽에 위치한다. 혹자는 바로 중인도라고도 하는데, 고대에 불국佛國이라 불렸던 곳이다. 영락永樂 10년(1412)에 사신을 보내 칙서를 가지고 가서 그 나라를 위무하고, 그 왕에게는 금실로 짠 융금絨錦·금실로 짠 무늬 비단·채색 비단 등을 하사했다. 영락 18년(1420)에 벵골의 사신이 자운푸르 국왕이 자주 군사를 일으켜 침범해 난동을 피운다고 알려 오자, 조서를 내려 중관 후현侯顯[29]에게 칙서를 가지고 가서 이웃 국가와 화목하게 지내며 국경을 지켜야 하는 도리를 효유하게 하고 채색 비단을 하사했다. 금강보좌金剛寶座[30]가 있는 곳을 지나면서 또한 보시했지만, 그 나라 왕은 중국과의 거리가 너무 멀리 떨어져 있다고 생각해서 결국 조공하러 오지 않았다. 금강보좌가 있는 곳은 불경과 『대당서역기大唐西域記』에도 보이는데, 이곳 역시 중인도임은 의심의 여지가 없다.

『서역도지西域圖志』에 다음 기록이 있다.

아프가니스탄Afghanistan[31] 동남쪽은 힌두스탄Hindustan[32]과 인접해 있다. 『한서』에 따르면 서역으로 가는 남쪽 길은 서쪽으로 파미르고원[33]을 넘어서 대월지大月氏로 나가면 지금의 아프가니스탄과 방위가 서로 부합한다. 또한 힌두스탄은 옛날 계빈국으로, 아프가니스탄의 남쪽과 인접해 있으니, 역시 『한서』의 "대월지는 남쪽으로 계빈국과 인접해 있다"라는 말과 부합한다. 생각건대, 경계가 인접해 있기 때문에 쿠샨Kushan[34]이 계빈국을 크게 멸망시키고 그 땅을 차지할 수 있었다. 계빈국은 북인도와 인접해 있으며, 오인도는 바로 오천축국五天竺國이다. 범엽의 『후한서』에 따르면 쿠샨 왕이 계빈국을 멸망시킨 뒤 천축국도 함께 멸망시켰다고 되어 있는데, 역시 그 경계가 인접해 있다는 명확한 증거이다. 살펴보건대, 『대당서역기』를 고찰해 보면 계빈국은 카슈미르Kashmir[35] 지역으로 바로 북인도이고, 힌두스탄은 중인도이며, 아프가니스탄은 대월지의 남쪽 경계이고, 또한 대월지에서 북쪽으로 대하大夏가 있어서 북인도의 서쪽 경계를 공유하고 있다고 하는데, 이것은 모두 오류이다. 또한 반고의 『한서』에는 대월지가 규수嬀水[36]에 도읍했다고 되어 있고, 『북위서北魏書』에는 마허수馬許水에 도읍했다고 되어 있으며, 『수서隋書』에는 오호수烏滸水에 도읍했다고 되어 있는데, 오호烏滸는 규嬀와 음이 비슷하지만, 오호와 마허馬許는 글자가 잘못된 것이다. 범엽의 『후한서』에 따르면, 또 천축국은 월지의 동남쪽에 위치한다. 천축국은 지금의 티베트로, 역시 아프가니스탄 동남쪽에 있는 것이 맞다. 이를 근거해 판단해 볼 때, 아프가니스탄이 월지국의 옛 땅임은 의심의 여지가 없다. 위원이 생각건대, 티베트가 천축국이라 한다면, 자연히 힌두스탄은 계빈국이 되나, 또한 계빈국은 오히려 북인도가 될 수 없다. 생각이 많아질수록 사실과 더욱 멀어지고, 이 모두는 『고종어제문집高宗御製文集』「오천축설五天竺說」과도 부합하지 않는다. 다만 아프가니스탄이 월지국月支國인 것은 사실에 가깝다.

또 다음 기록이 있다.

힌두스탄(痕都斯坦)은 바다흐샨Badakhshān[37]의 서남쪽에, 아프가니스탄의 동쪽에 위치한다. 『한서』에는 동남쪽으로 되어 있다. 장인들이 옥을 세공하면서 물로 갈아 기물을 만드는 데 아주 정교했으나, 중국 내지까지는 들어오지 않았다. 이전에 야르칸드Yarkand[38]에서 무역할 때, 건륭 25년(1760)에 칙서를 내려 이전처럼 물건을 하사하고 통상하게 했다. 그 땅은 대개 북인도 접경지대에 있으며, 북위 29도 15분, 서경 45도 5분에 위치하니, 옛날 계빈국이 틀림없다. 살펴보건대, 계빈국은 바로 북인도이고 힌두스탄은 중인도이다. 따라서 이 두 나라를 같은 지역으로 혼동해서는 안 된다. 흔도痕都는 온도溫都라고도 한다.

中印度沿革

原無, 今補輯.

『漢書』: 烏弋山離國, 王去長安萬二千二百里, 不屬都護. 戶口勝兵, 大國也. 東北至都護治所六十日行, 東與罽賓, 西與犁軒·條支接. 烏弋地暑熱莽平, 其草木·畜產·五穀·果菜·食飲·宮室·市列·錢貨·兵器·金珠之屬, 皆與罽賓同, 而有桃拔·師子·犀牛. 俗重妄殺. 其錢獨文爲人頭, 幕爲騎馬. 以金銀飾杖. 絶遠, 漢使希至. 自玉門·陽關出南道, 歷鄯善而南行, 至烏弋山離, 南道極矣, 轉北而西得安息. 案: 烏弋山離, 在罽賓之西, 犁軒·條支·安息之東南, 其爲中印度無疑. 俗重妄殺, 佛國始見於史, 故以冠中印度之首. 漢初身毒未通於中國, 故語焉不詳.

『後漢書』: 天竺國一名身毒, 在月氏之東南數千里. 俗與月氏同, 而卑溼暑熱. 其國臨大水, 乘象而戰. 其人弱於月氏, 修浮圖道, 不殺伐, 遂以成俗. 從月氏·高附國以西, 南至西海, 東至槃起國, 皆身毒之地. 全傳已見前「五印度總考」, 茲不重錄. 范蔚宗「西域傳」論曰: "西域風土之載, 前古未聞也. 漢世張騫懷致遠之略, 班超奮封侯之志, 終能立功西遐, 羈服外域. 自兵威之所肅服, 財賂之所懷誘, 莫不獻方奇, 納愛質, 露頂肘行, 東向而朝天子. 故設戊己之官, 分任其事, 建都護之帥, 總領其權. 先馴則賞纂金而賜龜綬, 後服則繫頭顙而釁北關. 立屯田於膏腴之野, 列郵置於要害之路, 馳命走驛, 不絕於時月, 商胡販客, 日款於塞下. 其後甘英乃抵條支而歷安息, 臨西海以望大秦, 拒玉門·陽關者四萬餘里, 靡不周盡焉. 若其境俗性智之優薄, 產載物類之區品, 川河嶺障之基源, 氣節涼暑之通隔, 梯山棧谷·繩行沙度之道, 身熱首痛·風災鬼難之域, 莫不備寫情形, 審求根實. 至於佛道神化興自身毒, 而二漢方志莫有稱焉, 張騫但著地多暑溼, 乘象而戰. 班勇雖列其奉浮圖, 不殺伐, 而精文善法導達之功, 靡所傳述. 余聞之後說也, 其國則殷乎中土, 玉燭和氣, 靈聖之所降集, 賢懿之所挺生. 神迹詭怪則理絕人區, 感驗明顯則事出天外. 而騫·超無聞者, 豈其道閉往運數開叔葉乎? 不然, 何誣異之甚也? 漢自楚英始盛齋戒之祀, 桓帝又修華蓋之飾, 將微意未譯而但神明之邪, 詳其清心釋累之訓, 空有兼遣之宗, 道書之流也. 且好仁惡殺, 蠲敝崇善, 所以賢達君子多愛其法焉." 『魏書』·『唐書』·『宋史』已見「五印度總考」, 不重錄.

『明史』: 沿納樸兒, 其國在榜葛剌之西. 或言卽中印度, 古所稱佛國也. 永樂十年, 遣使者齎敕撫諭其國, 賜其王金絨錦·金織文綺·綵帛等物. 十八年, 榜葛剌使者訴其國王數舉兵侵擾, 詔中官侯顯齎敕諭以睦隣保境之義, 因賜之綵幣. 所過金剛寶座之地, 亦有布施, 然其王以去中國絕遠, 朝貢竟不至. 金剛座之地, 見佛經及『大唐西域記』, 此中印度無疑.

『西域圖志』曰: 愛烏罕東南接痕都斯坦部. 『漢書』南道西踰蔥嶺則出大月氏, 與今愛烏罕方位相符. 而痕都斯坦爲古罽賓國, 愛烏罕南與相接, 亦與『漢書』"大月氏南接罽賓"之說合. 惟境壤相接, 是以貴霜大得滅罽賓而有之也. 罽

賓與北印度接, 五印度卽五天竺國. 范史稱貴霜王於滅罽賓後, 竝滅天竺, 亦

其境地毗接之明證. 案: 以『大唐西域記』考之, 罽賓當爲克什彌爾之地, 卽北印度,

而痕都則中印度也, 愛烏罕爲大月氏南境, 而大月氏則北有大夏, 又有兼北印度之

西境, 此全誤. 又班書稱大月氏都嬀水, 『北魏書』稱其都馬許水, 『隋書』稱其

部烏滸水, 烏滸與嬀爲音之近, 烏滸與馬許則字之訛也. 范史又稱天竺在月氏

之東南. 天竺爲今西藏, 亦適當愛烏罕東南境. 據此斷以愛烏罕爲月氏故壤無

疑. 源案: 以西藏爲天竺, 故以痕都斯坦爲罽賓, 且謂罽賓尙非北印度. 愈岐愈遠,

皆與『御製』「五天竺說」不合. 惟謂愛烏罕爲月支則近是.

又曰: 痕都斯坦在拔達克山西南, 愛烏罕東. 『漢書』作東南. 國工治玉, 以水

磨成器最精, 爲內地所勿逮. 舊於葉爾羌貿易, 乾隆二十五年, 頒敕書, 賜物通

市如故. 其地蓋北印度交界, 北極高二十九度十五分, 距京師偏西四十五度五

分, 當爲古罽賓國地. 案: 罽賓卽北印度, 而痕都斯坦, 則中印度. 不當混爲一也.

痕都, 一作溫都.

주석

1   알렉산드리아 프로프타시아Alexandria Prophthasia: 원문은 '오익산리국烏弋
     山離國'으로, 오산리五山里라고도 한다. 옛 땅은 지금의 아프가니스탄 헤
     라트Herat와 칸다하르Kandahar 사이에 위치한 지역으로 추정된다.

2   수도: 원문은 '왕王'이다.

3   많으며: 원문은 '다多'이다. 광서 2년본에는 없으나 『한서』「서역전西域
     傳」에 따라서 고쳐 번역한다.

4   계빈국罽賓國: 서역의 고대 국명인 카시미라Kashmira로, 인도 서북부에
     서 파키스탄 북동부에 위치한다. 옛 땅은 지금의 카슈미르 일대에 위치
     한다.

5   리간국犁軒國: 석도안釋道安의 『서역기』에 의하면 대진국, 즉 로마 제국
     Roman Empire을 가리킨다.

6   조지국條支國: 위원에 의하면 지금의 메카를 가리킨다.

7   사슴: 원문은 '도발桃拔'로, 부발符拔이라고도 한다. 뿔이 없는 사슴을 말
     한다.

8   옥문관玉門關: 만리장성의 서쪽 끝이다. 돈황敦煌 서북쪽에 위치하며, 양
     관과 함께 서역으로 통하는 중요 관문 중 하나이다.

9   양관陽關: 돈황의 서남쪽에 있었던 관문으로, 옥문관의 남쪽에 위치하기
     때문에 양관이라 불렀다.

10   선선국鄯善國: 한대의 누란국樓蘭國으로, 옛 땅은 지금의 신강 위구르 자
     치구 차키리크현Qakilik에 위치한다.

11   고부국高附國: 고대 국명으로, 옛 땅은 지금의 아프가니스탄 카불Kabul 일
     대이다.

12   반기국槃起國: 반월국盤越國·한월국漢越國이라고도 하며, 옛 땅은 지금
     의 인도 동부 아삼주Assam와 미얀마 사이, 혹은 지금의 방글라데시

Bangladesh 일대에 위치한다.

13 범울종范蔚宗: 범엽范曄(398~445)으로, 울종蔚宗은 자이다. 중국 위진남북조
시대 남조 송나라의 정치가, 문장가, 역사가이다.

14 반초班超는 제후에 봉해질 뜻을 펼쳐: 원문은 '반초분봉후지지班超奮封侯
之志'이다. 『후한서』「반초전」에 다음 문장이 있다. "반초는 젊은 시절
집안이 가난해 붓을 던지며 이렇게 말했다. '사내대장부라면 마땅히 부
개자傅介子나 장건처럼 서역에서 공을 세워 제후에 봉해져야지, 어찌 오
랫동안 붓과 벼루를 쥐고 있겠는가(超少時家貧, 投筆歎曰: 丈夫當如傅介子‧張騫,
立功西域, 以取封侯, 安能久事筆硯乎)!'"

15 무기교위戊己校尉: 한대의 관직명으로, 서역을 다스리는 관직이다.

16 관직: 원문은 '귀수龜綬'로, 거북 모양의 어보 손잡이가 달린 인끈이다.

17 북궐北闕: 광서 2년본에는 '북관北關'으로 되어 있으나, 『한서』「서역전」
에 따라서 고쳐 번역한다. 북궐은 고대 궁전의 북쪽에 세워 둔 문루를
가리키며, 신하들이 황제를 알현하거나 상소문을 올리거나 조정의 사
안을 아뢰는 곳이다.

18 역참: 원문은 '우치郵置'이다.

19 감영甘英: 후한後漢의 무장이다. 97년에 반초의 명을 받아 로마 제국에
사절로 나가, 서역‧파르티아Parthia를 거쳐 시리아에 도착하지만, 거기서
되돌아갔다. 페르시아만을 본 최초의 중국 사절이라고 한다.

20 「지리지」: 원문은 '방지方志'이다.

21 반용班勇: 반용(?~127)은 자가 선료宣僚이고, 부풍扶風 평릉平陵(지금의 섬서성
함양咸陽) 사람으로, 동한 반초의 아들이자 장수이다. 저서로는 『서역기西
域記』가 있으며, 이는 『후한서』「서역전」의 근거가 되었다.

22 인과응보의 도리: 원문은 '선법善法'이다.

23 사시사철 기후가 화창하며: 원문은 '옥촉화기玉燭和氣'이다. 『이아爾雅』
「석천釋天」에 따르면 "사시의 기운이 화창한 것을 일러 옥촉玉燭이라 한
다(四時和謂之玉燭)"라고 되어 있다.

24 말세: 원문은 '숙엽叔葉'이다.

25 초왕楚王 유영劉英: 원문은 '초영楚英'이다. 유영은 후한 시대 중국 최초의 불사인 부도사浮屠祠를 설립하고, 서주徐州에서 중국 최초의 불교단체를 조직했다.

26 환제桓帝: 후한 제11대 황제 유지劉志(재위 146~168)의 시호이다. 후한 황제 가운데 처음으로 불교를 신봉했다.

27 자운푸르Jaunpur: 원문은 '연납박아沿納樸兒'로, 옛 땅은 지금의 인도 북부 지역에 위치한다.

28 벵골Bengal: 원문은 '방갈랄榜葛剌'로, 지금의 방글라데시 및 인도의 서벵골주West Bengal를 가리킨다.

29 후현侯顯: 명나라 때의 환관으로, 중국과 아시아 각 나라 간의 경제, 문화 교류에 공적을 세웠다.

30 금강보좌金剛寶座: 산스크리트어 바즈라사나Vajrāsana의 음역이다. 중인도 마가다국 보리수 아래에 있는, 석가모니가 득도할 때 앉았던 자리를 말한다.

31 아프가니스탄Afghanistan: 원문은 '애오한愛烏罕'이다.

32 힌두스탄Hindustan: 원문은 '흔도사탄부痕都斯坦部'로, 인도의 빈디아산맥 Vindhya Range 이북 지역을 가리킨다.

33 파미르고원: 원문은 '총령蔥嶺'이다.

34 쿠샨Kushan: 원문은 '귀상貴霜'이다. 대월지국에 속한 소국 중 하나이다. 3세기경, 쿠샨의 수장이 대월지의 소국을 통일하고 지배권을 장악했다.

35 카슈미르Kashmir: 원문은 '극십미이克什彌爾'로, 가습미라迦濕彌羅라고도 한다.

36 규수嬀水: 아무다리야강Amu Darya으로, 옥수스강Oxus이라고도 한다.

37 바다흐샨Badakhshān: 원문은 '발달극산拔達克山'으로, 지금의 아프가니스탄 북동부에 위치한다.

38 야르칸드Yarkand: 원문은 '섭이강葉爾羌'으로, 지금의 신강 위구르 자치구 서부에 위치한다.

동인도 연혁

—

원본에는 없으나, 지금 보충해서 편집한다.

『명사』에는 벵골(榜葛剌)로 되어 있고, 이 외의 서양 책과 지도에는 맹가랍孟加臘, 맹아랍孟阿拉,
만가탑滿加塔, 명하랄明呀剌, 명교락明絞犖이라 되어 있는데, 모두 글자만 다를 뿐 음은 같다.

벵골의 북쪽에 캘리컷Calicut[1]·촐라Chola[2]·코임바토르Coimbatore[3]가 있고,
또 동쪽으로 해구를 사이에 두고 코친Cochin[4]·퀼론Quilon[5] 등의 나라가 있는데,
모두 동인도에 속하며, 오직 미얀마Myanmar[6]만이 인도 바깥쪽에 위치한다.

『명사』에 다음 기록이 있다.

벵골은 바로 한나라 때의 신독국으로, 동한東漢 때는 천축이라 불렸으
며, 그 뒤로 중천축은 양梁나라에 조공했고, 남천축은 위魏나라에 조공했
다. 당唐나라 때도 오천축으로 나뉘어서 오인도라고도 불렸고, 송나라 때
도 여전히 천축이라 불렸는데, 벵골은 바로 동인도이다. 수마트라섬Pulau
Sumatra[7]에서 순풍을 타고 20일 밤낮을 가면 이를 수 있다. 영락 6년(1408)
에 그 나라 왕 기야수딘 아잠샤Ghiyasuddin A'zam Shah[8]가 사신을 보내 입조
해 공물을 바쳤다. 영락 7년(1409)에 사신이 수행원 230여 명을 데리고 다
시 오자, 황제가 비로소 아주 먼 지역까지 불러들이고 후사했으며, 이때
부터 매년 들어와 공물을 바쳤다. 영락 12년(1414)과 정통正統 3년(1438)에
벵골에서 모두 두 번 기린을 바치자 백관이 표문을 올려 경하했다. 그 후
로는 더 이상 오지 않았다.

그 나라는 땅이 넓고 물산이 풍부하며, 성과 시가지에 재화가 모이고

통상하는데, 중국처럼 번화하다. 사시사철 날씨가 여름과 같고 토양이 비옥해 1년에 두 번 수확하며, 김을 매거나 흙을 북돋우지 않아도 된다. 풍속은 순박하고 인정이 두터우며 문자가 있다. 남자는 부지런히 농사짓고 여자들은 부지런히 길쌈을 한다. 얼굴과 몸이 모두 검지만 간혹 흰 사람도 있다. 왕과 관리와 백성들이 모두 이슬람교도라 관혼상제 역시 모두 그 예법에 따랐다. 남자들은 모두 머리를 깎고 흰 천으로 머리를 싸맸으며, 옷은 목부터 아래까지 천을 둘렀다. 역법에는 윤달을 두지 않았다. 형벌로는 태형笞刑·장형杖刑·도형徒刑·유형流刑 등 여러 종류의 형벌이 있다. 관청의 위계질서에 따라 역시 문서행정 방식의 체계가 있다. 의술과 점술·음양陰陽·백공百工·기예는 모두 중국과 같았는데, 아마도 전대에 중국에서 유입된 것 같다. 왕은 천조를 공경해 사자가 왔다는 소식을 들으면 관원을 보내 예물을 갖추고 많은 사람을 데리고 가서 영접했다. 왕궁은 높고 넓으며, 기둥은 모두 황동黃銅으로 싸서 꾸미고 꽃과 동물을 새겼다. 좌우에 긴 회랑을 두어 안쪽에는 명갑明甲[9]을 입은 기마병 천여 명이 죽 늘어서 있고, 회랑 바깥에는 투구를 쓰고 명갑을 입고 칼과 검, 활과 화살을 든 거인이 늘어서 있는데, 그 위용이 대단했다. 붉은 계단 좌우로 공작 깃털로 만든 일산日傘 1백여 개를 설치했고, 또 코끼리 부대 1백여 명을 궁전 앞에 배치해 두었다. 왕은 팔보관八寶冠을 쓰고 전각의 높은 자리에 걸터앉은 채 검을 무릎 위에 가로놓았다. 사신이 들어오면 은장銀杖을 쥐고 있는 두 사람에게 인도하게 하면서 5보마다 한 번 외쳤으며 한가운데 오면 멈췄다. 이어 다시 금장金杖을 쥐고 있는 두 사람이 처음과 똑같은 방식으로 인도해 오면 왕은 절을 하고 조서를 받드는데, 머리를 조아리며 손을 이마에 갖다 붙였다. 황제의 조서를 읽고 받은 뒤에 궁전에 카펫을 깔고 사신에게 연회를 베풀면서 술 대신 장미로薔薇露와

향밀수香蜜水를 마셨다. 사신에게는 황금 투구·황금 허리띠·황금 병·황금 그릇을 증정했고, 부사副使에게는 모두 은제 물건을 주었으며, 수행원들에게도 모두 증정했다. 그들은 준마·금과 은·유리 그릇·청화백자·학정鶴頂[10]·무소뿔·물총새 깃털·앵무새·세백필포洗白苾布[11]·투라Tula[12]·사켈라트saqalāt[13]·설탕·유향乳香·숙향熟香·오향烏香[14]·마등향麻藤香·오다니烏爹泥[15]·자교紫膠[16]·등갈藤竭[17]·오목烏木·소목蘇木·후추·조황粗黃 등을 바쳤다. 『송사宋史』에 다음 기록이 있다. "단미류국丹眉流國[18]은 동쪽 첸라Chenla[19]까지는 50일 여정이고, 남쪽 나월羅越[20]까지는 뱃길로 15일 여정이며, 서쪽 서천西天[21]까지는 35일 여정이고, 북쪽 정량程良[22]까지는 60일 여정이다. 동북쪽 롭부리Lop Buri[23]까지는 25일 여정이고, 동남쪽 사파闍婆[24]까지는 45일 여정이며, 서남쪽 정약程若[25]까지는 15일 여정이고, 서북쪽 다웨이Dawei[26]까지는 25일 여정이며, 동북쪽 광주廣州까지는 135일 여정이다. 그 풍속에 따르면 널빤지로 집을 지으며, 맨발에 베옷을 입고 허리띠는 착용하지 않으며 하얀 모시로 머리를 싸매고, 무역을 할 때는 금은을 사용한다. 왕이 거주하는 곳은 넓이가 사방 5리이고 성곽이 없다. 왕은 외출할 때 코끼리가 끄는 가마도 타지만, 말이 끄는 수레도 탄다. 이 땅에서는 코뿔소·코끼리·놋쇠가 나고, 자초紫草[27]·소목 등의 약초가 난다. 사시사철 날이 뜨겁고 눈과 서리는 내리지 않는다. 일찍이 중국에 가 본 적이 없다. 함평咸平 4년(1001)에 공물을 바치러 왔다. 생각건대, 그 위치가 사방으로 통하는 것으로 보아 역시 동인도의 땅이다."

『명사』에 다음 기록이 있다.

혹자들이 말하는 코친은 바로 고대의 반반국盤盤國으로, 송宋나라·양梁나라·수隋나라·당唐나라 때 모두 들어와 조공했다. 『당서唐書』에 다음 기록이 있다. "반반국은 남해南海에 위치하며, 서북쪽 환왕국環王國[28]과는 작은 바다를 사이에 두고 있고, 낭아수국狼牙修國[29]과는 인접해 있으며, 교주交州에서 뱃길로 40일이면 도착할 수 있다. 송나라 원가元嘉[30]와 양나라 대통大通[31] 연간에 모두 들어와 조공했다. 백성들은 물가에서 살았으며, 나무를 이어서 울타리를 만들고 돌로 화살촉을 만들었다. 정관貞觀[32] 연간에 왕이 사신을 보내 입조했다. 반반국의 동남쪽에 믈라카Melaka[33]가 있다. 왕은 24개의 주州를 다스리고, 무기로는 활과 화살, 삼모창과 팔모창이 있으며, 공작새의 깃털로 의장기를 장식한다. 전쟁 때마다 코끼리 1백 마리가 한 부대이고, 코끼리 한 마리당 1백 명이 한 조이다. 안장은 우리처럼 생겼으며, 네 사람이 활과 삼모창을 들고 그 안에 들어간다. 세금은 일반적으로 은銀 2수銖[34]를 낸다. 견직물과 모시는 없고 오직 길패吉貝[35]만 있다. 관리가 아니면 머리를 묶지 않는다. 대개 시집을 가거나 아내를 맞아들일 때는 빈랑이나 야자를 보내는 것을 예로 삼았으며, 많게는 2백 쟁반 정도 되었다. 동남쪽에 구루밀拘蔞密[36]이 있는데, 바닷길로 한 달이면 간다. 남쪽에 있는 파리婆利[37]까지는 걸어서 10일이면 간다. 동쪽 불술不述[38]까지는 걸어서 5일이면 간다. 서북쪽 문단文單[39]까지는 걸어서 6일이면 간다. 적토국赤土國[40]·타화라墮和羅[41]와 풍속이 같다." 소갈란小葛蘭[42]에서 서북쪽으로 순풍을 타고 하루 밤낮을 가면 도착할 수 있다. 영락 원년(1403)에 중관 윤경尹慶에게 조서를 가지고 가 그 나라를 위무케 하고, 금박 휘장·금실 무늬 비단·채색 비단 및 화개를 하사했다. 영락 6년(1404)에 다시 명을 내려 정화를 그 나라에 사신으로 보냈다. 영락 6년에 그 나라에서 사신을 보내 조공했다. 영락 10년(1412)에 그 나라의 산을 책봉하고, 산 위에 비석을 세웠다. 선덕宣德[43] 8년(1433)에 사신을 보내 스리랑카Sri Lanka[44] 등의 나라들과 함께 들어와 조공했다. 정통正統[45] 원년(1436)에 그 사신을 자와Jawa[46]의 조공 선박에 태워 돌려보내면서 칙서를 내리고 그 왕을 위로했다. 그 나라는 스리랑카와 서로 마주 보고 있고, 중부는 캘리컷과 통하며, 동쪽은 큰 산을 경계로 하고 있고, 서쪽·남쪽·북쪽은 모두 대해와 인접해 있다. 기후는 늘 덥고 밭은 척박하여 수확이 적다. 풍속은 아주 순박하다. 야자수를 이용해 집을 짓고, 야자수 잎을 가져다가 이엉을 만들어 집을 덮었다. 왕은 촐라 사람으로 불교를 받들었다. 불좌의 사방에는 도랑이 있으며, 다시 우물 하나를 파서 매일 아침 종과 북을 울리면 물을 길어다가 서너 차례 불상에 끼얹은 뒤에 늘어서서 함께 절을 하고 물러났다. 사람들은 모두 다섯 계급으로 구분된다. 제1계급은 나야르Nayar[47]로 왕족들이며, 제2계급은 이슬람교도이고, 제3계급은 치띠Chitti[48]로 이들은 모두 부자들이다. 제4계급은 클링Kling[49]으로 모두 중간 상인[50]이다. 가장 천한 사람들은 묵쿠바Mukkuvar[51]로 집의 높이가 3자를 넘어서는 안 되며, 대개 극빈층으로 천한 일을 하는 사람들이다. 1년 중 2, 3월에는 비가 거의 오지 않아, 사람들은 모두 집을 수리하고 식품을 저장해 대비한다. 5, 6월에는 큰비가 계속 내려 시가지가 물바다가 된다. 7월이 되면 날이 개기 시작하고 8월 이후로는 더 이상 비가 내리지 않는데, 매년 이러하다. 이 땅에서는 다양한 곡물이 나는데, 보리만 나지 않는다. 가축들도 모두 다 있으나, 오직 거위와 나귀만은 없다.

『오문기략奧門紀略』에 다음 기록이 있다. "코친은 상류층 3계급인 왕족 나야르, 이슬람교도, 치띠, 하류층 2계급인 중간 상인 클링과 극빈층 묵쿠바로 구분되는데, 이들은 나야르, 치띠 사람을 만나면 바로 땅에 엎드린다."

『명사』에 또 다음 기록이 있다.

소갈란은 코친과 인접해 있으며, 스리랑카에서 서북쪽으로 6일 밤낮을 가면 도착할 수 있다. 동쪽에는 큰 산이, 서쪽에는 대해가 있으며, 남북으로 땅이 협소한 서남양[52]의 작은 나라이다. 영락 5년(1407)에 사신을 보내 캘리컷·수마트라를 따라 들어와 조공했기에, 그 왕에게 금기錦綺[53]·사라紗羅[54]·말과 마구馬具 등의 하사품을 내렸고, 사신에게도 하사품을 내렸다. 왕과 신료[55]들은 모두 촐라 사람으로, 불교를 받들고 소를 숭배하며, 기타 혼례와 장례 등의 의례는 대부분 스리랑카와 같다. 풍속은 순박하다. 토지가 척박해 수확물이 적어서 벵골에서 공급해 온다. 정화는 자주 그 나라에 사신으로 갔다. 공물로는 진주산珍珠傘[56]·백면포白綿布[57]·후추뿐이다. 또 대갈란大葛蘭[58]은 물살이 빠르고 세차 배가 정박할 수 없기 때문에 상인들이 아주 드물게 왔다. 토지가 비옥해 곡식과 보리농사에 적합하지만, 백성들이 농사일에 게을러 매년 오리사Orissa[59]의 쌀에 의존해 충당했다. 풍속이나 토산품은 대부분 소갈란과 비슷하다. 코친은『해록海錄』에 보이는 오토국烏土國[60]을 가리킨다. 따라서 대갈란과 소갈란은 코친과 인접해 있으며, 토지 역시 비옥하니, 어느 것 하나 부합하지 않는 것이 없다. 영국인이 그린 중국 지도를 살펴봐도 역시 코친은 이라와디강Irrawaddy River[61] 하구에 있고, 동쪽 해안은 미얀마와 인접해 있다. 이상의 두 나라는 모두 동인도 변경에 위치하고 있기 때문에 이곳에 덧붙여 기록한다.[62]

또 다음 기록이 있다.

캘리컷은 서양의 대국이다. 서쪽으로는 대해와 인접해 있고, 남쪽으로는 코친에 이르며, 북쪽으로는 호나바르Honavar[63]에 이르고, 동쪽으로 7백 리 가면 코임바토르[64]에 이른다. 코친에서 배를 타고 3일을 가면 도착할 수 있고, 살펴보건대, 코친에서 캘리컷으로 가려면 반드시 배를 타고 가야 하니, 두 나라가 강을 사이에 두고 있음을 알 수 있다. 캘리컷은 이라와디강과 갠지스강 사이에 끼어 있는 반면, 코친은 두 강이 합류하는 동남쪽 해안에 위치한다. 스리랑카에서 10일이면 도착할 수 있는데, 여러 나라의 요충지이다.

영락 원년(1403)에 중관 윤경에게 명해 조서를 받들고 가서 그 나라를 위무케 하고 채색 비단을 하사했다. 그 나라의 군주가 사신을 보내 윤경을 따라 들어와 조공했고, 영락 3년(1405)에 사절단이 남경南京에 오자 그 군주를 국왕에 봉하고 관인과 책봉 조서 및 무늬 비단 등을 하사하자, 마침내 매년 들어와 조공했다. 정화 역시 여러 차례 그 나라에 사신으로 갔다. 영락 13년(1448)에 코친·라무리Lamuri[65]·코임바토르[66]·믈라카 등 여러 나라와 함께 들어와 조공했다. 영락 14년(1449)에 다시 자와·믈라카·참파·스리랑카·모가디슈Mogadishu[67]·류산溜山[68]·남발리南渤利·브라바Brava[69]·아덴Aden[70]·수마트라·말린디Malindi[71]·라사Lasa[72]·호르무즈Hormuz[73]·코친·남무리南巫里·라스 사이운Ras Sharwayn[74]·파항Pahang[75] 등의 나라와 함께 들어와 조공했다. 이때 각 나라의 사신들이 조정에 차고 넘쳤는데, 캘리컷이 대국이었기 때문에 사신 중 서열이 가장 높았다. 영락 17년(1419)에 믈라카 등 17개국과 함께 들어와 조공했다. 영락 19년(1421)에 다시 호르무즈·아덴·도파르Dhofar[76]·라사·브라바·모가디슈·코친·카일Cail[77]·류산·라무리·수마트라·아루Aru[78]·믈라카 등의 나라와 함께 사신 1200명을 보내 조공했다. 마침 황제가 변경으로 나가면서 황태자에게 칙령을 내렸다.

"날이 추워지고 있으니, 조공 사절단은 예부의 관원에게 명해 연회를 베풀어 위로하고 하사품을 주어 돌려보내라. 토산품을 가져와서 교역하려는 자가 있다면 관에서 그 값을 지불해 주어라."

성조成祖(영락제)가 붕어한 이래로 중국 조정에서는 여러 나라에 사신을 보내지 않았고, 다른 나라의 조공 사절단도 들어오지 않았다. 선덕 5년(1430)에 다시 정화를 그 나라에 사신으로 보냈다. 선덕 8년(1433)에 그 나라의 왕은 사신을 보내 수마트라·코친·스리랑카·도파르·아덴·코임바토르·호르무즈·카일·메카Mecca[79]의 사신들과 함께 들어와 조공했다. 그 나라 사신은 오랫동안 도성에 머물러 있다가 정통 원년(1436)이 되어서야 명을 내려 자와의 조공 선박에 태워서 서쪽으로 돌려보냈으며, 그 이후로 더는 오지 않았다.

그 나라는 산이 많고 땅이 척박하며 여러 곡식은 있지만 보리는 나지 않는다. 풍속은 아주 순박해서 행인들은 서로 길을 양보했고, 길에 물건이 떨어져 있어도 줍지 않았으며, 사람들은 다섯 계급으로 나뉘었다. 코친처럼 왕이 불교를 숭상하며 우물을 파서 불상을 씻는 것도 똑같다. 매일 아침이면 신하와 백성에 이르기까지 소똥을 가져다 물에 개어서 벽과 땅에 바르고, 또 소똥을 말려 태워서 재로 만들어 이마와 허벅지에 발랐는데, 이것을 일러 부처를 공경하는 것이라고 했다. 나라 안의 절반은 이슬람교를 숭상해 사원 수십 곳을 세우고 7일에 한 번 예배를 올린다. 이때 남녀는 목욕재계하고 일을 하지 않으며, 오시午時에 사원에서 하늘을 향해 절을 하고 미시未時가 되어서야 흩어졌다. 왕이 늙으면 그 자리를 자식에게 물려주지 않고 조카에게 물려주었으며, 조카가 없으면 동생에게, 동생이 없으면 나라에 덕이 있는 자에게 물려주었다. 국사는 모두 두 명의 장령將領이 결정했는데, 이슬람교도가 이를 맡아 했다. 채찍이나 곤장으로 때리는 형벌은 없으며, 죄가 가벼운 경우는 수족을 잘랐고, 죄가 무거운 경우는 금이나 보물을 바치는 벌금형에 처했으며, 더욱 죄가 무거운 경우는 멸족하고 재산을 몰수했다. 판결에 승복하지 않을 경우에는 손가락을 끓는 물에 넣어 3일 동안 문드러지지 않으면 면죄해 주었다. 사면된 사람은 장령이 음악을 연주하면서 인도해 집으로 돌려보냈고, 친척들이 축하해 줬다. 부잣집에서는 대부분 야자수를 심는데, 수천 그루까지 심는 경우도 있었다. 어린 야자 열매는 과즙을 마실 수도 있고 술을 빚을 수도 있으며, 익은 야자는 기름이나 설탕을 만들 수도 있고 밥을 지을 수도 있다. 또 줄기는 얽어서 집을 지을 수 있고 야자잎은 기와 대신 사용할 수 있으며, 껍질로는 술잔을 만들 수도 있고 가는 대로는 새끼를 꼬며, 야자를 말려 태워 재로 만들어서 쇠붙이에 상감할 수 있다. 기

타 채소와 과일, 가축과 산물은 대부분 중국과 비슷하다. 조공 물품으로
는 보석·산호 구슬·유리병·유리잔·보철도寶鐵刀·불랑쌍인도拂郞雙刃刀[80]·황
금 허리띠·아사모달도아기阿思模達達兒氣·용연향·소합유·화전단花氈單[81]·백란
포伯蘭布·향기 나는 베(芝布) 등이 있다.

또 다음 기록이 있다.

촐라[82]의 경우, 홍무洪武 2년(1369)에 사신 유숙면劉叔勉에게 명해 즉위 조
서를 가지고 가서 그 나라를 위무케 했다. 홍무 3년(1370)에 사막을 평정
하고 다시 사신을 보내 조서를 반포했다. 그 나라 왕은 사신을 보내 금
엽표金葉表[83]를 올리고 방물을 바쳤다. 성조가 즉위 조서를 해외 각 나라에
반포했으니, 촐라 역시 그중 한 나라이다. 영락 원년(1403)과 21년(1423)에
캘리컷, 아덴 등 15개국과 함께 들어와서 조공했다. 위원이 살펴보건대,『일
통지—統志』에 따르면 "촐라는 본래 소국 중 하나이고, 참파·태국·스리랑카·코친 등 대
국의 왕은 옛날 기록에서 모두 촐라 출신이라 했기 때문에 특별히 기록해 둔다"라고
되어 있다. 이곳 촐라와 캘리컷은 모두 동인도 지역으로, 방위로 볼 때 남양에 해당하
지 서양이 아니다.『명사』에서 대개 서양이라 한 것은 잘못된 것이다.『명사』에 다음 기
록이 있다. "서천西天[84]의 아난공덕국阿難功德國은 서방의 번국番國으로, 홍무 7년(1374)에 그
나라의 강주講主[85] 필니서必尼西를 보내 입조하게 해서 방물 및 해독약을 바쳐 왔기에 조
서를 내리고 무늬 비단·선의禪衣 및 포백 등의 물품을 하사했으나, 그 뒤로 더 이상 오
지 않았다. 또 카라코룸Karakorum[86]의 국사國師 역시 그 나라의 강주를 보내 입조해서는
동불銅佛·사리舍利, 하단포哈丹布 및 원나라에서 받은 옥인玉印·옥도서玉圖書를 바쳤다." 또 다
음 기록이 있다. "네팔Nepal[87]은 티베트의 서쪽에 위치하며 중국과 아주 멀리 떨어져 있
다. 그 나라의 왕은 모두 승려가 맡는다. 홍무 17년(1384)에 태조가 여러 나라를 불러
들여 그 나라에 사절단을 보낼 것을 논의해서 승려 지광智光에게 명해 새서璽書[88]와 채색

비단을 가져가게 하고 또 그 인접국인 지용·탑국地湧塔國에 사신으로 보냈다. 승려 지광은 불교 경전에 정통하고 뛰어난 언변으로 천자의 은덕을 선양했다. 그 왕은 곧장 사신을 보내 지광을 따라 입조해서는 금탑과 불경 및 명마와 그 나라의 토산품을 바쳤다. 홍무 20년(1387)에 도성에 왔다. 황제가 몹시 기뻐하며 은인銀印·옥도서·고칙誥敕[89]·부험符驗[90] 및 번당幡幢·채색 비단을 내리고, 사자에게도 하사품을 내렸다. 홍무 23년(1390)에 다시 공물을 바쳐 오자 옥도서·홍라산紅羅傘[91]을 더해 하사했다. 태조의 재위 기간이 끝날 때까지 몇 년에 한 번씩 들어와 조공했다. 성조는 왕위에 오른 뒤 다시 지광에게 명해 그 나라에 사신으로 보냈다. 영락 7년(1409)에 사신을 보내와서 조공했다. 영락 11년(1413)에 중관 양삼보楊三保에게 명해 새서·은과 예물을 가져가서 새로 등극한 왕과 지용탑국의 왕에게 하사했다. 영락 16년(1418)에 중관 등성鄧城에게 명해 조서를 가지고 가게 했는데, 가던 길에 한동罕東[92]·영장靈藏[93]·필력공와必力工瓦[94]·오사장烏斯藏[95] 및 야람복납野藍卜納에게도 모두 하사했다. 선덕 2년(1427)에 또 중관 후현侯顯을 보내 그 왕에게 응금㡜錦[96]·저면紵綿을 하사했고, 지용탑 왕에게도 똑같이 했다. 그 뒤로 조공 사절단이 더 이상 오지 않았다. 속도숭速覩嵩[97] 역시 서방의 나라로, 영락 3년(1405)에 행인行人[98] 연적連迪 등에게 명해 칙서를 가지고 가서 초무하게 하면서 은사銀紗·채색 비단을 하사했지만, 그 나라 군주는 길이 멀다는 이유로 결국 오지 않았다."『만력야획편萬曆野獲編』에 다음 기록이 있다. "서천의 공덕아난국은 예로부터 들어 보지 못했고, 이 이름은 『금사金史』·『원사元史』 및 국조의 『회전會典』[99]에도 모두 실려 있지 않은 것으로 보아 호승胡僧이 상을 목적으로 거짓으로 미명을 만들어 내어 천조를 속인 것이 틀림없다." 위원이 살펴보건대, 『명사』에 따르면 또한 카일·코임바토르·클란탄Kelantan[100]은 모두 영락·선덕 연간에 정화가 사신으로 가서 그들을 초무하여, 캘리컷·코친·라무리 등의 국가와 함께 들어와 조공했다. 또한 그 접경지대에 위치한 소아란小阿蘭·발단撥丹 두 나라는 모두 동인도의 부락이다.

東印度沿革

原無, 今補輯.

『明史』作榜葛剌, 此外西夷書·圖或云孟加臘, 或云孟阿拉, 或云滿加塔,

或云明呀剌, 或云明絞犖, 皆字殊音同. 其北境有古里·瑣里·坎巴,

東隔海口之柯枝·葛蘭等國, 皆東印度境, 惟緬甸在印度外.

　　『明史』: 榜葛剌卽漢身毒國, 東漢曰天竺, 其後中天竺貢於梁, 南天竺貢於
魏. 唐亦分五天竺, 又名五印度, 宋仍名天竺, 榜葛剌則東印度也. 自蘇門答剌
順風二十晝夜可至. 永樂六年, 其王靄牙思丁遣使來朝貢方物. 七年, 使凡再
至, 攜從者二百三十餘人, 帝方招徠絶域, 頒賜甚厚, 自此比年入貢. 永樂十二
年及正統三年, 凡兩貢麒麟, 百官表賀. 自是不復至.

　　其國地大物阜, 城池街市, 聚貨通商, 繁華類中國. 四時氣候常如夏, 土沃,
一歲二稔, 不待耔耘. 俗淳龐, 有文字. 男女勤於耕織. 容體皆黑, 間有白者. 王
及官民皆回回人, 喪祭冠婚悉用其禮. 男子皆剃髮, 裹以白布, 衣從頸貫下, 用
布圍之. 曆不置閏. 刑有笞·杖·徒·流數等. 官司上下亦有行移. 醫卜·陰陽·百
工·技藝悉如中國, 蓋皆前世所流入也. 其王敬天朝, 聞使者至, 遣官具儀物, 以
千騎來迎. 王宮高廣, 柱皆黃銅包飾, 雕琢花獸. 左右設長廊, 內列明甲馬隊千
餘, 外列巨人, 明盔甲, 執刀劍弓矢, 威儀甚壯. 丹墀左右設孔雀翎傘蓋百餘,
又置象隊百餘於殿前. 王飾八寶冠, 箕踞殿上高坐, 橫劍於膝. 朝使入, 令挂銀

杖者二人來導, 五步一呼, 至中則止. 又拄金杖者二人導如初, 其王拜迎詔, 叩頭, 手加額. 開讀受賜訖, 設絨毯於殿, 宴朝使, 不飮酒, 以薔薇露和香蜜水飮之. 贈使者金盔·金繫腰·金瓶·金盆, 其副則悉用銀, 從者皆有贈. 厥貢良馬·金銀·琉璃器·青花白瓷·鶴頂·犀角·翠羽·鸚鵡·洗白苾布·兜羅棉·撒哈剌·糖霜·乳香·熟香·烏香·麻藤香·烏爹泥·紫膠·藤竭·烏木·蘇木·胡椒·粗黃. 『宋史』: 丹眉流國, 東至占臘五十程, 南至羅越水路十五程, 西至西天三十五程, 北至程良六十程. 東北至羅斛二十五程, 東南至闍婆四十五程, 西南至程若十五程, 西北至洛華二十五程, 東北至廣州一百三十五程. 其俗以版爲屋, 跣足, 衣布, 無紳帶, 以白紵纏其首, 貿易以金銀. 其主所居廣袤五里, 無城郭. 出則乘象車, 亦有小駟. 地出犀·象·鑌石, 紫草·蘇木諸藥. 四時炎熱, 無雪霜. 未嘗至中國. 咸平四年來貢. 按其方位四至, 亦東印度地.

『明史』: 或言柯枝卽古盤盤國, 宋·梁·隋·唐皆入貢. 『唐書』: 盤盤在南海, 西北距環王, 限少海, 與狼牙修接, 自交州海行四十日乃至. 宋元嘉·梁大通中, 均入貢. 其民瀕水居, 比木爲柵, 石爲矢鏃. 貞觀中, 王遣使朝. 其東南有哥羅富沙羅. 王州二十四, 其兵有弓矢稍矝, 以孔雀羽飾纛. 每戰以百象爲一隊, 一象百人. 鞍若檻, 四人執弓槊在中. 賦率輪銀二銖. 無絲紵, 惟吉貝. 非有官不束髮. 凡嫁娶納檳·椰爲禮, 多至二百盤. 東南有拘蔞密, 海行一月至. 南距婆利, 行十日至. 東不述, 行五日至. 西北距文單, 行六日至. 與赤土·墮和羅同俗. 自小葛蘭西北行, 順風一日夜可至. 永樂元年, 遣中官尹慶齎詔撫諭其國, 賜以銷金帳幔·織金文綺·綵幣及華蓋. 永樂六年, 復命鄭和使其國. 六年遣使來貢. 十年封其國中之山, 勒石山上. 宣德八年, 遣使偕錫蘭山諸國來貢. 正統元年, 遣其使者附爪哇貢舶還國, 賜敕勞王. 其國與錫蘭山對峙, 中通古里國界東大山, 西·南·北皆大海. 氣候常熱, 田瘠少收. 俗頗淳. 築室用椰子樹, 卽取其葉爲苫覆. 王瑣里人, 尊釋敎. 佛座四旁皆水溝, 復穿一井, 每旦鳴鐘鼓, 汲水灌佛再三, 始羅拜而退. 人分五等. 第一南昆王族類, 二回回, 三哲地, 皆富民. 四革全, 皆牙儈. 最賤者曰木瓜, 屋高不得過三尺, 蓋極貧民, 執賤役者. 歲中二三月時有少雨, 國人皆治舍儲食物以俟. 五六月間大雨不止, 街市成河. 七月始晴, 八月後不復雨, 歲歲皆然. 地產諸穀, 獨無麥. 諸畜亦皆有, 惟無鵝與驢. 『澳門紀略』: 柯枝國分上三等, 曰南昆王族類, 曰回回, 曰哲地. 下二等, 曰革全, 皆牙儈, 曰木瓜, 最貧, 遇南昆·哲地人, 輒伏地.

『明史』又曰: 小葛蘭, 其國與柯枝接境, 自錫蘭山西北行六晝夜可達. 東大山, 西大海, 南北地窄, 西洋小國也. 永樂五年, 遣使附古里·蘇門答剌入貢, 賜其王錦綺·紗羅·鞍馬諸物, 其使者亦有賜. 王及群下皆瑣里人, 奉釋教, 敬牛及他婚喪諸禮, 多與錫蘭同. 俗淳. 土薄, 收獲少, 仰給榜葛剌. 鄭和常使其國. 厥貢止珍珠傘·白綿布·胡椒. 又有大葛蘭, 波濤湍悍, 舟不可泊, 故商人罕至. 土黑墳, 本宜穀麥, 民懶事耕作, 歲賴烏爹之米以足食. 風俗土產多類小葛蘭. 柯枝, 即『海錄』之烏土國. 故大·小葛蘭地接柯枝, 土亦黑墳, 無一不合. 考英夷所繪中國地圖, 亦列柯枝於大金沙江海口, 東岸與緬甸接. 以上二國皆東印度邊境, 故附著之.

又曰: 古里, 西洋大國. 西濱大海, 南距柯枝國, 北距狼奴爾國, 東七百里距坎巴國. 自柯枝舟行三日可至, 觀柯枝至古里必由舟行, 可見中隔江河. 蓋古里介大金沙及恒河二水之間, 而柯枝則在江河合流之東南岸也. 自錫蘭山十日可至, 諸番要會也.

永樂元年, 命中官尹慶奉詔撫諭其國, 賚以綵幣. 其酋遣使從慶入朝貢, 三年達南京, 封爲國王, 賜印誥及文綺諸物, 遂比年入貢. 鄭和亦數使其國. 十三

年, 偕柯枝·南勃利·甘巴里·滿剌加諸國入貢. 十四年, 又偕瓜哇·滿剌加·占城·
錫蘭山·木骨都束·溜山·南渤利·不剌哇·阿丹·蘇門答剌·麻林·剌撒·忽魯謨斯·
柯枝·南巫里·沙里灣泥·彭亨諸國入貢. 是時, 諸番使臣充斥於廷, 以古里大國,
序其使者於首. 十七年偕滿剌加十七國來貢. 十九年又偕忽魯謨斯·阿丹·祖法
兒·剌撒·不剌哇·木骨都束·柯枝·加異勒·溜山·南渤利·蘇門答剌·阿魯·滿剌加
諸國遣使千二百人入貢. 時帝方出塞, 敕皇太子曰: "天時向寒, 貢使卽令禮官
宴勞, 給賜遣還. 其以土物來市者, 官酬其直."

自成祖崩, 中朝不遣使諸國, 諸國貢使亦不來. 宣德五年, 復遣鄭和使其國.
八年, 其王遣使偕蘇門答剌·柯枝·錫蘭山·祖法兒·阿丹·甘巴里·忽魯謨斯·加異
勒·天方使臣入貢. 其使久留都下, 至正統元年乃命附瓜哇貢舟西還, 自是不
復至.

其國山多地瘠, 有穀無麥. 俗甚淳, 行者讓道, 道不拾遺, 人分五等. 如柯枝
王敬浮屠, 鑿井灌佛亦如之. 每旦至及臣民, 取牛糞調水, 塗壁及地, 又煆爲灰,
抹額及股, 謂爲敬佛. 國中半崇回回教, 建禮拜寺數十處, 七日一禮. 男女齋浴
謝事, 午時拜天於寺, 未時乃散. 王老不傳子而傳甥, 無甥則傳弟, 無弟則傳於
國之有德者. 國事皆決於二將領, 以回回人爲之. 刑無鞭笞, 輕者斷手足, 重者
罰金珠, 尤重者夷族沒產. 鞫獄不承, 則置其手指沸湯中, 三日不爛卽免罪. 免
罪者將領導以鼓樂送還家, 親戚致賀. 富家多植椰子樹, 至數千. 其嫩者漿可
飲, 亦可釀酒, 老者可作油糖, 亦可作飯. 幹可構屋, 葉可代瓦, 殻可製杯, 穰
可索綯, 煆爲灰, 可鑲金. 其他蔬果畜產多類中國. 所貢物有寶石·珊瑚珠·琉璃
瓶·琉璃枕·寶鐵刀·拂郎雙刃刀·金繫腰·阿思模達塗兒氣·龍涎香·蘇合油·花氈·
單伯蘭布·苾布之屬.

又曰: 西洋瑣里, 洪武二年命使臣劉叔勉以卽位詔諭其國. 三年, 平定沙漠,

復遣使臣頒詔. 其王遣使奉金葉表獻方物. 成祖頒卽位詔於海外諸國, 西洋瑣

里亦與焉. 永樂元年·二十一年偕古里·阿丹等十五國來貢. 源按:『一統志』云:

"西洋瑣里本一小國, 乃占城·暹羅·錫蘭山·柯枝諸大國王, 舊志皆云瑣里人, 故特存

之." 此與古里皆東印度境, 於大地方位爲南洋, 非西洋也. 『明史』云槪西洋者, 失

之. 『明史』: 西天阿難功德國, 西方番國也, 洪武七年, 遣其講主必尼西來朝, 貢方

物及解毒藥石, 詔賜文綺·禪衣及布帛諸物, 後不復至. 又有和林國師, 亦遣其講主

來朝, 獻銅佛·舍利, 哈丹布及元所授玉印·玉圖書. 又曰尼入剌國, 在諸藏之西, 去

中國絶遠. 其王皆僧爲之. 洪武十七年, 太祖已招徠諸番, 議通使其地, 命僧智光齎

璽書·綵幣往, 竝使其隣境地湧塔國. 智光精釋典, 負才辯, 宣揚天子德意. 其王卽遣

使隨入朝, 貢金塔佛經及名馬方物. 二十年達京師. 帝喜, 賜銀印·玉圖書·誥敕·符驗

及幡幢·綵幣, 又賜其使者. 二十三年再貢, 加賜玉圖書·紅羅傘. 終太祖時, 數歲一

貢. 成祖嗣位, 復命智光使其國. 永樂七年, 遣使來貢. 十一年, 命楊三保齎璽書·銀

幣賜其嗣王及地湧塔王. 十六年, 命中官鄧城齎書往, 所經罕東·靈藏·必力工瓦·烏

斯藏及野藍卜納, 皆有賜. 宣德二年又遣中官侯顯賜其王絨錦·紵絲, 地湧塔王如之.

自後貢使不復至. 又有速覿崇者, 亦西方之國, 永樂三年遣行人連迪等齎敕往招, 賜

銀紗·綵幣, 其酋以道遠竟不至. 『萬曆野獲編』曰: 西天功德阿難國, 古來不聞, 此

夷名金·元諸史及國朝會典皆不載, 必胡僧賺賞僞造美名以欺天朝耳. 源案:『明史』

尙有加異勒國·甘巴里國·吉蘭丹國, 皆永樂·宣德中鄭和所奉使招徠, 偕古里·柯枝·

南浡利等國入貢. 其隣境尙有小阿蘭·撥丹二國, 皆東印度之部落.

주석

1   캘리컷Calicut: 원문은 '고리古里'로, 옛 땅은 지금의 인도 서남부 코지코드 Kozhikode에 위치한다.

2   촐라Chola: 원문은 '쇄리瑣里'로, 옛 땅은 지금의 인도 코로만델해안 Coromandel coast에 위치한다.

3   코임바토르Coimbatore: 원문은 '감파坎巴'로, 옛 땅은 지금의 인도 타밀나 두주Tamil Nadu 서부에 위치한다.

4   코친Cochin: 원문은 '가지柯枝'로, 옛 땅은 지금의 인도 서남부에 위치 한다.

5   퀼론Quilon: 원문은 '갈란葛蘭'으로, 옛 땅은 지금의 인도 서남부 해안에 위치한다. 퀼론은 대갈란大葛蘭과 소갈란小葛蘭으로 구분된다.

6   미얀마Myanmar: 원문은 '면전緬甸'이다.

7   수마트라섬Pulau Sumatra: 원문은 '소문답랄蘇門答剌'이다.

8   기야수딘 아잠샤Ghiyasuddin Azam Shah: 원문은 '애아사정靄牙思丁'이다. 기 야수딘 아잠샤(1390~1411)는 명나라와의 외교 관계를 수립하고 페르시아 의 유명한 사상가와 문화적 접촉을 하며 페르시아와 벵골의 문화를 육 성했다.

9   명갑明甲: 의장대 행렬 때 군사들이 입는 갑옷 중 하나이다. 철제 미늘을 이어 만든 갑옷으로, 수은갑水銀甲, 은갑銀甲, 백철갑白鐵甲이라고도 한다.

10   학정鶴頂: 학의 두개골로, 가공을 거친 뒤 장식물로 사용되었다.

11   세백필포洗白苾布: 흰색의 향기 나는 직물을 가리킨다.

12   투라Tula: 원문은 '두라면兜羅棉'으로, 부드러운 흰 솜을 가리킨다.

13   사켈라트saqalāt: 원문은 '살합랄撒哈剌'로, 쇄합랄瑣哈剌, 쇄해랄灑海剌, 살합 리撒哈喇라고도 한다. 고급 직물로, 원·명·청대에 중앙아시아·동남아시 아 등의 여러 국가에서 공물로 바쳤다.

14 오향烏香: 아편으로, 태국·자와 등에서 조공품으로 바쳤다.

15 오다니烏爹泥: 아선약阿仙藥, 아다兒茶, 흑아다黑兒茶, 해아다孩兒茶라고도
    한다. 지혈止血·수렴제收斂劑·검정 물감 또는 무두질에 쓰였다.

16 자교紫膠: 자교충紫膠蟲의 진피眞皮샘에서 분비되는 황갈색 또는 홍갈색
    수액으로, 접착력이 강하다.

17 등갈藤竭: 혈갈血竭, 기린갈麒麟竭이라고도 한다. 기린수麒麟樹의 열매와
    줄기에서 채취한 수액으로 만든다.

18 단미류국丹眉流國: 옛 땅은 지금의 말레이반도 북부에 위치한 태국의 나
    콘시탐마랏Nakhon Si Thammarat 일대로 추정된다.

19 첸라Chenla: 원문은 '점랍占臘'이다.

20 나월羅越: 옛 땅은 말레이반도 남부에 위치한다. 말레이시아 조호르
    Johore 지역 일대, 혹은 싱가포르해협 일대라고도 한다.

21 서천西天: 인도를 가리킨다.

22 정량程良: 옛 땅은 지금의 태국과 미얀마의 경계 일대로 추정된다.

23 롭부리Lop Buri: 원문은 '라곡羅斛'으로, 라곡邏斛이라고도 한다.

24 사파闍婆: 옛 땅은 지금의 인도네시아 자와섬Pulau Jawa 일대에 위치한다.

25 정약程若: 말레이반도에 위치한 태국의 뜨랑, 혹은 미얀마 동남부에 있
    는 메익Myeik으로 추정된다.

26 다웨이Dawei: 원문은 '낙화洛華'로, 옛 땅은 지금의 미얀마 동남부에 위치
    한다.

27 자초紫草: 다년생 풀로, 뿌리는 약재로 사용된다.

28 환왕국環王國: 중국 역사서에서는 처음에는 임읍林邑이라 부르다가 당나
    라 지덕至德 연간 이후로 환왕으로 바꾸어 불렀고, 9세기 후반에는 점성
    占城이라고 칭했다.

29 낭아수국狼牙修國: 랑카수카를 가리킨다. 송나라 이전에는 태국의 나콘
    시탐마랏과 빠따니Pattani 일대에 이르는 지역을 포함했으나, 송나라 이
    후에는 빠따니 일대만을 지칭했다.

30 원가元嘉: 남조 송나라 문제의 연호(424~453)이다.

31 대통大通: 양나라 무제 소연蕭衍의 세 번째 연호(527~529)이다.

32 정관貞觀: 당나라 제2대 황제 태종 이세민의 연호(627~649)이다.

33 믈라카Melaka: 원문은 '가라부사라哥羅富沙羅'이다. 가라부사哥羅富沙, 가라
哥羅, 개라個羅라고도 불렸으며, 지금은 말레이시아를 구성하는 13개 주
중 하나이다.

34 수銖: 무게의 단위로, 1냥兩의 24분의 1이다.

35 길패吉貝: 면직물이다. 길패는 솜이나 면화를 의미하는데, 면화가 조개
처럼 생겼다고 해서 패貝 자를 썼다.

36 구루밀拘蔞密: 지금의 인도 북부에 있는 아삼주Assam 일대, 혹은 미얀마
바고Bago 일대를 가리키는 것으로 추정된다.

37 파리婆利: 고대 국명으로, 지금의 바루스Barus, 발리Bali, 보르네오Borneo,
잠비Jambi 일대로 추정된다.

38 불술不述: 지금의 태국 촌부리Chon Buri를 말한다.

39 문단文單: 지금의 라오스에 위치한 비엔티안Vientiane을 가리킨다.

40 적토국赤土國: 지금의 태국 송클라Songkhla, 빠따니 일대, 말레이시아의
크다주Kedah 일대로 추정된다.

41 타화라墮和羅: 드바라바티Dvaravati이다. 옛 땅은 지금의 태국 아유타야
Ayutthaya에 위치한다.

42 소갈란小葛蘭: 지금의 인도반도 서남 해안의 퀼론이다.

43 선덕宣德: 명나라 제5대 황제 선종宣宗 주첨기朱瞻基의 연호(1426~1435)
이다.

44 스리랑카Sri Lanka: 원문은 '석란산錫蘭山'이다.

45 정통正統: 명나라 제6대 황제 영종英宗 주기진朱祁鎭의 연호(1436~1449)이
다. 명나라는 한 황제가 하나의 연호만을 사용하는 것을 원칙으로 했으
나, 영종은 유일하게 복위해서 천순天順(1457~1464)으로 개원해서 천순제
라고 불리기도 한다.

46 자와Jawa: 원문은 '조왜爪哇'이다. 광서 2년본에는 '과왜瓜哇'로 되어 있으
나, 악록서사본에 따라서 고쳐 번역한다. 이하 동일하다.

47 나야르Nayar: 원문은 '남곤南昆'이다.

48 치띠Chitti: 원문은 '철지哲地'이다.

49 클링Kling: 원문은 '혁전革全'이다.

50 중간 상인: 원문은 '아쾌牙儈'로, 아행牙行을 가리킨다.

51 묵쿠바Mukkuvar: 원문은 '목과木瓜'이다.

52 서남양: 원문은 '서양西洋'으로 되어 있으나, 지리적 사실에 따라서 고쳐 번역한다.

53 금기錦綺: 여러 빛깔로 무늬를 넣어 짠 비단을 말한다.

54 사라紗羅: 바탕을 조금 거칠게 짠 비단을 말한다.

55 신료: 원문은 '군하羣下'이다. 광서 2년본에는 '군하郡下'로 되어 있으나, 『명사』「외국전」에 따라서 고쳐 번역한다.

56 진주산珍珠傘: 자금우과紫金牛科의 식물로, 아열대 기후에 분포하며 골절, 인후통의 약재로 사용된다.

57 백면포白綿布: 품질이 아주 좋은 무명베를 가리킨다.

58 대갈란大葛蘭: 대고람大故藍, 대구남大俱南, 대저남大咀南이라고도 한다. 옛 땅은 지금의 인도 서남부 퀼론 일대에 위치한다.

59 오리사Orissa: 원문은 '오다烏爹'로, 오첩烏疊, 오정烏丁이라고도 한다. 옛 땅은 지금의 인도 오리사의 동북부, 혹은 미얀마 바고 일대로 추정된다.

60 오토국烏土國: 지금의 미얀마를 가리킨다.

61 이라와디강Irrawaddy River: 원문은 '대금사강大金沙江'으로, 여수麗水라고도 한다.

62 코친은 … 기록한다: 이라와디강은 미얀마에서 가장 큰 강이고, 코친은 인도 서남 해안에 위치하고 있어 실제로는 아무 상관이 없으나, 위원은 소갈란, 대갈란, 코친 세 지역을 모두 미얀마 동남부에 있다고 잘못 이해하고 있다.

63 호나바르Honavar: 원문은 '낭노이국狼奴爾國'으로, 낭노아狼奴兒라고도 한다. 지금의 인도 카르나타카Karnataka 서쪽 해안에 위치한다.

64 코임바토르: 원문은 '감파국坎巴國'으로, 감파이坎巴夷라고도 한다.

65 라무리Lamuri: 원문은 '남발리南勃利'로, 남무리南巫利, 남무리藍無利, 남니리南泥里, 남발리南淳里라고도 한다. 옛 땅은 지금의 수마트라섬 북부 반다아체Banda Aceh 일대에 위치한다.

66 코임바토르: 원문은 '감파리廿巴里'이다.

67 모가디슈Mogadishu: 원문은 '목골도속木骨都束'이다. 지금의 소말리아 수도이다.

68 류산溜山: 인도양에 있는 몰디브제도와 락샤드위프제도Lakshadweep Islands이다.

69 브라바Brava: 원문은 '불날왜不剌哇'로, 복날왜卜剌哇라고도 한다. 옛 땅은 지금의 소말리아 동쪽 해안에 위치한다.

70 아덴Aden: 원문은 '아단阿丹'이다.

71 말린디Malindi: 원문은 '마림麻林'으로, 마림지麻林地라고도 한다. 옛 땅은 지금의 소말리아 동쪽 해안에 위치한다.

72 라사Lasa: 원문은 '랄살剌撒'로, 옛 땅은 지금의 아라비아반도 남쪽 해안에 위치한다.

73 호르무즈Hormuz: 원문은 '홀로모사忽魯謨斯'이다. 옛 땅은 지금의 이란에 위치한다.

74 라스 사이운Ras Sharwayn: 원문은 '사리만니沙里灣泥'로, 옛 땅은 지금의 남예멘 동북 연해에 위치한다.

75 파항Pahang: 원문은 '팽형彭亨'으로, 붕풍朋豊, 봉풍蓬豊, 붕형朋亨, 분형溢亨, 팽항彭杭, 팽갱彭坑이라고도 한다. 지금의 말레이시아 파항주 일대를 가리킨다.

76 도파르Dhofar: 원문은 '조법아祖法兒'로, 좌법아佐法兒, 좌법아左法兒라고도 한다. 옛 땅은 지금의 아라비아반도 오만Oman 서부 연안에 위치한다.

77 카일Cail: 원문은 '가이륵加異勒'으로, 가일加一, 가익加益이라고도 한다. 옛 땅은 지금의 인도 남부 동쪽 해안에 위치한다.

78 아루Aru: 원문은 '아로阿魯'로, 아로啞魯, 아로亞路, 아로亞魯라고도 한다. 지금의 인도네시아 수마트라섬의 메단Medan 일대를 가리킨다.

79 메카Mecca: 원문은 '천방天方'이다.

80 불랑쌍인도拂郎雙刃刀: 칼의 일종으로, 포르투갈에서 수입된 두 개의 칼
날이 있는 칼로 추정된다.

81 화전단花氈單: 양모羊毛, 채색포彩色布 등으로 만든 일종의 깔개이다.

82 촐라: 원문은 '서양쇄리西洋瑣里'로, 주련柱輦이라고도 한다. 옛 땅은 지금
의 인도 코로만델해안에 위치한다.

83 금엽표金葉表: 명청 시대 주변국들이 황제에게 바치던 문서의 호칭으로,
금박金箔을 입힌 표表를 말한다.

84 서천西天: 인도의 다른 이름이다.

85 강주講主: 불교 용어로, 경문의 뜻을 쉽게 풀어 가르치는 법사를 가리
킨다.

86 카라코룸Karakorum: 원문은 '화림和林'으로, 옛 땅은 지금의 몽골 오르혼
강Orhon Gol 상류 동쪽 해안에 위치한다.

87 네팔Nepal: 원문은 '니입랄국尼入剌國'이다.

88 새서璽書: 황제의 옥새를 날인한 외교 문서를 가리킨다.

89 고칙誥敕: 명청 시대에 관리에게 토지나 작위를 내리는 사령辭令을 가리
킨다.

90 부험符驗: 증거품이나 증빙서류를 가리킨다. 즉 쌍방이 물건 하나를 나
눠 가진 뒤 다른 날 서로 맞는지 살펴 증거로 삼는 것을 말한다.

91 홍라산紅羅傘: 만민산萬民傘, 나산羅傘이라고도 한다. 옛날 어가御駕 위에
씌우던 일산을 가리킨다.

92 한동罕東: 명나라 홍무 30년(1397)에 한동위罕東衛를 설치했지만, 정확한
위치는 알 수 없다. 오늘날의 감숙성 돈황이라고도 하고, 감숙성 주천
시酒泉市 서남쪽이라고도 한다.

93 영장靈藏: 지금의 사천성四川省 감자시甘孜市 장족 자치주인 등하가鄧河柯
일대 혹은 감자시 도부道孚 일대를 가리킨다.

94 필력공와必力工瓦: 필랍공必拉公, 주공朱工, 직곡直谷, 직공直工, 도공都貢이
라고도 한다. 지금의 티베트 자치구 라사에 위치한 직공제사直貢梯寺를

가리킨다.

95 오사장烏斯藏: 당송 시대의 토번吐蕃으로, 지금의 티베트를 가리킨다.

96 융금絨錦: 부드러운 털이 있는 견직물을 말한다.

97 속도숭速覩崇: 속숭성速送城이라고도 한다. 운남과 미얀마에 걸쳐 있던 옛 국명이다.

98 행인行人: 관직명이다. 황제의 명을 받은 사절로 주로 외교 업무를 담당 한다.

99 『회전會典』: 중국 명나라와 청나라 때, 행정 법규나 정치제도를 집성하 여 편찬한 종합 법전을 가리킨다.

100 클란탄Kelantan: 원문은 '길란단吉蘭丹'이다. 옛날 국명으로, 말레이시아를 구성하는 13개의 주 가운데 하나이다.

남인도 연혁

—

원본에는 없으나, 지금 보충해서 편집한다.
스리랑카섬을 덧붙여 기록한다.

『후한서』에 다음 기록이 있다.

칼라Cala[1]는 사케타Sāketa[2]에 위치하며, 천축국에서 동남쪽으로 3천여 리 떨어져 있는 대국이다. 그곳의 기후와 산물은 천축국과 같다. 수십 개의 성이 있는데, 모두 왕이라 칭한다. 대월지에게 정복당해 마침내 신하국이 되었다. 남녀는 모두 키가 8자나 되지만 겁이 많고 유약하다. 코끼리와 낙타를 타고 이웃 나라와 왕래한다. 적이 침략하면 코끼리를 타고 싸운다.

『신당서』에 다음 기록이 있다.

참파Champa[3]는 첨파瞻婆라고도 하는데, 북쪽으로는 갠지스강[4]에 이르며, 많은 야생 코끼리가 무리 지어 다닌다. 당나라 현경顯慶[5] 연간에 파안婆岸·꼰제와람Conjeevaram[6]·추리야Chuliya[7]·말야Malya[8] 4개국과 함께 사신을 보내 입조했다. 서남해에 위치한 꼰제와람은 본래 남천축국의 속국으로

반지발약半支跋若이라고도 하는데, 당나라 말로 다섯 개의 산이란 뜻이며, 북쪽으로는 타마우트Tamaut[9]에 이른다. 또한 랏차부리Ratchaburi[10]·수라분修羅分·감필甘畢[11] 세 나라에서 공물을 바쳐 왔다. 감필은 남해에 위치하고 동쪽으로는 환왕국에 이르며, 정예병 5천 명을 보유하고 있다. 랏차부리는 남해의 남쪽에 위치하고 동쪽에는 파화라婆和羅가 있다. 수라분국은 바다의 북쪽에 위치하고 동쪽으로는 첸라[12]에 이른다. 이들의 풍속은 대체적으로 서로 비슷하며 군장君長이 있고 모두 목책을 두른 외성이 있다. 랏차부리와 수라분국 두 나라의 정예병은 2만 명이고, 감필은 겨우 5천 명이다. 또 타무트는 동쪽으로 파항Pahang[13]에 이르고, 서쪽은 뜨랑Trang,[14] 남쪽은 꼰제와람, 북쪽은 칼링가Kalinga[15]에 이른다. 면적은 동서의 너비가 한 달 여정이고, 남북의 길이는 25일 여정이다. 풍속에 따르면 성이 없고 혼인을 할 때도 동성을 구분하지 않으며, 왕은 항상 동쪽을 향해 앉는다. 정예병 2만 명은 활, 칼, 갑옷, 삼모창을 지니고 있으며 말은 없다. 과일로는 잭프루트Jack fruit[16]·택호차宅護遮·암라Amla[17]·석류가 있다. 타마우트는 슬랏Selat[18]·송클라Songkhla[19]·꼰선섬Đào Côn Sơn[20]·럼업Lâm Ấp 등의 나라를 거쳐 교주交州에 올 수 있다. 현경 연간에 공물을 바쳐 왔다.

살펴보건대, 『통전通典』에 따르면 장구발국章求拔國[21]은 동인도 서쪽에 위치한다고 되어 있는데, 남쪽에 있는 것은 아닐까 의심된다.

南印度沿革

—

原無, 今補輯.
附錫蘭山島.

『後漢書』: 東離國, 居沙奇城, 在天竺東南三千餘里, 大國也. 其土氣物類與天竺同. 列城數十, 皆稱王. 大月氏伐之, 遂臣服焉. 男女皆長八尺而怯弱. 乘象·駱駝往來隣國. 有寇, 乘象以戰.

『新唐書』: 瞻博, 或曰瞻婆, 北距殑伽河, 多野象群行. 顯慶中, 與婆岸·千支弗·舍跋若·磨臘四國竝遣使入朝. 千支在西南海中, 本南天竺屬國, 亦曰半支跋若, 唐言五山也, 北距多摩萇. 又有哥羅舍分·修羅分·甘畢三國貢方物. 甘畢在南海上, 東距環王, 有勝兵五千. 哥羅舍分者, 在南海南, 東婆和羅. 修羅分者在海北, 東距眞臘. 其風俗大略相類, 有君長, 皆柵郛. 二國勝兵二萬, 甘畢才五千. 又有多摩萇, 東距婆鳳, 西多隆, 南千支弗, 北訶陵地. 東西一月行, 南北二十五日行. 俗無姓, 婚姻不別同姓, 王坐常東向. 勝兵二萬, 有弓·刀·甲·矟, 無馬. 果有波那婆·宅護遮·菴摩·石榴. 其國經薩盧都·訶盧·君那盧·林邑諸國, 乃得交州. 顯慶中貢方物.

案: 『通典』有章求拔國, 在東印度西, 未審爲南否也.

주석

1   칼라Cala: 원문은 '동리국東離國'이다. 동리는 '차리車離'의 오기로, 차린車隣이라고도 한다. 옛 땅은 지금의 인도 남부 코로만델해안 일대에 위치한다.

2   사케타Sāketa: 원문은 '사기성沙奇城'이다. 옛 땅은 지금의 갠지스강과 후글리강Hooghly River 하구 일대에 위치한다.

3   참파Champa: 원문은 '첨박瞻博'이다.

4   갠지스강: 원문은 '긍가하殑伽河'로, 강가하强伽河, 강갈강岡噶江라고도 한다.

5   현경顯慶: 당나라 고종高宗 이치李治의 두 번째 연호(656~661)이다.

6   꼰제와람Conjeevaram: 원문은 '천지불千支弗'로, 지금의 인도 동쪽 해안에 위치한 칸치푸람Kancipuram을 말한다.

7   추리야Chuliya: 원문은 '사발약舍跋若'으로, 지금의 인도 코베리강Cauvery River과 펜나강Penner River 사이에 위치한다.

8   말야Malya: 원문은 '마랍磨臘'으로, 마랍摩臘이라고도 한다.

9   타마우트Tamaut: 원문은 '다마장多摩萇'으로, 다마장多摩長이라고도 한다. 지금의 인도 북부 비하르주Bihar에 위치한다.

10   랏차부리Ratchaburi: 원문은 '가라사분哥羅舍分'으로, 지금의 태국 중부에 위치한다.

11   감필甘畢: 감필甘必이라고도 하며, 옛 땅은 지금의 인도네시아 수마트라섬에 위치하는 것으로 추정된다.

12   첸라: 원문은 '진랍眞臘'이다.

13   파항Pahang: 원문은 '파봉婆鳳'으로, 파황婆皇, 반황盤皇이라고도 한다. 지금의 말레이시아에 위치한다.

14   뜨랑Trang: 원문은 '다룽多隆'으로, 지금의 태국 남부에 위치한다.

15 칼링가Kalinga: 원문은 '가릉訶陵'으로, 갈릉가羯棱伽, 가릉가迦陵伽, 가릉아
迦陵誐라고도 한다. 옛 땅은 지금의 오디샤와 안드라프라데시 북부에 위
치한다.

16 잭프루트Jack fruit: 원문은 '파나파波那婆'이다.

17 암라Amla: 원문은 '암마菴摩'이다. 인도, 동남아시아가 원산지로, 열매는
식용으로 사용된다. 힌두교에서는 신성한 나무로 여겨졌다.

18 슬랏Selat: 원문은 '살로도薩盧都'로, 설로도薛盧都, 사리정沙里亭, 석리昔里,
식력息力, 식랄息辣, 실력實㘄이라고도 한다. 지금의 싱가포르를 가리
킨다.

19 송클라Songkhla: 원문은 '가로訶盧'로, 사가로思訶盧라고도 한다. 옛 땅은 지
금의 태국 남부에 위치한다.

20 꼰선섬Đảo Côn Sơn: 원문은 '군나로君那盧'로, 곤륜도崑崙島라고도 한다. 지
금의 베트남 남쪽 해안 밖에 위치한다.

21 장구발국章求拔國: 장게발章揭拔이라고도 한다. 본래 서강西羌의 종족으
로, 성곽이 없고 노략질을 즐겼으며, 정관 20년(646)에 입조하여 공물을
바쳤다.

남인도양 스리랑카Sri Lanka 연혁

일명 싱할라Sinhala,[1] 심가라Simghala,[2] 랑카Lanka,[3] 실론Ceylon[4]이라고도 한다.

『양서梁書』에 다음 기록이 있다.

싱할라는 천축 옆에 있는 나라이다. 그 땅은 기후가 온화하여 살기가 좋고 겨울과 여름의 차이가 없으며, 오곡은 사람이 심은 대로 거둘 수 있어 절기를 기다릴 필요가 없다. 그 나라는 옛날에는 사람이 없이 귀신과 용만 살 뿐이었다. 여러 나라 상인들이 와서 함께 교역할 때도 귀신은 모습을 드러내지 않은 채 진기한 보물을 내놓고 그에 합당한 가격을 제시하면 상인들은 값을 내고 물건을 가져갔다. 여러 나라 사람들이 그곳이 지상낙원이라는 소문을 듣고 다투어 이곳에 왔으며, 간혹 그곳에 머물며 사는 사람이 나오면서 대국이 되었다. 동진東晉 의희義熙[5] 연간 초에 처음으로 사신을 보내 옥불상을 바쳐 왔는데, 10년이나 걸려 겨우 왔다. 옥불상은 높이가 4자 2치이고 오색이 찬란하며 그 형상이 아주 독특한 것이 사람의 솜씨가 아닌 것 같았다. 이 불상은 동진과 유송劉宋을 거치면서 와관사瓦官寺[6]에 보관되어 있었다. 와관사에는 이미 징사徵士[7] 대안도戴安道[8]

가 손수 제작한 불상 5구龕와 고장강顧長康[9]이 그린 유마거사維摩居士 그림이 있었는데, 세상에서는 [옥불상과 함께 이를] 삼절三絶이라 불렀다. 제齊나라 동혼후東昏侯[10] 대에 와서 옥불상을 부수었으니, 먼저 옥불상의 팔을 자르고 다음으로 불신을 가져다가 애첩 반귀비潘貴妃를 위해 비녀와 팔찌를 만들었다. 유송 원가 6년(429) 12월에 국왕 마하나마Mahanama[11]가 사신을 보내 공물을 바쳤다. 대통 원년(527)에 다음 국왕 실라칼라 암보사마네라 Silakala Ambosamanera[12] 가 사신을 보내 표를 올렸다.

『신당서』에 다음 기록이 있다.

싱할라는 서남양에 위치하고 면적은 20리 남짓 된다. 랑카[13]에는 기이한 보물이 많이 나서 보물을 섬 위에다 두면 상선들이 와서 값을 치르고 가져갔다. 후에 이웃 나라의 사람들이 조금씩 와서 살면서 사자를 길들여 기르면서 싱할라(사자국)라는 이름이 생겨났다. 총장總章 3년(670)에 사신을 보내 입조했다. 천보天寶[14] 연간 초에 국왕 아가보디 6세Aggabodhi VI[15]가 다시 사신을 보내 구슬이 박힌 큰 비녀와 금은보화를 바쳤다.

『명사』에 다음 기록이 있다.

스리랑카는 고대의 랑카수카 왕국Langkasuka[16]으로, 양나라 때 일찍이 중국과 교류했으며, 수마트라에서 순풍을 타고 12일 밤낮으로 가면 도착할 수 있다. 영락永樂[17] 연간에 정화가 서양에 사신으로 갔다가 그 나라에 갔지만, 왕[18]이 정화를 해치려고 하자 정화는 이를 눈치채고 다른 나라로 갔다. 그 왕이 또한 이웃 나라와 화목하게 지내지 않고 누차 왕래하는 사신들을 겁박하자, 다른 나라들은 이를 몹시 골치 아파했다. 정화가 귀국하는 길에 다시 그 땅을 지나가자, 정화를 나라 안으로 유인하고 군사

5만 명을 보내 정화의 배를 약탈했으며, 또한 그의 귀국길을 막았다. 이에 정화는 병사 2천 명을 이끌고 샛길로 허점을 틈타 그 성을 공격하고, 왕과 그 일족, 수장들을 생포해 이 포로들을 조정에 바쳤다. 이에 신하들이 그들을 죽일 것을 청했지만, 황제는 그들을 풀어 준 뒤 그 부족 가운데 현자를 뽑아 왕으로 세우고, 옛 왕 역시 석방시켜 돌려보냈다. 이로부터 해외의 여러 나라가 더욱 천자의 위엄과 덕에 감복하여 조공 사절단이 길에 가득했으며 그 왕 또한 여러 차례 조공했다.

그 나라는 땅이 넓고 인구가 조밀하며, 자와에 버금갈 정도로 물산이 많이 모인다. 동남해에 3~4개의 섬이 있는데, 이 섬을 총칭해 대니코바르Great Nicobar[19]라고 한다. 이 섬에 크고 작은 문이 7개가 있는데, 이 문은 모두 선박이 통과할 수 있다. 가운데 한 섬이 특히 높고 컸는데, 그곳 사람들은 이 섬을 안다만제도Andaman Islands[20]라 부른다. 사람들은 나무 위나 동굴에서 살며 옷을 입지 않고 머리를 깎았다. 이 섬에서 서쪽으로 7일을 가면 나문유쿨라Namunukula[21]가 보인다. 여기서 또 2~3일을 가면 돈드라헤드Dondra Head산[22]에 이르는데, 스리랑카 지경으로 들어간다. 해변에 있는 산의 돌에 길이 3자쯤 되는 족적이 하나 남아 있는데, 노인들의 말에 따르면 석가모니가 대니코바르[23]에서 와서 이곳을 밟았기 때문에 족적이 남아 있게 되었다고 한다. 족적 안에 있는 얕은 물은 사계절 내내 마르지 않아 사람들은 모두 손을 그 물에 담갔다가 얼굴을 닦았다. 산 아래의 절에 있는 석가의 진신眞身은 평상에 옆으로 누워 있고 그 옆으로 부처의 치아와 사리가 있는데, 석가가 열반에 든 곳이라고 전해진다. 그 침상은 장엄하고 상당히 화려하다. 왕궁 옆에 큰 산이 있는데, 구름을 뚫고 올라갈 정도로 높다. 이곳에서는 다양한 빛깔의 보석이 나는데, 큰비가 내릴 때마다 보석이 부딪쳐 산 아래로 흘러내렸다. 또 바닷가에 있는 모래 사이로 진주조개가 모여들었기 때문에 그 나라에는 진주와 보석이 특별히 많았다. 도성에서 사는 백성들은 불교를 숭상하고 소를 중시해, 날마다 소똥을 가져다가 태워서 재로 만든 뒤에 그것을 몸에 바르고, 또 물에 개어서 땅에 두루 칠하고 난 뒤에 예불을 올렸는데, 손과 발을 쭉 뻗고 배를 땅에 갖다 대는 것을 공경의 예법으로 여겼다. 소고기를 먹지 않고 우유만 마셨으며, 소가 죽으면 묻었고 소를 죽인 자는 사형에 처했다. 기후는 늘 덥고 곡물은 풍족했다. 비록 풍요롭지만 밥 먹는 것을 좋아하지 않아 밥을 먹을 때면 암실에서 다른 사람들이 보지 못하게 했다. 남자들은 웃옷은 입지 않고 아래에만 천을 둘렀으며, 온몸에 난 작은 털도 모두 깎아 버렸지만, 오직 머리카락만은 깎지 않았다. 공물로는 진주·산호·보석·수정·사켈라트·서양포西洋布·유향乳香·목향木香·수향樹香·단향檀香·몰약沒藥·유황·등갈·알로에·오목烏木·후추·자석·길들인 코끼리 등이 있다.

살펴보건대,『양서』에서는 랑카수카 왕국과 싱할라를 두 나라로 분리해 서술하고 있다. 랑카수카 왕국은 간타리국干陁利國[24] 뒤에, 파리국婆利國[25] 앞에 서술되어 있고, 싱할라는 파리국과 천축국 뒤에 서술되어 있어, 동서의 구분이 확실하고 서로가 확연하게 다르다. 그러니 어찌 랑카수카 왕국을 스리랑카로 생각하고, 용과 귀신이 함께 거주하는 싱할라로 둔 채 따져 묻지 않을 수 있겠는가? 이 경우와 같이『명사』의 외국 연혁 부분은 오류투성이이다.

『광동통지廣東通志』에 다음 가록이 있다.
스리랑카는 서양에 위치해 코친과 마주 보고 있으며, 남쪽으로는 베루왈라Beruwala[26]와 경계하고 있다. 베루왈라에서 남쪽으로 가서 순풍을 타고 7일 밤낮을 가면 몰디브제도Maldives[27]에 갈 수 있고, 10일 밤낮을 가면 캘리컷에 갈 수 있으며, 21일 밤낮을 가면 브라바[28]에 갈 수 있다. 코친은 대갈란, 소갈란 두 나라와 인접해 있고, 섬은 스리비자야까지 이어져 있다. 소갈란에서 순풍을 타고 20일 밤낮을 가면 모가디슈[29]에 갈 수 있다. 캘리컷에서 순풍을 타고 10일 밤낮을 가면 호르무즈에 갈 수 있고, 20일 밤낮을 가면 라사에 갈 수 있으며, 22일 밤낮으로 가면 아덴에 갈 수 있다. 또 호르무즈에서 40일 밤낮으로 가면 메카에 갈 수 있는데, 메카는 남양의 끝자락이다. 『양서』에서 랑카수카 왕국이 남해에 위치하며, 땅은 동서의 너비가 30일 여정이고, 남북의 길이가 20일 여정이며, 북쪽으로 광주와는 2만 4천 리 떨어져 있다고 했는데, 바로 이 나라, 즉 스리랑카인 것 같다.

『서역기』의 주석에 의하면 다음과 같다.

심가라[30]는 고대의 싱할라로, 무우국無憂國이라고도 하는데, 바로 남인도이다. 이 땅에는 기이한 보석이 많이 나서 보저寶渚라고도 불린다. 옛날 석가모니불 화신의 이름은 심가라로, 나라 사람들이 그를 왕으로 추존했다. 그는 신통력으로 대철성大鐵城을 격파하고 나찰녀羅刹女[31]를 죽여 재난으로부터 사람을 구해 내고 도시를 건설해 사방을 계도했으며, 바로 이 땅에서 입적하고 치아를 남겼다. 나라에 흉년이 들거나 재해가 났을 때 간절히 기도하면 보응이 있었다. 지금의 스리랑카는 바로 고대의 심가라국이다. 왕궁 옆에 있는 불아정사佛牙精舍[32]는 갖은 보석으로 꾸며 휘황찬란했고, 대대로 계승되어 사람들이 끊이지 않고 존경을 표하며 예를 올렸다.

지금의 국왕 알라가코나라Alagakkonara[33]는 촐라 사람으로, 외도外道[34]를 숭상해 제사를 지내며 불법을 받들지 않고 백성들을 학대했다. 영락 3년(1405)에 태감 정화가 향과 꽃을 들고 그 나라에 가서 공양하자, 왕은 정화에게 위해를 가하려 했으나, 이를 알아챈 정화는 결국 그 나라를 떠났다. 후에 다시 정화를 여러 나라에 보내 하사품을 내리면서 동시에 스리랑카 국왕에게도 하사품을 내렸다. 국왕은 더욱 오만불손해져 사자를 죽이고자 군사 5만 명을 동원해 나무를 베어 길을 막고, 군사를 나누어 배를 약탈하려 했지만, 때마침 그 부하가 계획을 미리 발설했다. 정화 등은 퇴로가 끊어지자 몰래 사람을 배로 돌려보내 수군을 갖추어 그들을 막았으며, 정화는 직접 군사 3천 명을 데리고 밤에 샛길로 왕성을 공격해 들어가 성을 사수했다. 배를 습격했던 스리랑카 군사들이 곧장 내지의 군사들과 함께 배를 몇 겹으로 에워싸고 사방에서 공격해 엿새 동안 그들을 막으며 싸웠다. 정화 등은 왕을 사로잡고 새벽에 성문을 열고 나와 나무를 쳐서 길을 내고, 또한 한편으로는 싸우면서 다른 한편으로는 20여 리를 걸어가 해 질 무렵에서야 배에 이르렀다. 곧장 예를 갖춰 부처의 치아를 청해 배에 싣자 아주 기이하게도 광채가 나며 대해 몇 만 리를 지나는 동안 마치 평지를 걷는 듯 비바람도 일지 않았다. 영락 9년(1411) 7월에 정화가 도성에 이르자, 황제는 조서를 내려 도성 경내에 장엄하게 꾸민 전단금강보좌旃檀金剛寶座에 안치해 공양을 올릴 것을 명했다. 불아정사 옆에는 작은 정사가 있는데, 역시 갖은 보석으로 화려하게 꾸몄으며, 그 안에 안치된 금불상은 이 나라 선왕의 등신불로 주조하면서 육계肉髻[35]는 귀한 보석으로 장식했다. 이때에 와서 모두 중국에 귀의했다.

원나라 왕대연王大淵의 『도이지략島夷志略』에 다음 기록이 있다.

심가라[36]는 산이 많아 짙푸르고 바다가 동서로 펼쳐져 있다. 산허리에 우뚝 솟은 불전이 있는데, 그 안에 석가모니의 사리가 안치되어 있다. 해변에 연화대蓮花臺처럼 생긴 돌이 있는데, 그 위에 길이 2자 4치, 너비 7치, 깊이 5치 남짓 되는 부처의 족적이 있다. 족적에 흘러든 바닷물은 짜지 않고 달달하며 병자들이 마시면 병이 치유되었다. 원주민들은 자줏빛 얼굴에 몸이 검고 눈이 크고 길며, 손발이 따뜻하고 부드러우며 또한 건강해 대부분 백 세 넘게 산다. 부처는 처음에 그곳 사람들이 가난으로 도적이 되는 것을 불쌍하게 여겼기 때문에 백성들을 선하게 변화시켰다. 또 감로수[37]를 못에 뿌려 홍석紅石[38]을 나게 해 원주민들이 그것을 캐서 무역에 종사하게 되었고, 그 결과 모두 배부르고 선량하게 되었다. 불전에 놓여 있는 바리때는 옥으로 만든 것도, 동이나 철로 만든 것도 아니며 자줏빛 색깔에 윤기가 흘렀는데, 바리때를 치면 유리 소리가 들렸기 때문에 국초에 무릇 세 번이나 사신을 보내 가져오게 했다고 한다.

페르디난트 페르비스트Ferdinand Verbiest[39]의 『곤여도설坤輿圖說』에 다음 기록이 있다.

인도[40]의 남쪽에 있는 실론[41]은 적도에서 북쪽으로 4도 떨어진 곳에 위치한다. 사람들은 어려서부터 고리를 귀에 달아 귀가 점점 늘어져서 어깨까지 닿으면 그만둔다. 바닷속에는 진주가 많고, 강과 하천에는 묘안석貓眼石[42]·석니昔泥[43]·홍금강석[44] 등이 나며, 산림에는 계피와 향목이 많이 난다. 또한 수정도 나는데, 일찍이 이를 다듬어 관을 만들어서 시신을 거두었다. 전하는 바에 따르면, 중국인이 살기 시작하면서 지금은 집과 궁전 등의 건축물이 중국과 자못 비슷해졌다고 한다. 서쪽에 있는 작은 섬 수십 개를 합쳐 몰디브제도[45]라 부르는데, 모두 사람들이 살고 있다. 바

다에 야자수 한 그루가 자라고 있는데, 그 열매는 아주 작지만 갖은 병을
치료할 수 있다.

살펴보건대, 남인도의 랑카섬[46]은 과거에는 나찰이 차지하고 있어서
사람들이 감히 그곳에 가지 못했으며, 부처가 설법을 했지만 여전히 살생
을 금지시킬 수 없었다는 기록이 『법원주림法苑珠林』에 보인다. 『양서』에도
그곳은 용과 귀신이 차지하고 있다고 되어 있다. 그런데 어떻게 후세에
와서 농사를 짓고 상선이 드나드는 땅이 되었는가? 오직 『서역기』의 주
석에 따르면 심가라국 왕이 부처의 힘으로 나찰을 멸망시킨 일을 적고 있
는 것에서 그 전모를 알 수 있다. 무릇 불경에서 말하는 전륜성왕轉輪聖王[47]
과 아수라阿修羅[48]는 모두 겁劫이 처음 생겨나서 하늘과 땅이 통하고 아직
나뉘지 않을 때의 인물로, 후세에 존재했던 인물이 아니다. 그래서 옛날
의 나찰과 야차가 살던 각 섬이 지금은 모두 개벽되어 사람이 늘어났고,
서쪽 우화주牛貨州와 동쪽 신승주神勝洲[49] 역시 지금은 상선이 드나들고 있
으니, 천지의 기운이 날로 열려서이다. 괴이하지 않은 것을 괴이하게 여겼
으니, 우물 안 개구리가 바다를 모르고 여름벌레가 얼음을 모르는[50] 이
치를 깨닫는 것이 진실로 어렵구나.

또 살펴보건대, 『영환지략瀛環志略』에 따르면 나라의 한 가운데에 높은
산이 있고 이 땅에서는 아골석鴉鶻石[51]이 나며, 큰비가 내릴 때마다 보석이
부딪쳐 산 아래로 흘러내려 사람들은 모래 속에서 보석을 주워 가졌는
데, 수나라 때의 상준常駿이 럼업의 서쪽 끝에 갔다가 멀리서 이 광경을 보
았다. 이곳 사람들이 높은 산을 실론[52]이라 부른 데서 나라 이름으로 부르
르게 되었다고 한다.

南印度海中錫蘭山島國沿革

―――――

一曰師子國, 一曰僧伽剌國, 一曰楞伽山, 一曰則意蘭島.

『梁書』: 師子國, 天竺旁國也. 其地和適, 無冬夏之異, 五穀隨人所種, 不須節. 其國舊無人民, 止有鬼神及龍居之. 諸國商賈來共市易, 鬼神不見其形, 但出珍寶, 顯其所堪價, 商人依價取之. 諸國人聞其土樂, 因此競至, 或有停住者, 遂成大國. 晉義熙初, 始遣獻玉像, 經十載乃至. 像高四尺二寸, 五色潔潤, 形製殊特, 殆非人工. 此像歷晉·宋世, 在瓦官寺. 寺先有徵士戴安道手製佛像五軀及顧長康維摩畫圖, 世人謂爲三絶. 至齊東昏遂毀玉像, 前截臂, 次取身, 爲嬖妾潘貴妃作釵釧. 宋元嘉六年十二月, 其王刹利摩訶遣貢獻. 大通元年, 後王伽葉伽羅訶梨邪使奉表.

『新唐書』: 師子國居西南海中, 延袤二十餘里. 棱加山, 多奇寶, 以寶置洲上, 商舶償直輒取去. 後隣國人稍往居之, 能馴養師子, 因以名國. 總章三年, 遣使者來朝. 天寶初, 王屍羅迷迦再遣使獻大珠鈿·金寶.

『明史』: 錫蘭山卽古狼牙修, 梁時曾通中國, 自蘇門答剌順風十二晝夜可達. 永樂中, 鄭和使西洋至其地, 其王欲害和, 和覺, 去之他國. 其王又不睦隣境, 屢邀劫往來使臣, 諸番皆苦之. 及和歸, 復經其地, 乃誘和至國中, 發兵五萬劫和舟, 且塞歸路. 和乃率部卒二千, 由間道乘虛攻拔其城, 生擒其王·妻子·頭目, 獻俘於朝廷. 諸臣請戮, 帝釋之, 擇其族之賢者立之, 其舊王亦釋歸. 自是海外諸番益服天子威德, 貢使載道, 而其王遂屢入貢.

其國地廣人稠, 貨物多聚, 亞於瓜哇. 東南海中有山三四座, 總名曰翠藍嶼. 大小七門, 門皆可通舟. 中一山尤高大, 番名挼篤蠻山. 其人皆巢居穴處, 赤身髠髮. 自此山西行七日, 見鸚哥嘴山. 又二三日抵佛堂山, 卽入錫蘭國境. 海邊山石上有一足跡, 長三尺許, 故老云佛從翠藍嶼來踐此, 故足跡尚存. 中有淺水, 四時不乾, 人皆手蘸以洗面目. 山下僧寺有釋迦眞身, 側臥床上, 旁有佛牙及舍利, 相傳佛涅槃處也. 其寢座莊嚴甚麗. 王所居側有大山, 高出雲漢. 產諸色寶石, 每大雨衝流山下. 海旁有浮沙, 珠蚌聚其內, 故其國諸珠寶特富. 王所居國人崇釋敎, 重牛, 日取牛糞燒灰塗其體, 又調之以水徧塗地上, 乃禮佛, 手足直舒, 腹貼於地以爲敬. 不食牛肉, 止食其乳, 死則瘞之, 有殺牛者罪至死. 氣候常熱, 米粟豐足. 雖富饒, 然不喜啖飯, 欲啖則於暗室, 不令人見. 男子裸上體, 下圍以布, 徧體皆毫毛, 悉剃去, 惟髮不剃. 所貢物有珠·珊瑚·寶石·水晶·撒哈喇·西洋布·乳香·木香·樹香·檀香·沒藥·硫磺·藤竭·蘆薈·烏木·胡椒·磁石·馴象之屬.

案: 『梁書』狼牙修國與師子國分敍爲二國. 狼牙敍於干陀利之後, 婆利之前, 而師子國則敍於婆利及天竺之後, 東西判然, 迥不相侔. 安得以狼牙修爲錫蘭山, 而置龍鬼合居之師子國於不問乎? 『明史』之外國沿革, 無一不繆, 有如此者.

『廣東通志』: 錫蘭山疆域在西洋, 與柯枝國對峙, 南以別羅里爲界. 自羅里南去, 順風七晝夜可至溜山洋國, 十晝夜可至古里國, 二十一晝夜可至卜剌哇國. 柯枝接大小葛蘭二國, 山連赤土上. 自小葛蘭順風二十晝夜可至木骨都東國. 自古里順風十晝夜可至忽魯謨斯國, 二十晝夜可至剌撒國, 二十二晝夜可至阿丹國. 又自忽魯謨斯四十晝夜可至天方國, 乃南洋之盡處也. 書稱狼牙修國在南海中, 其界東西三十日行, 南北二十日行, 北去廣州二萬四千里, 蓋卽此國.

『西域記』附注: 僧伽羅國, 古之師子國, 又曰無憂國, 卽南印度. 其地多奇寶, 又名曰寶渚. 昔釋迦牟尼佛化身名僧迦羅, 國人推尊爲王. 以大神通力破大鐵城, 滅羅刹女, 拯恤危難, 於是建都築邑, 化導四方, 示寂留牙, 在於茲土. 國有凶荒災異, 懇祈隨應. 今之錫蘭山, 卽古之僧伽羅國也. 王宮側有佛牙精舍, 飾以衆寶, 輝光赫灼, 累世相承, 敬禮不衰.

今國王阿烈苦奈兒, 瑣里人也, 崇祀外道, 不敬佛法, 暴虐國人. 永樂三年, 太監鄭和奉香花往詣彼國供養, 王欲加害, 鄭和知其謀, 遂去. 後復遣鄭和往賜諸番, 竝賜錫蘭山國王. 王益慢不恭, 欲圖害使者, 用兵五萬人刊木塞道, 分兵以劫海舟, 會其下預泄其機. 鄭和等歸路已絶, 潛遣人回舟備水師拒之, 而和自以兵三千夜由間道攻入王城, 守之. 其劫海舟番兵乃與其國內番兵四面攻圍數重, 拒戰六日. 和等執其王, 淩晨開門, 伐木取道, 且戰且行凡二十餘里, 抵暮始達舟. 卽禮請佛牙登舟, 靈異匪常, 光彩照輝, 歷涉巨海數萬里, 風濤不驚, 如履平地. 永樂九年七月至京師, 詔於皇城內莊嚴旃檀金剛寶座貯修供養. 佛牙精舍側有小精舍, 亦以衆寶而爲瑩飾, 中有金佛像, 此國先王等身而鑄, 肉髻則貴寶飾焉. 至是竝歸中國.

元王大淵『島夷志略』: 僧加刺疊山環翠, 洋海橫峙. 其山腰有佛殿, 巋然則釋迦佛舍利所在. 海濱有石如蓮臺, 上有佛足跡, 長二尺有四寸, 闊七寸, 深五寸許. 跡中海水入其內不鹹而甘, 病者飲之則愈. 土人面紫身黑·眼巨而長, 手足溫潤而壯健, 壽多至百餘歲. 佛初憐彼方之人貧而爲盜, 故以善化其民. 復以甘靈水灑池, 俾產紅石, 土人掘之, 得此以濟貿易, 皆令溫飽而善良. 其佛前有一鉢盂, 非玉非銅非鐵, 色紫而潤, 敲之有玻璃聲, 故國初凡三遣使取之云.

南懷仁『坤輿圖說』: 印第亞之南有則意南島, 離赤道北四度. 人自幼以環繫耳, 漸垂至肩而止. 海中多珍珠, 江河生貓睛·昔泥·紅金剛石等, 山林多桂皮·香木. 亦產水晶, 嘗琢成棺殮死者. 相傳爲中國人所居, 今房屋殿宇, 亦頗相類. 西有小島數十, 總名馬兒地襪, 悉爲人所居. 海中生一椰樹, 其實甚小, 可療諸病.

按: 南印度之楞伽島舊爲羅刹所居, 人不敢至, 佛爲說法, 尙不能戒殺, 見於『法苑珠林』所載.『梁書』亦言其爲龍與鬼神所居. 何以後世竟爲耕桑商舶之地? 惟『西域記』坿注, 言僧伽刺王仗佛力以滅羅刹之事, 得其實矣. 凡佛經所言轉輪聖王及阿修羅, 皆劫初時地天之通未絶, 非後世所有. 故昔日羅刹夜叉各島, 今皆開闢, 生齒繁殖, 而西牛貨州·東神勝洲, 今亦商舶通行, 氣運日開. 不怪爲怪, 固難以爲夏蟲井蛙道也.

又案:『瀛環志略』言中有高山, 土產鴉鶻寶石, 每遇大雨衝流山下, 從沙中拾取之, 隋常駿至林邑極西望見之. 番人謂高山爲錫南, 因名云.

주석

1   싱할라Sinhala: 원문은 '사자국師子國'이다.

2   심가라Simghala: 원문은 '승가랄僧伽刺'이다.

3   랑카Lanka: 원문은 '악가산樗伽山'이다.

4   실론Ceylon: 원문은 '칙의란도則意蘭島'이다.

5   의희義熙: 동진 안제安帝의 세 번째 연호(405~418)이다.

6   와관사瓦官寺: 동진의 애제哀帝가 금릉金陵에 세운 절이다.

7   징사徵士: 학문과 덕행이 높아 황제가 불러도 출사하지 않는 은사隱士를
    가리킨다.

8   대안도戴安道: 대안도(326~396)는 동진 시대의 은자로, 본명은 규逵이고,
    자는 안도이다. 칠현금의 명수이면서 글과 서화에도 뛰어났다.

9   고장강顧長康: 고장강(341~402)은 동진 시대의 화가로, 본명은 개지愷之이
    고 자는 장강長康이며, 어렸을 때의 자는 호두虎頭로, 진릉晉陵 사람이다.

10 동혼후東昏侯: 남북조 시대 제齊나라의 제6대 황제인 소보권蕭寶卷(재위
    498~501)이다.

11 마하나마Mahanama: 원문은 '찰리마하刹利摩訶'로 아누라다푸라 왕국
    Anuradhapura Kingdom의 군주(재위 412~434)이다.

12 실라칼라 암보사마네라Silakala Ambosamanera: 원문은 '가섭가라가리야
    伽葉伽羅訶梨邪'이다. 아누라다푸라 왕국 모리야 왕조의 제8대 군주(재위
    526~539)이다.

13 랑카: 원문은 '릉가산稜加山'으로, 릉가산稜伽山, 릉가산楞伽山, 릉가산駿迦山
    이라고도 한다.

14 천보天寶: 당나라 제6대 황제 현종 이융기의 세 번째 연호(742~756)이다.

15 아가보디 6세Aggabodhi VI: 원문은 '시라미가尸羅迷迦'로, 아누라다푸라 왕
    국의 람바카나Lambakanna 제2왕조 제5대 군주(재위 741~781)이다.

16 랑카수카 왕국Langkasuka: 원문은 '낭아수국狼牙修國'이다.

17 영락永樂: 명나라 3대 황제 성조成祖 주체朱棣의 연호(1403~1424)이다.

18 왕: 역사적 사실에 따르면 알라가코나라왕을 가리킨다.

19 대니코바르Great Nicobar: 원문은 '취람서翠藍嶼'로, 지금의 인도 니코바르 제도에 위치한다.

20 안다만제도Andaman Islands: 원문은 '준독만산挍篤蠻山'으로, 사독만산梭篤蠻 山, 안독만산桉篤蠻山이라고도 한다. 지금의 인도양 동북부에 위치한다.

21 나문유쿨라Namunukula: 원문은 '앵가취산鸚哥嘴山'으로, 앵가취산鶯哥嘴山, 앵가취산鶯歌嘴山이라고도 한다. 지금의 스리랑카 동부에 위치한다.

22 돈드라헤드Dondra Head산: 원문은 '불당산佛堂山'으로, 스리랑카 남단에 위 치한다.

23 대니코바르: 원문은 '취란서翠蘭嶼'이다.

24 간타리국干陁利國: 옛 땅은 지금의 인도네시아 팔렘방Palembang에 위치 한다.

25 파리국婆利國: 위원은 지금의 수마트라섬 서쪽 해안의 바루스Barus로 보 고 있는데, 혹자는 지금의 인도네시아에 있는 발리섬Pulau Bali이라고도 하고, 또는 지금의 칼리만탄섬Pulau Kalimantan이라고도 하며, 수마트라섬 동남부에 있는 잠비 일대라고도 한다.

26 베루왈라Beruwala: 원문은 '별라리別羅里'로, 별라리別羅利, 별리別里, 나리羅 里라고도 한다. 지금의 스리랑카 서남쪽 해안에 위치한다.

27 몰디브제도Maldives: 원문은 '류산양국溜山洋國'이다.

28 브라바: 원문은 '복날왜국不剌哇國'으로, 지금의 소말리아 동남쪽 해안에 위치한다.

29 모가디슈: 원문은 '목골도동국木骨都東國'이다.

30 심가라: 원문은 '승가라국僧伽羅國'이다.

31 나찰녀羅刹女: 사람의 고기를 즐겨 먹는 여자 나찰이다. 불법의 기록에 의하면 보주의 대철성에는 5백여 명의 나찰녀가 살고 있었다고 한다.

32 불아정사佛牙精舍: 부처의 치아 사리가 안치된 곳으로, 지금의 스리랑카

캔디Kandy에 위치한다.

33 알라가코나라Alagakkonara: 원문은 '아렬고내아阿烈苦柰兒'로, 아렬고내아亞
    烈苦柰兒라고도 한다.

34 외도外道: 불교에서는 불교 이외의 도道를 모두 외도라고 한다. 부처가
    말한 교법을 내도內道라고 하는데, 대체로 마음 밖에서 도를 구하는 것
    을 외도라고 하고 마음 안에서 도를 구하는 것을 내도라고 한다.

35 육계肉髻: 불정佛頂, 무견정상無見頂相, 정계頂髻라고도 하는데, 보통 부처
    의 머리 위에 혹과 같이 올라온 살(肉)을 가리키며 지혜를 상징한다. 인
    도의 성인聖人들이 긴 머리카락을 위로 올려 묶었던 형태에서 유래했다
    고 한다.

36 심가라: 원문은 '승가랄僧加剌'이다.

37 감로수: 원문은 '감령수甘靈水'이다. 불교에서 말하는 육욕천六慾天의 둘
    째 하늘인 도리천에 있는 달콤하고 신령스러운 액체를 가리킨다.

38 홍석紅石: 스리랑카의 특산물인 루비로 추정된다.

39 페르디난트 페르비스트Ferdinand Verbiest: 원문은 '남회인南懷仁'이다. 페르
    비스트(1623~1688)는 벨기에 출신으로, 1659년 중국에 와서 전도에 일생
    을 바쳤다. 당초 예수회 수사 아담 샬Adam Schall을 도와 흠천감에서 근무
    했는데, 이는 서양의 천문학과 수학에 통달했기 때문이었다. 강희 원년
    (1662) 양광선楊光先을 중심으로 하는 보수파의 반대 운동에 부딪혀 아담
    샬과 함께 북경 감옥에 갇혔다. 이어 보수파가 실각하자 다시 흠천감의
    일을 맡게 되었으며, 궁정의 분수 등을 만들어 강희제의 신임을 받아
    공부시랑工部侍郎의 직위를 하사받았다. 또한 서양풍의 천문기기를 주조
    하고 그것을 해설한 『영대의상지靈臺儀像志』(1674) 16권을 출판했으며, 같
    은 해에 『곤여도설』이라는 세계 지도를 펴냈다.

40 인도: 원문은 '인제아印第亞'이다.

41 실론: 원문은 '칙의남도則意南島'로, 칙의란則意蘭이라고도 한다.

42 묘안석貓眼石: 원문은 '묘청貓睛'이다. 고양이 눈을 연상시키는 보석으로,
    스리랑카, 인도에서 많이 난다.

43 석니昔泥: 석랄니昔剌泥라고도 한다. 스리랑카에서 나는 흑홍색의 보석으로, 싱할라이트Sinhalite를 가리킨다.

44 홍금강석: 스리랑카의 특산물인 루비, 또는 레드 다이아몬드로 추정된다.

45 몰디브제도: 원문은 '마아지말馬兒地襪'이다.

46 랑카섬: 원문은 '릉가도楞伽島'이다.

47 전륜성왕轉輪聖王: 인도 신화에 나오는 제왕으로, 통치의 수레바퀴를 굴려 세계를 통일하고 지배하는 이상적인 제왕을 가리킨다.

48 아수라阿修羅: 인도 신화에 나오는 인간과 신의 혼혈인 반신이다. 인드라와 같은 신에 대적하는 악한 무리로, 아수라와 신들 사이의 전쟁은 인도 신화의 바탕을 이룬다.

49 서쪽 우화주牛貨州와 동쪽 신승주神勝洲: 고대 인도인들은 수미산須彌山을 중심으로 동쪽에는 승신주勝身州, 남쪽에는 섬부주贍部州, 서쪽에는 우화주, 북쪽에는 구로주俱盧州라는 네 개의 대륙이 물 위에 떠 있다고 생각했다. 섬부주는 우리 인간이 사는 곳으로, 잠부나무가 많아서 붙여진 이름이다. 승신주는 인간들이 아름답고 크다고 해서 붙여진 이름이고, 우화주는 물건을 구매할 때 소를 화폐로 사용한 데서 붙여진 이름이며, 구로주는 살기가 좋은 곳이라는 뜻이다. 신승神勝은 승신勝身의 오기인 듯하다.

50 우물 안 … 모르는: 원문은 '정와하충井蛙夏蟲'으로, 『장자』 「추수秋水」에 나오는 말이다.

51 아골석鴉鶻石: 스리랑카의 특산물인 사파이어로 추정된다.

52 실론: 원문은 '석남錫南'이다.

서남양

부록
포탈라카산Mount Potalaka[1]·
몰디브제도Maldives[2]

—

포탈라카산은 일명 보타산普陀山이라고도 한다.

『대당서역기』에 다음 기록이 있다.

남인도 해변에 있는 마라야산Malaya Mountains[3]에서는 용뇌향이 난다. 마라야산의 동쪽에 포탈라카산[4]이 있고 산의 정상에 못이 있으며, 못 옆에 있는 석천궁石天宮은 관자재보살觀自在菩薩[5]이 왕래하며 노닐던 곳이었다. 이 산에서 동북쪽으로 가면 해변에 성이 있는데, 남해南海의 심가라로 가는 길이다. 이곳에서 바다로 들어가 동남쪽으로 3천 리 정도 가면 심가라에 이를 수 있다. 『당서』에 보이는 싱할라 역시 남인도에 있다. 면적은 사방 7천 리 남짓이며, 옛날에는 보저로 나찰이 살고 있었는데, 전대의 심가라국 왕이 군대를 일으켜 바다를 건너가서 염불을 외고 용맹을 떨쳐 마침내 그 나라를 차지하게 되었다. 그 왕이 바로 석가모니불의 전생이다.

살펴보건대, 포탈라카산은 남인도의 해안에 위치하며 섬이 아니다. 여기서부터 바다로 들어가면 스리랑카에 갈 수 있기 때문에 따로 기록한다.

『해도일지海島逸志』에 다음 기록이 있다.

목가穆迦는 남해에 인접해 있으며 진불眞佛이 사는 곳으로, 산이 아주 높고 험준하며, 도처에 황금과 옥이 있으나 신들이 지키고 있어 함부로 가져갈 수 없다. 참된 수행자는 반드시 목가에 올라 진불에게 예배를 올리고 계율을 지키며 수계受戒하는데, 몇 년 뒤에 나오면 사람들은 모두 그를 노군老君이라 부른다. 스스로 잡신을 항복시키고 요괴를 굴복시키며, 악마를 쫓아내고 귀신을 벨 수 있으며, 손에 염주를 들고 자비를 베풀었기 때문에 보는 자들은 그가 도를 갖추었음을 알 수 있다.

살펴보건대, 이곳은 바로 남인도 해안에 있는 포탈라카산[6]이지 스리랑카가 아니다.

『명사』에 다음 기록이 있다.

몰디브제도는 스리랑카 베루왈라에서 남쪽으로 순풍을 타고 7일 밤낮을 가면 도착할 수 있다. 수마트라에서 웨섬Pulau Weh[7]을 지나 서남쪽으로 10일 밤낮을 가면 도착할 수 있다. 영락 10년(1412)에 정화가 그 나라에 사신으로 가서 하사품을 내리자, 그 뒤로 세 번 조공했으며 모두 호르무즈 등의 나라들과 함께 왔다. 선덕 5년(1430)에 정화가 다시 그 나라에 사신으로 갔지만, 그 이후로는 마침내 오지 않았다. 그 섬은 해상에 위치하고 세 개의 석문이 있어 배가 지나갈 수 있으며, 성곽 없이 산을 끼고 모여 살고 있다. 기후는 늘 덥고, 토지가 척박해 곡식이 적고 보리가 나지 않으며, 원주민들은 모두 물고기를 잡아 햇볕에 말려 음식으로 충당한다.

왕과 신하들은 모두 이슬람족이며, 혼례와 상례 등의 예법은 대부분 호르무즈와 비슷하다. 산 아래에 8개의 항구가 있는데, 각각 그 물줄기의 이름을 따라서 이름을 지었다. 어떤 사람이 말하길, 그 바깥으로 3천 개의 물줄기가 있어 배가 간혹 풍랑을 만나 그곳으로 들어가면 바로 침몰해 익사한다고 한다.

위원이 말한다. 오인도의 땅 가운데 남인도만이 키 바닥(箕舌)처럼 대해로 툭 튀어나온 모습이 마치 중국의 등주登州·내주萊州와 비슷하고, 포탈라카산은 등주의 성산成山과 비슷하며, 사면이 바다로 둘러싸인 스리랑카의 랑카는 경주瓊州·대만臺灣과 비슷하다. 보타산普陀山은 티베트에 위치한다고도 하고 절강浙江의 정해定海에 위치한다고도 하는데, 이는 모두 후에 견강부회한 것이다. 다만 이 말이 사실에 가깝다고 여기는 것은 서양의 상선이 모여들지 않아 기록이 없기 때문이다. 오로지 스리랑카만이 인도에 아주 가까워서 사서에서도 자와에 버금갈 정도로 땅이 넓고 부유하다고 했으며, 페르비스트와 줄리오 알레니Giulio Aleni[8]도 모두 지도에서 기술하고 있는데, 무엇 때문에 또한 영국이 인도를 점거한 뒤에 덩그러니 그냥 놔두었겠는가? 생각건대, 『지리비고地理備考』에서 벵골 등 19개의 지역은 동인도 회사의 지배를 함께 받고 있지만 스리랑카만은 토군이 전적으로 관할하고 있다고 하는데, 이 기록이 다른 지리서에 비해 비교적 정확하다. 대개 인도양이 해안 쪽으로 툭 튀어나와 대서양 각 나라의 통상 항구를 둘러싸고, 영국, 네덜란드, 프랑스, 미국, 포르투갈의 개항장 등이 있어 해안 도시는 번성한 반면, 섬에 위치한 도시는 활기가 없었다. 몰디브제도의 섬들이 즐비하게 스리랑카를 둘러싸고 있어서 『지리비고』에서 스리랑카는 사면이 섬으로 둘러싸여 있고 사람들이 단지 40~50개의 섬에 살고 있다고 했는데, 역시 남양의 형세에 대해 가장 적합하게 기술하고 있다. 인도에 대해 이야기할 때는 그래도 당조唐棗[9]의 전설과 같은 허무맹랑한 느낌은 없다.

살펴보건대, 해상에 있는 작은 섬들은 사실 이름이 너무 많다. 서양 사람들이 마음대로 이름을 지었기에 하나로 지정할 수 없으며, 대략 큰 섬은 1백 리, 작은 섬은 수십 리에 달하는데, 크고 작은 섬들이 별처럼 늘어서 있다.

附補落伽山及溜山

—

補落伽山, 一名普陀山.

『大唐西域記』: 南印度瀕海有秣剌耶山, 產龍腦香. 山東有布吐落伽山, 頂有池, 池側有石天宮觀, 自在菩薩往來遊舍. 從此山東北, 海畔有城, 是往南海僧伽羅國路. 從此入海, 東南可三千餘里至僧伽羅國. 『唐書』師子國亦南印度之境也. 國周七千餘里, 昔本寶渚羅刹居之, 前王僧伽剌治兵浮海而往, 誦咒奮武, 遂有其國. 其王卽釋迦佛之前生也.

案: 補落迦山在南印度瀕海之岸, 非島也. 由此下海, 乃至錫南山島, 故別載之.

『海島逸志』曰: 穆迦濱於南海, 眞佛所居, 山極高峻, 徧地黃金·美玉, 百神守護, 不得取也. 眞修者必登穆迦禮拜眞佛, 持齋受戒, 數年而出, 人皆稱曰老君. 自能降神伏怪, 驅邪斬鬼, 手持念珠, 慈悲可掬, 見者知其有道.

案: 此卽南印度瀕海之落迦山也, 非錫蘭島.

『明史』: 溜山, 自錫蘭山別羅里南去, 順風七晝夜可至. 自蘇門答剌過小帽山, 西南行十晝夜可至. 永樂十年, 鄭和往賜其國, 自後三貢, 竝與忽魯謨斯諸國偕. 宣德五年, 鄭和復使其國, 後竟不至. 其山居海中, 有三石門竝可通舟, 無城郭, 倚山聚居. 氣候常熱, 土薄穀少無麥, 土人皆捕魚暴乾以充食. 王及群下盡回回人, 婚喪諸禮, 多類忽魯謨斯. 山下有八港, 各以溜名. 或言外更有三千溜, 舟或失風入其處, 卽有沈溺之患.

魏源曰: 五印度之地, 惟南印度斗出大海, 形如箕舌, 似中國之登·萊, 而補落迦山則猶登州之成山, 其錫蘭島之楞伽山, 則四面皆海, 猶瓊州·臺灣也. 普陀之在西藏, 在浙江定海者, 皆後出傅會. 惟此近翔實, 以非西夷市舶所集, 故無述焉. 獨是錫蘭島偪近印度, 史稱地廣富庶, 亞於瓜哇, 南懷仁·艾儒略均圖述之, 何以亦闃然於英夷據印度之後? 惟『地理備考』以榜甲剌等十九部爲印度公司兼轄之地, 以錫蘭島爲土君專轄之地, 其言較核於諸夷書. 蓋南洋斗出瀕海之岸, 爲大西洋各國市埠環峙, 有英吉利埠, 有荷蘭埠, 有佛蘭西埠, 有彌利堅埠, 有葡萄埠, 岸市盛, 故島市微矣. 溜山諸島林立, 環錫蘭山, 而『地理備考』謂錫蘭山四面千嶼環之, 其人物生殖者, 惟四五十島, 亦最切南洋之形勢. 譚印度者可無唐棄鑿空之憾焉.

案: 海間小島, 名目實繁. 西人以意命名, 不能劃一, 大約大則百里, 小則數十里, 洲嶼星列耳.

주석

1 포탈라카산Mount Potalaka: 원문은 '보락가산補落迦山'이다. 보타산普陀山, 보타락가산補陀落迦山, 보달락가산補怛洛迦山, 보타락산補陀落山이라고도 한다. 지금의 인도반도 남부에 있는 파파나삼Papanasam산이다.

2 몰디브제도Maldives: 원문은 '류산溜山'이다.

3 마라야산Malaya Mountains: 원문은 '주랄야산株剌耶山'으로, 마라야摩羅耶, 마라연摩羅延이라고도 한다. 힌두교 경전에 등장하는 산으로, 지금의 인도 케랄라주에 있는 서고츠산맥Western Ghats의 최남단에 위치했던 것으로 추정된다.

4 포탈라카산: 원문은 '포토락가산布吐落迦山'이다.

5 관자재보살觀自在菩薩: 관세음보살觀世音菩薩이다.

6 포탈라카산: 원문은 '락가산落迦山'이다.

7 웨섬Pulau Weh: 원문은 '소모산小帽山'으로, 지금의 수마트라 북서쪽에 위치한다.

8 줄리오 알레니Giulio Aleni: 원문은 '애유략艾儒略'이다. 알레니(1582~1649)는 이탈리아 출신의 예수회 소속 선교사이다.

9 당조唐棗: 중국 산둥성에 있는 대추나무로, 당나라 때 심었다고 한다. 전설에 따르면 용궁의 새우 장군이 옥황상제가 주최한 연회에 참석해 옥황상제로부터 '하늘의 대추(天棗)'를 선물 받았는데, 이 대추를 용궁에 가져와 먹은 후 씨를 버렸다. 이 씨가 해류를 타고 육지로 옮겨져 지금의 대추나무로 자라났으며 이 대추를 먹으면 3년을 더 장수한다고 한다.

서인도 연혁

당대 이전에는 안식국과 조지국이 모두 불교를 믿어 이슬람교가 없었고,
당대 이후로는 대식국大食國과 파사국波斯國 때부터 비로소 이슬람교를 믿었기 때문에
불교를 신봉했던 나라들은 모두 이슬람교를 믿게 되었다.

『한서』에 다음 기록이 있다.

안식국(파르티아)의 수도인 헤카톰필로스Hecatompylos[1]는 장안에서 1만 1600리 떨어져 있으며 도호부都護府의 관할하에 있지 않다. 북쪽으로는 강거국康居國,[2] 동쪽으로는 오익산리국, 서쪽으로는 조지국과 접해 있으며, 토지, 기후, 물산 등 모든 풍속이 오익산리국, 계빈국과 같다. 은으로 화폐를 만드는데, 화폐는 앞면에는 오로지 왕의 얼굴만을 새기고 뒷면에는 왕비의 얼굴을 새겼으며, 왕이 죽으면 즉시 화폐를 다시 주조한다. 타조[3]가 있다. 관할하는 크고 작은 성이 수백 개나 되며, 땅의 너비가 수천 리에 이르는 가장 큰 나라이다. 아무다리야강에 인접해 있으며, 상인들이 수레와 배를 타고 이웃 나라에 간다. 가죽에 글을 쓰는데, 가로 방향[4]으로 글씨를 쓴다. 무제武帝 때 처음으로 안식국에 사신을 보내자, 그 나라 왕이 명을 내려 2만 명의 기병을 동쪽 경계까지 보내 맞이했는데, 동쪽 경계는 수도에서 몇천 리나 떨어져 있다. 수도에 이르기까지 수십 개의 성을 지났는데, 많은 백성이 살고 있었다. 이에 그 나라 왕이 파견한 사신이 한漢나라의 사신을 따라가 한나라의 땅을 보고 타조알과 리간국犁軒國의 마술사를 바치자, 황제가 아주 기뻐했다. 안식국의 동쪽은 바로 대월지이다.

『한서』에 또 다음 기록이 있다.

오익산리국에서 걸어서 1백 일 남짓 가면 조지국에 이를 수 있으며, 서해와 접해 있다. 살펴보건대, 서해는 지중해로, 『위서』에서는 이곳을 서발해西渤海라고 하고 있다. 기후는 덥고 습하며 벼농사를 짓고, 항아리만 한 알을 낳는 큰 새가 있다. 인구가 아주 많아 종종 소군장小君長을 두기도 한다. 안식국은 이 나라를 지배는 하고 있지만, 마술을 잘 부리는 외국쯤으로 생각하고 있다. 안식국의 장로들이 전하는 말에 따르면, 조지국에는 약수弱水[5]가 있지만 서왕모西王母를 본 적은 없다고 한다. 또 조지국에서 배를 타고 서쪽으로 1백 일 남짓 가면 해 지는 곳에 가까워진다고 한다. 이 말은 『위서』에서 이미 거짓임이 드러났다. 「대서양연혁大西洋沿革」 참조.

『후한서』에 다음 기록이 있다.

안식국의 수도 헤카톰필로스[6]는 낙양에서 2만 5천 리 떨어져 있다. 북쪽으로는 강거국과, 남쪽으로는 오익산리국과 접해 있으며, 국토의 너비는 사방 수천 리에 달하고 작은 성에 수백 가구가 살고 있다. 정예병이 상당히 많다. 동쪽 경계에 있는 메르브Merv[7]는 소안식小安息이라 불리는데, 낙양에서 2만 리 떨어져 있다. 장제章帝 장화章和[8] 원년(87)에 사신을 보내 사자와 부발符拔을 바쳤다. 부발은 기린처럼 생겼지만 뿔이 없다. 화제和帝 영원永元[9] 9년(97)에 도호都護[10] 반초가 감영을 로마 제국에 사신으로 보내 조지국까지 이르렀고, 바다에 이르러 건너려고 하자, 안식국 서쪽 경계에 있던 뱃사람이 감영에게 말했다. "바다가 넓고 크지만 왕래하는 사람들이 순풍을 만나면 3개월 만에도 건널 수 있습니다. 반면에 더딘 바람을 만나면 2년 만에 건너는 경우도 있기 때문에 바다로 가는 사람들은 3년 치 식량을 가져갑니다. 해상에서는 사람들이 향수병에 걸려 죽는 경우도 자주 있습니다." 그 말을 들은 감영은 이내 바다를 건너는 일을 그만두었다. 살펴보건대, 대진국과 조지국은 그저 지중해를 사이에 두고 있으며, 지중해는 길이가 1만 리 남짓인 반면에 너비는 겨우 2천~3천 리로, 순풍을 만나면 며칠이면 건널 수 있으니, 여기에 방해받고 어려울 것이 뭐가 있겠는가? 이것은 서역 사람들이 한나라 사신의 재물을 탐내, 중국이 서쪽으로 대진국과 교류해 서로 통상 거래를 하게 되면 본국이 그 이익을 독점할 수 없게 될까 걱정해서 이런 공갈 협박의 말을 만들어 낸 것이다. 『위서』에 와서야 비로소 그 말이 거짓임이 드러났다. 영원 13년 (101)에 안식국의 왕 파코루스 2세Pacorus II[11]가 다시 사자와 조지국의 타조를 바쳐 왔는데, 당시에는 타조를 안식작安息雀이라고 불렀다. 안식국에서 서쪽으로 3400리를 가면 아만국阿蠻國[12]에 이르고, 아만국에서 서쪽으로 3600리를 가면 사빈국斯賓國[13]에 이른다. 사빈국에서 남쪽으로 가서 강을 건너고 다시 서남쪽으로 가면 우라국于羅國[14]에 이르는데, 이 나라는 사방 960리이며, 안식국의 가장 서쪽 경계이다. 여기서 남쪽으로 바다를 건너면 바로 대진국과 통한다. 그 땅에는 대진국[15]의 진기하고 기이한 물품이 많다.

『후한서』에 다음 기록이 있다.

피산국皮山國[16]에서 서남쪽으로 오타국烏秅國[17]을 지나 현도산懸度山[18]을 건너 계빈국을 거쳐서 60일 남짓 가면 오익산리국에 도착한다. 오익산리국은 면적이 사방 수천 리에 달하며, 당시 국명을 배지排持라 고쳐 불렀다. 다시 서남쪽으로 말을 타고 1백 일 남짓 가면 조지국이 나오는데, 조지국은 산 위에 위치하며 사방 40여 리에 달하고 서해에 접해 있다. 서해가 조지국의 남쪽과 동쪽, 북쪽을 둘러싸고 있어 삼면의 길이 끊어져 있고, 오직 서북쪽 모퉁이만이 육로로 이어져 있다. 이 땅은 덥고 습하며, 사자·물소·봉우封牛[19]·공작·타조가 나고, 타조의 알은 항아리만 하다. 북쪽을 돌아서 동쪽으로 다시 말을 타고 60여 일을 가면 안식국이 나온다. 안식국은 훗날 조지국을 복속시키고 대장大將을 두어 여러 작은 성을 감독하고 다스렸다.

『위서』에 다음 기록이 있다.

안식국은 파미르고원의 서쪽에 위치하고 수도는 헤카톰필로스[20]이다. 북쪽으로는 강거국, 서쪽으로는 파사국과 접해 있으며, 대월지의 서쪽에 위치한다.

『수서』에 다음 기록이 있다.

안국安國은 『한서』에서 말하는 안식국이다. [그 나라] 왕의 성은 소무昭武[21]이고 강국康國[22] 왕과는 동족이며, 도읍은 자라프샨Zarafshan[23] 남쪽에 위치한다. 성은 5중으로 되어 있으며 강물이 성을 둘러싸고 있고 궁전은 모두 꼭대기가 평평하다. [수나라] 양제煬帝 초에 두행만杜行滿을 그 나라에 사신으로 보냈다. 또 안드호이Andkhoy[24]는 아무다리야강[25]의 서쪽에 수도를 두었는데, 바로 옛날 안식국의 땅이다. [안드호이 역시] 왕의 성은 소무로, 강국과 동족이며, 동북쪽으로는 안식국과 4백 리 떨어져 있고, 서북쪽으로는 목국穆國과 2백 리 남짓 떨어져 있으며, 동쪽으로는 과주瓜

州²⁶와 7500리 떨어져 있다. 목국의 수도는 아무다리야강 서쪽에 있는데, 역시 안식국의 옛 땅이며, 안드호이와 접해 있다. [목국] 왕의 성은 소무로, 역시 강국과 동족이다. 동북쪽으로는 안국과 5백 리 떨어져 있고, 동쪽으로는 안드호이와 2백 리 남짓 떨어져 있으며, 서쪽으로는 파사국과 4천 리 남짓 떨어져 있고, 동쪽으로는 과주와 7700리 떨어져 있다. 『당서』에 따르면, 이후 안식국은 대식국으로, 조지국은 파사국으로 이름을 바꾸었으며, [안식국과 조지국은] 모두 불교가 아닌 이슬람교를 신봉했다. 페르시아·아덴 양국의 연혁에서 별도로 보인다.

『위서』에 다음 기록이 있다.

파사국의 수도 셀레우키아Seleukia²⁷는 부하라Bukhara²⁸의 서쪽에 위치하는데 바로 옛 조지국이다. 성은 사방 10리에 걸쳐 있고, 강은 성의 중앙을 지나 남쪽으로 흐른다. 이 땅에서는 금·은·유석鑑石²⁹·산호·호박·거거車渠³⁰·마노瑪瑙가 나고, 큰 진주·파리頗犁³¹·유리·수정·금슬琴瑟·금강金剛·화제火齊·빈철鑌鐵·구리·주석·주사朱砂·수은 등의 물산이 많이 난다. 날씨가 몹시 무더워서 집마다 얼음을 저장한다. 낙타처럼 생긴 새가 있는데, 양쪽 날개가 다 있으나 높이 날지 못하고 풀과 고기를 먹으며 불을 삼킬 수도 있다. 신귀神龜³² 연간에 사신을 보내 조공했다.

『수서』에 다음 기록이 있다.

파사국의 수도는 티그리스강Tigris River³³의 셀레우키아³⁴로, 바로 조지국의 옛 땅이다. 서쪽으로는 바다와 수백 리 떨어져 있고, 동쪽으로는 목국과 4천 리 남짓 떨어져 있으며, 서북쪽으로는 동로마 제국과 4500리 떨어져 있고, 동쪽으로는 과주와 1만 1700리 떨어져 있다. 도성은 사방

10여 리에 달하고, 정예병은 2만 명이 넘으며 코끼리를 타고 싸운다. 자매를 부인으로 삼는다. 이 나라에는 사형이 없고, 간혹 목에 나무 막대기를 매달아 죄가 있음을 드러냈다. 양제가 이욱李昱을 파사국에 사신으로 보내자, 얼마 지나지 않아 사신을 보내 공물을 바쳐 왔다.

『송사』에 다음 기록이 있다.

촐라[35]는 동쪽으로 바다와 5천 리 떨어져 있고, 서쪽으로 서천축과 1500리 떨어져 있으며, 『송사』 원본에 따르면 바다와 5리 떨어져 있으며, 천축 앞에는 '서西' 자가 없다. 여기서는 『문헌통고文獻通考』에 따른 것이다. 남쪽으로는 실론[36]과 2500리 떨어져 있고, 북쪽으로는 테나세림Tenasserim[37]과 3천 리 떨어져 있다. 예로부터 중국과 교류가 없었으며, 뱃길로 광주廣州까지는 약 41만 1400리이다. 그 나라는 성이 7중으로 되어 있고 높이가 7자이며, 남북의 길이는 12리이고 동서의 너비는 7리이다. 성 간의 거리는 1백 보이며, 그중 4개의 성은 벽돌로, 2개의 성은 흙으로, 가장 가운데에 있는 성은 나무로 짓고, 모두 꽃과 과일 및 다양한 나무를 심었다. 첫 번째 성에서 세 번째 성까지는 모두 백성들이 살고 작은 강으로 둘러싸여 있다. 네 번째 성에는 네 명의 시랑侍郎이 거주한다. 다섯 번째 성에는 군주의 네 아들이 산다. 여섯 번째 성은 사찰로, 1백 명의 승려가 산다. 일곱 번째 성이 바로 군주가 사는 곳으로, 4백여 개의 방이 있다. 모두 31개의 부락을 다스리는데, 서쪽에 12개의 부락이, 남쪽에 8개의 부락이, 북쪽에 12개의 부락이 있다. 지금의 왕은 삼대째 내려오고 있다. 백성이 죄를 지으면 곧장 시랑 한 명에게 명해 처리하게 하는데, 경범죄의 경우는 나무 형틀에 묶어서 50대에서 100대 정도의 볼기를 쳤고, 중범죄의 경우는 참형에 처하거나 혹은 코끼리를 이용해 밟아 죽였다. 연회를 열 경우, 왕과 시랑

네 명이 계단에서 두 손을 들고 무릎을 꿇고 절한 뒤에 함께 자리를 잡고 앉아서 가무를 즐기며, 술은 먹지 않고 육식을 했다. _{살펴보건대, 이슬람교는 소고기와 양고기는 먹고 술은 마시지 않는다.} 풍속에 따르면 베옷을 입고 역시 빵을 먹으며, 음식을 만들거나 집안일은 부인들이 한다. 혼인할 때는 먼저 금은반지·월낙포_{越諾布}**38**와 여자가 입었던 비단옷을 사위에게 주는데, 만약 남자가 여자와 헤어질 때는 예물을 취하지 않는 데 비해 여자가 남자를 떠날 경우에는 배로 보상해야 한다. 군사들이 진을 칠 때는 코끼리를 맨 앞에 배치하고, 소패_{小牌} 부대를 그다음에, 투창_(梭槍) 부대는 그다음에, 장도_{長刀} 부대는 또 그다음에 두고 화살 부대는 맨 뒤에 배치했다. 네 명의 시랑은 군사들을 나누어 통솔했다. 나라의 동남쪽 2500리쯤 되는 곳에 세렌디브Sarandīb**39**가 있는데, 간혹 서로 침략하며 공격한다. 이 땅에서는 진주·상아·산호·파려_{頗黎}**40**·빈랑·두구·길패포_{吉貝布},**41** 가축으로는 산양·황소, 금수로는 꿩·앵무새, 과일로는 여감_{餘甘}**42**·등라_{藤羅}·대추야자·야자·감라_{甘羅}·곤륜매_{崑崙梅}·잭푸르트 등이 난다. 꽃으로는 백말리_{白末利}·산사_{散絲}·사제_{蛇臍}·불상_{佛桑}·여추_{麗秋}·청황벽사라_{青黃碧婆羅}·요련_{瑤蓮}·선자_{蟬紫}·수초_{水蕉} 등이 나고, 오곡으로는 녹두·흑두·보리·벼 등이 나며, 토양이 대나무가 자라기에 적합하다.

옛날부터 일찍이 조공한 적이 없다가 대중상부_{大中祥符}**43** 8년(1015)에 조공 와서 진주·푸른색 유리를 쟁반에 담아 대전에 올라 어좌 앞에 펼쳐 놓은 뒤 대전을 내려와 재배했다. 그 나라에서 배를 타고 77일 밤낮을 달려 나가파티남Nagapattinam**44**·솔리실란Soli-Silan**45**을 지나면 안다만제도**46**가 나온다. 여기에서 다시 61일 밤낮으로 가서 네그라이스곶Cape Negrais**47**을 지나면 고라국_{古羅國}**48**이 나온다. 그 나라에 고라산_{古羅山}이 있어서 그렇게 이름 붙였다. 여기에서 다시 71일 밤낮을 가서 클랑Kelang**49**·느그리슴

빌란Negeri Sembilan[50]·탐브라우Tambrauw[51]를 지나면 삼보자Samboja[52]가 나온다. 여기서 다시 18일 밤낮으로 가서 만산수구蠻山水口[53]를 건너고 아우르섬Pulau Aur[54]을 지나 파다란곶Cape Padaran[55]에 도착하면 꼰선섬[56]이 보이는데, 배로 가면 1백 리 정도 된다. 여기서 다시 20일 밤낮으로 가서 감비르Gambir[57]·구성산九星山[58]을 지나면 광주의 비파주琵琶洲[59]가 나온다. 본국을 떠나 광주까지 모두 1150일이 걸린다. 쿠차국(龜兹國) 사신에 준해 잔치를 열고 은혜를 베풀었다. 명도明道 2년(1033)에 진주 적삼과 진주 모자 및 진주 150냥·상아 1백 주株를 진상하면서 자칭 여러 차례 조공하려 했으나 바닷바람에 배가 파손되어 이를 수 없었다고 했으며, 상등의 진주는 용상의 발밑 전각에 펼쳐 놓고 예물을 머리 위로 바치며 존경심을 표하기를 원했다. 이에 은쟁반을 받들고 전각에 올라 무릎을 꿇고 용상 아래에 구슬을 펼쳐 놓은 뒤 물러났다.

『송사』에 다음 기록이 있다.

충단국層檀國[60]은 남해 옆에 위치하고 그 성은 바다와 20리 떨어져 있다. 희녕熙寧 4년(1071)에 처음으로 공물을 바치러 왔는데, 바닷길로 바람을 타고 160일 와서 마준Mazūn[61]·쿨란Kulan[62]·삼보자를 거쳐 광주에 이르렀다. 건국한 지 500년이 되었으며, 10대째이다. 언어는 대식국과 비슷하다. 봄과 겨울 모두 따뜻하다. 귀인들은 월포越布[63]로 머리를 두르고, 살펴보건대, 이것은 바로 백모회白帽回로, 전두회纏頭回라고도 한다. 화금백전포花錦白氎布를 입으며, 외출할 때 코끼리와 말을 타고, 봉록을 받는다. 법에 경범죄는 장형에 처하고 중범죄는 사형에 처한다. 곡식으로는 벼·조·보리가 있고, 생선을 먹으며, 가축으로는 면양·산양·황소(沙牛)·물소·낙타·말·무소·코끼리가 있고, 약으로는 목향·혈갈血蠍[64]·몰약沒藥·붕사鵬砂[65]·아위·훈륙薰

隆[66]이 있으며, 진주·유리와 밀주密酒, 사주沙酒, 화주華酒 세 종류의 술[67]이 난다. 교역할 때는 모두 관에서 직접 주조한 동전을 사용한다. 동전은 세 가지가 골고루 들어가는데, 금과 동이 반씩 들어가고 은은 1푼(分) 들어가며 민간에서 사적으로 주조하는 것은 금지되어 있다. 원풍元豊 6년(1083)에 그쪽에서 사신이 다시 오자, 신종은 그들이 아주 먼 길을 왔다고 생각해 조서를 내려 이전과 똑같이 하사품을 내리고 또 백금 2천 냥을 더 하사했다.

『곤여도설』에 다음 기록이 있다.

호르무즈[68]는 온통 소금과 유황뿐이어서 초목이 자라지 않고 짐승은 자취를 감추었다. 사람들은 가죽신을 신고 다니는데, 비가 지나가면 신발 바닥이 하루 만에 해진다. 지진이 많이 일어난다. 날씨가 너무 더워서 반드시 물속에서 앉거나 누워서 생활하며, 입까지 잠수해야 비로소 더위가 식는다. 담수라곤 전혀 없어서 물 한 국자도 모두 해외에서 실어 들여온다. 세 개의 대륙에 걸쳐 있어서 거상들이 대부분 이곳에 모여들어 온갖 물품이 다 모이고 사람들이 몰려든다. 무릇 해내의 진기한 물품이나 마련하기 어려운 물건들도 이곳에 가면 구할 수 있다. 위원이 살펴보건대, [호르무즈는]『명사』에는 홀로모사忽魯謨斯로, 또 페르비스트의 지도에는 아이모하阿爾謨哈로, 『직방외기職方外紀』에는 아이모해阿爾謨海로 되어 있는데, [호르무즈는] 홍해와 마주보면서 양쪽 해협에 걸쳐 있는 반면, 아덴국은 두 해협 사이에 끼어 있다. 대개 유럽의 화물이 지중해를 거쳐 오는 경우, 대부분 이곳에서 물건을 옮겨 싣거나 뭍에 내려 다시 남양으로 가고, 아시아대륙과 남양의 화물 역시 이곳에서 내하로 들어가 두 대륙으로 나누어 보낸다.

『명사』에 다음 기록이 있다.

도파르[69]는 캘리컷에서 서북쪽으로 배를 타고 순풍으로 열흘 밤낮이면 갈 수 있다. 영락 19년(1421)에 [도파르에서] 사신을 보내 아덴·라사 등의 나라와 함께 들어와 조공하자, 정화에게 명해 새서와 하사품을 가지고 가서 화답하게 했다. 선덕·정통 연간에 누차 조공했다. 도파르의 동남쪽에는 대해가 있고 서북쪽에는 산이 겹겹이 있으며, 날씨는 늘 8~9월과 같고 오곡·야채와 과일·가축들이 모두 있으며, 사람들은 체격이 좋다. 왕과 백성들은 모두 이슬람교를 신봉해서 혼례와 상례 역시 그 법도를 따랐다. 이슬람 사원을 많이 지었다. 예배를 드리는 날이면 시장은 문을 닫으며, 남녀노소 모두 목욕을 하고 새 옷으로 갈아입은 뒤 장미로나 침향유로 얼굴을 닦고 향로에다 침향·단향·용연향龍涎香[70] 등의 향을 태운 뒤 그 앞에 서서 옷에 향을 배게 한 이후에 가서 예배를 올린다. 이들이 지나간 거리에는 한동안 향기가 난다. 명나라 사신이 가서 조서를 열어 읽고 나면 도파르의 왕이 백성들에게 모두 알려 유향·혈갈·알로에·몰약·소합유蘇合油·안식향 등의 물건을 모두 꺼내 와 중국인들과 교역한다. 유향은 바로 나무의 진액으로, 느릅나무와 비슷하게 생겼으며 잎은 뾰족하고 긴데, 원주민들은 이 나무를 쪼개어 그 진액을 채취해 향으로 만들었다. 타조가 있는데 학처럼 목이 길고 다리의 길이는 3~4자이며, 털 색깔이 낙타와 비슷하고 걷는 것도 비슷하며 늘 조공 물품에 들었다. 살펴보건대, 이 땅에서 타조가 나서 안식국·대식국에 속하는 곳으로 알고, 도파르를 서인도에 집어넣었다.

또 다음 기록이 있다.

호르무즈는 서양의 대국으로, 캘리컷에서 서북쪽으로 25일을 가면 도착한다. 영락 10년(1412)에 천자는 서양의 이웃 나라는 이미 배를 타고 와서 보물을 진상하고 천자 앞에서 무릎을 꿇고 이마를 땅에 대고 절하는 반면, 먼 나라는 여전히 공물을 바치고 복종하지 않는다고 생각해서 정화에게 명해 새서를 가지고 가서 위무케 했다. 호르무즈·브라바[71]·몰디브·순다Sunda[72] 등의 나라 왕에게 금기錦綺·채색 비단·사라紗羅를 하사했고, 왕비와 대신들에게도 모두 하사했다. 호르무즈 왕은 곧장 배신陪臣을 보내 금엽표金葉表를 올리고 말과 공물을 바쳤다. 영락 12년(1414)에 도성에 왔기에 황제는 예부의 관원에게 명해 연회를 열고 하사품을 내려 말 값에 응당한 대우를 해 주었다. 사신이 돌아갈 때 그 나라의 왕에서부터 왕비 이하에 이르기까지 차등을 두어 하사품을 내렸다. 이로부터 모두 네 번 조공했고, 정화도 재차 사신으로 갔다. 이후 조정의 사신이 가지 않자 그 나라의 사신들도 오랫동안 오지 않았다. 선덕 5년(1430)에 다시 정화를 보내 그 나라에 조서를 선포하자 바로 사신을 보내 조공했다. 선덕 8년(1433)에 도성에 왔기에 연회를 베풀고 하사품을 내리며 후대했다. 정통 원년(1436)에 자와의 배를 타고 귀국했으며, 그 뒤로는 결국 단절되었다.

호르무즈는 서해의 극단에 위치해, 동남쪽의 야만국과 대서양의 상선·서역의 상인에 이르기까지 모두 이곳에 와서 무역을 했기 때문에 보물들이 차고 넘쳐났다. 기후는 덥고 추우며, 봄에 꽃이 피고 가을에 잎이 지며, 서리는 내리지만 눈은 내리지 않고, 이슬은 많이 내리지만 비는 거의 내리지 않는다. 토지가 척박해 곡식과 보리가 적게 난다. 그러나 다른 곳에서 너무 많이 들여와 곡식값이 아주 저렴하다. 백성들은 부유하고 풍속은 순박한데, 간혹 화를 당하거나 가난해지면 사람들이 모두 돈과 비단을 주면서 함께 도와 살아갈 방도를 마련해 주었다. 왕과 신하들은 모두 이슬람교도들이며 혼례와 상례는 그 예법에 따라서 했다. 사람들은 대부분 피부가 희고 건장하며, 아녀자들은 외출할 때 비단으로 얼굴을 가렸다. 시장에는 가게들이 줄지어 있고 온갖 물건이 구비되어 있다. 오직 술을 금하며 이를 어긴 자는 사형에 처했다. 의술, 점복, 기예는 모두 중국과 비슷하다. 교역을 할 때는 은전을 사용한다. 글자는 이슬람 글자를 썼고, 왕은 이슬람교를 준수해 매일 목욕재계하고 다섯 차례 경건하게 절을 올린다. 이 땅에는 소금이 많아 초목이 자라지 않고, 소·양·말·낙타는 건어물을 먹는다. 돌을 쌓아 집을 지으며, 3~4층인 경우는 침실·주방·화장실 및 응접실은 모두 위층에 배치한다. 야채와 과일이 풍부했으니, 호두·아몬드[73]·잣·석류·포도·능금[74]·대추야자 등이 있다. 큰 산이 있는데 사면이 색이 다 다르다. 한 면은 붉은색의 염석鹽石인데, 이것을 캐서 그릇으로 만들어 음식물을 담아 놓으면 소금을 넣지 않고도 맛이 저절로 좋아졌다. 다른 한 면은 백토로, 담과 벽에 바를 수 있다. 다른 한 면은 적토, 또 다른 한 면은 황토로, 모두 쓰임새가 있다. 공물로는 사자·기린·타조·얼룩말[75]·영양이 있으며, 늘 조공하는 물품으로는 큰 구슬이나 보석류가 있다. 위원이 살펴보건대, 서인도의 여러 나라는 모두 안식국과 대식국의 땅이었기 때문에 모두 타조가 나는데, 『한서』에서 말하는 안식국의 큰 새가 바로 그것으로, 지금의 복건·광동·영파·상해의 서양 선박들은 대부분 이것을 실어 내지로 들어온다. 타조는 키가 3~4자이며, 벼슬에 비취색 깃털을 가지고 있고, 걷는 것이 낙타와 비슷해 민간에서는 서양 닭이라고 부르기도 한다. 다만 타조가 되레 가장 크지는 않으며, 그 나라의 낙타가 배로 크다. 『천방전례天方典禮』에 다음 기록이 있다. "타조는 꼬리가 꿩처럼 길고, 암컷은 키가 3자에서 7~8자에 이르고 수컷은 1길 남짓 되며, 등에는 낙타처럼 혹이 있어서 그것을 타고 멀리 갈 수 있다. 발굽은 푸른색이며 날개를 펼치면 아주 크고, 그 알은 항아리만 해 그릇으로도 사용할 수 있다. 선박에 싣기

가 어려웠기 때문에 오는 경우가 드물다고 한다. 이것은 모두 서남양의 일이지 대서양

이나 인도양의 일이 아니며, 『명사』에서 그 나라가 서양의 극단에 있다고 한 것은 정화

의 배가 거기까지 갔다가 돌아왔기 때문이다."

西印度沿革

—

唐以前安息·條支皆佛敎, 無回敎也, 唐以後大食·
波斯始皆回敎, 故以宗佛敎者歸此類.

『漢書』: 安息國治番兜城, 去長安萬一千六百里, 不屬都護. 北與康居, 東與
烏弋山離, 西與條支接, 土地·風氣·物類, 所有民俗與烏弋·罽賓同. 亦以銀爲
錢, 文獨爲王面, 幕爲夫人面, 王死輒更鑄錢. 有大馬爵. 其屬小大數百城, 地
方數千里, 最大國也. 臨嬀水, 商賈車船行旁國. 書革, 旁行爲書記. 武帝始遣
使至安息, 王令將將二萬騎迎於東界, 東界去王都數千里行. 比至, 過數十城,
人民相屬. 因發使隨漢使者來觀漢地, 以大鳥卵及犁軒眩人獻於漢, 天子大悅.
安息東則大月氏.

『漢書』又曰: 烏弋山離國行可百餘日乃至條支國, 臨西海. 案: 此西海謂地中
海, 『魏書』謂此西渤海也. 暑溼田稻, 有大鳥, 卵如甕. 人衆甚多, 往往有小君長.
安息役屬之, 以爲外國善眩. 安息長者傳聞條支有弱水, 西王母亦未嘗見也. 自
條支乘水西行可百餘日近日所入云. 此語『魏書』已破其妄. 見『大西洋沿革』云.

『後漢書』: 安息國居和櫝城, 去洛陽二萬五千里. 北與康居接, 南與烏弋山

離接, 地方數千里, 小城數百戶口. 勝兵最爲殷盛. 其東界木鹿城, 號爲小安息,

去洛陽二萬里. 章帝章和元年遣使獻獅子·符拔. 符拔形似麟而無角. 和帝永元

九年, 都護班超遣甘英使大秦, 抵條支, 臨大海, 欲度而安息西界船人謂英曰:

"海水廣大, 往來者逢善風三月乃得度. 若過遲風, 亦有二歲者, 故入海人皆齎

三歲糧. 海中善使人思土戀慕, 數有死亡者." 英聞之乃止. 案: 大秦與條支, 止

隔地中海, 海長雖萬餘里, 僅廣二三千里, 順風對度數日可至, 安有此阻難之理? 此

西夷貪漢使財物, 恐其西通大秦, 自相貿易, 則己國不得壟斷其利, 故爲此恐嚇之誕

詞也. 至『魏書』始破其妄. 十三年, 安息王滿屈復獻獅子及條支大鳥, 時謂之安

息雀. 自安息西行三千四百里至阿蠻國, 從阿蠻西行三千六百里至斯賓國. 從

斯賓南行度河, 又西南至于羅國, 九百六十里, 安息西界極矣. 自此南乘海, 乃

通大秦. 其土多海西珍奇異物焉.

『後漢書』: 自皮山西南經烏秅, 涉懸度, 歷罽賓, 六十餘日行至烏弋山離國.

地方數千里, 時改名排持. 復西南馬行百餘日至條支, 條支國城在山上, 周回

四十餘里, 臨西海. 海水曲環其南及東北, 三面路絕, 唯西北隅通陸道. 土地暑

溼, 出師子·犀牛·封牛·孔雀·大雀, 大雀其卵如甕. 轉北而東, 復馬行六十餘日

至安息. 後役屬條支, 爲置大將監領諸小城焉.

『魏書』: 安息在蔥嶺西, 都蔚搜城. 北與康居·西與波斯相接, 在大月氏西.

『隋書』: 安國, 『漢書』安息國也. 王姓昭武, 與康國王同族, 都那密山南. 城

有五重, 環以流水, 宮殿皆爲平頭. 煬帝初, 遣杜行滿至其國. 又烏那曷國, 都

烏滸水西, 舊安息之地. 王姓昭武, 康國種類, 東北去安國四百里, 西北去穆國

二百餘里, 東去瓜州七千五百里. 穆國都烏滸河西, 亦安息故地, 與烏那曷爲
隣. 其王姓昭武, 亦康國種類. 東北去安國五百里, 東去烏那曷二百餘里, 西去
波斯國四千餘里, 東去瓜州七千七百里. 『唐書』: 以後安息改名大食, 條支改名
波斯, 皆回敎, 非佛敎矣. 別見巴杜·阿丹兩國沿革.

『魏書』: 波斯國, 都宿利城, 在忸密西, 古條支國也. 城方十里, 河經其城中
南流. 出金·銀·鍮石·珊瑚·琥珀·車渠·瑪瑙, 多大眞珠·頗犁·琉璃·水晶·琴瑟·金
剛·火齊·鑌鐵·銅·錫·朱砂·水銀等物. 氣候暑熱, 家自藏氷. 有鳥形如橐駝, 有
兩翼, 飛不能高, 食草與肉, 亦能啖火. 神龜中遣使入貢.

『隋書』: 波斯國都達曷水之蘇藺城, 卽條支故地. 西去海數百里, 東去穆國
四千餘里, 西北去拂菻四千五百里, 東去瓜州萬一千七百里. 都城方十餘里, 勝
兵二萬餘, 乘象而戰. 妻其姊妹. 國無死刑, 或繫排於頸以標之. 煬帝遣李昱使
波斯, 尋遣使貢方物.

『宋史』: 注輦國東距海五千里, 西至西天竺千五百里, 『宋史』原本作距海五
里, 又天竺上無西字. 此據『文獻通考』. 南至羅蘭二千五百里, 北至頓田三千里.
自古不通中國, 水行至廣州約四十一萬一千四百里. 其國有城七重, 高七尺, 南
北十二里, 東西七里. 每城相去百步, 凡四城用磚, 二城用土, 最中城以木爲之,
皆植花果雜木. 其第一至第三, 皆民居, 環以小河. 第四城四侍郎居之. 第五城
主之四子居之. 第六城爲佛寺, 百僧居之. 第七城卽主之所, 居室四百餘區. 所
統有三十一部落, 其西十二, 其南八, 其北十二. 今國主相傳三世矣. 民有罪,
卽命侍郎一員處治之, 輕者繫於木格, 笞五十至一百, 重者卽斬, 或以象踐殺
之. 其宴則國主與四侍郎膜拜於階, 遂共坐, 作樂歌舞, 不飮酒而食肉. 案: 回敎

食牛·羊肉, 不飮酒. 俗衣布, 亦有餅餌, 掌饌執事用婦人. 其嫁娶先用金銀指環·
越諾布及女所服錦衣遺婿, 若男欲離女則不取聘財, 女卻男則倍償之. 其兵陣
用象居前, 小牌次之, 梭槍次之, 長刀又次之, 弓矢在後. 四侍郎分領其衆. 國
東南約二千五百里, 有悉蘭池國, 或相侵伐. 地產眞珠·象牙·珊瑚·頗黎·檳榔·
豆蔲·吉貝布, 獸有山羊·黃牛, 禽有山雞·鸚鵡, 果有餘甘·藤羅·千年棗·椰子·甘
羅·崑崙梅·婆羅密等. 花有白末利·散絲·蛇臍·佛桑·麗秋·青黃碧婆羅·瑤蓮·蟬
紫·水蕉之類, 五穀有綠豆·黑豆·麥·稻, 地宜竹.

自昔未嘗朝貢, 大中祥符八年來貢, 以盤奉珍珠·碧玻璃升殿, 布於御坐前,
降殿再拜. 離本國舟行七十七晝夜, 歷郍勿丹山·娑里西蘭山, 至占賓國. 又行
六十一晝夜, 歷伊麻羅里山, 至古羅國. 國有古羅山, 因名焉. 又行七十一晝夜,
歷加八山·占不牢山·舟寶龍山, 至三佛齊國. 又行十八晝夜, 度蠻山水口, 曆天
竺山至賓頭狼山, 望東西王母塚, 距舟所將百里. 又行二十晝夜, 度羊山·九星
山, 至廣州之琵琶洲. 離本國凡千一百五十日至廣州焉. 凡宴賜恩例同龜茲使.
明道二年表進珍珠衫帽及眞珠一百五兩·象牙百株, 自言數朝貢而海風破船不
達, 願將上等珠就龍床腳撒殿, 頂戴瞻禮, 以申向慕之心. 乃奉銀盤升殿, 跪撒
珠於御榻下而退.

『宋史』云: 層壇國在南海傍, 城距海二十里. 熙寧四年始入貢, 海道使風行
百六十日, 經勿巡·古林·三佛齊國乃至廣州. 傳國五百年, 十世矣. 人語言如大
食. 地春冬暖. 貴人以越布纏頭, 案: 此卽白帽回, 亦曰纏頭回. 服花錦白氎布, 出
入乘象·馬, 有奉祿. 其法輕罪杖, 重罪死. 穀有稻·粟·麥, 食有魚, 畜有綿羊·山
羊·沙牛·水牛·橐駝·馬·犀·象, 藥有木香·血蠍·沒藥·鵬砂·阿魏·薰陸, 產珍珠·
玻璃·密沙華三酒. 交易用錢, 官自鑄. 三分其齊, 金·銅相半, 而銀居一分, 禁民
私鑄. 元豐六年使再至, 神宗念其絶遠, 詔頒賚如故事, 仍加賜白金二千兩.

『坤輿圖說』: 阿爾母斯, 其地悉是鹽及硫磺, 草木不生, 鳥獸絶跡. 人著皮履, 遇雨過, 履底一日輒敗. 多地震. 氣候極熱, 須坐臥水中, 沒至口方解. 絶無淡水, 勺水皆從海外載至. 因居三大洲之中, 富商大賈, 多聚此地, 百貨駢集, 人煙輻輳. 凡海內珍奇, 難致之物, 輒往取之. 源案: 『明史』作忽魯謨斯, 又南懷仁圖東有阿爾母河, 『職方外紀』則作阿爾謨海, 與西紅海相對, 共兩海汊, 而阿丹回國則夾於二海汊之間. 蓋歐羅巴洲之貨由地中海來者皆在此過載駁陸, 再下南洋海, 而亞細亞洲南洋之貨亦至此入內河, 分赴彼二州也.

『明史』: 祖法爾國, 自古里西北放舟, 順風十晝夜可至. 永樂十九年, 遣使偕阿丹·剌撒諸國入貢, 命鄭和齎璽書賜物報之. 宣德·正統屢貢. 其國東南大海, 西北重山, 天時常若八九月, 五穀·蔬果·諸畜咸備, 人體頎碩. 王及臣民悉奉回回教, 婚喪亦遵其制. 多建禮拜寺. 遇禮拜日, 市絶貿易, 男女長幼皆沐浴更新衣, 以薔薇露或沈香油拭面, 焚沈·檀·俺八兒諸香於爐, 人立其上以薰衣, 然後往拜. 所過街市, 香經時不散. 天使至, 詔書開讀訖, 其王遍諭國人, 盡出乳香·血蠟·蘆薈·沒藥·蘇合油·安息香諸物與華人交易. 乳香乃樹脂, 其樹似榆而葉尖長, 土人斫樹取其脂爲香. 有駝雞, 頸長類鶴, 足高三四尺, 毛色若駝, 行亦如之, 常以充貢. 案: 地產駝雞, 知爲安息·大食境, 故入之西印度.

又曰: 忽魯謨斯, 西洋大國也, 自古里西北行二十五日可至. 永樂十年, 天子以西洋近國, 已航海貢琛, 稽顙闕下, 而遠者猶未賓服, 乃命鄭和齎璽書往撫. 忽魯謨斯·比剌·溜山·孫剌諸國, 賜其王錦綺·綵帛·紗羅, 妃及大臣皆有賜. 至忽魯謨斯, 王卽遣陪臣奉金葉表貢馬及方物. 十二年至京師, 命禮官宴賜, 酬以馬直. 比還, 賜王及妃以下有差. 自是凡四貢, 和亦再使. 後朝使不去, 其使者亦久不至. 宣德五年, 復遣和宣詔其國, 乃遣使來貢. 八年至京師, 宴賜有加.

正統元年, 附瓜哇舟還國, 嗣後遂絶.

　其國居西海之極, 自東南諸蠻邦及大西洋商舶·西域買人, 皆來此貿易, 故寶貨塡溢. 氣候有寒暑, 春發葩, 秋隕葉, 有霜無雪, 多露少雨. 土瘠, 穀·麥寡. 然他方轉輸多, 價極賤. 民富俗厚, 或遭禍致貧, 衆皆遺以錢帛, 共振業之. 王及臣下俱回回人, 婚喪悉用其禮. 人多白晳豐偉, 婦女出則以紗蔽面. 市列廛肆, 百物具備. 惟禁酒, 犯者罪至死. 醫卜技藝皆類中華. 交易用銀錢. 書用回回字, 王遵其敎, 日齋戒沐浴虔拜者五. 地多鹽, 不產草木, 牛·羊·馬·駝皆啖魚臘. 壘石爲屋, 有三四層者, 寢處庖廚及待客之所皆在其上. 饒蔬果, 有核桃·把耼·松子·石榴·葡萄·花紅·萬年棗之屬. 有大山, 四面異色. 一紅鹽石, 鑿以爲器, 盛食物不加鹽而味自和. 一白土, 可塗垣壁. 一赤土, 一黃土, 皆適於用. 所貢有獅子·麒麟·駝雞·福祿·靈羊, 常貢則大珠·寶石之類. 源案: 西印度諸國皆安息·大食之地, 故皆產駝雞, 卽『漢書』所謂安息大鳥, 今閩·粵·寧波·上海洋舶, 多載還內地. 其雞高三四尺, 花冠, 翠羽, 其行若駝, 俗云洋雞者也. 但此尙非至大者, 其本國駝禽, 高大更倍. 『天方典禮』云: 駝雞尾長似雉, 雌者高三尺至七八尺, 雄者高丈餘, 背有肉鞍似駝, 可乘致遠. 蹄蒼色, 張翅甚大, 其卵如甕, 可作器. 舟舶難載, 故罕至云. 此皆西南洋, 非大·小西洋, 而『明史』謂其國居西洋之極者, 鄭和之舟至此而返也.

주석

1   헤카톰필로스Hecatompylos: 원문은 '번두성番兜城'으로, 박도朴桃, 배도排桃라고도 한다. 번두성은 원래 파르티아Parthia의 음역이나 여기에서는 파르티아의 수도를 가리킨다. 옛 땅은 지금의 이란 동북부에 위치한다.

2   강거국康居國: 고대 서역의 나라로, 옛 땅은 대략 지금의 발하슈호Balqash Koli와 아랄해 사이에 있다.

3   타조: 원문은 '대마작大馬爵'이다.

4   가로 방향: 원문은 '방행旁行'으로, 가로쓰기를 가리킨다.

5   약수弱水: 『산해경山海經』에 따르면, "곤륜산의 북쪽에 물이 있는데, 겨자씨조차도 떠 있을 수 없어 약수라고 한다(崑崙之北有水, 其力不能勝芥, 故名弱水)"라고 한다. 약수를 건너야만 곤륜산에 사는 서왕모를 만날 수 있다.

6   헤카톰필로스: 원문은 '화독성和櫝城'이다.

7   메르브Merv: 원문은 '목록성木鹿城'이다. 옛 땅은 지금의 투르크메니스탄 마리Mary 동쪽에 위치한다.

8   장화章和: 후한 장제의 세 번째 연호(87-88)이다.

9   영원永元: 후한 화제의 첫 번째 연호(89~105)이다.

10   도호都護: 중국 전한 선제 때부터 당나라 때까지 변경 여러 이민족의 관리나 정벌의 일을 맡아보던 벼슬을 가리킨다.

11   파코루스 2세Pacorus II: 원문은 '만굴滿屈'이다.

12   아만국阿蠻國: 하마단Hamadan으로, 옛 땅은 지금의 이란 중서부에 위치한다.

13   사빈국斯賓國: 크테시폰Ctesiphon으로, 옛 땅은 지금의 이라크 티그리스강 동쪽 해안에 위치한다.

14   우라국于羅國: 히라Hirah로, 옛 땅은 지금의 이라크 나자프Najaf 동남쪽에 위치한다.

15 대진국: 원문은 '해서海西'이다.

16 피산국皮山國: 지금의 호탄 서쪽, 야르칸드 서남쪽에 위치한 구마Guma
이다.

17 오타국烏秅國: 옛 땅은 지금의 신강 위구르 자치구 타슈쿠르간Tashkurgan
일대로 추정된다.

18 현도산懸度山: 오타국의 서쪽에 위치한 돌산으로, 산의 협곡을 통과하기
위해서 사람들이 몸에 끈을 묶어 서로 붙잡아 주면서 건너갔기 때문에
이렇게 명명했다.

19 봉우封牛: 봉우峯牛, 봉우犎牛라고도 한다. 어깨와 목 위의 혹, 위로 솟아
뒤로 굽은 뿔, 늘어진 귀가 특징이며 인도가 원산지이다.

20 헤카톰필로스: 원문은 '울수성蔚搜城'이다.

21 소무昭武: 중앙아시아 아무다리야강과 시르다리야강 사이에 위치한 구
성九姓정권의 총칭으로, 강康(사마르칸트)·안安(부하라)·석石(타슈켄트)·조曹(카
부단)·미米(마이무르그)·하何(쿠샤니아)·화심火尋(호라즘)·무지戊地(베틱)·사史(키
시)를 가리킨다.

22 강국康國: 고대 국가 이름으로, 옛 땅은 지금의 우즈베키스탄 사마르칸
트Samarkand 일대이다.

23 자라프샨Zarafshan: 원문은 '나밀산那密山'이다.

24 안드호이Andkhoy: 원문은 '오나갈국烏那曷國'으로, 지금의 북아프가니스탄
파르야브주Faryab 북부에 위치한다.

25 아무다리야강: 원문은 '오호수烏滸水'이다.

26 과주瓜州: 지금의 감숙성 안서현安西縣이다.

27 셀레우키아Seleukia: 원문은 '숙리성宿利城'으로, 지금의 이라크에 위치
한다.

28 부하라Bukhara: 원문은 '유밀忸密'이다.

29 유석鍮石: 광서 2년본에는 '철석鐵石'이라 되어 있으나, 『위서』에 따라서
고쳐 번역한다. 페르시아에서 생산되는 천연 진주이다.

30 거거車渠: 거거과에 속하는 바닷조개로, 인도양과 태평양에 광범위하게

분포한다. 장식품으로 쓰이며, 칠보七寶 중 하나이다.

31 파리頗梨: 파리玻璃, 파지頗胝, 파치가頗置迦라고도 한다. 수정의 일종이다.

32 신귀神龜: 북위北魏 제9대 효명황제孝明皇帝 원후元詡의 두 번째 연호
(518~520)이다.

33 티그리스강Tigris River: 원문은 '달갈수達曷水'이다.

34 셀레우키아: 원문은 '소린성蘇蘭城'이다.

35 촐라: 원문은 '주련국注輦國'으로, 옛 땅은 지금의 인도 코로만델해안 일
대에 위치한다.

36 실론: 원문은 '나란羅蘭'이다.

37 테나세림Tenasserim: 원문은 '돈전頓田'으로, 돈손頓遜이라고도 한다. 지금
의 미얀마 남부 타닌타리Tanintharyi이다.

38 월낙포越諾布: 서역에서 나는 고급 직물을 가리킨다.

39 세렌디브Sarandīb: 원문은 '실란지국悉蘭池國'으로, 스리랑카의 옛 명칭
이다.

40 파려頗黎: 파리頗梨라고도 하며, 수정의 일종이다.

41 길패포吉貝布: 길패라는 면직물을 가리킨다.

42 여감餘甘: 여감자라고도 하며, 인디언구스베리의 열매에서 추출하여 얻
은 성분이다.

43 대중상부大中祥符: 중국 북송北宋 제3대 황제 진종眞宗 조항趙恒의 세 번째
연호(1008~1016)이다.

44 나가파티남Nagapattinam: 원문은 '나물단산郁勿丹山'으로, 나물단산那勿丹山
이라고도 한다. 지금의 인도 동남부 부근에 위치한다.

45 솔리실란Soli-Silan: 원문은 '사리서란산娑里西蘭山'으로, 지금의 스리랑카
이다.

46 안다만제도: 원문은 '점빈국占賓國'으로, 지금의 인도양 동북부에 위치
한다.

47 네그라이스곶Cape Negrais: 원문은 '이마나리산伊麻羅里山'으로, 이라와디
삼각주 남서쪽 끝에 위치한다.

48 고라국古羅國: 고랄古剌이라고도 한다. 지금의 미얀마 바고에서 양곤 일

대에 위치한다.

49 클랑Kelang: 원문은 '가팔산加八山'으로, 길패서吉貝嶼, 면화서綿花嶼라고도

한다. 지금의 말레이시아 클랑항 밖에 위치한다.

50 느그리슴빌란Negeri Sembilan: 원문은 '점불뢰산占不牢山'으로, 지금의 말레

이시아 서해안 일대이다.

51 탐브라우Tambrauw: 원문은 '주보룡산舟寶龍山'으로, 삼불란Sambulan이라고

도 한다. 지금의 싱가포르해협 일대에 위치한다.

52 삼보자Samboja: 원문은 '삼불제국三佛齊國'으로, 지금의 수마트라섬 항구

도시인 잠비 일대이다.

53 만산수구蠻山水口: 지금의 인도네시아 방카섬Pulau Bangka 서북 해안의 문

톡시Muntok 일대이다.

54 아우르섬Pulau Aur: 원문은 '천축산天竺山'으로, 동서축東西竺·천축산天竺山·

축산竺山·축서嶼라고도 한다.

55 파다란곶Cape Padaran: 원문은 '빈두랑산賓頭狼山'으로, 지금의 베트남 동남

부 판랑Phan Rang 남쪽의 가나곶Vịnh Ga Na이다.

56 꼰선섬: 원문은 '동서왕모총東西王母塚'으로, 곤륜도崑崙島라고도 한다.

57 감비르Gambir: 원문은 '양산羊山'으로, 지금의 베트남 꾸이년Quy Nhơn 남

쪽에 위치한다.

58 구성산九星山: 구주석九州石이라고도 하는데, 지금의 해남도海南島 동쪽에

있는 칠주양七州洋이다.

59 비파주琵琶洲: 지금의 광주 광포항廣埔港 서쪽 일대를 가리킨다.

60 층단국層檀國: 광서 2년본에는 '설단국屑壇國'으로 되어 있으나, 『송사』에

따라서 고쳐 번역한다. 층단국이 지금의 어느 나라를 지칭하는지는 명

확하지 않다.

61 마준Mazūn: 원문은 '물순勿巡'이다. 지금의 오만 동북부 하드곶Ras al Hadd

서쪽 해안에 있는 소하르Sohar이다.

62 쿨란Kulan: 원문은 '고림古林'으로, 각람閣藍, 고림故臨이라고도 한다. 지금

의 인도 서남부에 있는 퀼론Quilon이다.

63 월포越布: 마포麻布와 갈포葛布로 구분되는데, 마포는 삼실로 짠 직물을 말하고, 갈포는 칡으로 짠 직물로 하포夏布라고도 한다.

64 혈갈血蝎: 약재의 일종으로, 야자나무과 과실의 진액을 말린 것이다.

65 붕사鵬砂: 붕산나트륨의 결정체로 담을 삭이고 기침을 멈추는 데 효과가 있다.

66 훈륙薰陸: 향료의 일종이다.

67 밀주密酒, 사주沙酒, 화주華酒 세 종류의 술: 원문은 '밀사화삼주密沙華三酒' 이다. 광서 2년본에는 '밀화삼주密華三酒'라 되어 있으나, 『송사』에 따라서 고쳐 번역한다.

68 호르무즈: 원문은 '아이모사阿爾母斯'이다.

69 도파르: 원문은 '조법이국祖法爾國'으로, 조법아국祖法兒國이라고도 한다. 지금의 아라비아반도 오만Oman 서부 연안에 위치한다.

70 용연향龍涎香: 원문은 '엄팔아俺八兒'이다.

71 브라바: 원문은 '비랄比剌'로, 불랄왜不剌哇, 복랄왜卜剌哇라고도 한다. 지금의 소말리아에 위치한다.

72 순다Sunda: 원문은 '손랄孫剌'로, 순달順達, 손타孫他, 손타孫陀라고도 한다. 지금의 인도네시아 자와섬이다.

73 아몬드: 원문은 '파담把聃'이다. 페르시아어 '바담Badam'의 음역이다.

74 능금: 원문은 '화홍花紅'이다.

75 얼룩말: 원문은 '복록福祿'이다.

북인도 연혁

—

원본에는 없으나, 지금 보충해서 편집한다.
지금의 카슈미르는 고대의 계빈국으로, 바로 북인도이며, 서인도와 함께 영국의 지배하에 있지
않다. 서쪽에 있는 아프가니스탄은 바로 고대의 대월지로, 역시 북인도와 그 경계가 얽혀 있다.
또 살펴보건대, 북인도와 인근의 각 나라는 대설산을 경계로 하고 있고,
설산의 북쪽은 인더스강과 경계하고 있으며, 그 남쪽 역시 중인도와 큰 산을 경계로 하고 있어
강역은 애초에 구분이 어렵지 않았는데, 후대 사람들이『서역기』를 살펴보지 않아
혼란을 자초했을 따름이다.

『한서』에 다음 기록이 있다.

『서역기』에 따르면 계빈국의 왕도인 스리나가르Srinagar[1]는 장안에서 1만 2200리 떨어져 있으며 도호부의 관할하에 있지 않다. 인구와 정예병이 많으며 대국이다. 동북쪽 도호부의 관할 소재지까지는 6840리이고, 동쪽 오타국까지는 2250리이며, 동북쪽 난두국難兜國[2]까지는 9일이면 가고, 서북쪽으로는 대월지와, 서남쪽으로는 오익산리국과 인접해 있다. 옛날에 흉노가 대월지를 물리쳤을 때 대월지국은 서쪽 대하에서 왕 노릇했고, 사카Saka 왕[3]은 남쪽 계빈국에서 왕 노릇 했다. 사카족은 흩어져서 종종 여러 국가를 세웠으니, 슐러국Shule[4]에서 서쪽과 북쪽, 휴순국休循國·연독국捐毒國[5] 등은 모두 옛날 사카족이 살던 곳이다. 계빈국은 땅이 평평하고 날씨가 온화해서 목숙苜蓿[6]·각종 풀·기이한 나무·박달나무·홰나무·가래나무·대나무·옻나무 등이 있다. 오곡이나 포도 등의 과일을 심고 분뇨로 채소밭을 가꾼다. 지대가 낮고 땅이 습하며, 벼를 심고 겨울에는 야

채를 먹는다. 사람들은 재주가 좋아서 화려한 문양의 조각을 새기고 궁실을 지으며, 모직물을 짜고 화려한 무늬의 자수를 잘 놓는다. 요리하기를 좋아하고 금, 은, 동, 주석으로 기물을 만들었다. 시장에서는 금은으로 된 화폐를 사용하는데, 앞면에는 기마상을 새기고 뒷면에는 사람의 얼굴을 새긴다. 봉우·물소·코끼리·큰 개·원숭이·공작·주옥·산호·호박·옥벽·유리가 나며, 기타 가축은 다른 나라와 같다. 무제武帝 때부터 계빈국과 왕래하기 시작했으나, 본래 거리가 너무 멀어서 한나라 군사가 올 수 없었기에 계빈국 왕 오두로烏頭勞[7]는 여러 차례 한나라 사신을 협박하고 죽였다. 후에 군후軍侯[8] 조덕趙德이 계빈국에 사신으로 갔는데, 그 나라 왕 음말부陰末赴[9]와 서로 마음이 맞지 않자 음말부는 조덕에게 쇠사슬[10]을 채우고 부사副使 이하 70여 명을 죽인 뒤 사자를 보내 표문을 올려 사죄했다. 효원제孝元帝[11]는 계빈국이 먼 곳이라 생각하여 사자를 잡아 두지 않고 현도산에서 놓아주면서 관계를 끊고 왕래하지 않았다. 성제成帝 때 [계빈국에서] 다시 사신을 보내 공물을 바치고 사죄했다. 한나라에서 사신을 보내 계빈국의 사신을 전송하면서 응대하고자 하자, 두흠杜欽이 대장군大將軍 왕봉王鳳에게 이렇게 말했다.

"계빈국은 일전에 친히 반역을 저질러 서역에서 그 포악함을 드러냈기 때문에 관계를 끊고 왕래하지 않았습니다. 지금 잘못을 회개하고 왔지만, 왕족이나 귀인은 없고 공물을 바치는 자들은 모두 장사치 같은 천한 사람들로, 물건을 교역하고 매매할 욕심에 헌상을 명분으로 내세운 것입니다. 또 번거롭게 그 사신을 현도산까지 전송하는 것은 그들을 보호하기 위해서입니다. 도적의 피해는 피산국의 남쪽에서부터 시작되어 한나라의 관할하에 있지 않은 나라 4~5개국을 지나갈 때는 네댓 명의 척후병을 두었고, 군사 1백여 명이 5개 조로 나누어 밤에는 조두刁斗[12]를 치면서 스스로를 지켰지만, 그래도 때때로 도적들의 침략을 받았습니다. 나귀에 양식을 싣고 가더라도 다른 나라에서 음식을 제공해 주어야만 배부를 수 있습니다. 간혹 작고 가난한 나라는 음식을 제공할 수 없고, 간혹 교활하고 사나운 나라는 음식을 제공하려 하지 않습니다. 그래서 강한 한나라의 부절을 지니고도 산골짜기에서 배를 굶주려서 사람과 가축은 광야에 버려지고 돌아오지 못합니다. 또한 대두통산大頭痛山·소두통산小頭痛山,[13] 적토赤土·신열身熱의 비탈길을 지나갈 때는 몸에서 열이 나고 얼굴이 창백해지며, 두통이 나고 구토가 나는데, 나귀 등의 가축도 모두 그러합니다. 또한 삼지三池[14]·반석의 비탈길이 있는데, 길이 좁은 경우는 1자 6~7치이고, 긴 경우는 30리 길로, 길이 가파르고 깊이를 알 수 없으며, 행인들은 말을 타거나 걸어가거나 서로 붙잡고, 줄을 서로 당겨 주며 2천 리 남짓 가야 현도산에 이릅니다. 가축이 떨어지면 미처 계곡에 반도 닿기도 전에 모두 가루가 되고, 사람이 떨어지면 잡아서 수습할 수조차 없으니, 그 험준함과 위태로움은 이루 다 말할 수 없습니다. 성왕께서 구주九州를 나누고 오복五服을 제정하신 것은 안을 번성케 하려고 힘쓴 것이지 밖에서 구하려고 한 것은 아닙니다. 지금 사자를 보내 지존의 명을 받들어 오랑캐의 상인을 전송하면서 관리와 백성들을 수고롭게 해 험난한 길을 건너게 하는 것은 좋은 계책이 아닙니다. 사자가 이미 부절을 받았으니 피산국까지 갔다가 돌아오면 됩니다."

이에 왕봉은 두흠의 말을 따르기를 아뢰었다. 계빈국이 하사품과 교역에서 실리를 취하자, 그 사신은 몇 년에 한 번씩 왔다. 살펴보건대, 현도산은 오타국의 서쪽에 위치하고 계빈국과는 인접하고 있으니, 지금의 바다흐샨 서쪽에 위치하는 것이 당연하며 바로 인더스강 해안에 해당된다.

『후한서』에 다음 기록이 있다.

　대월지국의 [수도는] 박트라Bactra[15]에 위치하며, 서쪽 인접국인 안식국까지는 49일 걸리고, 동쪽의 장사長史가 다스리는 곳까지는 6537리이며, 낙양까지는 1만 6370리 떨어져 있다. 가구는 10만이고 인구는 40만 명이며 정예병은 10만 명 남짓 된다. 처음에 월지는 흉노에 멸망당하자 대하大夏로 옮겨 가 나라를 바하나Vakhana[16]·샤마카Syamaka[17]·쿠샨·파르완Parwan[18]·타르미타Tarmita[19] 등 총 5개의 부족 국가로 나누어 야브구Yabghu[20]가 다스렸다. 1백여 년 뒤에 쿠샨의 야브구 쿠줄라 카드피세스Kujula Kadphises[21]가 네 부족의 야브구를 멸망시킨 뒤 스스로 왕위에 올라 나라 이름을 쿠샨이라 불렀다. 쿠줄라왕은 안식국을 침입하고 고부국을 탈취했으며, 또 복달국濮達國[22]과 계빈국을 멸망시키고 그 나라를 모두 차지했다. 그 아들이 왕위에 올라 다시 천축을 멸망시키고 감독관을 두어 월지를 다스렸다. 그 뒤로 아주 부강해지자 다른 나라에서 그를 모두 '쿠샨왕'이라고 불렀다. 그러나 한나라에서는 예전 명칭에 근거해 그대로 대월지라고 불렀다고 한다. 고부국은 대월지국의 서남쪽에 위치하며 역시 대국이다. 풍속은 천축국과 비슷하지만, 국력이 약해서 복속시키기 쉬우며, 상업에 뛰어나서 나라 안에 재화가 많다. 한 나라에 종속되지는 않았으니, 천축국·계빈국·안식국 세 나라가 힘이 강해지면 이 나라를 손에 넣었고 힘이 약해지면 빼앗겼지만, 여태껏 월지국의 지배를 받은 적은 없다. 『한서』에서는 다섯 야브구 중 하나로 되어 있으나, 그것은 사실이 아니다. 후에 안식국에 복속되었으나, 월지국이 안식국을 멸망시킴으로써 비로소 고부국을 차지했다.

　『위서』에 다음 기록이 있다.

대월지국의 수도는 박트라[23]로, 바다흐샨[24]의 서쪽에 위치하고 대국代國[25]과는 1만 4500리 떨어져 있다. 북쪽으로 연연국蠕蠕國[26]과 인접해 있었는데, 수차례 침략을 받아 결국 서쪽의 박트라[27]로 수도를 옮겼으며, 바다흐샨과는 2100리 떨어져 있다. 그 왕 키다라Kidara[28]는 용감무쌍해서 결국 군대를 일으켜 큰 산을 넘어서 남쪽으로 북천축을 침략해, 간다라 Gandhara[29] 이북에서부터 5개국이 모두 [그에게] 복속되어 지배를 받았다. 세조世祖[30] 때 그 나라 사람이 도성에 장사하러 와서는 자칭 돌을 녹여 오색 유리를 만들 수 있다고 했다. 이에 산에서 광석을 채굴해 와 도성에서 돌을 녹여 완성하고 보니 광택이 서방에서 가져온 것보다 아름다웠다. 이에 조서를 내려 행궁을 만들었는데, 1백 명 남짓 수용할 수 있었으며 광채와 색깔이 투명해 구경꾼들이 그것을 보고 신이 만든 것이라 여기고 놀라지 않은 이가 없었다. 이때부터 중국에서 유리는 흔해졌고, 사람들도 더 이상 진귀하게 여기지 않았다.

아구강국阿鉤羌國[31]은 사차국莎車國[32]의 서남쪽에 위치하고, 대국과는 1만 3천 리 떨어져 있다. 아구강국의 서쪽에 현도산이 있는데, 4백 리 중간 중간에 잔도가 있고 그 아래로 깊이를 알 수 없는 못이 있어 사람들이 지나갈 때 줄을 이어 서로 붙잡아 주면서 건넌 데서 이름이 생겨났다. 이 땅에서는 오곡백과가 나고 시장에서는 동전을 사용해 물건을 거래한다. 궁실을 세워 거주하고 군대를 보유하며, 이 땅에서는 금과 구슬이 난다.

『일통지一統志』와 『한서』에서는 오타국 서쪽에 현도산이 위치한다고 하고, 『위서』에서는 권우미국權于靡國이 바로 한대漢代의 오타국이며 또 현도산은 아구강국의 서쪽에 있다고 보았다. 살펴보건대, 아구강국은 권우미국에서 겨우 30리 떨어져 있어 땅이 인접해 있음을 볼 때, 아마도 한대의 오타국이 위대에 와서 두 개의 나라로 분리되었으며, 그 땅은 모두 지금의 바다흐샨에 있는 것 같다. 또 발루라국(波路國)은 아구강국의 서북쪽에 위치하는데, 지금의 바다흐샨 서북쪽에 위치하는 키르기스스탄(布魯特)과 위치가 딱 맞아떨어지고 파로波路와 포로布魯가 음이 비슷한 것으로 보아 발루라국이 키르기스스탄임은 의심의 여지가 없다.

소월지국小月氏國은 도읍이 푸루샤푸라Purushapura[33]이며, 그 왕은 본래 대월지국의 왕 키다라의 아들이다. 키다라는 흉노에게 쫓겨나 서쪽으로 천도한 이후에 그 아들에게 이 성을 지키게 했고, 이로부터 소월지국이라 부르게 되었다. 이 나라는 발루라Balūra[34]의 서남쪽에 위치하고, 대국과는 1만 6600리 떨어져 있다. 예전에는 서평西平과 장액張掖[35] 사이에서 거주했고, 의복은 강국羌國과 아주 유사했으며, 풍속에 따르면 금화, 은화로 물건을 구매했고, 유목을 하며 이동하는 것이 흉노와 유사했다. 성의 동쪽 10리에 둘레 350보, 높이 80길 되는 불탑이 있다. 불탑이 처음 세워진 이래로 무정武定[36] 8년(550)까지 842년이 되는데, 이 탑이 이른바 백장불도百丈佛圖이다.

계빈국은 도읍이 스리나가르[37]이며, 발루라의 서남쪽에 위치하고 대국과는 1만 4200리 떨어져 있으며, 사방이 산으로 둘러싸여 있다. 그 땅은 동서로 8백 리, 남북으로 3백 리이며, 땅은 평평하고 기후가 온화해서 목숙·잡초·기이한 나무·박달나무·홰나무·자죽紫竹이 난다. 오곡을 심고 분뇨로 채소밭을 가꾸며, 지대가 낮고 날씨가 습하며, 벼를 심고 겨울에도 야채를 먹는다. 이 땅 사람들은 재주가 좋아서 화려한 문양의 조각을 새기고 양탄자를 짜며, 금, 은, 동, 주석으로 기물은 만든다. 시장에서는 동전을 사용한다. 기타 가축은 다른 나라들과 비슷하다. 매번 사신을 보내 조공했다.

에프탈Ephthalite[38]은 대월지의 종족이자 고차高車[39]의 방계라고도 한다. 그들은 본래 새북塞北에서 출발해서 금산金山에서 남쪽으로 내려와 우전국于闐國[40]의 서쪽에 자리를 잡고 아무다리야강 남쪽 2백여 리 되는 곳에 도읍을 세웠으니, 장안에서 1만 1백 리 떨어져 있다. 그 왕도는 파이자바드Faizabad[41]로, 왕사성王舍城[42]인 것 같다. 그 성의 넓이는 사방 10리 남짓 되며, 탑이 많은데 모두 금으로 장식되어 있다. 풍속은 돌궐과 대체로 비슷하지만, 언어는 유연柔然·고차 및 다른 오랑캐의 언어와 다르다. 인구는 10만 명 정도 되고 성읍 없이 물과 풀을 따라 이동하며 생활하고 전투에 뛰어나다. 서역의 강거국·우전국·슐리국[43]·안식국 및 30여 개의 소국들이 모두 복속되어 지배를 받으면서 큰 나라로 불렸다. 유연과 혼인을 했다. 태안太安[44] 이후로 매번 사신을 보내 조공했다. 일찍이 희평熙平[45] 연간에 숙종肅宗이 왕복자통王伏子統[46] 송운宋雲[47]과 사문沙門 법력法力 등을 서역에 사신으로 보내 불경을 널리 구하게 했는데, 이때 사문 혜생慧生도 함께 갔다. 정광正光[48] 연간에 귀국했지만, 혜생이 지나왔던 나라들의 시작과 끝, 산천지리와 거리에 대해서는 알 수 없다. 그 대략을 들어보면, 에프탈(嚈噠)은 조국漕國과 1005리 떨어져 있고, 과국瓜國과는 6500리 떨어져 있다.

『일통지』에서는 지금의 아프가니스탄은 파미르고원 서남쪽에 위치한 대국이라 했고, 『한서』에서는 남도南道로 파미르고원을 넘으면 대월지가 나오는데, 지금의 아프가니스탄과 방위가 서로 부합한다. 위나라 때의 엽달嚈噠과 수나라 때의 읍달挹怛은 모두 월지와 같은 종족으로, 마허수馬許水의 남쪽과 오호수烏滸水 남쪽에 도읍을 세웠다고 되어 있는데, 자획이 완전된 것 같다. 『한서』에서는 대월지의 도읍을 규수嬀水라고 했는데 오호烏滸와 규嬀는 음이 매우 비슷하니, 이것은 엽달·읍달이 월지와 동일 지역이고, 이들 왕국이 모두 아프가니스탄 경내에 있음을 의미하는 것이다.

바하나[49]는 카반다의 서쪽에 위치하며, 그 땅은 매우 추워 사람과 가축이 동거하고 혈거 생활을 한다. 또 대설산이 있는데 은색 봉우리처럼 보인다. 두 개의 길이 있는데, 한쪽 길은 서쪽 에프탈을 향해 나 있고, 다른 한쪽 길은 서남쪽 우디야나Udyāna[50]로 향하는 길이며, 또한 에프탈의 지배하에 있다.

샤마카[51]는 제박Zebak[52]의 남쪽에 위치하고 산에서 거주하며, 불법을 믿지 않고 오로지 여러 신을 섬기며 에프탈에 복속해 있다. 동쪽에 있는 발루라[53]는 길이 험해서 쇠사슬을 따라 지나가며 아래는 바닥이 보이지 않는다. 희평 연간에 송운 등이 갔으나 끝내 그 나라에는 가지 못했다.

우디야나는 샤마카 남쪽에 위치하며, 북쪽에는 파미르고원이 있고, 남쪽으로 천축국에 이른다. 브라만Brahman[54]이 이 나라의 상층 귀족이다. 브라만은 주로 천문과 길흉의 역수曆數를 잘 알아, 왕은 움직일 때 그들에게 물어보고 결정한다. 이 땅에는 숲과 과일이 많고 물을 끌어들여 관개하며, 벼와 보리가 잘 자란다. 부처를 받들어서 절과 탑이 많으며 아주 화려하게 받든다. 법으로 살인이 금지되어 있어 죽을죄를 지었을 경우에도 영산靈山에 유배 보낼 따름이다. 서남쪽에 단지산檀持山이 있고 산 위에 절을 세워 놓아 나귀 몇 마리로 식량을 운반하는데, 산 아래에서 사람이 나귀를 부리지 않아도 나귀들이 알아서 왔다 갔다 한다.

간다라[55]는 우디야나의 서쪽에 위치한다. 본래의 이름은 업파業波였으나, 에프탈에 멸망당한 뒤 이름을 바꾸었다. 이 나라 왕은 본래 칙륵敕勒[56] 사람으로, 나라를 다스린 지 2세대가 되었다. 정벌을 좋아해 계빈국과 싸운 지 3년이 되도록 전쟁이 끝나지 않아 백성들이 이를 원망하며 괴로워했다. 전투용 코끼리가 7백 마리 있고, 코끼리 한 마리에 열 명의 사람이 탄 채 모두 병장기를 들고 있으며, 코끼리 코에 칼을 묶어 싸운다. 도성의 동남쪽 7리 되는 곳에 높이 70길, 둘레 3백 보 되는 불탑이 있으니, 이른바 작리불도雀離佛圖이다.

『신당서』에 다음 기록이 있다.

토하라Tokhara는 토활라土豁羅, 도화라睹貨羅라고도 하고, 북위北魏[57] 때는 토호라吐呼羅라고 불렀다. 파미르고원 서쪽, 아무다리야강 남쪽에 위치하는데, 옛날 대하국의 땅으로 에프탈과 섞여 살고 있다. 정예병은 10만 명이다. 원주민들은 여자가 적고 남자가 많다. 북쪽에 있는 파려산頗黎山의 남쪽 동굴에 신령스러운 말이 살고 있어서 나라 사람들이 그 옆에서 암말을 치는데, 새끼[58]를 낳았다 하면 한혈마汗血馬이다. 그 왕의 칭호는 야브구[59]이다. 무덕武德[60]·정관 연간 때 두 차례에 걸쳐 조공을 했다. 영휘永徽[61] 원년(650)에 7자 크기에 검은 색깔의 큰 새를 바쳤다. 새는 다리는 낙타와 비슷하고, 날개를 펴서 달리면 하루에 3백 리를 갈 수 있으며, 철을 씹어 먹을 수 있는데, 민간에서는 이를 타조라 부른다. 현경 연간에 쿤두즈Kunduz[62]를 월지도독부月氏都督府로 삼고 작은 성을 나누어 24개 주州로 삼았다.

에프탈은 한나라 때 대월지의 종족이다. 대월지가 오손국烏孫國[63]에 침략을 당하자, 서쪽으로 대완국大宛國[64]을 지나서 대하국을 공격해 신하국으로 삼고, 박트라를 다스렸다. 대하국은 바로 토하라이다. 에프탈(嚈噠)은 왕족의 성씨로, 후손들이 성을 국가 이름으로 삼았는데 와전되어 읍달挹怛이 되었으며, 풍속은 돌궐과 유사하다. 천보 연간에 사신을 보내 공물을 바쳤다.

쿠란Kuran[65]은 구라노俱羅弩 혹은 굴랑노屈浪弩라고도 하며 토하라와 인접해 있고, 땅은 3천 리에 이른다. 남쪽에는 대설산이, 북쪽에는 콕차강Kokcha River[66]이 있으며, 이곳에서는 청금석靑金石[67]이 나서 돌을 쪼아서 채취한다. 정관 20년(646)에 사신을 보내와 바쳤다. 글과 말은 산스크리트어와 비슷하다.

카피사Kapisa⁶⁸는 파미르고원에 위치하며, 서남쪽으로는 샤마카에 이르고, 서북쪽으로는 에프탈에 이르며, 장안에서 1만 2천 리 떨어져 있다. 날씨는 늘 덥고, 벼·보리·조·콩이 나며, 양과 말을 기른다. 무덕 2년(619)에 사자를 보내 보대寶帶·유리·수정잔을 바쳤다.

우디야나⁶⁹는 남쪽으로 천축국과는 3천 리, 서북쪽으로 샤마카와는 1천 리 떨어져 있고, 동북쪽으로 과주와는 5천 리 떨어져 있으며, 인더스강⁷⁰ 북쪽에 위치한다. 법으로 살인이 금지되어 있어 중죄를 지으면 유배를 보내고 경범죄는 석방하며 조세는 없다. 풍속에 따르면 두발을 자르고 금포錦袍를 입으며 가난한 사람은 무명옷을 입는데, 청결함을 중시한다. 날씨가 따뜻해서 볍쌀과 석밀石蜜⁷¹이 많이 난다. 이들 나라는 북인도는 아니지만, 북인도와 인접해 있기 때문에 먼저 서술한다.

『신당서』에 다음 기록이 있다.

카스미라Kasmira⁷²는 가습미라迦濕彌羅라고도 하며, 북쪽으로 발루라⁷³와 5백 리 떨어져 있다. 땅의 둘레는 4천 리이고, 산이 주위를 둘러싸고 있어 이민족⁷⁴들이 침공할 수 없다. 도성의 서쪽은 비타스타Vitasta⁷⁵라는 큰 강에 접해 있다. 토지는 농사에 적합하고, 눈이 많이 내리지만 바람은 없으며, 화주火珠·울금鬱金·용종마龍種馬가 난다. 민간에서는 털옷을 입는다. 세상에 전해 오는 말에 따르면 이 땅은 본래 용지龍池였으나, 용이 떠나면서 물이 말랐기 때문에 [사람들이] 그곳에 가서 살게 되었다고 한다. 개원開元⁷⁶ 연간 초에 사신을 보내 호약胡藥을 바치면서 다음과 같이 말했다.

"나라가 생긴 이래로 모두 천가한天可汗⁷⁷의 신하가 되어 징발에 응했습니다. 나라에 상병象兵, 마병馬兵, 보병步兵이 있어, 신은 직접 중천축국의 왕과 함께 토번의 5개의 큰길을 막아 그들의 출입을 금지시켰고, 싸우는 족족 승리했습니다. 만약 천가한의 군대가 발루라에 온다면 모름지기 군사 20만을 들여서라도 양식을 실어 날라 도울 수 있고, 또 나라 안에 있는 마하파드마Mahapadma[78] 용지에 원컨대 천가한을 위한 사당을 짓고 싶습니다."

그리고는 왕의 책봉을 청하기에 무크타피다Muktapida[79]를 왕에 책봉했다. 이때부터 늘 조공했다. 카스미라에 복속되어 지배를 받는 다섯 종족 역시 나라(國)로 불린다. 이른바 탁샤실라Takṣaśilā[80]는 땅이 2천 리이고 도성이 있다. 동남쪽으로 7백 리 남짓 가면 싱하푸라Sinhapura[81]가 나오는데, 땅은 3천 리 정도 되고 역시 도성이 있다. 동남쪽 산길로 5백 리 가면 우라사Urasa[82]가 나오는데, 땅은 2천 리이고 도성이 있으며 농사짓기에 적합하다. 동남쪽은 산으로 막혀 있는데, 1천 리를 가면 바로 카스미라이다. 서남쪽 험지를 지나서 7백 리를 가면 파르노사Parṇorsa[83]가 나오는데, 그 땅의 너비는 2천 리이다. 또 라자푸라Rājapura[84]가 있는데 땅의 너비는 4천 리이고, 도성이 있으며, 언덕이 많고 사람들이 날래고 용맹하다. 이들 다섯 종족은 모두 군장君長이 없다고 한다.

『신당서』에 다음 기록이 있다.

계빈국은 수隋나라 때의 조국漕國으로, 파미르고원 남쪽에 위치하고 장안에서 1만 2천 리 이상 떨어져 있으며 남쪽 슈라바스티Śrāvasti[85]와는 3천 리 떨어져 있다. 왕은 스리나가르[86]에 거주하며 늘 대월지에 복속당했다. 땅은 덥고 습하며, 사람들은 코끼리를 타고 다니고 민간에서는 불법을 닦는다. 무덕 2년(619)에 사신을 보내 보대·금쇄金鎖·수정잔·유리를 바쳤다. 정관 연간에 명마를 바쳤다. 이에 과의果毅[87] 하처라발何處羅拔 등을 보내 하사품을 넉넉히 가져가 후사하고 더불어 천축을 위로했다.[88] 하처라

발이 계빈국에 가자 [계빈국의] 왕은 동쪽을 향해 머리를 조아리며 재배한 뒤 사람을 보내 사신을 천축국까지 인도하고 보호했다. 현경 3년(658)에 그곳의 스리나가르를 도독부로 삼았다. 개원 7년(719)에 사신을 보내 천문天文과 비방秘方을 바쳤다. 계빈국과 우디야나국의 왕은 건원乾元[89] 연간 초에 사신을 보내 조공했다.

北印度沿革

———

今克什彌爾, 古罽賓國, 卽北印度也, 與西印度皆不屬英夷.
其西境之愛烏罕, 卽古大月氏, 亦與北印度犬牙相錯.
又案: 北印度與隣境各國有大雪山界之, 雪山之北, 則印度河界之,
其南與中印度亦有大山爲界, 疆域本不難辨, 後人不審『西域記』, 自作紛擾耳.

『漢書』: 『西域記』罽賓國王治循鮮城, 去長安萬二千二百里, 不屬都護. 戶口勝兵多, 大國也. 東北至都護治所六千八百四十里, 東至烏秅國二千二百五十里, 東北至難兜國九日行, 西北與大月氏·西南與烏弋山離接. 昔匈奴破大月氏, 大月氏西君大夏, 而塞王南君罽賓. 塞種分散, 往往爲數國, 自疏勒以西·北, 休循·捐毒之屬皆故塞種也. 罽賓地平溫和, 有苜蓿·雜草·奇木·檀·櫰·梓·竹·漆. 種五穀·葡萄諸果, 糞治園田. 地下溼, 生稻, 多食生菜. 其民巧, 雕文刻鏤, 治宮室, 織罽刺文繡. 好治食, 治金銀銅錫以爲器. 市列以金銀爲錢, 文爲騎馬, 幕爲人面. 出封牛·水牛·象·大狗·沐猴·孔爵·珠璣·珊瑚·琥珀·璧·流離, 它畜與諸國同. 自武帝始通罽賓, 自以絶遠, 漢兵不能至, 其王烏頭勞數剽殺漢使. 後軍侯趙德使罽賓, 與其王陰末赴相失, 陰末赴鎖琅當德, 殺副以下七十餘人, 遣使者上書謝. 孝元帝以絶域, 不錄, 放其使者於縣度, 絶而不通. 成帝時復遣使獻謝罪. 漢欲遣使者報送其使, 杜欽說大將軍王鳳曰: "罽賓前親逆節, 惡暴西域, 故絶而不通. 今悔過, 來而無親屬貴人, 奉獻者皆行賈賤人,

欲通貨市買, 以獻爲名. 又煩使者送至縣度爲防護. 寇害起皮山南, 更不屬漢之

國, 四五斥候, 士百餘人五分, 夜擊刁斗自守, 尚時爲所侵盗. 驢畜負糧, 須諸

國稟食得以自贍. 國或貧小不能食, 或桀黠不肯給. 擁彊漢之節, 餒山谷之間,

人畜棄捐曠野而不反. 又歷大頭痛·小頭痛之山, 赤土·身熱之阪, 令人身熱無

色, 頭痛嘔吐, 驢畜盡然. 又有三池·盤石阪道, 狹者尺六七寸, 長者徑三十里,

臨崢嶸不測之深, 行者騎步相持, 繩索相引, 二千餘里乃到縣度. 畜墜未半坑谷

盡靡碎, 人墜執不得相收視, 險阻危害不可勝言. 聖王分九州, 製五服, 務盛內

不求外. 今遣使者承至尊之命, 送蠻夷之賈, 勞吏士之衆, 涉危難之路, 非計也.

使者業已受節, 可至皮山而還.” 於是鳳白從欽言. 罽賓實利賞賜賈市, 其使數

年而一至. 案: 縣度在烏秅西, 與罽賓隣, 當在今巴達克山西境, 乃印度河岸也.

『後漢書』: 大月氏國, 居藍氏城, 西接安息, 四十九日行, 東去長史所居,

六千五百三十七里, 去洛陽萬六千三百七十里. 戶十萬, 口四十萬, 勝兵十餘萬

人. 初月氏爲匈奴所滅, 遂遷於大夏, 分其國爲休密·雙靡·貴霜·肹頓·都密凡五

部翎候. 後百餘歲, 貴霜翎候邱就郤, 攻滅四翎候, 自立爲王, 國號貴霜. 王侵

安息, 取高附地, 又滅濮達·罽賓, 悉有其國. 至其子立, 復滅天竺, 置監領月氏.

自此之後, 最爲富盛, 諸國稱之皆曰‘貴霜王’. 漢本其故號言大月氏云. 高附國

在大月氏西南, 亦大國也. 其俗似天竺, 而弱易服, 善賈販, 內富於財. 所屬無

常, 天竺·罽賓·安息三國, 強則得之, 弱則失之, 而未嘗屬月氏. 『漢書』以爲五

翎候數, 非其實也. 後屬安息, 及月氏破安息, 始得高附.

『魏書』: 大月氏國都盧監氏城, 在佛敵沙西, 去代一萬四千五百里. 北與蠕

蠕接, 數爲所侵, 遂西徙都薄羅城, 去佛敵沙二千一百里. 其王寄多羅勇武, 遂

興師越大山, 南侵北天竺, 自乾陁羅以北, 五國盡役屬之. 世祖時其國人商販京

師, 自云能鑄石爲五色瑠璃. 於是採礦山中, 於京師鑄之, 旣成, 光澤乃美於西方來者. 乃詔爲行殿, 容百餘人, 光色映徹, 觀者見之, 莫不驚駭以爲神明所作. 自此中國瑠璃遂賤, 人不復珍之.

阿鈞羌國在莎車西南, 去代一萬三千里. 國西有縣度山, 其間四百里中往往有棧道, 下臨不測之淵, 人行以繩索相持而度, 因以名之. 土有五穀諸果, 市用錢爲貨, 居止立宮室, 有兵器, 土出金珠. 『一統志』·『漢書』稱烏秅國西有縣度, 『魏書』則以權于靡國, 卽漢之烏秅, 而縣度在阿鈞羌國之西. 考阿鈞羌去權于靡止三十里, 境壤毗連, 蓋漢烏秅國至魏分而爲二, 其在今則皆拔達克山境也. 又波路國在其西北, 與今布魯特在拔達克山西北者地勢正合, 波路與布魯音近, 其爲布魯特部無疑.

小月氏國都富樓沙城, 其王本大月氏王寄多羅子也. 寄多羅爲匈奴所逐西徙後, 令其子守此城, 因號小月氏焉. 在波路西南, 去代一萬六千六百里. 先居西平·張掖之間, 被服頗與羌同, 其俗以金銀錢爲貨, 隨畜牧移徙, 亦類匈奴. 其城東十里有佛塔, 周三百五十步, 高八十丈. 自佛塔初建計至武定八年, 八百四十二年, 所謂百丈佛圖也.

罽賓國都善見城, 在波路西南, 去代一萬四千二百里, 居在四山中. 其地東西八百里, 南北三百里, 地平溫和, 有苜蓿·雜草·奇木·檀·槐·紫竹. 種五穀, 糞園田, 地下溼, 生稻, 冬食生菜. 其人工巧, 雕文刻鏤, 織罽, 有金銀銅錫以爲器物. 市用錢. 他畜與諸國同. 每使朝獻.

嚈噠國, 大月氏之種類也, 亦曰高車之別種. 其原出於塞北, 自金山而南, 在于闐之西, 都馬許水南二百餘里, 去長安一萬一百里. 其王都拔底延城, 蓋王舍城也. 其城方十里餘, 多寺塔, 皆飾以金. 風俗與突厥略同, 其語與柔然·高車及諸胡不同. 衆可十萬, 無城邑, 依隨水草, 能鬪戰. 西域康居·于闐·沙勒·安息·及諸小國三十許皆役屬之, 號爲大國. 與柔然婚姻. 自太安以後, 每遣使朝貢.

初, 熙平中, 肅宗遣王衣伏子統宋雲·沙門法力等使西域, 訪求佛經, 時有沙門
慧生者亦與俱行. 正光中還, 慧生所經諸國, 不得知其本末及山川里數. 蓋擧其
略, 云其國去漕國千五里, 去瓜六千五百里. 『一統志』今愛烏罕爲蔥嶺西南大國,
『漢書』所云南道踰蔥嶺則出大月氏, 與今愛烏罕適合. 魏嚈噠·隋挹怛皆月氏總類,
其所載都馬許水南及烏滸水南, 蓋字畫之傳訛. 『漢書』稱其都嬀水, 烏滸與嬀其音
固相近, 是嚈噠·挹怛之與月氏同爲一地, 皆愛烏罕境也.

鉢和國在渴盤陁西, 其土尤寒, 人畜同居, 穴地而處. 又有大雪山, 望若銀
峰. 有二道, 一道西行向嚈噠, 一道西南趣烏萇, 亦爲嚈噠所統.

賖彌國在波知之南, 山居, 不信佛法, 專事諸神, 亦附嚈噠. 東有鉢盧勒國,
路險, 緣鐵鎖而度, 下不見底. 熙平中宋雲等竟不能達.

烏萇國在賖彌南, 北有蔥嶺, 南至天竺. 婆羅門胡爲其上族. 婆羅門多解天
文·吉凶之數, 其王動則訪決焉. 土多林果, 引水灌田, 豐稻麥. 事佛, 多諸寺塔,
事極華麗. 爲法不殺, 犯死罪唯徙於靈山. 西南有檀持山, 山上立寺, 以驢數頭
運食, 山下無人控御, 自知往來也.

乾陁國在烏萇西, 本名業波, 爲嚈噠所破, 因改焉. 其王本是敕勒, 臨國民二
世矣. 好征戰, 與罽賓國鬪三年不罷, 人怨苦之. 有鬪象七百頭, 十人乘一象,
皆執兵仗, 象鼻縛刀以戰. 所都城東南七里有佛塔, 高七十丈, 周三百步, 卽所
謂雀離佛圖.

『新唐書』: 吐火羅, 或曰土豁羅, 曰睹貨羅, 元魏謂吐呼羅者. 居蔥嶺西·烏
滸河之南, 古大夏地, 與挹怛雜處. 勝兵十萬. 國土著少女多男. 北有頗黎山,
其陽穴中有神馬, 國人遊牧牝於側, 生駒輒汗血. 其王號葉護. 武德·貞觀時再
入獻. 永徽元年, 獻大鳥, 高七尺, 色黑. 足類橐駝, 翅而行, 日三百里, 能啖鐵,
俗謂駝鳥. 顯慶中, 以其阿緩城爲月氏都督府, 析小城爲二十四州.

挹怛國, 漢大月氏之種. 大月氏爲烏孫所奪, 西過大宛, 擊大夏, 臣之, 治藍
氏城. 大夏, 卽吐火羅也. 嚈噠, 王姓也, 後裔以姓爲國, 訛爲挹怛, 俗類突厥.
天寶中遣使朝貢.

俱蘭, 或曰俱羅弩, 曰屈浪弩, 與吐火羅接壤, 地三千里. 南大雪山, 北俱魯
河, 出金精, 琢石取之. 貞觀二十年遣使者來獻. 書辭類浮屠語.

劫國居蔥嶺中, 西南距賒彌, 西北挹怛也, 去京師萬二千里. 氣常熱, 有稻·
麥·粟·豆, 畜羊·馬. 武德二年, 遣使者獻寶帶·玻璃·水精梧.

越底延國, 南三千里距天竺, 西北千里至賒彌, 東北五千里至瓜州, 居辛頭
水之北. 其法不殺人, 重罪流, 輕罪放, 無租稅. 俗剪髮, 被錦袍, 貧者白氎, 自
澡潔. 氣溫, 多稻米·石蜜. 此國非北印度, 而與北印度毗連, 故先述之.

『新唐書』: 箇失密, 或曰迦濕彌羅, 北距勃律五百里. 環地四千里, 山回繚
之, 他國無能攻伐. 王城西瀕彌那悉多大河. 地宜稼, 多雪, 不風, 出火珠·鬱金·
龍種馬. 俗毛褐. 世傳地本龍池, 龍徙水竭, 故往居之. 開元初遣使者朝獻胡藥,
且言: "有國以來竝臣天可汗, 受調發. 國有象·馬·步三種兵, 臣身與中天竺王
陌吐蕃五大道, 禁出入, 戰輒勝. 有如天可汗兵至勃律者, 雖衆二十萬, 能輸糧
以助, 又國有摩訶波多磨龍池, 願爲天可汗營祠." 因丐王冊, 冊木多筆爲王. 自
是職貢有常. 其役屬五種, 亦名國. 所謂咀又始羅者, 地二千里, 有都城. 東南
餘七百里得僧訶補羅, 地三千餘里, 亦治都城. 東南山行五百里, 得烏剌屍, 地
二千里, 有都城, 宜稼穡. 東南限山千里, 卽箇失密. 西南行險七百里, 得半笯
蹉, 地二千里. 又得曷邏闍補羅者, 其大四千里, 有都城, 多山阜, 人驍勇. 五種
皆無君長云.

『新唐書』: 罽賓, 隋漕國也, 居蔥嶺南, 距京師萬二千里而贏, 南距舍衛三千

里. 王居修鮮城, 常役屬大月氏. 地暑濕, 人乘象, 俗治浮屠法. 武德二年, 遣使貢寶帶·金鎖·水精珧·頗黎. 貞觀中獻名馬. 遣果毅何處羅拔等厚齎賜其國, 竝撫慰天竺. 處羅拔至罽賓, 王東向稽首再拜, 仍遣人導護使者至天竺. 顯慶三年, 以其地修鮮爲都督府. 開元七年遣使獻天文·秘方奇藥. 罽賓及烏萇國王, 乾元初使者朝貢.

주석

1 스리나가르Srinagar: 원문은 '순선성循鮮城'으로, 북조 때는 선견성善見城이라고도 불렸다. 지금의 인도 북부 잠무카슈미르주에 위치한다.

2 난두국難兜國: 지금의 부하라에 해당한다.

3 사카Saka 왕: 원문은 '새왕塞王'이다. 사카는 유라시아의 평원을 이동하며 살던 고대 페르시아의 종족이다.

4 슐러국Shule: 원문은 '소륵疏勒'으로, 옛 땅은 지금의 신강 위구르 자치구 카슈가르Kashgar에 위치한다.

5 연독국捐毒國: 지금의 신강 위구르 자치구 카슈미르 서쪽에 위치한다.

6 목숙苜蓿: 콩과에 속하는 2년생 풀로, 개자리를 가리킨다.

7 오두로烏頭勞: 한대 계빈국의 왕 스팔리리스Spalyris로 추정된다.

8 군후軍侯: 한나라 때의 중급군관中級軍官으로, 태사령太史令, 군승郡丞이 여기에 해당한다.

9 음말부陰末赴: 간다라의 왕 헤르메우스Hermaeus로 추정된다.

10 쇠사슬: 원문은 '낭당琅鐺'이다. 광서 2년본에는 '낭당狼鐺'으로 되어 있으나, 『한서』에 따라서 고쳐 번역한다.

11 효원제孝元帝: 한漢나라 원제元帝 유석劉奭(재위 기원전 48~기원전 33)을 가리킨다.

12 조두刁斗: 고대에 행군할 때 쓰던 용구로, 일명 초두鐎斗라고도 한다. 쌀 한 말 정도의 밥을 지을 수 있기 때문에 붙여진 이름이다. 구리를 녹여 만든 것으로, 낮에는 음식을 조리하고 밤에는 이것을 두드려 야간 순찰용으로 사용했다.

13 대두통산大頭痛山·소두통산小頭痛山: 슐러국 서남쪽 일대에 있으며, 지금의 카라코람Karakoram산맥이다.

14 삼지三池: 『위서』「서역선西域傳」에 따르면 파지국波知國에 있는 세 개의

연못으로, 행인들이 이곳을 지나갈 때에는 제사를 지내야만 무사히 지나갈 수 있다고 한다. 파지국은 지금의 아프가니스탄에 있는 제박을 가리킨다.

15 박트라Bactra: 원문은 '남지성藍氏城'이다. 옛 땅은 지금의 아프가니스탄 북부에 위치한다.

16 바하나Vakhana: 원문은 '휴밀休密'이다. 옛 땅은 지금의 아프가니스탄 와한Wakhan 일대에 위치한다.

17 샤마카Syamaka: 원문은 '쌍미雙靡'이다. 옛 땅은 지금의 파키스탄 치트랄Chitral과 마스튜지Mastuj 일대에 위치한다.

18 파르완Parwan: 원문은 '힐돈肸頓'이다. 옛 땅은 지금의 아프가니스탄 동부에 위치한다.

19 타르미타Tarmita: 원문은 '도밀都密'이다. 옛 땅은 지금의 우즈베키스탄 남부 테르미즈Termiz 일대에 위치한다.

20 야브구Yabghu: 원문은 '영후翎候'이다. 옛날 돌궐, 회흘 민족의 관명으로, 지위는 칸에 버금간다.

21 쿠줄라 카드피세스Kujula Kadphises: 원문은 '구취극邱就郤'이다.

22 복달국濮達國: 박도撲挑, 박도樸挑라고도 한다. 박트리아 혹은 지금의 파키스탄 북부 페샤와르 부근에 있는 차르사다Charsadda로 보는 이도 있다.

23 박트라: 원문은 '노감지성盧監氏城'이다.

24 바다흐샨: 원문은 '불적사佛敵沙'로, 불적사弗敵沙라고도 하며, 지금의 아프가니스탄에 위치한다.

25 대국代國: 북위北魏 전기의 도성으로, 진한 대에는 평성平城이라 불렸으며, 옛 땅은 산서성山西省 대동시大同市 동북쪽에 위치한다.

26 연연국蠕蠕國: 유연柔然이라고도 한다. 흉노와 선비족 등의 뒤를 이어 4세기 후반에서 6세기 중엽까지 몽골초원에서 흥기한 유목 민족이다.

27 박트라: 원문은 '박라성薄羅城'이다.

28 키다라Kidara: 원문은 '기다라寄多羅'이다.

29 간다라Gandhara: 원문은 '건타라乾陁羅'로, 지금의 파키스탄 북서부 페샤

와르 지역을 가리킨다.

30 세조世祖: 북위 제3대 황제 태무제太武帝 탁발도拓拔燾(재위 423~452)이다.

31 아구강국阿鉤羌國: 옛 땅은 지금의 발티스탄Baltistan에 위치한다.

32 사차국莎車國: 고대 서역 지방의 국가로, 옛 땅은 지금의 야르칸드에 위
치한다.

33 푸루샤푸라Purushapura: 원문은 '부루사성富樓沙城'이다. 옛 땅은 지금의 파
키스탄 페샤와르에 위치한다.

34 발루라Balūra: 원문은 '파로波路'로, 발로륵국鉢盧勒國, 박라이博羅爾라고도
한다. 옛 땅은 지금의 파키스탄 볼로르에 위치한다.

35 장액張掖: 서역으로 통하는 요충지로, 지금의 감숙성에 위치한다.

36 무정武定: 동위東魏 효정제孝靜帝 원선견元善見의 연호(543~550)이다.

37 스리나가르: 원문은 '선견성善見城'이다.

38 에프탈Ephthalite: 원문은 '엽달국嚈噠國'으로, 잘달嚪噠 등이라고도 한다. 옛
땅은 지금의 아프가니스탄 북부에 위치한다.

39 고차高車: 북조 시대에 고비사막 이북의 유목 민족을 부르던 명칭으로,
정령丁零, 칙륵勅勒, 철륵鐵勒, 적력狄歷이라고도 한다.

40 우전국于闐國: 타클라마칸사막Taklamakan Desert의 남서쪽에 있던 고대 국
가이다.

41 파이자바드Faizabad: 원문은 '발저연성拔底延城'으로, 지금의 아프가니스탄
북부에 위치한다.

42 왕사성王舍城: 고대 인도 마가다국의 수도이다.

43 슐러국: 원문은 '사륵沙勒'이다.

44 태안太安: 북위北魏 문성제文成帝 탁발준拓跋濬의 연호(455~459)이다.

45 희평熙平: 북위 효명제孝明帝 원후元詡의 첫 번째 연호(516~518)이다.

46 왕복자통王伏子統: 『위서』「서역전」에도 '왕복자통'으로 되어 있으나, 북
위 때 이런 관직은 없었다. 아마도 북위 때 설립된 '주의자통主衣子統'의
오류인 것 같다. 주의자통은 황제의 의복이나 기물을 관리하는 일을 맡
아보던 관직이다.

47 송운宋雲: 북위 때의 돈황 사람으로, 일찍이 혜생慧生과 함께 서역에 불경을 구하러 갔다.

48 정광正光: 북위 효명제 원후의 세 번째 연호(520~525)이다.

49 바하나: 원문은 '발화국鉢和國'이다.

50 우디야나Udyāna: 원문은 '오장국烏萇國'으로, 오장국烏長國, 오장국烏場國, 오장나국烏仗那國이라고도 한다. 옛 땅은 지금의 파키스탄 북부에 위치한다.

51 샤마카Syamaka: 원문은 '사미국賒彌國'이다.

52 제박Zebak: 원문은 '파지국波知國'이다.

53 발루라: 원문은 '발로륵국鉢盧勒國'이다.

54 브라만Brahman: 원문은 '파라문호婆羅門胡'이다.

55 간다라: 원문은 '건타국乾陀國'이다.

56 칙륵敕勒: 고차高車라고도 한다.

57 북위北魏: 원문은 '원위元魏'이다. 위나라 효문제孝文帝가 수도를 낙양으로 옮기면서 탁발씨拓拔氏에서 원씨元氏로 성을 바꾸었기 때문에 이렇게 부른다.

58 새끼: 원문은 '구駒'이다. 광서 2년본에는 '기騎'로 되어 있으나, 『신당서』에 의거해 고쳐 번역한다.

59 야브구: 원문은 '엽호葉護'이다.

60 무덕武德: 당나라 고조高祖 이연李淵의 연호(618~626)이다.

61 영휘永徽: 당나라 제3대 황제 고종高宗 이치李治의 첫 번째 연호(650~656)이다.

62 쿤두즈Kunduz: 원문은 '아완성阿緩城'으로, 알환성遏換城이라고도 한다. 옛 땅은 지금의 아프가니스탄 북동부에 위치한다.

63 오손국烏孫國: 기원전 161년에서 5세기에 걸쳐 이식쿨호Lake Issyk-kul 주변에 존재했던 유목 국가를 가리킨다.

64 대완국大宛國: 고대 서역에 있던 국명으로, 옛 땅은 지금의 중앙아시아 페르가나분지Fergana Valley에 위치한다.

65 쿠란Kuran: 원문은 '구란俱蘭'으로, 굴랑나국屈浪拏國, 구라노俱羅弩, 구란나俱爛那라고도 한다. 옛 땅은 지금의 아프가니스탄 북동부에 위치한다.

66 콕차강Kokcha River: 원문은 '구로하俱魯河'이다. 지금의 아프가니스탄 북동부에 위치한다.

67 청금석靑金石: 원문은 '금정金精'이다. 라피스라줄리lapis lazuli로 아름다운 파란색을 띠는 보석이다.

68 카피사Kapisa: 원문은 '겁국劫國'으로, 옛 땅은 지금의 아프가니스탄 카불 북쪽에 위치한다.

69 우디야나: 원문은 '월저연국越底延國'이다.

70 인더스강: 원문은 '신두수辛頭水'이다.

71 석밀石蜜: 광서 2년본에는 '석녕石䔩'으로 되어 있으나, 『신당서』에 의거해 고쳐 번역한다.

72 카스미라Kasmira: 원문은 '개실밀箇失密'로, 지금의 인도 북서쪽에 위치한 카슈미르Kashmir이다.

73 발루라: 원문은 '발률勃律'이다.

74 이민족: 원문은 '타국他國'이다. 광서 2년본에는 '타속他俗'으로 되어 있으나, 『신당서』에 따라 고쳐 번역한다.

75 비타스타Vitasta: 원문은 '미나실다彌那悉多'로, 지금의 젤룸강Jhelum River을 가리킨다.

76 개원開元: 당나라 제6대 황제 현종玄宗 이융기李隆基의 첫 번째 연호(713~741)이다.

77 천가한天可汗: 하늘이 부여한 대칸, 천제의 대칸이라는 의미로, 당나라 초기 서역 국가들이 중국의 황제를 부르던 칭호이다.

78 마하파드마Mahapadma: 원문은 '마가파다마摩訶波多磨'이다.

79 무크타피다Muktapida: 원문은 '목다필木多筆'이다. 카르코타 왕조Karkota dynasty의 제5대 황제(재위 724~760)이다.

80 탁샤실라Takṣaśilā: 원문은 '저차시라呾叉始羅'로, 축찰시라竺刹屍羅, 탁차시라卓叉始羅, 사차근라奢叉斤羅, 달차시라呾叉始羅라고도 한다. 옛 땅은 지금

의 파키스탄 북서부 탁실라Taxila에 위치한다.

81 싱하푸라Sinhapura: 원문은 '승가보라僧訶補羅'로, 옛 땅은 고대 북인도에
   위치한다.

82 우라사Urasa: 원문은 '우랄시烏剌尸'로, 옛 땅은 지금의 파키스탄 하자라
   Hazara에 위치한다.

83 파르노사Parṇorsa: 원문은 '반노차半笯蹉'이다. 옛 땅은 지금의 인도 카슈
   미르에 속해 있는 푼치Poonch로 추정된다.

84 라자푸라Rājapura: 원문은 '갈라사보라曷邏闍補羅'로, 옛 땅은 지금의 인도
   카슈미르에 위치한 라자우리Rajauri이다.

85 슈라바스티Śrāvastī: 원문은 '사위성舍衛城'으로, 실라벌室羅筏, 사파제舍婆提
   라고도 한다. 옛 땅은 지금의 인도 우타르프라데시주 마헤트Maheth 지구
   에 있다.

86 스리나가르: 원문은 '수선성修鮮城'이다.

87 과의果毅: 수·당 때의 무관이다. 수나라 때는 효과군驍果軍을 통솔하고
   당나라 때는 부병府兵을 통솔했다.

88 위로했다: 원문은 '무위撫慰'이다. 광서 2년본에는 '무위撫尉'로 되어 있으
   나, 『신당서』에 따라 고쳐 번역한다.

89 건원乾元: 당나라 제7대 황제 숙종肅宗 이형李亨의 연호(758~760)이다.

찾아보기

해국도지(九) 지리 색인

홀름국 100
휴순국 91, 324
흉노 324, 327, 329
흑거란국 195
흑령 101
흑모회 192
흑의대식 192

혼도 192, 242
혼도사탄 192
흘립아성 192
히란야파바타국 114
히마탈라국 100, 123
힌두스탄 193, 230, 240-242

 해국도지(九) 서적 색인

해국도지(九) 개념 색인

저자 소개

위 원 魏 源(1794~1857)

청대 정치가, 계몽사상가이다. 호남성湖南省 소양邵陽 사람으로 도광 2
년(1822) 향시鄕試에 합격했다. 1830년 임칙서 등과 함께 선남시사宣南詩
社를 결성해서 황작자黃爵滋, 공자진龔自珍 등 개혁적 성향을 지닌 인사들
과 교류했다. 1840년 임칙서의 추천으로 양절총독 유겸裕謙의 막료로
들어가면서 서양에 관심을 갖게 되었다. 같은 해 임칙서에게서 『사
주지』를 비롯해 서양 관련 자료를 전해 받고 『해국도지』를 편찬했
다. 주요 저작으로는 『공양고미公羊古微』, 『춘추번로주春秋繁露注』, 『성무
기聖武記』 등이 있다.

역주자 소개

정 지 호 鄭 址 鎬

도쿄대학 대학원 인문사회계 연구과에서 박사학위를 취득하고 현재 경희대학교 사학과 교수로 재직 중이다. 주요 연구로 중국의 전통적 상업 관행인 합과合夥 경영 및 량치차오梁啓超의 국민국가론에 대해 다수의 논문을 발표했으며 현재는 귀주貴州 소수민족 사회에 대한 연구를 진행하고 있다. 저서로는 『합과: 전통 중국 상공업의 기업 관행』, 『키워드로 읽는 중국의 역사』, 『진수의 《삼국지》 나관중의 《삼국연의》 읽기』, 『한중 역사인식의 공유』(공저)가 있으며, 역서로는 『애국주의의 형성』, 『중국근현대사 1: 청조와 근대 세계』, 『동북사강』 등이 있다.

이 민 숙 李 玟 淑

한국외국어대학교에서 중국고전소설로 박사학위를 받았으며, 현재 한림대학교 인문학연구소 학술연구교수로 재직 중이다. 고서적 읽는 것을 좋아해서 틈틈이 중국 전통 시대의 글을 번역해 출간하고 있다. 특히 필기문헌에 실려 있는 중국 전통문화를 이해하고 재구성하는 것에 관심이 많다. 저서로는 『한자 콘서트』(공저), 『중화미각』(공저), 『중화명승』(공저), 역서로는 『태평광기』(공역), 『우초신지』(공역), 『풍속통의』(공역), 『강남은 어디인가: 청나라 황제의 강남 지식인 길들이기』(공역), 『임진기록』(공역), 『녹색모자 좀 벗겨줘』(공역), 『열미초당필기』, 『영환지략』(공역) 등이 있다.

고 숙 희 高淑姬

성균관대학교 대학원에서 중문학 박사학위를 받았다. 동서양 고전
을 즐겨 읽으면서 동서양 소통을 주제로 한 대중적 글쓰기를 시도하
고 있다. 특히 18세기 한중 사회의 다양한 문화에 대해 큰 관심을 가
지고 소소한 글쓰기를 하고 있다. 최근에는 법의학과 전통 시대 동
아시아 재판 서사에 대해 깊은 관심을 가지고 연구를 진행 중이다.
저서로는 『고대 중국의 문명과 역사』와 『중국 고전 산문 읽기』가
있고, 역서로는 『송원화본』(공역), 『중국문화 17: 문학』, 『백가공안』,
『용도공안』, 『열두 누각 이야기+二樓』, 『新 36계』 등이 있다.

정 민 경 鄭暋暻

중국사회과학원에서 중국문학 전공으로 박사학위를 받았다. 현재
제주대학교 중문과 부교수로 재직 중이다. 중국소설과 필기를 틈틈
이 읽고 있으며 중국 지리와 외국과의 문화 교류에도 관심이 많다.
저서로는 『옛이야기와 에듀테인먼트 콘텐츠』(공저), 『중화미각』(공
저), 『중화명승』(공저)이 있고, 역서로는 『태평광기』(공역), 『우초신지』
(공역), 『풍속통의』(공역), 『명대여성작가총서』(공역), 『강남은 어디인
가: 청나라 황제의 강남 지식인 길들이기』(공역), 『사치의 제국』(공역),
『(청 모종강본) 삼국지』(공역), 『영환지략』(공역) 등이 있다.